越文化发展论

Study on the Development of the Yue Culture

叶 岗 陈民镇 王海雷 著

图书在版编目(CIP)数据

越文化发展论/叶岗,陈民镇,王海雷著. —北京:中华书局,
2015.3（2024.4重印）
（国家社科基金后期资助项目）
ISBN 978-7-101-10676-3

Ⅰ.越… Ⅱ.①叶…②陈…③王… Ⅲ.文化史-华东地区
Ⅳ.K295

中国版本图书馆CIP数据核字(2015)第010321号

书　　名	越文化发展论
著　　者	叶　岗　陈民镇　王海雷
丛 书 名	国家社科基金后期资助项目
责任编辑	高　天
责任印制	陈丽娜
出版发行	中华书局
	(北京市丰台区太平桥西里38号　100073)
	http://www.zhbc.com.cn
	E-mail:zhbc@zhbc.com.cn
印　　刷	三河市中晟雅豪印务有限公司
版　　次	2015年3月第1版
	2024年4月第2次印刷
规　　格	开本/710×1000毫米　1/16
	印张23¼　插页2　字数370千字
国际书号	ISBN 978-7-101-10676-3
定　　价	68.00元

国家社科基金后期资助项目出版说明

后期资助项目是国家社科基金设立的一类重要项目,旨在鼓励广大社科研究者潜心治学,支持基础研究多出优秀成果。它是经过严格评审,从接近完成的科研成果中遴选立项的。为扩大后期资助项目的影响,更好地推动学术发展,促进成果转化,全国哲学社会科学规划办公室按照"统一设计、统一标识、统一版式、形成系列"的总体要求,组织出版国家社科基金后期资助项目成果。

全国哲学社会科学规划办公室

目　录

序 ……………………………………………………… 陈国灿 1

绪　论 …………………………………………………………… 1
　　一、概念界说及本书的研究路径 …………………………… 1
　　二、中国文化的发生及其地域性存在特征 ………………… 7
　　三、从考古学文化谱系看中国地域文化的发生 ………… 13
　　四、地域文化的模糊融汇与共同体文化的形成 ………… 17

第一章　越文化的起源与边界 ……………………………… 22
　　第一节　於越的族源问题 ………………………………… 22
　　　　一、分子人类学的认识与於越民族的本土发生 …… 23
　　　　二、"越为夏裔"说的可能性 ………………………… 29
　　　　三、"二分论"族源观与越国贵族、子民族属差异的可能性 … 35
　　第二节　越文化的空间边界问题 ………………………… 38
　　　　一、先越文化时期的先民活动范围 ………………… 38
　　　　二、越国的疆域和政区 ……………………………… 45
　　　　三、越地文化时期的范围和政区 …………………… 49
　　第三节　越文化的边际关系——以越国文化为中心 …… 51
　　　　一、楚文化与越文化的关系 ………………………… 52
　　　　二、吴文化与越文化的关系 ………………………… 55
　　　　三、东夷、淮夷文化与越文化的关系 ……………… 58
　　　　四、百越文化与越文化的关系 ……………………… 63
　　　　五、苗蛮文化与越文化的关系 ……………………… 70
　　　　六、总　结 …………………………………………… 72

第二章　越文化发展的历史地理环境 ……………………… 74
　　第一节　越文化中心地的文化生态 ……………………… 74

一、区位特征 …………………………………………… 75
　　　二、地表形态 …………………………………………… 76
　　　三、气候变化 …………………………………………… 80
　　　四、土壤生物 …………………………………………… 88
　　　五、自然灾害 …………………………………………… 90
　　　六、水文水利 …………………………………………… 92
　　第二节　越文化中心地的民族变迁与人口发展 …………… 95
　　　一、轮替与整合：民族的历史变迁 …………………… 96
　　　二、人口的增长与波动 ………………………………… 101
　　　三、人口的流动及影响 ………………………………… 104
　　第三节　历史地理环境对越文化的作用与影响 ………… 106
　　　一、生产方式 …………………………………………… 107
　　　二、军事行为 …………………………………………… 114
　　　三、社会风尚 …………………………………………… 118

第三章　上古时期越文化的历史发展 ……………………… 125
　　第一节　先越文化的演进轨辙及其文明史意义 ………… 125
　　　一、先越文化兴替盈缩的轨迹 ………………………… 125
　　　二、"文明"的发生 ……………………………………… 132
　　　三、良渚文化的流播与影响 …………………………… 139
　　第二节　越国文化的崛起与发展 ………………………… 145
　　　一、越地历史时期的开端及越文化中心地的确立 …… 147
　　　二、勾践中兴与越文化的突进 ………………………… 152
　　　三、越国"山东时期"军事扩张与文化扩张的尝试 …… 156
　　第三节　秦汉政治、民族、文化融合背景下的越文化 … 164
　　　一、秦帝国的统一及越地纳入帝国版图的开端 ……… 164
　　　二、西汉时期越地文化低潮期的延续 ………………… 168
　　　三、东汉时期越地文化的第一次突进 ………………… 170

第四章　中古时期越文化的历史发展 ……………………… 178
　　第一节　"永嘉南渡"与中古越文化发展的转机 ………… 178
　　　一、"永嘉南渡"与六朝时期越地的历史发展 ………… 178
　　　二、士族的兴起与六朝社会经济的发展 ……………… 183

三、"鉴湖文化走廊"的初步繁兴 ………………………………… 188
　　　四、兰亭雅集的背后 …………………………………………… 195
　第二节　高峰与低谷：隋唐时期越文化的盈缩 …………………… 199
　　　一、低潮还是突进：隋唐越文化的地位 ………………………… 200
　　　二、隋唐时期越地社会经济的繁兴 ……………………………… 206
　　　三、"鉴湖文化走廊"的兴盛期 …………………………………… 217
　第三节　唐代中后期至北宋越文化的转向 ………………………… 225
　　　一、"安史之乱"之后越文化的低潮与转型的发生 …………… 226
　　　二、乱世下的安晏：吴越国与越文化的过渡阶段 …………… 231
　　　三、北宋时期越文化的发展 ……………………………………… 233

第五章　近古至近代越文化的历史发展 ……………………………… 237
　第一节　"靖康之难"与越文化的突进 ……………………………… 237
　　　一、"靖康之难"：越文化发展的新机遇 ………………………… 237
　　　二、"鉴湖文化走廊"的衰落与回光 ……………………………… 244
　　　三、越文化中心地的初步"近世化" ……………………………… 250
　第二节　成熟与新变：明清越文化的新发展 ……………………… 261
　　　一、"近世化"的机遇与阻力 ……………………………………… 261
　　　二、文教的推广与深化 …………………………………………… 267
　　　三、"越学"的继承与发展 ………………………………………… 273
　第三节　近代的转向：西方文化的侵入与越文化的转型 ………… 279
　　　一、变局之下的挑战与转机 ……………………………………… 280
　　　二、"革命"与"实业" ……………………………………………… 286
　　　三、走出越地：出路的探寻 ……………………………………… 291

第六章　越文化发展的规律、动力及启示 …………………………… 296
　第一节　文化形态学视野中的越文化发展模式 …………………… 296
　　　一、何种路径——文化形态学的发展及反思 ………………… 296
　　　二、越文化"点状突进"发展模式的提出 ……………………… 300
　　　三、越文化"点状突进"发展模式的内容 ……………………… 304
　第二节　越文化发展的内因与外因 ………………………………… 311
　　　一、文化发展的诱因及动力问题 ………………………………… 311
　　　二、越文化发展的内部动因 ……………………………………… 315

三、越文化发展的外部机遇……………………………………319
　第三节　越文化发生、发展对中国文化认识的补充……………326
　　一、对中国文化发生规律的补充………………………………326
　　二、对中国文化发展规律的补充………………………………333
　　三、对中国文化基本特征及精神的补充………………………336

主要参考书目………………………………………………………345
后　记………………………………………………………………361

序

　　谈到越文化，人们首先想到的往往是先秦时期一度颇为活跃的於越族和叱咤风云的越王勾践，有人进而将於越文化与越文化等同起来。毫无疑问，越文化的兴起与先秦於越和越国有着不可分割的内在联系，於越文化也是早期越文化的主体。但从长时段历史的角度讲，越文化并不是单一的民族文化，而是一种开放的地域文明形态。一方面，越文化超越了民族文化那种因强烈的自我认同所形成的封闭意识，上升为开放和多元共融的文化体系。这种开放性，促成了越文化在多元互动基础上的发展机制和调适能力，从而能够长期延续，不断发展。事实上，先秦时期的於越族本身就是多元文化的聚合体，而越国的全面崛起又进一步推动了於越文化与周边文化的融会。正因为越文化在其兴起之初就是超越民族文化的开放性社会文化，故战国中期以降，虽然越国走向消亡，於越族也逐渐解体，但越文化却仍然延续下来，并在不断吸取和融合其他文化的过程中显得日益活跃。另一方面，越文化又突破了民族共同体的文化结构，形成地域环境下社会共同体的精神内核和价值趋向。这种地域特性，意味着越文化具有保持自身特色的内在生命力，进而成为其在讲求高度统一的大一统环境下能够长盛不衰的关键所在。无论是越国解体后楚文化的大量渗入，还是秦汉以降历代中原政权的政治强力和多次大规模的北人南迁所带来的中原文化的冲击，都没有使越文化丧失鲜明的地域个性。相反，通过吸收、整合、改造、升华，不断地充实自身的内涵，强化个性特征。

　　越文化是在典型的水乡环境中孕育、成长、发展起来的，有着鲜明和独特的水乡性格。水是灵动的，故越文化有着灵活求实、开放包容的"灵性"；水是柔和的，故越文化有着巧于应对、善于调适的"柔性"；水又是刚强的，故越文化有着刚正坚毅、不断创新的"刚性"。灵性决定了越文化的内在品质，柔性决定了越文化的行为特征，刚性决定了越文化的基本精神。这三个方面如果分开来作为一种社会文化性格，都不是越文化所特有的，但三者有机地结合于一体，则成为越文化有别于其他文化的特质所在。

越文化是多层面的。如果我们超越时空范围，从基本形态和范本意义的角度对越文化加以宏观透视，可以将其作三种角色界定：一是文明层面的文化形态。越文化并不是衍生文化，而是有着自身的文明源头和地域体系。从於越文化到越国文化，再到越地文化，集中体现了地域文明的源起、发展和融入中华文明统一体系的历史过程。二是文化层面的文化形态。文化是社会生活中逐渐孕育、积淀和发展起来的，越文化代表了一种有特色的生活方式，并在与其他文化的交流、互动和融汇过程中反映出中国文化多元一体的内在结构和活动特征。三是观念层面的文化形态。文化又是一种精神风貌和价值取向，它以无形的方式左右着人们的处事行为和活动趋向。越文化不仅深刻地影响着越地人们的性格和越地社会的思想观念与意识，而且随着其不断发展和扩散，逐渐上升为江南文化性格的有机组成部分，进而在中国精神文化体系中发挥了重要的作用。

近年来，围绕越文化的研究相当活跃。人们从不同的角度出发，就越文化的有关现象和问题开展热烈讨论，提出各自的认识和看法，取得了不少成果。由叶岗教授与陈民镇、王海雷两位青年学者合作撰写的《越文化发展论》一书，便是这方面的一项最新研究成果。该书系统考察了越文化的起源、形成、发展的基本历史轨迹，深入分析了越文化的内在结构和形态演变，全面总结了越文化的发展道路和在中国文化体系中的地位、作用和价值。显然，这部著作并不停留于对学界相关研究的简单梳理和整合，而是在既有研究基础上形成了自身的认识体系。作者将越文化视为中国东南地区典型的地域文化，指出越文化先后经历了先越文化、越国文化与越地文化三个演进阶段，完成了由"野蛮"向"文明"、由越族文化向汉族文化、由传统农业社会向近现代社会的三次转型，形成了具有"点状突进"特征的发展模式。应该说，这种分析不仅是越文化研究思路的开拓和提升，而且对于人们深入把握中国文化的整体发展规律有着一定的方法论意义。

进一步来看，相对于学界已有的研究，该著作有三个较为鲜明的特色：一是强调整体研究。作者将越文化作为统一的有机系统，分析其不同历史阶段的活动形态和演进趋向，以期宏观地把握越文化的发展脉络和发展规律。二是重视理论构建。作者基于对越文化发展过程的系统考察，重点就相关现象作理论分析和探讨，以期形成围绕越文化的发展道路和基本特征的解释体系。三是超越地域视野。作者没有局限于狭隘的地域思维来认识越文化的发展演变,而是将其置于中国文化的大环境中,以寻绎中国文化背景下越文化发展进程的共性与个性,讨论其背后的动因及其影响。

叶岗教授及其所带领的课题组一直从事中国文化研究,有着较为坚实的基础。因此,他们对越文化的分析既有宏观的视野,又有微观的实证,所构建起来的论述框架和解释体系,具有一定的开拓性;所提出的一些基本观点和看法,诸如越文化的三种演进形态和三次发展转型、越文化的发展模式及其"点状突进"特征等,也较为深刻。应该说,该书的可圈可点之处甚多。由此,我联想到当前地方文化和区域文化研究中存在的一些问题。近年来,各地的文化研究可谓空前活跃,著述迭出,成果纷呈。既有恢宏巨制的大部之作,也有连续不断的系列丛书,还有各具特色的专题汇编。但这种前所未有的文化研究热潮,也夹带着浮夸、浅薄、狭隘、琐碎的现象,更有甚者,随意演绎,虚张声势;曲解编造,杜撰为实;张冠李戴,东拼西凑。至于所谓的"七仙女故里"探源、"西门庆籍贯"辨析之类,已完全沦为让人笑不出来的荒唐闹剧,诚为文化之莫大悲哀!反观这部《越文化发展论》,固然算不上巨制宏文,却是内容平实而不乏精彩论述,文字简洁而不乏理论深度,笔调淡然而不乏学术严谨。我想,这应该能给今天的地方文化研究带来某种思考。

我出生于绍兴,在越文化的深厚氛围中成长。尽管外出求学和工作已逾甲子之半,但对家乡的眷眷之情却是蕴荡胸中,如同陈年的绍兴酒,经岁愈久,愈显浓郁。因此,见到叶岗教授等人撰写的书稿,总有一种莫名的兴奋,亦为家乡文化研究的不断深入而深感欣慰。对于越文化,我只是在进行有关研究时旁带附涉,谈不上有深入探索和系统思考。前面所讲的一些感想,不过是粗略的认识,权当抛砖引玉之举,聊作这部书的开场白。

是为序。

2014 年 11 月于浙江师大

绪　论

越文化作为一支典型的地域文化，以其绵亘不绝的发展脉络及高峰迭起的演进轨辙为世人瞩目。经过近万年的涵育，越文化庞大的根系植根东南，而回溯其发生、发展的过程，个中的特殊现象及发展规律有待我们把握与总结。本书撰写的目的，便是力图在厘清越文化发展轨迹的同时，探究其背后的动力与机制，并希望在中国文化与越文化之间寻找一种内在的有机联系，从而廓清中原中心论以及由此衍生的各种似是而非的理论迷雾，纠正那些主要得自于和抽象于中原文化的有关中国文化发展规律的成说与偏见。这些论旨，不仅寄托于《绪论》，也将贯穿于全书。

一、概念界说及本书的研究路径

在进入正题之前，我们有必要澄清本书所涉及的概念、背景及研究方法。首先是"越文化"的界说。越文化是本书的主题，但在实际使用中常常存在混乱的情形。"越"既是族群的名称，同时也是国家、地域的名称。从族群的角度讲，既可以用作百越这一泛称，也可以具体到百越的各个支系，尤其是东南的於越。於越是百越最发达的一支，同时也是史家最为关注的一支，作为国家的"越"便主要由於越所缔造。故此，狭义的越文化即越国文化，指越国时期於越所创造的文化，是一种国别文化。与此相关的是作为考古学文化的越国文化（或直接称作越文化）。考古学文化指同一时期、同一地域遗迹与遗物的共同体，与文化学意义上的"文化"存在差异。从时间范围看，越国文化与考古工作者所说的越文化并不一致。依据古史传说，越国的建国要追溯到夏朝少康时期，从文献中夏代纪年的线索看[1]，少康在位时间虽无法落实，但大致在距今 3900 年前后。这与考古学所研究的越国文化时间段（主要是春秋战国时期）相差较多，但却是与马桥文化的上限相当的，而不少学者相信马桥文化便是越国文化的前身。考古学文化的起讫年代未

---

[1]　程平山：《夏代纪年考》，《中原文物》2004 年第 3 期。

必与历史事件严密对应,只能是一种相对的参考标准。而从空间范围看,越国文化也较考古学意义的越文化广,虽然越国后期的势力一度吞并吴地并北上琅邪①,但我们似乎很难在山东地区找到纯正的考古学意义的越文化。

至于广义的越文化,则是指百越文化。上述广义与狭义的越文化概念,都并非本书所讨论的对象。这便涉及到"地域文化"的问题。我们所说的地域文化,主要是指一定地域在各时期发生、发展的物质文化、制度文化与精神文化,具有连续性与地域性的特征②。"这些地域文化的自然区域是以周分封之初的疆界为中心范围,以春秋战国时期的版图为大体界限"③,它们被概称的依据是周初分封的自然区域与各诸侯国的社会结构的结合,并不纯粹是自然区域。实际上,这是一种存在着遗憾的借用,是以后起的名称来界定在此之前一直存在和发展着的事物的做法。然而,舍此我们既无法杜撰新词,也无法借用《史记·货殖列传》和《汉书·地理志》所列举的地名再缀以"文化"二字以作某种地域文化的概称,因为那实在过于琐碎。这种指称方式的研究,此前已有不少成功的范例,如《中华文化通志》中的"地域文化"典便包含了十支地域文化的内容④,此外则有辽宁教育出版社出版的"中国地域文化丛书"⑤、群众出版社出版的《中华地域文

---

① "琅邪"又作"琅琊"、"瑯邪"、"瑯琊"等,本书写作"琅邪"。记载勾践徙都琅邪的文献,主要是今本《竹书纪年》、《越绝书》、《吴越春秋》,然以上三书史料的可信性向有异辞,这样一来其记载便殊为可疑。今人对勾践徙都一事讨论甚力者,主要有钱穆、杨宽、钱林书、陈可畏、林华东等先生。钱穆先生于《先秦诸子系年》指出琅邪在江苏赣榆。此外,尚有山东临沂说、山东诸城说、安徽滁县说等。近年有学者经过调查认为在江苏省连云港的锦屏山,参见张志立、彭云、梁涌《越王勾践迁都琅琊考古调查综述》("新视野下的中外关系史研究学术讨论会"提交论文,2008年3月)。辛德勇先生在《文史》2010年第1辑发表《越王勾践徙都琅邪事析义》一文(收入氏著《旧史舆地文录》,中华书局2013年版),对勾践徙都琅邪事有精彩缜密的论述。该文分析了勾践迁都琅邪的政治地理背景,肯定了今本《竹书纪年》所载周贞定王元年(前468)徙都琅邪说可信,肯定了琅邪所在正是传统说法所谓山东省胶南市(笔者按:现属青岛市黄岛区),还原了赣榆"秦始皇碑"与秦"东门阙"的本来面目,分析了越人的航海能力与勾践迁都的路线,讨论了苏北海岸的自然环境与秦始皇因航海北上而颠簸致死的真相。通过该文的论述,关于勾践迁都琅邪之事的疑点业已基本厘清,可谓扫千古之积疑。

② 这较接近西方学者所说的"文化区"概念。

③ 邱文山等:《齐文化与先秦地域文化》(上),齐鲁书社2003年版,第4页。

④ 葛存雍:《秦陇文化志》;单远慕:《中原文化志》;乔志强等:《晋文化志》;杜荣泉等:《燕赵文化志》;王恩田:《齐鲁文化志》;袁庭栋:《巴蜀文化志》;张正明、刘玉堂:《荆楚文化志》;董楚平等:《吴越文化志》;方宝璋、方宝训:《闽台文化志》;张磊、黄明同:《岭南文化志》。上述10本书组成了《中华文化通志·地域文化典》(2—020),由上海人民出版社于1998年出版。

⑤ 俞晓群主编,凡20余种,1991～1999年出版。

化集成》[①]等。至于浙江研究地域文化的学者,近十多年来的丰硕研究成果已然将"越文化"等同于越国故地从古至今的文化[②]。与地域文化相对应的是"中国文化"的问题。中国文化的发生是多元的,但在发生期内一体化尚未真正形成,而其此后的发展过程则有多元一体的现象;它并非各地域文化的简单叠加,而是包含各地域文化在内、由各地域文化逐步融汇而成的文化共同体。其创造主体是中华民族,不独限于汉族,汉族本身也是民族融合的产物。中国文化之所以为中国文化,在于其建立在文化认同的基础上,而非某纯粹民族的专有。"中国"的概念存在变迁,中国文化的空间范围实际上是不断扩大的。在最初,中国各地域的文化各自起源,独立发生,而从"龙山时代"开始逐渐形成共同体文化,经过三代的发展,秦汉以后趋于定型,考察地域文化的发生及发展时需要将其放入到这一宏观背景中去。而长期以来,人们将中原文化[③]视作中国文化的核心,但从中国文化的整体发展轨迹看,没有任何一支地域文化能够成为中国文化稳固的绝对核心,只不过不同的地域文化在不同历史时期扮演了或重或轻的角色。

既然是地域文化,便不能绕开地域范围的问题。我们依照一般的称述习惯将越文化所植根的地域称作"越地"。关于越地的范围,仍是需要辨析的。不少学者将越文化等同于浙江文化,实际上是将越地等同于今天的浙江省。然而,当代省区的划分是否能符合地域文化发展的实际情况还是有待探讨的。前述狭义的越文化相当于越国文化,那么与此对应,越地也应该指越国的疆域,而不应该包括瓯越、闽越等百越其他支系的范围。因为浙南的文化在一开始便与闽北存在更多同质性,将越文化等同于浙江文化难以合乎实际。越国的版图存在多次盈缩,其中《国语·越语上》"勾践之地,南至于句无,北至于御儿,东至于鄞,西至于姑蔑,广运百里"的记载大

---

① 中华孔子学会编辑委员会编,1998年出版。
② 何信恩先生指出:"'越文化'是指以越国文化为核心的一种特定的民族文化与区域文化,上可以追溯到於越先民所创造的史前文明,下可以延伸到历朝历代延续下来的古越民族的思想观念、物质文化和社会风俗。"参见氏著《对"越文化"的内涵与外延应作作科学的界定》,《中国传统文化与越文化研究》,人民出版社2004年版,第440页。从"轴心期"理论的角度看,地域文化的核心因素应当是人类历史的轴心期即公元前500年前后确立的。
③ 狭义的"中原"指河南省一带,广义的涵义则指黄河中下游地区。苏秉琦先生的区系类型学说专门区分出以中(陕西)、晋南、豫西为中心的中原,本书所说的中原文化便主要是这一区域所孕育的各时期的文化。由于中原地区在很长时期内拥有政治话语权,故往往被人们视作中国文化的中心或正统之所在。

致相当于於越的基本分布范围,即南到绍兴诸暨,北抵嘉兴桐乡,东到大海,西至衢州龙游,大致包括今天绍兴、宁波、杭州等地级市以及衢州、金华、嘉兴等地级市的部分区域,主要分布于宁绍平原、杭嘉湖平原以及浙江中西部的部分丘陵地带。以上范围可以说是越国故地,将其称作越地也是合适的。至于与广义越文化所对应的百越之地,不免求之过泛。

不过将越国故地视作越地的一个缺陷在于,不但越国时期疆域变化极大,而且从地域文化的角度看,由于后世行政区划变动频繁,难以有较明确的讨论范围。故此,我们抽绎出"越文化中心地"的概念,即确立于越国时期、定型于五代以后的区域范围,实际上也是南宋以来绍兴府的范围,包括山阴、会稽、萧山、诸暨、余姚、上虞、嵊、新昌八县,相当于今天绍兴市的越城区、柯桥区、上虞区、诸暨市、嵊州市、新昌县以及杭州市的萧山区、宁波市的余姚市。虽然经历多次变迁,但以上区域始终作为越文化的基本范围存在。张岱《夜航船》一书的序言所说"余因想吾八越","八越"即包括上述八县。袁宏道说徐文长"其名不出于越"[①],"越"也是指越文化中心地的范围。像《传习录·中》所记"昔南元善刻《传习录》于越,凡二册",即指南大吉刻《传习录》于绍兴府之事。越文化中心地是越文化各时期的核心区域,本书所讨论的越文化空间范围,既照顾到各个时期的实际畛域,同时也将讨论的重点集中于越文化中心地。唯其如此,才能在注意历时发展与动态演变的基础上更加直观地考察一定区域范围内的文化变迁,所以本书所讨论的越文化实际上主要是越文化中心地的文化。本书所说的越地,指的是越文化发生与发展的空间范围,具体来说,主要是在越国故地基础上、以越文化中心地为核心的地域。在不同的阶段,越地的范围有所伸缩。在实际使用中,我们需要照顾到历史的具体情形,如先越文化的地域范围远不限于越文化中心地,而五代以后的越地已经基本等同于越文化中心地。

在时间尺度上,我们也不局限于越国时期。越文化作为一支地域文化的发生,无疑要追溯到越国肇建之前,新石器时代考古工作所积累的丰富资料为我们探讨这一问题提供了可能。而越国覆灭之后,越地的文化仍然在此前的基础上延续。因此我们在尊重文化发展连续性的前提之下,将越文化分为先越文化、越国文化和越地文化三个阶段,考察的是在越地尤其是越文化中心地所发

---

① 袁宏道:《徐文长传》,《袁宏道集》卷一九。

生的物质文化、制度文化和精神文化,本书的讨论即基于以上时空框架。

先越文化指的是越国创立之前的越文化阶段。这要上溯至近万年前的上山文化,经过跨湖桥文化、河姆渡文化、马家浜文化、崧泽文化、良渚文化、钱山漾文化、广富林文化的发展,孕育了越文化的一些基本特质。

结合古史传说,越国文化可上溯至距今3900年左右,这也是马桥文化出现的时期,下限为公元前222年秦并越地。这一阶段,於越已经形成并成为越文化的创造主体。

越地文化阶段自秦并越地至今,於越文化或者说越族文化,已经逐步向汉族文化转变。虽然於越后裔仍活跃于越地,但已经被逐渐汉化。所以於越文化主要指的是越国文化时期於越所创造的文化。需要指出的是,汉文化是奠定于先秦、确立于秦汉以后的汉民族文化。但汉民族本身便是民族融合的产物,越地文化时期於越后裔实际上是作为汉族参与到汉文化的创造之中。先越文化及越国文化的基因,融入了越地文化的血液,越地文化本质上是汉族文化与於越文化相互融合、共同创造的结果;同时,也更深层次地融入了中国文化的血液,这是与中国历史的总体走向一致的。根据政区的演变,越地文化又可以分为秦汉到南朝的"会稽"阶段,隋至北宋的"越州"阶段以及南宋至今的"绍兴"阶段。在"绍兴"阶段,已经进入"近世化"的历史进程,越文化中心地完全定型,狭义的绍兴文化是这一阶段的文化,广义的绍兴文化则显然要追溯到先越文化阶段。

从先越文化到越地文化,正是越文化发生、发展及转型的过程。这是一个连续性的过程。地域文化之所以能够成立,正在于历史地理环境的稳定性以及文化创造主体的延续性,因此地域性格相对稳固的状态并不会因外部的干扰而抹灭。这正是本书讨论的一个前提。

越文化又往往与吴文化并称"吴越文化"[①],在实际使用过程中已经将吴越等同于浙江、江苏两省,事实上更确切地应该指苏南浙北的区域。1936年在上海成立的"吴越史地研究会"开吴越文化研究之先河,出版《吴

---

① 人们往往将吴越文化等同于江南文化。广义的江南指长江以南除四川盆地以外的广大区域,狭义的江南又称江东、江左,指浙江省北部、江苏省南部以及安徽省的范围。唐代尤其是中唐以后"江南"已经越来越多地被用于指称长江下游以南的吴越地区,参见景遐东《江南文化与唐代文学研究》,人民文学出版社2005年版,第28页。与此相关的是东南的概念,东南的范围显然要比江南大,除浙江、江苏、上海外,还包括广东、福建、江西等地。

越文化论丛》①,包括卫聚贤先生《吴越民族》在内的一系列研究成果,实为吴越文化研究的权舆。此后,罗香林先生《中夏系统中之百越》②、饶宗颐先生《吴越文化》③等论著续作开拓。20世纪80年代以后,在地域文化研究趋热的背景下,吴越文化研究亦蓬勃开展,以蒙文通先生《越史丛考》④以及陈桥驿先生的有关著作⑤、董楚平先生《吴越文化新探》⑥为代表。

近十多年来,浙江学者已经出版了一系列有关越文化的论著,将越文化的研究推进到新的高度。此前的成果,对于越国文化阶段已有比较充分的研究,这也是起步最早的领域;先越文化的研究主要基于近年来的考古发现,诸如良渚文化等考古学文化积累了大量的资料与论著,不过整体性的研究成果仍是相对缺乏的;至于越地文化阶段的研究,则是目前的一个薄弱环节,现有的论著质量与数量均有所欠缺,这也是需要我们努力突破的方向。我们的研究建立在前辈工作的基础之上,同时也体现出了一些新的特点:

1.研究材料的突破。近年来分子人类学的进展深化了对包括於越在内的百越集团的认识,关于百越的起源、流变、迁徙、与其他民族的关系等问题取得了重大突破,过去研究越文化的论著对这些成果吸收不足,我们则充分运用此类自然科学研究的成果澄清相关疑题;近年来的出土文献,包括与越国有关的青铜器铭文,以及揭示战国时期越国在山东地区活动情况的清华简《系年》,均提供了前所未知的新史料,我们也加以吸收;近年来关于越地新石器时代的考古发掘取得一系列突破,如上山文化、跨湖桥文化、良渚文化、钱山漾文化、广富林文化等考古学文化的新认识充实了"先越文化"的发展序列,书稿充分借鉴了这方面的成果。

2.深入探讨既往的盲点及疏误问题。诸如先越文化的问题,结合新材料作了详尽的梳理,同时对良渚文化的文明成就进行讨论;秦汉时期越地文

---

① 吴越史地研究会编:《吴越文化论丛》,江苏研究社1937年版。
② 罗香林:《中夏系统中之百越》,独立出版社1943年版。
③ 饶宗颐:《吴越文化》,《中研院历史语言研究所集刊》第41本第4分,台湾中研院历史语言研究所,1969年12月。收入氏著《饶宗颐二十世纪学术文集》(卷六·史学),中国人民大学出版社2009年版。
④ 蒙文通:《越史丛考》,人民出版社1983年版。
⑤ 陈桥驿:《绍兴史话》,上海人民出版社1982年版;《古代於越研究》,《民族研究》1982年第1期;《於越历史概论》,《浙江学刊》1984年第2期;《越族的发展与流散》,《东南文化》1989年第6期;《吴越文化论丛》,中华书局1999年版。
⑥ 董楚平:《吴越文化新探》,浙江人民出版社1988年版。

化的发展,过去越文化的论著往往一笔带过,事实上本时期越地文化的发展具有代表性,反映了秦汉帝国的民族融合、政治统一与文化扩张;"鉴湖文化走廊"的提出,有助于深化对越文化连续性的认识;对越地"近世化"的历程进行了历时的考察。对于过去的一些误解,诸如认为"安史之乱"后越文化得到长足进步等观点,我们予以拨正;越地民族的嬗替与流散,我们结合新材料进行新的探讨;越地人口的演变情况,我们通过数据分析加以纠正说明;等等。

3. 本课题属于交叉性学科研究,在研究方法上力求多种研究方法的结合。一是在王国维"二重证据法"的基础上充分利用传世文献、出土文献、考古遗存等方面的线索进行综合研究,进而将"二重证据法"所涉及的材料拓展至分子人类学的研究成果;二是将定量分析与定性论证相结合,适当采用统计量化分析方法,做到"论从史出"、细部考证与宏观把握相结合,避免主观臆断;三是以文化史研究方法为主,兼采用历史学、文献学、社会学、政治学、人类学、地理学等学科的研究方法。此外,我们将长时段历史研究法应用于越文化发展史。根据材料,将越文化发展史判为先越文化、越国文化、越地文化三个阶段。在章节撰写中,则沿用一般的三段划分,设置为"上古"、"中古"与"近古"。其中,《上古时期越文化的历史发展》一章包含了三个阶段,而中古和近古则纯为"越地文化"阶段。如此处理,有利于凸显跨越朝代的持续性发展现象,亦别于其他文化史著作的处理方式。

4. 揭示越文化发生及发展的规律。本书从文化形态学出发,认为越文化是一种半农耕半海洋的文化,并提炼出"点状突进"的发展模式,这既是对越文化发展规律的一种描述,也是对既有文化发展理论的补充和丰富。我们把越文化发展历程概括为三个阶段及三次转型,探讨主要的发展现象和发展特征,并将越文化研究置于各地域文化和中国文化发展的比较之中,从而既揭示了越文化发展的个性,亦在影响与被影响之关系中阐释了地域文化的发展路径和中国共同体文化的形成。

二、中国文化的发生及其地域性存在特征

在深入阐述越文化的历史发展之前,针对中国文化的地域性发生之特征作些探讨,亦即揭示在中国的共同体文化形成之前,地域文化的存在是更为先天的,也具有更为充分的本体意义和实质意义;在中国文化发生阶段,各地域文化的发展对于日后的共同体文化的形成起到了重要作用。事实上,在共

同体文化形成之前,"中国文化的地域性存在"的现象绵延悠远;在此之后,则是"地域文化的中国化存在",各地域文化的继续发展均置身于国家的文化共同体的环境之中,渐渐脱离了原有的在相对封闭的环境下独立发展的路径。

目前,国内理论界对中国古代文明起源与早期发展过程的研究已经取得相当成就,但对文化发生问题缺少应有的关注。考古学上的新石器时代,是中国文化的发生阶段,在这个阶段,统一的中国文化远未形成,文化的发生和早期发展都在先民各自存在和活动的地域之内进行,因此,所谓的中国文化是以地域文化的形式存在着的。因而,我们期望能从地域文化的角度来探索中国共同体文化的发生。

文明起源问题是相对于早期"中国"[①]人克服自身的野蛮状态而走上文治教化、礼仪规范和德性修养之路而言的,它与天下、国家、政治等概念的形成和出现紧密相连。文化发生问题是相对于早期"中国"人克服自身的动物状态而走上人之为人、谋求自身以及相应群体的物质和精神发展之路而言的,关注的视野较之文明起源问题更为广阔,而且考虑到根据各地现有的考古学材料所证明的,先民在寄身王朝之前早已在各自的地域以及地域交流之间发生和发展了丰富的文化活动,故而我们又更多地关注王朝形成之前的文化发生以及早期发展的情况。这一侧重点的确定,与我们对"文化"较之"文明"有所区别的概念把握有关系[②]。事实上,李学勤先生已经指出有必要对中国文明作更久远更广阔的研究,"经过几十年的发现和研究,至少在中原地带,考古文化的链环已经连接起来,从仰韶、龙山,以至夏商周,文明的萌生形成,直到发扬光大的历程,应该说尽在视野之中了"[③]。在此,李先生已由对文明起源问题的思考朝着含义更为丰富的文化发生问题作连续性思考了。

[①] "中国"一语,目前所知首见于周成王时期的何尊铭文,即所谓"宅兹中国"之语。班固在据《夏书·禹贡》所作的《汉书·地理志》中对大禹时代统治疆域的叙述有"咸则三壤,成赋中国"之语,颜师古注曰:"中国,京师也。"可见,即使是大禹时代,亦尚无"中国"的后来义,更不用说在此之前辽远的时期。此后来义其实相当于同篇中的"声教讫于四海"的"四海"一词。针对统一王朝出现之前的历史而言,文中出现的"中国"一词,均应在此背景下去理解。

[②] 在考古学界,曾有过关于"文化"、"文明"概念的争论。参见苏秉琦《从中国文化起源到中国文明起源》,《华人·龙的传人·中国人》,辽宁大学出版社1994年版,第100—102页;彭邦本:《论早期文明探索中的几个重要概念》,《四川文物》1995年第3期。

[③] 李学勤:《探索中国文明的起源》,《文明》2003年第5期。该文后收入氏著《中国古代文明研究》,华东师范大学出版社2005年版,第390页。

我们认为,虽然文化在日后的发展也会造成本质的某种变异,但其最基本的本质,却是在发生阶段就具备了的,西方启蒙哲学家有一句箴言:懂得了发生便懂得了本质;中国民间有一句俗话:与生俱来。这一些,都道出了事物发生与日后本质之间的联系;并且,文化共同体在发生阶段,往往以地域文化的形式而存在,"这种具有地域个性的文化现象,成为后来居住在这一地域的居民的人文环境,会世世代代影响他们的文化创造导向"①。因此,对于文化发生问题的把握,事实上与学术界对于上述重大问题的理论认识密切相关。这项研究,试图给正在进一步推进着的中国文化史研究提供一个坚实的基础。我们将中国新石器时代至三代文明形成之间的地域文化现象作为研究范围和研究对象,这一范围和对象的确定,源于以下两方面的考虑:

1. 依据对中国文化发生阶段的基本认识。我们认为,发生阶段的上限是旧石器时代与新石器时代之交,也就是说,并不把旧石器时代划入到文化发生阶段内。这是因为旧石器时代主要是由动物变为人、人在与自然界抗争中初步谋求生存的阶段,这从泛义的文化角度出发当然也可作为文化现象来看待,但实际上会使论题变得漫涯无际。与此相对的是,新石器时代较为集中地出现了诸多文化现象,在以生活与生产活动为主体的其他一系列活动中,充分体现了先民的生产文化、宗教文化、个体和集体的居住方式、艺术活动的技术和水平等等。同时,对文化发生阶段下限的界定,学术界认为"可划在秦的统一,甚或汉武帝以前"②。我们认为,就本论题而言,这一下限过于宽泛,而应提前至传说时代的虞夏之交。主要的考虑是国家的形成就喻示着文化共同体的出现,文化至此进入了发展阶段而不再停留于发生阶段。从考古学角度讲,下限应当是距今 4300 年开始的"龙山时代"③。此时是新石器时代末期,也是虞夏之际。在进入"龙山时代"之前,良渚文化等个别考古学文化已经孕育文明甚至国家,但只有在"龙山时

---

① 董楚平等:《吴越文化志》,上海人民出版社 1998 年版,第 3 页。
② 李学勤:《二十一世纪的中国古代文明研究》,《中国古代文明研究》,华东师范大学出版社 2005 年版,第 355 页。
③ 参见严文明《龙山文化和龙山时代》,《文物》1981 年第 6 期。此前将"龙山时代"理解为距今约 4600~4000 年的时期,据"中华文明探源工程"的最新研究成果,"龙山时代"的上限为距今 4300 年,而之前部划入"龙山时代"的良渚文化,下限则在距今 4300 年以前。这一调整使过去的一些矛盾得到了合理解释,而由此带来的后续影响显然更为深远。参见中国社会科学院考古研究所官方网站初步披露的信息。

代",才出现全国范围内的普遍突进,最早的以中原地区为中心并辐射周边的共同体文化逐渐形成。

2.依据对文化发生阶段内中国文化地域性存在的认识。在共同体文化出现之前,中国文化以地域文化各自发展的面貌呈现。因此,地域文化较之共同体文化而言,是更为先天的,也具有更为充分的本体意义和实质意义。

这里有必要讨论文化发生的标准问题。1958年在美国召开的关于近东文明起源的研讨会上,西方学者提出了几个衡量文明起源的标准,即著名的文明"三要素":城市的出现而不是简单的聚落;应该有文字;要有大型的礼仪性建筑。这个观点经英国学者丹尼尔(G.Daniel)[①]《最初的文明》的出版而传播于世。此外,一些学者还认为冶金术的出现也是一个重要标志。李学勤先生认为,这些标准"是目前考古学、历史学界衡量古代文明的几个最主要的标准、文明的因素。当然只有一个因素,还不能说是文明社会,一般认为要有两个以上的因素,才能算一个文明社会"[②]。在其他文章中,李先生认为这些界说主要是依据埃及、两河流域等地的现象,与古代中国是否符合,尚有待论证[③]。

我们在此介绍国际上和中国学者对于古代文明起源标准的看法,目的是为了解决中国文化发生的标准问题。鉴于古代文明时代的文化发展程度高于在此之前的新石器时代,我们确定文化发生的标准,可以设想有三种方法:一是降低这几个标准的文化含量,二是减少这些标准的数量,三是换用其他的标准。在这之间如何取舍,其实得看各地考古发现的实际情况。

[①] 书稿中首次出现的外国学者之名,均以括号加附外语。以下皆同,不一一说明。

[②] 李学勤:《代前言:追寻中华文明的起源》,《中国古代文明研究》,华东师范大学出版社2005年版,第10页。

[③] 由于文明的区域性和多样性,所谓"三要素"并不足以成为划分人类是否进入文明社会的绝对标准。它并非"放之四海而皆准"的标尺,这种指标式的清单不免以偏概全。譬如文字,文字一向被学界视作最重要的文明要素,谁也不会否认印加帝国已经进入文明时代,印加文明虽然拥有相当发达的国家组织,但它并未出现系统的文字。再如青铜器,欧洲早在公元前4000年就已出现青铜器,而地中海克里特岛上的爱琴文明直到公元前2000年才出现国家。在欧洲大陆,甚至在铁器到处盛行以后,仍然迟迟没有进入文明时代。与此形成鲜明对比的是,中美洲墨西哥的特奥蒂瓦坎文明和玛雅文明都是没有铜器的文明。至于城市,城市虽然是西亚两河流域苏美尔文明崛起的标志,但在中美洲的玛雅文明、欧洲地中海的麦锡尼文明和十八王朝以前的古代埃及文明,却没有出现城市,堪称"没有城市的文明"。参见王震中《中国文明起源的比较研究》,陕西人民出版社1994年版,第2页。更为重要的是,中国文明的起源模式与欧洲并不完全相同。具体到文明要素,玉器是中国文明极为重要的一项文明要素,这在欧洲文明中得不到体现,而中国文明的"礼"更是具有深刻民族性的因素。

根据各地域文化的新石器时代的考古发现,我们以这样几条内容作为文化发生的标准:生产活动已经发展到改良工具的程度,这在各地考古发现中是一个普遍性的现象;房屋建筑或墓葬建筑的出现,前者往往表明婚姻习俗的萌芽或形成,后者则部分地说明了古人对生死两判现象的体认或生命意识的萌芽,如果墓葬中有陪葬品并且多寡不一,那么就能说明宗教礼仪的初步出现和社会阶层分化的初步形成;有一定的艺术活动,这种活动的结果在新石器时代大多以陶器制作和陶器上的纹饰作为代表,有些史前遗址中发掘到艺术性程度较高的生活装饰品或礼仪装饰品,但这不是一种普遍的现象。这些文化发生的标准,也可以作为发生阶段的文化内容来看待,它们对文明起源的标准,既有部分借鉴但更有出于必要的变易。

　　在文化发生阶段,统一的中国文化远未形成,文化的发生和早期发展都在先民各自存在和活动的地域之内进行,因此,所谓的中国文化是以地域文化的形式存在着的;同时,由于存在着地理阻隔和交通不便的实际问题,各地域文化之间虽说很难做到绝对的声息不通,但是,一个基本的事实是:各地域文化是以自身的主体文化为骨干和主要血肉并在一定空间范围内独立发展起来的。因此,在此期间,各地域文化据现有的考古材料来看,虽有高与低、充分与不充分之别,但互相之间,很少存在着一个压倒另一个的所谓"强势文化"。"强势文化"的出现,对悠远的中国历史而言,实际上是较为晚近的事。

　　研究中国文化的地域性发生之特征,其目的是探索中国文化发生的历史场景,而这与发生阶段内的地域文化的研究目的是一致的。地域文化是文化在空间地域中以特定人群为载体的凝聚和固定,地域文化研究的工作就是"研究文化原生形态和发展过程的以空间地域为前提的文化分布。它将具有相近的生存方式和文化特征的集结作为单独的认识对象,然后进行历史的和文化学的分类和归纳,从而重建历史时期的文化景观"[①]。在此意义上,它与重在揭示文化历时性变迁的发生问题研究相沟通起来。

　　在进入三代之前,中国文化的地域性存在表明中国文化自有渊源于其自身环境、人群和传统的特定历史。在人类漫长的历史时期,曾经产生过

[①] 王健:《区域文化研究的理论与实践论略——"汉代徐州区域文化研究"课题的方法论思考》,《徐州师范大学学报》(哲学社会科学版)2002年第1期。

不少个性鲜明的文化。它们有着各自的发生、发展轨迹,并存在交互的作用与渗透。从中国新石器时代文化的考古发现看,我们认为中国文化在此时期以地域性的方式存在着,逐渐走上文化统一体的道路,并对世界文化的发展作出积极的贡献。

从17世纪中叶开始,一些西方学者便借欧洲资本主义向外扩散之机,大力鼓吹中国文化"西来说"。同时,西方文化学派中的传播论文化学派认为文化最初都是在一定区域产生的,后来经过传播才在其他各地发展出来①,在这过程中也起到推波助澜的作用。英国学者拉克伯里(T.D.Lacouperrie)早在1885年便提出中华民族的始祖黄帝是从巴比伦迁来的②。除了巴比伦说之外,中国文化"西来说"还有埃及说、印度说、中亚说等说法③。这些说法,并没有可靠的证据支撑。但传入中国之后,还是得到了一些人的认同④。1921年瑞典考古学家安特生(J.G.Andersson)发掘河南省渑池县仰韶村遗址,发现了仰韶文化,揭开了中国现代考古发掘的序幕⑤。但安特生基于渑池发现的彩陶与中亚地区土库曼斯坦的安诺遗址以及南俄罗斯的特里波利等地出土的彩陶纹饰上的相似性,提出了仰韶文化西来的假说⑥。尽管他后来对自己的观点作了修正,但仍认为在新石器时代晚期,有一支以彩陶为代表的先进农业集团由西向东传播,进入中国

---

① 这种观点,容易导致认为人类文化只有一个中心,否认各民族文化发展的独立性,其荒谬性是显而易见的。

② 孙江:《拉克伯里"中国文明西来说"在东亚的传布与文本之比较》,《历史研究》2010年第1期。

③ 陈星灿:《中国史前考古学史研究1895—1949》,生活·读书·新知三联书店1997年版,第30—35页。

④ 在中国古代这本不成问题。因为从三皇五帝到夏、商、周三代的古史体系向来根深蒂固,只有中国文化向外传播的现象,而不存在中国文化外来的可能。所以,中国文化的本土性,在很长一段时期内是无可置疑的。

⑤ 同样是1921年,印度河流域的哈拉巴(Harappa)遗址得到发掘。1922年,摩亨佐·达罗(Mohenjo Daro)遗址的考古发掘也得到开展。中国与印度的现代考古学在差不多同时得以开展,且一开始都由外国人主持工作。

⑥ 中国的彩陶源自于西方,始于瑞典学者安特生在河南渑池县仰韶村的发掘结论。但在1980年前后,中国学者经对不断发现的新疆彩陶所作的研究,认为中国古代的彩陶文化,"由黄河上游起点,通过河西走廊,在新疆地区沿着天山山脉这座沟通东西文化的大陆桥西进,终点到达巴尔喀什湖东岸一线,前后历时5000多年,沿途不同的考古文化是黄河文明一波又一波向外不断扩张的历史缩影"。这一彩陶之路的发现,"使建立在其上的中国古代文化西来说终成历史"。参见刘学堂《中国文化西来说的终结》,《光明日报》2008年10月20日,第12版。另参见韩建业《"彩陶之路"与早期中西文化交流》,《考古与文物》2013年第1期。

的黄河流域,汇入原有的文化中并成为中国的史前文化。与此同时,"疑古运动"几乎摧毁了传统古史的旧体系,给了"西来说"可乘之机。这对向来以"中国"自居的国人来说,无疑是一个极大的冲击。

所谓的"西来说"虽然一度占有市场,但很快便成了明日黄花。自中国考古学者在山东龙山城子崖和河南安阳殷墟开展独立自主的考古发掘以来,中国现代考古学取得了一系列令世人瞩目的成就,证实了中国文化的原生性[1]。中国文化由外国输入的说法,早已不攻自破,所谓的"西来说"已经不值一驳。目前,随着文化理论的日渐成熟与考古发现的增多,学术界不再将不同文化的相似因素作轻易的比附,而是更注重在一定时空框架内辨析平行发展抑或交互影响的可能性。中国文化之所以具有原生性,主要是基于地域文化独立起源、各自发展的认识,而这又有赖于考古学谱系的完善与确立。揭示地域文化的原生性,将更为充分地说明中国文化发生和形成的自身历史传统。

三、从考古学文化谱系看中国地域文化的发生

在考古学界,苏秉琦先生提出的"区系类型"学说以及张光直先生提出的"中国相互作用圈"都具有代表性[2]。在此,我们试图从各地域文化的惯称出发,追溯它们在新石器时代的发展序列。

1.三晋文化圈

一般所说的三晋文化主要指今山西地区的文化,但鉴于历史上的三晋

---

[1] 中国文化是原生的,中国文明也具有原生性,它与古埃及文明、古巴比伦文明等一样,都是少有的原生文明,在世界文明中占有重要的地位。荷兰考古学家法兰克福(H.Frankfort)认为世界范围内具有原生性的文明有埃及与两河流域组成的近东文明,中国文明,秘鲁和墨西哥组成的中、南美洲文明。而英国考古学家丹尼尔则认为世界独立发展的文明主要有6支,分别是埃及、两河流域、印度、中国、墨西哥和秘鲁。我们通常所说的"四大文明古国"指古中国、古埃及、古印度、古巴比伦,而四大文明古国中,能够连续发展至今的,便只有中国了。

[2] 苏秉琦先生在20世纪70年代末期率先提出"区系类型"理论。苏秉琦先生和殷玮璋先生在《文物》1981年第5期发表了《关于考古学的区系类型问题》一文,提出了中国考古学文化的6个区系类型,分别为:1.以燕山南北长城地带为重心的北方;2.以山东为中心的东方;3.以关中(陕西)、晋南、豫西为中心的中原;4.以环太湖为中心的东南部;5.以环洞庭湖与四川盆地为中心的西南部;6.以鄱阳湖—珠江三角洲一线为中轴的南方。另参见苏秉琦《中国文明起源新探》,生活·读书·新知三联书店1999年版,第35—37页。张光直先生在1986年由耶鲁大学出版社出版的《古代中国考古学》第4版中提出"相互作用圈"理论,将公元前4000年还没有迈过国家门槛的中国相互作用圈分为:内蒙古长城地带,以兴隆洼文化为最早;仰韶文化;大汶口文化;大溪文化;太湖长江三角洲文化;大坌坑文化等。

覆盖今山西、河南、河北的大部分地区,我们所说的三晋文化圈实际上包括狭义的中原文化。新石器时代中期的文化有主要分布在河南地区的裴李岗文化(距今约 8200～7500 年)以及主要分布在河北中南部的磁山文化(距今约 8100～7700 年),它们分别发展为当地的仰韶文化;在距今约 7000～5000 年的时间段,已经进入"仰韶时代";经过庙底沟二期文化(距今约 4900～4300 年)的过渡,进入了"龙山时代",包括王湾三期文化、后冈二期文化、陶寺文化、王油坊类型文化等。其中陶寺文化一些学者认为与尧、舜有关①,而王湾三期文化作为二里头文化的重要源头,与夏文化关系密切。

2. 秦陇文化圈

主要分布在甘肃陇东地区和陕西关中地区的老官台文化②(距今约 7900～7000 年)是仰韶文化半坡类型的前身,与三晋文化圈一样经历了"仰韶时代"与庙底沟二期文化阶段之后,关中地区出现了客省庄文化,即过去所说的"陕西龙山文化"。而在甘肃东部,距今约 6000～4000 年的时间段内分布着马家窑文化,有人称作甘肃仰韶文化,之后则是齐家文化。

3. 齐鲁文化圈

新石器时代中期的文化有后李文化(距今约 8300～7400 年),其后有北辛文化(距今约 7400～6200 年),之后是大汶口文化(距今约 6200～4300 年),其后进入"龙山时代",出现了山东龙山文化。在山东龙山文化消亡之后,海岱地区为岳石文化所统治,一般认为岳石文化的主人为夏代的东夷。

4. 吴越文化圈

作为地域文化的吴文化与越文化关系密切,在新石器时代很长时期内是一个整体。吴越文化圈较早的线索有上山文化(距今约 10000～8500

---

① 王文清《陶寺文化可能是陶唐氏文化遗存》(《华夏文明》第 1 集,北京大学出版社 1987 年版)、王震中《略论"中原龙山文化"的统一性与多样性》(《中国原始文化论集》,文物出版社 1989 年版)、俞伟超《陶寺遗存的族属》(《古史的考古学探索》,文物出版社 2002 年版)、卫斯《关于"尧都平阳"历史地望的再探讨》(《中国历史地理论丛》2005 年第 1 期)、卫斯《"陶寺遗址"与"尧都平阳"的考古学观察——关于中国古代文明起源问题的探讨》(《襄汾陶寺遗址研究》,科学出版社 2007 年版)等论著主张陶寺是帝尧陶唐氏的遗址。李民《尧舜时代与陶寺遗址》(《史前研究》1985 年第 4 期)、王克林《陶寺文化与唐尧、虞舜——论华夏文明的起源》(《文物世界》2001 年第 1、2 期)等文主张陶寺系尧、舜的遗址。

② 又叫"大地湾文化"、"李家村文化"、"白家文化"等,学术界的命名并不统一,本书暂且采用"老官台文化"这个较为常见的名称。

年)与跨湖桥文化(距今约8000～7000年),其后在环太湖流域有马家浜文化(距今约7000～6000年),宁绍平原则有河姆渡文化(距今约7000～5300年)。环太湖流域在马家浜文化之后是崧泽文化(距今约6000～5300年),崧泽文化发展为良渚文化(距今约5300～4300年),良渚文化时期已经囊括环太湖流域和宁绍平原,其文化辐射范围达到高峰。此后尚有钱山漾文化(距今约4400～4200年)、广富林文化(距今约4100～3900年)及马桥文化(距今约3900～3200年)。周边的凌家滩文化、北阴阳营文化亦值得重视。

5.荆楚文化圈

较早的文化有湖北北部的彭头山文化(距今约9000～8000年),皂市下层文化(距今约7900～7000年)时期地域有了扩展,大约在同时鄂西存在城背溪文化(距今约8500～7000年),它与皂市下层文化一起影响了后来的大溪文化(距今约6500～5300年)。大溪文化发展为屈家岭文化(距今约5400～4500年),进入"龙山时代"之后则有石家河文化,并最终在中原文化南下之后消亡。

6.巴蜀文化圈

巴蜀一带最为著名的是商代的三星堆文化,在此之前则是宝墩文化(距今约5000～3700年)。

7.燕辽文化圈

在辽西地区,最先兴起的是兴隆洼文化(距今约7500～6500年),它是赵宝沟文化(距今约6500～6000年)、红山文化(距今约6700～5000年)、富河文化(距今约6500～6000年)的重要源头。与红山文化关系密切的有小河沿文化(距今约5500～5000年)。在"青铜时代",辽西地区有夏家店下层文化(距今约4300～3600年),后来为夏家店上层文化所取代。而辽东半岛有小珠山下层文化(距今约6500～6000年)、后洼上层文化(距今约6000～5500年)、小珠山中层文化(距今约5500～5000年)、偏堡子文化(距今约5000～4500年)等。

正是新石器时代的初步发展,才奠定了中国文化地域性存在特征的基础。上述文化圈主要分布于黄河流域、长江流域、辽河流域,它们共同汇聚为最初的中国文明,并涵育了各自的地域文化基因。在此基础上,形成了两周以来逐渐固化的地域文化。此外的一些重要地域文化,暂且只能以地理单元来命名,如长城地带以及内蒙古草原的文化、吉黑(吉林、黑龙江)地区的文化、青藏高原的文化、滇贵(云南、贵州)地区的文化、新疆地区的文化以及闽台文化、岭南文化,还有近年来确立的以顺山集文化为开端的淮河流域文化,均有线索可循,在此不一一展开。

综观新石器时代各区域考古学文化的谱系,我们大致可以得出以下几点认识:

首先,新石器时代早期的发现相当少,新石器时代中期以降繁盛的人类文化可能正是由这些"星星之火"引燃的。人类历史由旧石器时代进入新石器时代的当口(约距今12000年),无疑是质变的临界点。新石器时代的到来,得益于气候的趋暖、冰期的消退,磨制石器、陶器、农业、定居模式等成为划时代的标志物,人类文化自此发生并呈加速度发展。目前所知的新石器时代早期遗址,主要有华北的北京门头沟区东胡林、北京怀柔区转年、河北阳原县于家沟、河北徐水县南庄头等遗址,以及南方的湖南道县玉蟾岩、江西万年县仙人洞和吊桶环、广西邕宁县顶蛳山、广西桂林市甑皮岩和庙岩、广西临桂县大岩等遗址。浙江上山遗址年代与上述遗址相仿,但表现出的先进性与超前性使不少学者质疑其绝对年代。目前所发现的早期遗址并不多,一来是由于这方面的工作相对薄弱[①],二来是新石器时代肇始之际,人类的活动尚是散点分布的状态。无论如何,这些"星星之火"的出现,为各区域文化的发展奠定了基础。需要指出的是,这些新石器时代早期遗址所见陶器,南方的多圜底,北方的多平底,从一开始便出现了地域的差异。

其次,地域文化初具轮廓是在新石器时代中期这一阶段。如北方出现了裴李岗文化、磁山文化、老官台文化、后李文化,南方出现了彭头山文化、跨湖桥文化等,均为当地考古学文化的源头。它们独立起源,各自发展,这既说明了各地域文化的本土性质,也说明了中国文化的本土性质。在此阶段,诸考古学文化基本上是各自发展的状态,缺少交集。同时,各地域文化萌生之初,便表现出发展不平衡的现象。总体而言,东方沿海地带的文化表现出更多的先进性特征。

---

① 所发现的遗址虽少,但相对集中,有必要结合分子人类学所推测的东亚早期人群迁徙路线作进一步考察。

再次，各地域文化并非线形发展的，我们不能以机械的进化论观念去看待它们的演变。在一些区域，考古学文化得到进一步的整合，如黄河流域的裴李岗文化、磁山文化、老官台文化最终共同演变为仰韶文化，而在长江下游，原本并行发展的马家浜文化与河姆渡文化，最终归于良渚文化。此类局部整合的现象，在不同的区域逐步发生，这实际上是各地域文化逐步定型的过程。这一过程，主要发生在新石器时代中期与晚期。除了局部整合，不同的地域文化在此期间也存在一定的文化交流。

最后，自距今4300年开始的"龙山时代"，相当于新石器时代末期，不同地域的区域文化融汇现象加剧。在此之前，各地域的考古学文化基本上独立发展，人群在最初保持着遗传特征的单一性[1]。而在"龙山时代"以及之前的一段时期，不同考古学文化和不同地区人群间的交流更加频繁，基因混杂程度逐步加深[2]。无论是考古学文化还是人群的遗传因素，都在"龙山时代"加剧融合，并最终催生了三代文明。中原地区因各方文化的汇聚而壮大，随后向周边辐射。随着三代文明的扩张，各地域文化不断被裹挟进中原文化的漩涡。中原文化的扩张要求步调的一致，而各地域文化又有各自的节奏，这一拉锯的过程，事实上也是文化融合的过程。地域文化的模糊融汇与共同体文化的形成，要追溯到这一时期。

四、地域文化的模糊融汇与共同体文化的形成

在前面所概述的史前区域文化多样性的基础上，我们拟就地域文化的模糊融汇与共同体文化的形成作初步的探讨。

首先是中国共同体文化如何形成的问题，亦即中国文化如何发生的问题。

从文化史的演进结果来考察，可以发现存在着一个各地域文化在历史发展过程中逐渐被整合和融汇的趋势。作为这一趋势的直接表象，就是辽阔的疆域被少数人或统治集团所掌控，从《汉书·地理志》关于神话传说时代和文明时代疆域的描述和统计，我们可以对此得到较为直观的印象。在

---

[1] Hui Li, Ying Huang, et al., "Y Chromosomes of Prehistoric People along the Yangtze Rive." *Hum Genet*, 2007, 122:383-388.

[2] 王明辉：《新石器时代晚期至青铜时代中国北方居民体质特征的变化及相关问题》，《科技考古》第2辑，科学出版社2007年版，第163页。

《汉书·地理志》的记载中,黄帝时代,其疆域是"万国",尧时代为"十二州",禹时代为"九州",夏朝"无所变改",周为"九州",有"千八百国",春秋自"数十国"到春秋五国,战国"天下分而为七",秦统一天下,有三十六郡,汉有"郡国一百三"。这些记载告诉我们,随着历史的发展,地域界限被不断打破,疆域被逐渐统一了起来。

文化融汇的社会条件是地域界限的消除,也即是政治和经济的统一,实际上,就是国家对疆域实施有效的控制,亦即国家的统一。国家统一,共同体文化才有可能出现和形成。在此之前,各地域文化必然要经历一个"互渗—统一"乃至局部消亡的过程,构成这一过程的具体方式,从历史发展的实际情形来看,一般有这样几种:(1)战争。战争不论规模大小,都具有侵夺和征伐的性质,是对文化的摧残,但是,它又是一柄双刃剑,在摧残文化的同时,也促进了文化的交流与融合;(2)盟会。盟会是政治斗争的一种特殊手段,在碰撞中也会形成文化的交流;(3)婚姻。在文化统一进程中,政治性婚姻较之民间性婚姻带有更多的文化交流的意味;(4)人群的流动和迁徙。既包括战争冲突所带来的人群流动乃至民族融合,也包括自发的迁徙;既有一般民众,也有上层贵族[①]。中原地区在"龙山时代"逐渐成为中国文化的重心所在,在于周边文化向中原地区汇聚,文化的汇聚伴随着人群的迁徙,这实际上又是与"龙山时代"气候变化的大背景有关的。由于气候转凉,诸如洪灾等自然灾害在长江流域、黄河流域泛滥,中原部分地区却因相对安全而成为先民理想的选择,来自长城以北和东部沿海的先民向中原地区迁徙。而在治水的过程中,公共权力实际上愈加强化了,早期

---

① 李新伟先生近年来强调中国新石器时代的远距离"社会上层交流网"。如红山文化牛河梁遗址群和安徽含山凌家滩遗址远隔1000余公里,但玉器从形态到制作理念存在惊人的相似。大口缸是另一种上层交流的重要物证,在豫西、山东和长江下游公元前3500年左右的大型墓葬中均有出土,反映了通过交流形成的、相似的社会上层葬仪。庙底沟风格彩陶纹样的广泛传播是此文化交流风潮最亮丽的标志,社会上层交流应是彩陶最重要的传播形式之一。各地区在如此密切而深入的交流中,逐渐形成并共享着相似的文化精粹,中国相互作用圈渐渐形成,中国史前文化的多元一体格局出现,"最初的中国"喷薄而出。参见氏著《中国相互作用圈和"最初的中国"》,《光明日报》2014年2月19日,第14版。这一观点值得重视,但这些相似之处是平行抑或交叉仍有待进一步考虑。因为反映精神文化的器物与反映物质文化的器物相比,表现出更多的抽象性,因而共性的产生源于相互间的交流抑或共同的思维方式仍是问题。值得注意的是,李新伟先生所举的例子,大多是中国东部的文化,早期越人有沿东部海岸线北上的迹象,所谓的东夷与越人可能同出一源,红山文化先民也确实发现有越人的遗传特征。从民族的同源角度,或许可以解释东部诸考古学文化的一些共性(尤其是精神文化方面)。

国家也便应运而生。

　　文化共同体的出现还意味着各地域文化中的土著人口的民族身份的渐趋模糊。中国文化的创造主体是中华民族，中华民族这一近代以来强调的概念，虽与西方的民族概念有所区别，但确是合乎中国文化发生、发展的实际情形的①。汉族虽是中华民族的主体，但汉族本身是民族融合的产物，今天汉族中一半以上的成分与汉藏语系藏缅语族的民族有共同的祖先，同时百越等族群的后裔也融入了汉族，至今占有不小的比例。据学者研究，一半以上现代汉族的 Y-DNA（通过父系遗传）继承自西北及中原地区的先民，而以良渚文化为代表的 O1 单倍型等也为现代汉族贡献了一部分血统②。有人据此认为汉族是极纯正的种族，然而，在汉族人口如此大的基数面前，如果有 10% 的异质基因，就已经可以想见种族融合程度之深了。实际上，"世界上没有血统很纯粹的民族。民族既非单元，文化也就不会单元。反过来，文化越灿烂，民族的血统似乎越复杂"③。经历了历史上的数次民族融合，中国文化的创造者很难说是来自单一的血统。这种融合的趋势，至迟要追溯到"龙山时代"。在中国文化的发生阶段，华夏、东夷、苗蛮、百越、戎狄诸集团相融共生，中国境内是类似于"泛希腊"的"泛中国"状态。"中国文化"之所以成立，在于它是基于文化共同体而非狭义的民族概念。中国文化的发展，主要便是这一文化共同体不断膨胀并同化其他文化的过程。

　　再来看中国文化发生阶段中的各地域文化的发展状貌。

　　从新石器时代的考古学文化区系类型看，中国文化不是单一地发生于黄河流域，而是呈多元汇聚、满天星斗的态势。因此，单纯地以黄河流域的地域文化为依据来总结和归纳中国文化的本质特征和发展规律，均有以偏概全之嫌。然而，形成之后的中国文化更多地染有黄河流域各地域文化的

---

　　① 严文明先生指出："现代中国是一个以汉族为主体并结合着五十多个少数民族的统一的多民族国家。这样一个既有主体，又有众多兄弟；既是统一的，又保持各民族特色的社会格局，乃是长期历史发展的结果，它的根基深植于遥远的史前时期。"参见氏著《中国史前文化的统一性与多样性》，《文物》1987 年第 3 期。

　　② B.Su, J.H.Xiao & P.Underhill, et al., "Y-Chromosome Evidence for a Northward Migration of Modern Humans into Eastern Asia during the Last Ice Age." *Am J Hum Genet*, 1999, 65(6): 1718-1724.

　　③ 岑仲勉：《西周社会制度问题》，上海人民出版社 1957 年版，第 111 页。

色彩,却是一种历史发展的自然选择。

其次,任何一种大范围的地域文化都不可能只有一个源头,都具有一定的多源融合的特点。例如,中原文化有强大的吸引力和融合力,能把中国其他地区的文化以及域外文化吸收进来。作为"仰韶时代"与"龙山时代"之间的过渡阶段,庙底沟二期文化已经出现了许多来自东方的因素[①],凌家滩文化、良渚文化等先进文化向中原地区输入了一些文化因素。而长城地带的文化因素,同样向中原汇聚。诸如冶炼术、小麦、黄牛、绵羊、山羊、马等起源于西亚的因素,诸如南海的海贝等,均非中原本土所有[②]。中原地区最终在"龙山时代"开始进入文明时代,进而成为向外扩张的强势文化,作为共同体文化的中国文化在此时出现。《吕氏春秋·慎势》云:"古之王者择天下之中而立国。"作为"龙山时代"进入文明社会实例的陶寺古城发现有求地中的圭尺[③],近出清华简《保训》也有虞舜"求中"的记载[④],最早的"中国"由此形成。苏秉琦先生曾指出:"对于中原地区来说,大约西周与西部有关,夏则源于东南方的线索,商人则认东北为老家。所以,把黄河中游以汾、渭、伊、洛流域为中心的地域,称作中华民族的摇篮并不确切,如果把它称作在中华民族形成过程中起到最重要的凝聚作用的一个熔炉,可能更符合历史的真实。"[⑤]正是由于中原地区扮演着"熔炉"的角色,才有了三代文明的熊熊烈火。这说明早在远古时代,中原文化就受到中国其他地域文化的影响。再如燕辽文化圈有自然地理和历史背景条件下所形成的双重蕴含,即平原文化与草原文化、农耕文化与畜牧文化、华夏文化与胡族文化,这是地域性的民族融合。因此,燕辽文化既有全国的共同性,又有地域性的特征。随着社会的发展,燕辽文化的全国共性愈来愈大,内容也愈来愈丰富,而南北交汇的地域特点,将成为一种历史特征。又如从空间上看,从新石器时代开始,吴越文化就对闽台文化有明显影响,其后以此为中介,

---

① 魏兴涛:《中原与东方及东南——试从清凉寺墓地探讨外来因素在中原地区早期社会复杂化过程中的作用》,《中国社会科学院古代文明研究中心通讯》第22期,2012年1月。
② 袁靖:《中华文明探源工程十年回顾——中华文明起源与早期发展过程中的技术与生业研究》,《南方文物》2012年第4期。
③ 何驽:《山西襄汾陶寺城址中期王级大墓ⅠM22出土漆杆"圭尺"功能试探》,《自然科学史研究》2009年第3期。
④ 陈民镇:《清华简〈保训〉疑牾举例(三则)》,《四川文物》2012年第1期。
⑤ 苏秉琦:《中国文明起源新探》,生活·读书·新知三联书店1999年版,第65页。

接受中原文化。

最后,中国幅员辽阔,各地文化既基本统一又丰富多彩,"中国古代文化的多地域、不平衡发展的原因有地理、气候等自然方面的因素,也有人文传统的延续等社会与文化的原因在内。这种多区域性不平衡发展,可追溯至新石器时代,甚至旧石器时代晚期"[①]。秦代以后,及至现代,各地文化由于趋同性的作用以及儒家和合思想的影响,其差别虽不如秦代以前那么明显,但仍有不同程度的区域特色,中国文化的地域特色是会永远存在的,这一点在共同体文化的发生阶段已经奠定了基础,因为它本身就是从各地域文化中脱胎而成的。

---

① 雷虹霁:《秦汉文化区域与区域文化研究综论》,《民族艺术》2002年第2期。

第一章　越文化的起源与边界

第一节　於越的族源问题

关于於越①族源的问题，历来有不少争议。现当代学者对于这一问题的探讨，自1937年吴越史地研究会结集《吴越文化论丛》以来一直延续至今。概言之，大抵有"越为夏裔"说、"越为土著"说、"楚越同源"说、"三苗后裔"说等观点，歧见迭出。目前学术界大多认为"越为夏裔"是古人的谬说，"越为土著"的认识逐渐成为主流。事实上，问题似乎并没有这么简单。伴随着分子人类学的新进展、越地考古的新发现，我们得以更清晰地认识百越族群的发生以及於越的演变。同时，过去"一刀切"式的族源观也很难说合乎实际。基于这些新材料和新认识，我们拟对於越族源问题作进一步的探讨。

总体来看，於越的族源可以分为三个层次：一是百越集团的血缘特征，

---

① 一般认为，"於越"是百越的一支，是创造越国文化的主体。为求统一，本书将各论著出现的"于越"一概改作"於越"。"於越"一名首见《春秋》定公五年所载"於越入吴"。杜预注云："於，发声也。"据董楚平先生研究，吴越的地名、人名基本上以鱼韵字及其紧邻的侯韵字发声，"於越"的"於"古声在鱼部，参见氏著《吴越文化新探》，浙江人民出版社1988年版，第13页。董先生还认为传世与出土的越国铜器铭文从不自号"於越"或其他对音，而是清一色的"戉"字，绝无例外，先秦可能只有一部分齐鲁人称越国为"於越"，参见该著第10—12页。如此，董先生否定了古人的旧说。事实上，无论是"於越"指称的语言特征，还是越国青铜铭文的实证（如越王大子矛），都说明"於越"当是自称。如果从"越"这一标志性的称呼看，於越文化与新石器时代文化的连续性也是可以成立的。罗香林先生早年指出："按越族之越，甲骨文作'戉'……盖象斧戉之形。其后以文字之展转假借，原义寖昧，乃加走旁为度越之越。"参见氏著《中夏系统中之百越》，独立出版社1943年版，第57页。马家浜文化至良渚文化的发现证明越地的玉石钺的确极为发达。按"戉"与"王"字源密切，参见林澐《说"王"》，《考古》1965年第6期。中国古代的钺，是王权与军权的象征。江苏吴县澄湖遗址出土的一件良渚文化时期泥质黑陶贯耳罐的腹部外壁上刻划有4个字符，呈左高右低横向排列，董楚平先生将其释作"方钺会矢"，并指出越地国号作"戉"来源甚古，参见氏著《"方钺会矢"——良渚文字释读之一》，《东南文化》2001年第3期。其中释作"戉"的字大抵可以成立，虽然它未必能证明当时越地已有"戉"的族称。河姆渡文化、良渚文化等先越文化阶段的考古学文化与后来的越国文化的确有许多共性，譬如都有鸟崇拜的现象。

可以追溯到距今2万年前的北部湾地区,是为百越的祖源;二是东南越人的血缘特征,形成于距今8000年左右,稍迟于本区域出现新石器时代文化的时间,因此,若单从血缘看,於越是距今8000年左右本土起源的;三是从代表历史时期越国文化的民族共同体看,於越在马桥文化阶段以后在越地逐渐形成。

若将於越族源问题追溯到第一层次,不免求之过远;追溯至第二层次,则无可厚非;追溯至第三层次,或许更合乎实际。需要指出的是,古史茫昧,文献阙如,加之民族的形成过程是复杂的,问题尚未到真正解决的时候。我们所做的,便是结合新材料从新的角度对於越的族源提出初步的看法。

一、分子人类学的认识与於越民族的本土发生

现代人类是多元起源抑或是同出一源,这是学术界长期争论的话题。中国考古学界的一些学者认为中国旧石器时代的发现说明东亚的人类演进有大致的连续性线索,吴新智先生便强调东亚人类"连续进化、附带杂交"的假说,并以前者为趋势,后者则与时俱增[①]。与此不同,一些学者相信,早前从非洲扩散到旧大陆的直立人与早期智人因气候等原因逐渐灭绝(这一点表现为古人类化石的断层),现代人的祖先是十多万年前在东非新崛起的一群人[②]。随着分子人类学研究的深入,晚期智人"走出非洲"的观点有了愈加坚实的证据。通过对线粒体DNA(mtDNA)的研究,我们能追溯人类的母系遗传,将现代人的祖先追溯到非洲的同一个"祖母",得出了著名的"夏娃理论"[③]。由于mtDNA突变速度过快,且母系基因的交流过于频繁,这一理论招致了不少质疑。而Y染色体DNA由于是严格父系遗传,其单核苷酸突变(SNP)稳定可靠,为我们探究古今人群的演变提供了目前为止最可凭信的标尺。通过对Y-DNA的研究,我们同样将现代人

[①] 吴新智:《中国远古人类的进化》,《人类学学报》1990年第4期;《从中国晚期智人颅牙特征看中国现代人起源》,《人类学学报》1998年第4期。

[②] 金力、褚嘉祐:《中华民族遗传多样性研究》,上海科学技术出版社2006年版,244—251页。

[③] R.L.Cann, M.Stoneking & A.C.Wilson, "Mitochondrial DNA and Human Evolution." *Nature*, 1987, 325: 31-36; A.C.Wilson, R.L.Cann, "The Recent African Genesis of Humans. *Sci. Am*, 1992, 266: 68-73; L.Vigilant, M.Stoneking & H.Harpending, et al., "African Populations and the Evolution of Human Mitochondrial DNA." *Science*, 1991, 253: 1503-1507.

共同的"祖父"追溯到非洲,是为"亚当理论"①。至此,晚期智人"走出非洲"的说法有了更为严密的证明。金力、宿兵、柯越海等学者的研究则表明,中国南方人群的多态性明显高于北方人群,提示现代人类自南方进入中国,随后由南向北逐渐迁移;并同时对携带南北人群共同的单倍型个体在3个Y染色体微卫星标记位点进行了基因组分型,据此估算了现代人类进入中国的时间大致在18000~60000年以前;并推测非洲起源的现代人约在60000年前从南方进入东亚,在以后的数万年中逐渐向北迁移,遍及中国②。此后的研究续有拓展,具体时间标尺或有细化与微调,但基本框架仍然是坚实的。

基于以上认识,中国乃至全世界的现代人群总体来说都是同源的③。如此,我们便遇到一个问题:既然都是同源的,那么我们在追溯一个族群的源头时,究竟需要追溯到哪个阶段?换言之,既然大家都是从非洲"走出"的,归根结蒂都不能说是真正意义上的"土著",我们又该如何追溯族群发生的上限?遗传学能提供某种遗传特征形成的线索,但代表性遗传特征的形成并不能等同于作为共同体的民族的形成。因为一个民族的形成需要地域、语言、习俗等方面的同质性,这些因素的定型,才能说明一个民族的"形成"④。

於越是百越的一支,百越遗留到现在的后代,主要是壮侗语系的民族。这些民族,大多分布在今天中国的西南地区,包括壮侗语系壮傣语族的壮族、傣族、布依族,侗水语族的侗族、水族、毛南族、仫佬族,黎语族

---

① A.Y.Gibbons,"Y Chromosome Shows that Adam was an African." *Science*,1997,278:804-805.

② B.Su,J.H.Xiao&P.Underhill,et al.,"Y-Chromosome Evidence for a Northward Migration of Modern Humans into Eastern Asia during the Last Ice Age." *Am J Hum Genet*,1999,65(6):1718-1724;Jin Li,Bing Su,"Natives or Immigrants:Modern Human Origin in East Asia." *Nature Reviews Genetics*,2000,1(2),126-133;柯越海等:《Y染色体单倍型在中国汉族人群中的多态性分布与中国人群的起源及迁移》,《中国科学》(C辑)2000年第6期;Yuehai Ke,Bing Su,"African Origin of Modern Humans in East Asia:A Tale of 12000 Y Chromosome." *Science*,2001,292:1151-1153.

③ 尼安德特人、丹尼索瓦人等已经灭绝的古人类的基因在现代人身上亦有体现,但微乎其微。

④ 如有学者据东尼索瓦人东亚人群的祖先自南北上的现象认为汉族祖先居住于中国西南,参见邵靖宇《汉族祖源试说》,浙江大学出版社2001年版,第74页。汉族实际上是多元融合的族群,其主体应当是在黄河流域形成的。同样,我们不能根据现代人祖先来自非洲而说明中国文化是"西来"的。

的黎族,仡央语族的仡佬族等。从习俗看,百越先民"断发文身"、崇蛇、崇鸟等习俗亦为他们所继承。而现代汉族的大多数人群则与氐羌一系的民族有着更密切的联系。汉语族与同属汉藏语系的藏缅语族具有同源关系,从传统的体质人类学角度看,现代的华北地区人群与新石器时代甘青地区的先民相当接近①,可与分子人类学的研究成果相参证。而广泛分布于华南地区的百越族群从血缘、语言等方面看,均与中国北方人群存在相当程度的差异。在古代,百越作为一个大的集团活跃于中国的南部②,其内部各族群的共性与异性究竟如何,尚需要我们进一步探讨。

在李辉等先生的努力下,包括百越在内的澳泰族群的遗传谱系研究已经取得重大突破,为我们看待於越乃至百越的族源问题提供了前所未有的直接依据。而目前研究越文化的论著大多对此无甚关注,无疑是令人遗憾的。此前的体质人类学研究表明,广东、广西、福建、浙江等地的新石器时代人群,普遍带有蒙古人种南亚类型的特点,与同时代北方人群相比存在较大差异③。这些地域的人群体质特征趋同,大抵相当于百越。李辉先生则通过对百越后裔 Y 染色体 DNA 的研究,指出百越的遗传结构存在东越、西越一元二分的现象,即均有大量的 M119、M110 或 M95、M88 突变,为其他族群所缺乏,所有的百越群体首先是有整体性的,共性是最主要的④。李辉先生后来进一步指出,大约 3 万年前,蒙古人种的一支——澳泰

---

① 加拿大学者步达生(D. Black)在《甘肃河南晚石器时代及甘肃史前后期之人类头骨与现代华北人及其他人种之比较》(《古生物志》丁种第 6 号第 1 册,1928 年,第 97 页)中指出甘肃史前居民居于现代华北人与西藏人之间的地位,称为"原中国人"(Pro-Chinese)。

② 徐旭生先生认为"我国古代的部族的分野,大致可分为华夏、东夷、苗蛮三集团",参见氏著《中国古史的传说时代》,广西师范大学出版社 2003 年版,第 4 页。蒙文通先生在《古史甄微》中则将中国上古民族分为三族:江汉民族、河洛民族与海岱民族,实际上与徐旭生先生的看法并无二致。萧兵先生则提出中国上古文化实应有四大集群:东夷、西夏、北狄、南蛮,参见氏著《在广阔的背景上探索——兼论〈楚辞〉与中国上古四集群文化及太平洋因子的关系》,《文艺研究》1985 年第 6 期。他们对中国传说时代族群的划分均未涉及"百越集团"。事实上,百越集团在古代中国分布既广,文化辐射范围亦强,尤其是东南越人对中国文化的构建作出重要贡献,实在不能抹煞。《汉书·地理志》云:"粤地,牵牛、婺女之分野也。今之苍梧、郁林、合浦、交阯、九真、南海、日南,皆粤分也。"颜师古注引臣瓒语:"自交阯至会稽,七八千里,百粤杂处,各有种姓。"可见百越群体有强烈的内部认同感。

③ 中国社会科学院考古研究所编著:《中国考古学·新石器时代卷》,中国社会科学出版社 2010 年版,第 755—756 页。

④ 李辉:《百越遗传结构的一元二分迹象》,《广西民族研究》2002 年第 4 期。

群体走越南—广西路线,在北部湾一带孕育了很长时间,O1单倍群就是2万多年前在此出现的;后来广西内陆的山地群体和北部湾沿岸的群体发生了差异,14000多年前,沿海群体向东迁徙,散布到了整个广东和台湾的海岸线上;在大约10000年前,广东西部的群体和东部的群体发生了差异,大约8000多年前,广东东部的某一个部族中开始萌发新石器文化和农业文明,并迅速扩张开来,江浙越人祖先的遗传特征便形成于8000多年前[①]。

可以说,北部湾地区是百越集团的"祖庭",这里属于凌纯声先生所说的"亚洲地中海"[②]沿岸。如果将於越的族源追溯于此,或许也无可厚非。於越遗传特征的形成可以追溯到8000多年前,不过严格来说,作为民族的於越的形成应该在此之后。李辉先生所说的"东越",其Y-SNP单倍型以O1-M119(H9)为特征,西越则以O2a1*-M95(H11)为特征。根据对良渚文化马桥、新地里两个遗址人类遗骸样本的研究,良渚文化先民Y-SNP单倍型即以O1-M119为主[③]。针对马桥遗址良渚文化、马桥文化人类遗骸样本的研究,两个时期人群Y-SNP单倍型都是以M119C和M95T两类突变型为主[④],准此,无论是良渚文化还是马桥文化都兼有东越、西越的基因。从线粒体DNA所反映的母系遗传看,良渚文化、马桥文化和战国时期的马桥地区先民也是没有差异的[⑤]。至于上海现代马桥、金汇两地M119C突变的频率,分别为34.6%、39.6%,M95T的突变频率则分别为8.3%、7.7%。可见,从良渚文化、马桥文化一直到越国时期,Y-SNP单倍型O1-M119的人群活跃于东南地区,直至今日。今天的浙江汉族O1-M119有26.0%,上海汉族也有26.7%,是汉族群体中最高的。南方汉族O1-M119频率大抵

[①] 李辉:《侗台语与南岛语人群的遗传同源性》,《现代人类学通讯》2011年第5卷;"第二届语言进化与遗传进化国际会议"论文,2011年9月。

[②] 凌纯声:《中国古代与亚洲地中海》,《中国的边疆民族与环太洋文化》上册,台湾联经出版事业公司1979年版,第335页。

[③] Hui Li, Ying Huang, et al., "Y Chromosomes of Prehistoric People along the Yangtze Rive." *Hum Genet*, 2007, 122: 383-388.

[④] 上海文物管理委员会编著:《马桥:1993—1997年发掘报告》,上海书画出版社2002年版,第65页;杨俊等:《上海原住民的Y染色体遗传分析》,《中央民族大学学报》(自然科学版)2004年第1期。

[⑤] 上海文物管理委员会编著:《马桥:1993—1997年发掘报告》,上海书画出版社2002年版,第64—65页。

在17.3%,而北方汉族也有9.8%的比率。可以看出,古代越人的一部分后裔已经融入了现代的汉族①。

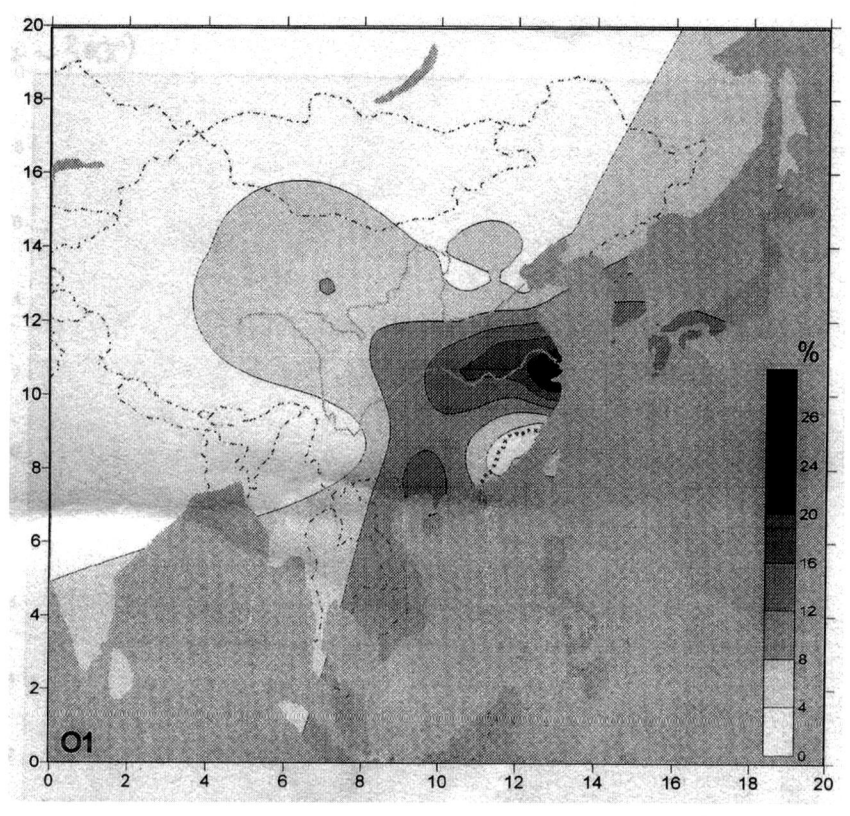

各地汉族群体中Y染色体O1单倍群频率的地理分布图②

从目前材料看,至迟在良渚文化时期,在越地生活的人群已经属于百

---

① 以上所引数据主要参考B. Su, J. H. Xiao & P. Underhill, et al., "Y-Chromosome Evidence for a Northward Migration of Modern Humans into Eastern Asia during the Last Ice Age. *Am J Hum Genet*, 1999, 65(6):1718-1724;上海文物管理委员会编著:《马桥:1993—1997年发掘报告》,上海书画出版社2002年版,第66页。

② 据李辉《分子人类学所见历史上闽越族群的消失》,《广西民族大学学报》(哲学社会科学版)2007年第2期。现代汉族中O1-M119占了一定比例,而且地域分布范围相当广,其来源还需要审慎探讨,单纯将其视作汉族的同化作用所致似乎并不恰当。良渚文化曾对全国有过较大规模的文化扩张,这一文化扩张是否伴随人口扩张有待研究。从现代汉族O1-M119的分布情况看,以江浙为中心(即良渚文化的主要分布地带),层层递减。O1-M119广泛渗透进汉族群体,是在良渚文化之前,是在良渚文化时代,是在越国极盛之时,还是在越国灭亡之后,都是值得研究的。

越集团。但需要注意的是,越地的考古学文化经历了数次轮替、融合,现在遽断良渚文化先民是后来於越民族的直接祖先还为时尚早。过去论者多以越地的考古学文化"一脉相承"来说明於越是越地土著,但是否果真是"一脉相承"仍是值得讨论的。最早在越地出现的人群是上山文化的先民,其后出现了跨湖桥文化。此后环太湖流域马家浜文化稳步发展,宁绍平原的河姆渡文化亦别有风光,两者虽然在某些方面存在交流,在文化上亦存在共性,但总体而言区别较大。马家浜文化发展为崧泽文化,崧泽文化已初步有了阶层分化,为其后如日中天的良渚文化奠定了基础。良渚文化后来将宁绍平原囊括,环太湖流域与宁绍平原趋于统一,是为第一次融合。良渚文化最终在东南地区衰亡,此后出现的钱山漾文化与广富林文化既有土著因素,也受到北方文化的强烈影响。尤其是广富林文化,学者认为其主体为河南地区的王油坊类型文化遗存,兼有浙南闽北的印纹陶文化因素[①]。广富林文化与良渚文化之间存在较大差异,文化的更迭背后或存在人群的更迭亦未可知。广富林文化之后的马桥文化与良渚文化差距更大,来自中原二里头文化以及浙南闽北的影响更为强烈,其红褐陶系来自浙南闽北的肩头弄一单元文化遗存[②]。在钱山漾文化、广富林文化和马桥文化时期,越地的考古学文化已经不止于当地的融汇,而是吸收了更多来自中原及南方的文化因素,有学者便将广富林文化与马桥文化的创造者视作两支外来人群[③]。由于百越集团在南方广泛分布,在钱山漾文化、广富林文化以至马桥文化时期有大批浙南闽北或其他周边区域的东南越人进入苏南浙北地区并不是没有可能的。如果存在这一现象,即便良渚文化的创造主体已经基本离开环太湖流域,同样有可能造成良渚文化至马桥文化遗传结构"一脉相承"的观察结果。在良渚文化时期,浙南便出现了良渚文化影响的迹象,浙北与浙南的密切联系至迟追溯于此,这一个因素也需要考虑在内。

我们现在只能说,从目前的材料看,从良渚文化到马桥文化到越国时

[①] 陈杰:《广富林文化初论》,《南方文物》2006年第4期。

[②] 上海文物管理委员会编著:《马桥:1993—1997年发掘报告》,上海书画出版社2002年版,第375页。

[③] 宋建:《人和族群的考古学观察——兼论遗传学方法在考古学中的应用前景》,《上海博物馆集刊》第9期,上海书画出版社2002年版,第564页。

期,越地的主体人群属于百越系统①,具体来说属于东南越人,其遗传特征形成于距今 8000 年左右,这自然是对"越为土著"说有利的。但东南越人不等同于於越,於越是越国文化的创造主体,而越国文化之前的越地考古学文化的演变较为复杂,甚至发生过多次轮替,其间发生过文化的断层与人群的迁徙、分化及融合,所以我们并不能轻易将良渚文化或者河姆渡文化的主体等同于於越。但我们至少可以将於越的历史追溯到马桥文化,马桥文化一般被认为是越国文化的前身,而马桥文化确乎是在越地形成的。从这一层面讲,说於越是在越地本土发生的,自然也是可以成立的。

二、"越为夏裔"说的可能性

所谓"越为夏裔"说,认为越王勾践系夏人的后代②。《史记·越王句践世家》便言之凿凿:

> 越王句践,其先禹之苗裔,而夏后帝少康之庶子也。封于会稽,以奉守禹之祀。

《史记正义》引贺循《会稽记》云:

> 少康,其少子号曰於越,越国之称始此。

《越绝书·外传记地传》则如是记载:

> 昔者,越之先君无余,乃禹之世,别封于越,以守禹冢。

另《吴越春秋·越王无余外传》云:

> 越之前君无余者,夏禹之末封也……禹以下六世,而得帝少康。少康恐禹祭之绝祀,乃封其庶子于越,号曰无余。

目前有关"越为夏裔"的史料只能追溯到两汉。《史记》作为比较权威的史书,成书于西汉;《越绝书》与《吴越春秋》近乎"野史",出自越地文人之

---

① 由于古代人群的取样过少,以及遗址是否具有代表性的问题,有关检测结果尚不能说是最终的结论。

② 论者多将此与"於越为夏裔"等同,如徐中舒先生认为"夏商之际夏民族一部分北迁为匈奴,一部分则南迁江南为越",参见氏著《夏史初曙》,《中国史研究》1979 年第 3 期。实际上古人只说越王是夏人的后裔。

手,时在东汉。可见,"越为夏裔"的说法至迟在两汉时期已甚流行,无论是越地文人,还是中原人士,都有人认同这一说法。尤其是记述严谨的《史记》和可信度较高的《越绝书》,是我们难以忽视的史料。问题在于,《史记》将黄帝视作中华民族共祖的做法有可能是大一统史观影响下的结果,而出于古代正统史书对边裔民族的漠视,我们难以找到《史记》之前的证据也是事实。

这还涉及到大禹是否葬于会稽山以及会稽山的地望问题。司马迁在《史记·太史公自序》中自述"二十而南游江、淮,上会稽,探禹穴",经过实地调查,司马迁作了"十年,帝禹东巡狩,至于会稽而崩"①的记述。此外,《墨子·节葬下》云:"禹东教乎九夷,道死,葬会稽之山。"《淮南子·齐俗训》云:"禹葬会稽之山,农不易其亩。"《越绝书·外传记地传》:"(禹)因病亡死,葬会稽。"《汉书·地理志》:"山阴,会稽山在南。上有禹冢、禹井,扬州山。"均对禹葬会稽山言之凿凿。文献艳称大禹生前在会稽山大会诸侯。《国语·鲁语下》:"昔禹致群神于会稽之山,防风氏后至,禹杀而戮之。"《韩非子·饰邪》:"禹朝诸侯之君会稽之上,防风氏后至,而禹斩之。"《史记·夏本纪》:"或言禹会诸侯江南,计功而崩,因葬焉,命曰会稽。"司马迁强调了"或言",体现出其审慎的态度。《史记·封禅书》还记载了大禹在会稽山行"禅"礼:"禹封泰山,禅会稽。"至于会稽山在今浙江绍兴的说法从周代到元明并无疑义,清代的梁玉绳开始有所质疑。近代学者承其余绪,则把会稽山搬到了河南和山东②。会稽山在山东之说实难立足,河南说和山东说都是晚近出现的歧说,陈剩勇先生已有批驳③。事实上,无论是先秦最权威的史籍《左传》、《国语》,还是《墨子》等诸子之书,还是相对奇异的《山海经》,均认定会稽山在越地。虽然全国附会大禹足迹的地名不少,但大禹的葬地会稽山仅此一处。除了大禹陵之外,越地尚有如下大禹故迹:宛委山、涂山、告成观、禹井、夏盖山、夏履桥、禹会村、了溪、禹余粮、禹

---

① 《史记》卷二《夏本纪》。
② 河南说的由来是近代学者将会稽山视作涂山,又把涂山视作河南的三涂,实际上三涂绝非涂山,涂山亦非会稽山。至于山东说,最早由杨向奎先生在《〈夏本纪〉〈越王句践世家〉地理考实》(原载《禹贡》第3卷第1期)一文中提出,董楚平先生在《吴越文化新探》一书中重申了杨向奎先生的观点。
③ 陈剩勇:《中国第一王朝的崛起——中华文明和国家起源之谜破译》,湖南人民出版社2002年版,第256—261页。

山、石船、石帆、铁履、铁屐、禹池、刑塘、斩将台、金帛山、秘图山、禹维舟处等。除了禹的传说、遗迹,越地尧、舜的传说与遗迹亦不在少数。面对如此丰富的传说与遗迹,我们不能因为表面上的"不合情理"而一概无视。

自清人梁玉绳《史记志疑》以来,论者多否定"越为夏裔"的可能性[①],其理由大抵有:

1.文献记载少康庶子至允常传了二十余世(《史记》)或三十余世(《舆地志》),无法与中原王朝的世系相对应;

2.大禹治水也好,领导国政也好,都不出黄河流域的范围,而绝不可能跑到遥远的浙东来;

3.考古发现表明夏文化与越文化是没有任何传承或连带关系的完全不同的两种文化[②]。

第一点自然是客观存在的,这种情况在侧重整齐世传的《史记》中不乏其例,这背后可能存在很多原因。不同文献的史料来源可能不同,而古史渺茫,载籍出现错讹自所难免。第二点似乎也不能下绝对的论断,被视作与夏文化直接相关的二里头文化,其影响所及,除了中原地区,尚有江汉、东南、西南乃至燕山以北地区[③]。二里头文化的因素确实在马桥文化中出现,我们并不能因为地域有隔而否定夏人南来的可能性。学者否定"越为夏裔"的主要出发点,恐怕即在于越地与中原相距甚远,其背后尚有中原中

---

① 自上世纪30年代越文化研究出现伊始,就有学者不断地对"越为夏裔"说提出异议,基本可以概括为与"越为夏裔"说相对立的"越为土著说"。如卫聚贤先生从八个方面对越文化与夏文化的差异进行了比较,认为夏民族和越民族是两个文化体系完全不同的民族,因而不可能是一个同源的民族,参见氏著《吴越民族》,载吴越史地研究会编《吴越文化论丛》(上海文艺出版社1990年影印本)第329—330页。如蒙文通先生指出《史记》说吴为太伯之国,谓越为少康庶子之封,似皆华夏之裔,未必然也。此与六朝、隋、唐间少数民族之酋豪,多自谓黄帝、高辛之后者同,不足信也",参见氏著《越史丛考》,人民出版社1983年版,第123—125页。再如"於越与夏族在文化上没有继承性,在血缘上没有连续性,於越不是夏族的一支,更不是夏禹的苗裔"的看法,参见陈国强等《百越民族史》,中国社会科学出版社1988年版,第124页。陈桥驿先生曾经指出:"'越为禹后'的传说,实际上是於越强大以后,从於越内部传播出来的。这个传说的编造者,或许就是越王句践自己。为什么不说尧后、舜后、商后、周后,而却说禹后,这显然是利用了前已指出的禹巡狩会稽和死葬会稽的故事","越国的按照这两个部族分支的各自的传说,一个是夏禹之后,一个则是周太王之后,则这类传说的无稽,一望而知。"参见氏著《"越为禹后说"溯源》,《浙江学刊》1985年第3期。

② 潘承玉:《中华文化格局中的越文化》,人民出版社2010年版,第26—29页。

③ 杜金鹏:《夏商文化断代新探》,《中原文物》1993年第1期;中国社会科学院考古研究所编著:《中国考古学·夏商卷》,中国社会科学出版社2003年版,第132—135页。

心论的影响。而在中原中心论盛行且极重视谱牒世系的古代,勾践北上称霸时如果杜撰了自己是夏人后裔的说法,这一说法是否很难得到其他诸侯国的承认?去古未远的两汉史家又何以全盘接受这一说法?这些都是值得我们思考的。至于第三点,似乎也很难论定。因为良渚文化与二里头文化的关系、马桥文化与二里头文化的关系自来比较微妙。而钱山漾文化和广富林文化的发现,则使中原与越地的关系有了更多的联系。在探讨族群的变迁与文化的演进时,需要有动态的、历史的眼光,不能以今律古,也不能以前律后。

浙江湖州钱山漾遗址曾在1956、1958年两度发掘,过去一般将遗址所见马桥文化之前的遗存归入良渚文化,但2005年的第三次发掘使人们意识到钱山漾一期文化遗存与钱山漾二期文化遗存的独立价值①。钱山漾一期文化遗存是一种存在于良渚文化与马桥文化之间的考古学文化,可以称作"钱山漾文化"②。在此之前,人们一般认为良渚文化与马桥文化之间存在着难以弥合的长达200年的大缺环③。钱山漾文化以及广富林文化的发现使这一断层缩小了,并基本完善了杭嘉湖平原与宁绍平原的考古学文化序列。钱山漾文化处在"龙山时代",晚于良渚文化或与良渚文化末期略有重叠,其绝对年代为距今4400~4200年④。在文化因素构成上,钱山漾类型文化遗存主要由两大块组成:一块是继承了良渚文化而来,这其中一部分虽然与良渚文化面貌差异已较大,但地域特征非常明显,应属于本地文化因素;另一块是接受了大量主要以北方龙山文化为主的外来文化因素⑤。同时,来自南方的早期印纹陶文化因素也有一定比重。钱山漾文化的研究刚刚兴起,尚未得到充分认识。但它作为东南地区文化与北方地区文化的交融产物,构成了"龙山时代"的独特一环。钱山漾文化与良渚文化可以说是紧密相接的,因此关于良渚文化消亡之后东南地区没有人群活

---

① 丁品等:《浙江湖州钱山漾遗址进行第三次发掘》,《中国文物报》2005年8月5日,第1版。
② 张忠培:《解惑与求真——在"环太湖地区新石器时代末期文化暨广富林遗存学术研讨会"的讲话》,《南方文物》2006年第4期。
③ 中国社会科学院考古研究所编著:《中国考古学·夏商卷》,中国社会科学出版社2003年版,第466页。
④ 浙江省文物考古研究所、湖州市博物馆:《浙江湖州钱山漾遗址第三次发掘简报》,《文物》2010年第7期。
⑤ 丁品:《浙江湖州钱山漾遗址第三次发掘带来的新思考》,《南方文物》2006年第4期。

动的说法,是不能成立的。

钱山漾二期文化遗存实际上与广富林文化相当。随着1999年开始对上海广富林遗址进行发掘,一种新的考古学文化——广富林文化也逐渐进入了人们的视线。值得玩味的是,广富林文化竟与分布在河南东部、山东西南以及安徽西北的王油坊类型文化遗存[①]存在较直接的联系[②]。目前的研究表明,相对良渚文化而言,广富林文化的形成和发展与东南地区原有文化之间缺乏明显的传承性,在文化面貌上差别较大,以王油坊类型文化遗存为代表的北方势力作为一种外来的文化曾经强烈渗透进东南地区;广富林文化来源主体是以王油坊类型文化遗存为主导的中原龙山文化,本地传统文化和浙南闽北以印纹陶为代表的文化因素在其发展中也起了重要的作用,但是这种影响力相对较弱[③]。可见,广富林文化与王油坊类型文化遗存的关系非同一般,前者很有可能是后者直接传播的结果。

据"中华文明探源工程"的最新研究结果,良渚文化的下限在距今4300年以前,并未进入"龙山时代",与过去认识不同;而"龙山时代"的上限在距今4300年以后,下限则在距今3800年左右,否定了过去"龙山时代"在距今4600～4000年的认识。如此,"龙山时代"的很大一部分落在了夏代的积年。目前学术界已经基本认同良渚文化土体的年代实际上相当于大汶口文化的中晚期,那么良渚文化之后的钱山漾文化与广富林文化,实际上是"龙山文化"时期的文化。广富林文化的早段相当于王油坊类型文化遗存的中段,在整个中原的龙山文化体系中,相当于偏晚的阶段。有学者认为广富林文化的绝对年代为距今约4200～4000年之间

---

① 王油坊遗址位于河南永城,它早在1936年就已经被发现,1977年经过正式发掘。以它为代表的文化遗存,过去一般归入"河南龙山文化",还有"造律台类型"这样的名称。它可能源自段寨中期类遗存——相当于庙底沟二期文化的时期。一些学者将它归入山东地区的文化系统。事实上,它与后冈二期文化、王湾三期文化、山东龙山文化等都有密切联系。主要分布在河南、山东及安徽的交界地带,如河南商丘、山东菏泽等地。

② 宋建:《王油坊类型与广富林遗存》,《华夏文明的形成与发展》,大象出版社2003年版,第183—189页;蒋卫东:《良渚文化下限年代的探讨》,《良渚文化探秘》,人民出版社2006年版,第40页;陈杰:《广富林文化初论》,《南方文物》2006年第4期;翟杨:《广富林遗址广富林文化的分期和年代》,《南方文物》2006年第4期。

③ 陈杰:《广富林文化初论》,《南方文物》2006年第4期。

或稍后①，根据目前对"龙山时代"的新认识，广富林文化的年代应迟于上述结论。钱山漾二期文化年代为距今4100～3900年②，与钱山漾一期文化及马桥文化都能较好衔接，以此作为广富林文化的绝对年代还是相对合理的。

王油坊类型文化遗存是中原龙山文化体系的一员，广富林文化受到其强烈的影响。在夏代的时间范围之内，一支来自北方的考古学文化在越地"另立门户"，显然是值得玩味的。虽然钱山漾文化与广富林文化有浓郁的北方色彩，但如果将其与少康庶子无余封于越地的传说联系起来并不适宜，因为在时间上难以契合③。虽然广富林文化有强烈的北方因素，但其间存在人群的迁移还是纯粹的文化因素的影响，是文化的全方位代替还是仅限于精英文化，都是需要审慎考虑的。通常考古学文化的变迁，与文化创造主体的变化并不能画等号。目前可以确定的是，良渚文化的创造者与马桥文化的创造者都具有百越的遗传特征，但他们之间是否存在直接、连续的继承关系是存疑的。广富林文化与此前的良渚文化以及后来的马桥文化之间都缺乏明确的连续性④，广富林文化在先越文化谱系上的地位有待进一步探讨。钱山漾文化与广富林文化的发现，至少让我们知道这么一个事实，那便是良渚文化之后，东南地区的文化与北方的文化有着明显的交流，少康封无余于越地并不受地域阻隔的影响。而且它们的发现，也使我们进一步认识到马桥文化的上限应该是距今3900年左右，古史记载中少康的在位时代与此极为吻合。此前学者将马桥文化看作越国文化的前身，是有道理的。我们甚至可以说，马桥文化就是越国文化的一个阶段。而马桥文化出现了不少中原地区的文化因素，与夏文化联系密切。限于材料，我们尚难将"越为夏裔"的说法坐实，但在众口一词的传说以及考古学提供的线索面前，我们不得不重新考虑这一说法的可能性。

---

① 翟杨：《广富林遗址广富林文化的分期和年代》，《南方文物》2006年第4期。
② 浙江省文物考古研究所、湖州市博物馆：《浙江湖州钱山漾遗址第三次发掘简报》，《文物》2010年第7期。
③ 此外，江淮地区的南荡文化遗存亦与王油坊类型文化遗存有直接关系，有学者将其与有虞氏、勾吴相联系。参见张敏、韩明芳《有虞与勾吴》，《江海学刊》1995年第4期；《虞舜南巡狩与勾吴的发端》，《南京大学学报》(哲学人文社会科学版)1999年第3期。
④ 乔梁：《关于广富林晚期遗存的思考》，《文物》2014年第1期。

三、"二分论"族源观与越国贵族、子民族属差异的可能性

在讨论於越的族源问题时,论者多是"一刀切"的做法:以夏文化与越文化判然有别而断然否定夏、越的联系,或是认可"越为夏裔"说进而将於越一概视作夏人后裔。事实上,细审载籍,古人并没有说於越全是夏人后裔,不过是说越王是大禹的后裔。这固然与古代史书忽略下层民众的历史有关,但若联系到"二分论"族源观,即区分统治阶层与被统治阶层的族属,那么以於越为主体的越国存在上层与下层族属差异的可能性也是不能排除的。

在先秦时期,王室与子民族属不同的现象并不鲜见。如吴国,其与越国相似,地处边陲,《史记·吴太伯世家》记载"太伯、仲雍二人乃奔荆蛮,文身断发",实际上说明了吴国王室与下层子民族属不同,先秦典籍、青铜铭文等材料可以佐证这一点。再如楚国,文献艳称楚国出自颛顼、祝融,新近公布的清华简《楚居》亦追溯楚人来自北方①,而其辖下则多苗蛮、百濮之族。再如秦国,无论是新出清华简《系年》②,还是近来对甘肃甘谷县毛家坪遗址的发掘③,还是秦人的葬式④,都说明秦人上层来自东方。而从秦人墓地看,上层贵族与下层子民的葬式存在较大差异,说明两者可能来自不同的族群。《华阳国志·巴志》载"武王既克殷,以其宗姬封于巴,爵之以子",至于巴国的子民,则包括诸多土著族群。殷墟墓地的人骨研究也表明,上层贵族与平民的体质特征存在差异⑤。再如南越国国君赵佗来自北方真定,楚国庄蹻入主云南,后来土司制度时期彭氏等大土司对西南民族的统治,均属于这种情形。蒙文通先生曾概叹:"一国之统治者与被统治者

---

① 钟之顺:《由清华简〈楚居〉再论楚文化与商文化的关系——兼及对楚人始居地的思考》,《邯郸学院学报》2012年第2期。
② 李学勤:《清华简关于秦人始源的重要发现》,《光明日报》2011年9月8日,第11版;李学勤:《清华简〈系年〉"奴叔之戎"试考》,《社会科学战线》2011年第12期;李学勤:《谈秦人初居"邾虗"的地理位置》,《出土文献》第2辑,中西书局2011年版。
③ 《系年》载秦人祖先自东方迁至邾圄,即为甘谷一带。毛家坪遗址此前的发掘参见甘肃文物工作队、北京大学考古学系《甘肃甘谷毛家坪遗址发掘报告》,《考古学报》1987年第3期。近来毛家坪遗址又有一系列重要发现。
④ 路国权:《西周时期泾河流域的腰坑墓与秦族起源》,《咸阳师范学院学报》2009年第5期。
⑤ 参见韩康信、潘其风《安阳殷墟中小墓人骨研究》、《殷墟祭祀坑人头骨的种系》,《安阳殷墟头骨研究》,文物出版社1985年版,第50—108页。

民族不同,中外历史不乏其例。当蒙古、满族建立元、清王朝之际,岂谓全国尽蒙、满之族乎!"①可见,王室与下层子民族属存在差异的现象并不少见,越国自然也有可能存在这一现象。颜师古在注《汉书·地理志》时指出:"越之为号,其来尚矣。少康封庶子主禹祠,君于越地耳,故此志云'其君禹后',岂谓百越之人皆禹裔耳!"族属的差异可能会表现为文化的差异,与此有关的是"大传统"与"小传统"的差异②,但两者存在差异是否与族属的差异有关,关键在于语言、习俗等民族基本构成因素的异同。从越国的"大传统"看,越国贵族对中原文化存在有较多的认同,但其接受中原文化的动因亦需谨慎探讨。在传世文献中,楚国、越国的统治者与中原人士的语言、习俗等方面存在隔阂,甚至明确将自己定位为"蛮夷"。这里有几个例子可供参照,如《史记·吴太伯世家》载太伯、仲雍"乃奔荆蛮,文身断发",再如北方人赵佗入主南越国后自觉地"入乡随俗",既对汉廷自称"蛮夷",又尽依越人的服饰、生活习俗及语言,实际上是被当地土著民族同化了。

  前面已经指出,於越的主体是在越地形成的,从这一角度看,於越是越地土著。另一方面,"越为夏裔"说也不能断然否定。如果於越是越地土著,而越国统治者又是夏人后裔,其情形便与吴国等国相似了。事实上,董楚平先生在探讨"越为夏裔"的问题时,业已指出越地民族的复杂性。他认为马桥文化的居民构成,可能包括:良渚文化遗民,即土著人;从南方迁来的"区人"(瓯人),从山东半岛迁来的夏裔及土著夷人③。董先生在《吴越文化新探》一书中指出:"陶寺类型与二里头类型都有东南史前文化作风,夏王朝有多方面的苗蛮血缘,北方不少夏裔住过的地方,地名与吴越地名相似,都有古越语特点,'禹为越后'的证据恐怕比'越为禹后'更为充分、坚实。"并指出"先是'禹为越后',然后是'越为禹后'"④。针对董先生的观点,李学勤先生指出:"把越君和越人加以区别,是很有见地的。古诸侯国的国君、人民每每来源不同,在文化上也有一定差异。如吴国,君为周同姓,民则为荆蛮,越国也有这样的情形。"⑤

---

  ① 蒙文通:《越史丛考》,人民出版社1983年版,第11页。
  ② 美国学者罗伯特·雷德菲尔德(R.Redfield)《乡民社会与文化》一书提出大、小传统的说法。学术界一般认为"大传统"指上层的精英文化,"小传统"指下层的民间文化。
  ③ 董楚平等:《吴越文化志》,上海人民出版社1998年版,第50页。
  ④ 董楚平:《吴越文化新探》,浙江人民出版社1988年版,第4、128页。
  ⑤ 李学勤:《〈吴越文化新探〉读后》,《拥篲集》,三秦出版社2000年版,第210页。

董楚平先生的看法与一般学者的认识不同,不但承认"越为夏裔",同时也强调夏禹与东南地区有关。继董先生之后,陈剩勇、吕琪昌诸先生进一步考论了夏、越关系。陈剩勇先生讨论了夏文化中象征军权和国威的钺,立国重器的鼎,三代青铜器的饕餮纹,夏朝重要礼器玉璜、玄圭、玉琮,反映夏代律历制度的夏时夏历,华夏文化中的社祀,"夏后氏堲周"的葬俗,夏人的礼器和祭器习惯,夏人以水稻、舟楫、丝织为核心的物质文化,以及东南地区有关夏文化发祥地的民俗学、语言学证据,揭示出它们莫不起源于东南地区的良渚文化,得出了"夏族的发祥地在长江下游地区"的结论[1]。吕琪昌先生则以三代青铜礼器的源流为切入点探究夏、商文化的来源,指出夏文化崛起东南,其来源是良渚文化[2]。陈民镇在此基础上作了进一步探讨[3]。这些讨论主要是针对於越民族形成之前的情形,也未必能够得到多数学者的认可,但这些讨论为我们探究夏、越关系以及於越族源提供了新的思路。

徐建春先生在董楚平、陈剩勇等先生观点的基础之上,对"二分论"进行了明确的阐述:

> 於越民族的主体是根植于本地而又深受周边文化影响的土著。至于其统治阶层,按传统的观点,是"夏禹之末封也",这就是所谓的"越为禹后说";但另外的证据却表明,禹是在越文化中产生的,夏文化萌生崛起于吴越地区,这就是"禹为越后说"。
>
> 其实,在我们看来,这两种观点并不矛盾。文献及考古材料表明,夏代建立的前后,应当是"禹为越后",因为上古文献记载的为夏人独创、独有和原创的夏朝礼制、信仰、神话以及习俗,如作为立国重器的鼎、军权权杖的钺,如以砖形红烧土附置于棺之四周的葬俗等等,从田野考古发掘资料考察,几乎无一例外地渊源于先夏时期的吴越地区,再结合文献记载的鲧、禹的大量活动都是在吴越地区发生的事实,都充分说明,吴越地区是夏文化的萌生和崛起之地。当然,这里的"越"

---

[1] 陈剩勇:《东南地区:夏文化的萌生与崛起》,《东南文化》1990年第1期;陈剩勇:《中国第一王朝的崛起——中华文明和国家起源之谜破译》,湖南出版社1994年版,湖南人民出版社2002年再版。

[2] 吕琪昌:《青铜爵、斝的秘密:从史前陶鬶到夏商文化起源并断代问题研究》,浙江大学出版社2007年版。

[3] 陈民镇:《中华文明起源研究——虞朝、良渚文化考论》,安徽大学出版社2010年版。

是"先越",是其尚处于部落时期的那个"越部族",因此,"禹为越后",实际上可更改为"禹为先越之后"。①

目前而言,将越国统治者与下层百姓族属区别看待,只是调和史籍记载与考古发现、人类学研究的一种解释,有关讨论还要持续下去。在这方面,分子人类学的进一步研究,或许是最终解决问题的钥节。诸如钱山漾文化、广富林文化、二里头文化等考古学文化的人骨遗骸,还有很大的探索空间。而"二分论"族源观也提醒我们,在涉及分子人类学或者传统的体质人类学研究时,贵族与下层子民需要区分开来,至于灰坑乃至乱葬坑中的遗骸,更要另外看待②。这就对样本的来源提出了更高的要求。对此,我们有更多的期待。

第二节　越文化的空间边界问题

一般讨论越地疆域和政区的论著,忽略了越文化在古代动态发展的历史,在时空两端,只注意到空间范围的分割与变迁。因此,所论及的疆域和政区,换一个时间段来看,就失之准确。事实上,讨论疆域和政区的变化,一定要与该地区的历史发展结合起来。越文化的历史演变经历了先越文化、越国文化、越地文化这三个阶段,疆域、政区乃至自然位置的确定,都与越文化这三个阶段的演变有关系。其中山阴、会稽、萧山、诸暨、余姚、上虞、嵊、新昌可以说是古代越地的核心区域,它们也构成了本书所说的"越文化中心地"。

一、先越文化时期的先民活动范围

由于缺乏直接的文字材料,故我们在考察先越文化时期的先民活动范围时,需要从考古学文化的分布范围入手寻绎线索。考古学文化与部族非

---

① 徐建春:《越国的自然环境变迁与人文事物演替》,《学术月刊》2001年第10期。又载连晓鸣、李永鑫主编《2002·绍兴越文化国际学术研讨会论文集》,浙江古籍出版社2006年版,第177—178页。

② 在分析考古学文化时,也需要区分上层贵族与平民的物质文化与精神文化遗存,而不能仅仅依靠"量"来定论。上层与下层的差异,在墓葬中有突出体现。我们不能忽视这么一种情形:一个外来族群占领了一个地区,被占领地的人民有一部分会转化为殖民者的子民,而他们很可能延续原先的生活方式。所以在考虑一个族群的统治者时,尤其要注意上层贵族的精神文化。

——对应,然于先民的社会生活与活动范围,自有其重要的揭示意义。以下试梳理越地新石器时代诸考古学文化的地域分布:

1.上山文化最早发现于上山遗址与小黄山遗址。上山遗址位于浙江金华浦江县黄宅镇渠南村,发现于2000年[①]。小黄山遗址位于浙江绍兴嵊州市甘霖镇上杜村,发现于1984年[②]。此外,在龙游荷花山、青碓、下库,永康庙山、太婆山、蔖山、长田、湖西、长城里,武义大公山,金华山下周、青阳山,义乌桥头,仙居下汤等遗址等也发现了相关遗存[③],为研究上山文化提供了更多的线索。

2.跨湖桥文化目前发现的主要是跨湖桥遗址和下孙遗址。跨湖桥遗址位于杭州市萧山区城厢街道湘湖村境内,1990年考古学家实施了第一次发掘[④],2001年、2002年又作了更深入的发掘[⑤]。2003年,考古学家又新发现了一处与跨湖桥同一类型的文化遗存——下孙遗址。此外,浦江上山遗址,嵊州小黄山遗址,龙游青碓遗址、荷花山遗址,义乌桥头遗址,仙居下汤遗址也发现了与上山文化共处的文化遗存。

3.河姆渡文化的相关遗存发现较多。1973年夏,浙江省余姚罗江公社社员在建造排涝站时,于渡头村发现了河姆渡遗址[⑥]。河姆渡文化的分布范围为宁绍平原,姚江两岸和舟山群岛发现的遗址最多。除河姆渡遗址外,主要遗址有余姚鲞架山[⑦]、鲻山[⑧]、田螺山[⑨],象山塔山[⑩],宁波八字桥[⑪],

---

① 浙江省文物考古研究所、浦江博物馆:《浙江浦江县上山遗址发掘简报》,《考古》2007年第9期。
② 张恒、王海明、杨卫:《浙江嵊州小黄山遗址新发现新石器时代早期遗存》,《中国文物报》2005年9月30日,第1版。
③ 蒋乐平:《钱塘江流域的早期新石器时代及文化谱系研究》,《东南文化》2013年第6期。
④ 浙江省文物考古研究所:《萧山跨湖桥新石器时代遗址》,《浙江省文物考古研究所学刊》第3辑,长征出版社1997年版,第6—21页。
⑤ 浙江省文物考古研究所、萧山博物馆:《跨湖桥》,文物出版社2004年版。
⑥ 浙江省文物管理委员会:《河姆渡遗址第一期发掘报告》,《考古学报》1978年第1期;河姆渡遗址考古队:《浙江河姆渡遗址第二期发掘的主要收获》,《文物》1980年第5期;浙江省文物考古研究所:《河姆渡——新石器时代遗址考古发掘报告》,文物出版社2003年版。
⑦ 孙国平、黄渭金:《余姚市鲞架山遗址发掘报告》,《史前研究(2000)》,三秦出版社2000年版,第385—427页。
⑧ 浙江省文物考古研究所:《浙江余姚市鲻山遗址发掘简报》,《考古》2001年第10期。
⑨ 孙国平等:《浙江余姚田螺山新石器时代遗址2004年发掘简报》,《文物》2007年第11期。
⑩ 浙江省文物考古研究所、象山县文物管理委员会:《象山县塔山遗址第一、二期发掘》,《浙江省文物考古研究所学刊》第3辑,长征出版社1997年版,第22—73页。
⑪ 林士民:《浙江宁波市八字桥发现新石器时代遗址》,《考古》1979年第6期。

奉化名山后①等。

4.马家浜文化以1959年发现并发掘的浙江嘉兴马家浜遗址最为典型，其分布大致以环太湖流域为中心地区，其影响所及，北至长江，南抵宁绍平原，东临大海，西与宁镇丘陵相接，涵盖了浙江北部的杭嘉湖平原和宁绍平原部分地区、江苏南部以及上海地区。现已发掘的遗址主要有桐乡罗家角②、嘉兴马家浜③、余杭吴家埠④、吴兴邱城⑤、吴江梅堰⑥、吴县草鞋山⑦、苏州越城⑧、常州圩墩⑨、宜兴骆驼墩⑩、上海崧泽⑪等。

5.崧泽文化以上海青浦崧泽遗址的中层文化遗存为代表性遗存，其分布范围大体和马家浜文化的分布一致，即以环太湖流域作为其分布的中心区域，但其文化因素的传播范围稍大于马家浜文化。崧泽文化的传播范围北到江淮东部地区，南抵杭州湾以南，西北到皖西地区。现已发掘的遗址主要有张家港徐家湾⑫、东山村⑬，吴县草鞋山⑭，武进

---

① 名山后遗址考古队：《奉化名山后遗址第一期发掘的主要收获》，《浙江省文物考古研究所学刊——建所十周年纪念(1980—1990)》，科学出版社1993年版，第119—123页。
② 罗家角考古队：《桐乡县罗家角遗址发掘报告》，《浙江省文物考古研究所学刊(1981)》，文物出版社1981年版。
③ 浙江省文物管理委员会：《浙江嘉兴马家浜新石器时代遗址的发掘》，《考古》1961年第7期。
④ 浙江省文物考古研究所：《余杭吴家埠新石器时代遗址》，《浙江省文物考古研究所学刊——建所十周年纪念(1980—1990)》，科学出版社1993年版，第55—84页。
⑤ 梅福根：《浙江吴兴邱城遗址发掘简介》，《考古》1959年第9期。
⑥ 江苏省文物工作队：《江苏吴江梅堰新石器时代遗址》，《考古》1963年第6期。
⑦ 南京博物院：《江苏吴县草鞋山遗址》，《文物资料丛刊》(3)，文物出版社1980年版，第1—24页。
⑧ 南京博物院：《江苏越城遗址的发掘》，《考古》1982年第5期。
⑨ 常州市博物馆：《江苏常州圩墩村新石器时代遗址的调查和试掘》，《考古》1974年第2期；吴苏：《圩墩新石器时代遗址发掘简报》，《考古》1978年第4期；常州市博物馆：《常州圩墩新石器时代遗址第三次发掘简报》，《史前研究》1984年第2期；常州市博物馆：《1985年江苏省常州圩墩遗址的发掘》，《考古学报》2001年第1期；圩墩遗址考古发掘队：《常州圩墩遗址第五次发掘报告》，《东南文化》1995年第4期。
⑩ 南京博物院考古所：《江苏宜兴市骆驼墩新石器时代遗址的发掘》，《考古》2003年第7期。
⑪ 上海市文物保管委员会：《崧泽——新石器时代遗址发掘报告》，文物出版社1987年版；《1987年上海青浦崧泽遗址的发掘》，《考古》1992年第3期。
⑫ 苏州市博物馆、张家港市文物管理委员会：《江苏张家港徐家湾新石器时代遗址》，《考古学报》1995年第3期。
⑬ 周润垦、钱峻、肖向红、张永泉：《江苏张家港市东山村新石器时代遗址》，《考古》2010年第8期。
⑭ 南京博物院：《江苏吴县草鞋山遗址》，《文物资料丛刊》(3)，文物出版社1980年版，第1—24页。

寺墩①、潘家塘②,上海崧泽③、福泉山④,嘉兴南河浜⑤等。

6.良渚文化的遗存发现较早,且相关遗址较多,内涵更为丰富。1936年,施昕更先生偶然发现了位于浙江余杭的良渚遗址⑥,从此良渚文化开始向世人显露其真容。良渚文化的范围包括此前马家浜文化及河姆渡文化的范围,遗址以环太湖流域的南部、东部和东北部遗址分布最为密集,影响区范围更大。其主要分布区总面积约18000平方公里,共发现遗址546处,其聚落区有相当强的稳定性⑦。以余杭反山⑧、瑶山⑨等为代表的良渚遗址群是核心区域⑩,此外上海福泉山⑪、昆山赵陵山⑫、吴县张陵山⑬、武进寺墩⑭等遗址也极为典型。

7.钱山漾文化是近年才逐渐被认识的考古学文化,填补了良渚文化之后的缺环。目前发现的遗址有丹阳王家山⑮,吴江龙南⑯,上海广富林⑰,湖

---

① 南京博物院:《江苏武进寺墩遗址的试掘》,《考古》1981年第3期;《1982年江苏常州武进寺墩遗址的发掘》,《考古》1984年第2期。

② 武进县文化馆、常州市博物馆:《江苏武进潘家塘新石器时代遗址调查与试掘》,《考古》1979年第5期。

③ 上海市文物保管委员会:《上海青浦县崧泽遗址的试掘》,《考古学报》1962年第2期;《崧泽——新石器时代遗址发掘报告》,文物出版社1987年版。

④ 上海市文物管理委员会:《青浦福泉山遗址崧泽文化遗存》,《考古学报》1990年第3期。

⑤ 刘斌、蒋卫东:《浙江嘉兴南河浜遗址发掘简报》,《文物》2005年第6期;浙江省文物考古研究所:《南河浜——崧泽文化遗址发掘报告》,文物出版社2005年版。

⑥ 施昕更:《良渚——杭县第二区黑陶遗址发掘报告》,浙江省教育厅1938年版。

⑦ 郭明建:《良渚文化宏观聚落研究》,《考古学报》2014年第1期。

⑧ 浙江省文物考古研究所:《浙江余杭反山良渚墓地发掘简报》,《文物》1988年第1期;《反山》,文物出版社2005年版。

⑨ 浙江省文物考古研究所:《瑶山》,文物出版社2003年版。

⑩ 浙江省文物考古研究所:《余杭良渚遗址群调查简报》,《文物》2002年第10期。

⑪ 上海市文物管理委员会:《福泉山——新石器时代遗址发掘报告》,上海书画出版社2000年版。

⑫ 江苏省赵陵山考古队:《江苏昆山赵陵山遗址第一、二次发掘简报》,《东方文明之光——良渚文化发现60周年纪念文集》,海南国际新闻出版中心1996年版。

⑬ 南京博物院:《江苏吴县张陵山遗址发掘简报》,《文物资料丛刊》(6),文物出版社1982年版,第25—36页。

⑭ 江苏省寺墩考古队:《江苏武进寺墩遗址第四、五次发掘》,《东方文明之光——良渚文化发现60周年纪念文集》,海南国际新闻出版中心1996年版。

⑮ 镇江博物馆:《江苏丹阳王家山遗址发掘简报》,《考古》1985年第4期。

⑯ 苏州博物馆等:《江苏吴江龙南新石器时代村落遗址第一、二次发掘简报》,《文物》1990年第7期。

⑰ 王清刚:《2012年度上海广富林遗址山东大学发掘区发掘报告》,山东大学硕士学位论文,2013年4月。

州钱山漾①、毗山②，绍兴马鞍仙人山③等，基本延续了良渚文化的范围。

8. 广富林文化也是近年新认识的考古学文化，上海松江广富林遗址1961年开始初步发掘，1999年以来考古工作者对其进行了持续深入的探索④，目前的发现基本集中于此。此外，在昆山绰墩及常熟北罗墩⑤、宜兴骆驼墩⑥、湖州钱山漾⑦、慈溪小东门⑧也发现有相关遗存，虽然遗址分布不多，但从广度看也不逊于此前的文化。

根据上述考古发现，我们大致可以得出以下几点认识：

其一，越地的新石器时代考古学文化最早集中于浙江中西部一带，此后环太湖流域与宁绍平原东部成为主要文化区，在先越文化阶段，越文化中心地的地位尚未形成。

越地目前发现的最早的新石器时代考古学文化为上山文化，上山文化目前发现的遗址主要分布于衢州、金华地区，集中于浙江中西部。在越国文化时期，这些地区正是越国的南部及西部边界。上一节提到东南越人的遗传特征大致形成于距今8000多年，准此，我们不难设想东南越人的祖先在进入浙江境内后经过一段时期的孕育，产生了特有的血缘系统。有线索表明，从广东地区迁出的东南越人祖先是从江西进入浙江地区的⑨，目前的考古发现在某种程度上也可以支持这一点，上山文化分布区确实毗邻江

---

① 丁品：《钱山漾遗址第三次发掘与"钱山漾类型文化遗存"》，《纪念良渚遗址发现七十周年学术研讨会文集》，科学出版社2006年版，第497—505页。浙江省文物考古研究所、湖州市博物馆：《浙江湖州钱山漾遗址第三次发掘简报》，《文物》2010年第7期。

② 浙江省文物考古研究所等：《毗山》，文物出版社2006年版。

③ 王明达：《绍兴县仙人山新石器时代遗址》，《中国考古学年鉴（1986）》，文物出版社1988年版，第125页。

④ 上海博物馆考古研究部：《上海松江区广富林遗址1999～2000年发掘简报》，《考古》2002年第10期；上海博物馆考古研究部：《上海松江区广富林遗址2001～2005年发掘简报》，《考古》2008年第8期；广富林考古队：《广富林遗存的发现与思考》，《中国文物报》2000年9月13日，第1版。

⑤ 林留根：《绰墩遗址良渚文化聚落与晚期良渚文化遗存》，《绰墩山——绰墩遗址论文集》，《东南文化》增刊。

⑥ 林留根：《太湖西部骆驼墩文化遗存的初步认识》，《长江下游地区文明化进程学术研讨论论文集》，上海书画出版社2004年版。

⑦ 浙江省文物考古研究所、湖州市博物馆：《浙江湖州钱山漾遗址第三次发掘简报》，《文物》2010年第7期。

⑧ 浙江省文物考古研究所：《宁波慈城小东门遗址发掘简报》，《东南文化》2002年第9期。

⑨ 李辉：《百越遗传结构的一元二分迹象》，《广西民族研究》2002年第4期。

西。虽然早期的遗址如小黄山遗址、跨湖桥遗址均处于越文化中心地,但在整个先越文化时期,越文化中心地并不是遗址最集中的所在。值得注意的是,当马家浜文化与河姆渡文化共存之际,越文化中心地兼有两者的文化迹象,如绍兴杨汛桥寺前山遗址发现有马家浜文化的遗址,说明马家浜文化已经跨过钱塘江。至于绍兴齐贤陶里壶瓶山及金白山小山头、马鞍仙人山及凤凰墩、上虞马慢桥、诸暨尖家湾等遗址均有混合色彩。这也说明了,越文化中心地作为文化融合的一个焦点,先越文化时期的交汇现象实际上为此后地位的凸显奠定了基础。

其二,越地先民早在近万年前的新石器时代早期,便已居住于平原、河谷一带。

一般认为,史前聚落是由山地逐渐向山麓继而向平原转移的。目前发现的上山文化遗址,虽然主要在浙江省的丘陵地带,但具体到遗址基本都位于盆地或河谷地带,沿衢江、浦江、永康江等水域分布。如上山遗址,在当时的所处地貌位置为靠近河湖水源的河流阶地之上覆有风成黄土的低平台地①。这与同时期其他区域的考古学文化以洞穴、山地遗址类型为主不同,这也说明了先越文化的先进性。但这并不意味着先越文化的发展略过了洞穴、山地的阶段,而是在进入浙江之后,这批先民已经进入到较高的发展阶段。其后他们完全向平原扩散,跨湖桥文化、河姆渡文化、马家浜文化、崧泽文化、良渚文化等文化便主要分布于杭嘉湖平原、宁绍平原等平原地带。

其三,越地先民的活动范围存在盈缩现象,而总体趋势以扩张为主。

上山文化与跨湖桥文化尚是曙光初露,遗址发现不多。从目前的材料看,越地先民最初居住于浙江中西部,跨湖桥文化与上山文化的分布区有所重叠,并已经正式跨入宁绍平原,此后的发展便基于此扩展。河姆渡文化主要分布于宁绍平原,而同时期的马家浜文化则统治钱塘江以北区域。随着马家浜文化的南渐,环太湖流域、宁绍平原的考古学文化得以统一。在良渚文化之后,越地先民的活动范围又有所缩小。总体而言,越地先民的活动范围存在核心区的迁移、文化区的急剧扩张与整合、文化区的间歇性衰微等现象,其趋势仍以扩张为主。

---

① 毛龙江等:《浙江上山遗址剖面记录中更新世以来的环境演变》,《地理学报》2008年第3期。

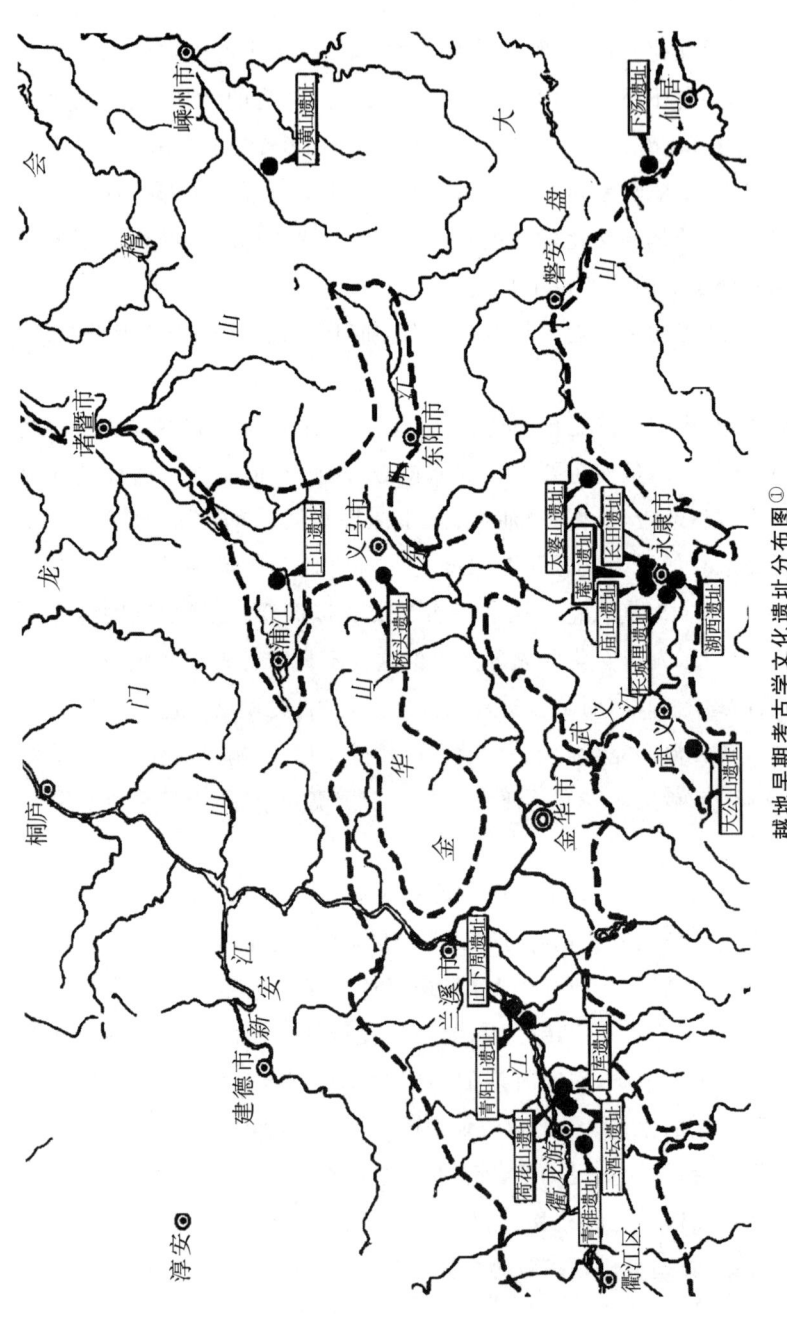

越地早期考古学文化遗址分布图①

① 参见蒋乐平《钱塘江流域的早期新石器时代及文化谱系研究》,《东南文化》2013 年第 6 期。

二、越国的疆域和政区

根据史籍记载，越国的疆域随着国运的盛衰，有过这样几次变化：

一是越国初建时期的疆域。《越绝书·外传记地传》载："无余初封大越，都秦余望南。"据古史传说，无余系少康庶子，奉祀先祖大禹，而大禹陵相传正在会稽山。如若这一点成立，那么越国的祖庙在会稽山，则越都自不必远。一般认为"秦余望"即绍兴城以南的秦望山，在会稽山以南，实际上是火山地貌。《水经注·浙江水》引《吴越春秋》云："先君无余，国在南山之阳，社稷宗庙在湖之南。"《史记正义》引《越绝书》云："无余都，会稽山南故越城是也。"此说应有依据。准此，无余所都在会稽山以南，且在秦望山以南。另《水经注·浙江水》云："（秦望）山南有嶕岘，岘里有大城，越王无余之旧都也。"则无余时期越国都城名字叫嶕岘[①]，其具体地望难以确定[②]。《越绝书》无余封于大越，大越即山阴。嶕岘并不在后来的山阴城内，而是在其略南的山区地带，是为无余时期越国的核心地带。总体而言，越文化中心地在此时开始逐步确立。当时的疆域难以确定，值得注意的是，20世纪70年代末以来逐渐被认识的马桥文化是考古学意义的越国文化的前身，其分布地域主要为环太湖流域以东及宁绍平原，主要遗址有吴兴钱山漾[③]、杭州水田畈[④]、嘉兴雀幕桥[⑤]、湖州邱城[⑥]等。由于马桥文化的上限与传说中越国立国的时间大致相当，马桥文化很可能便是早期的越国文化。

二是越国在越王允常时期的疆域。越国在春秋晚期越王允常时，开疆拓土，称王兴霸，"越侯传国三十余叶，历殷至周敬王时，有越侯夫镡，子曰

---

① 不过徐建春先生认为无余时代不可能建造都城，参见氏著《浙江通史·先秦卷》，浙江人民出版社2005年版，第211页。

② 孟文镛、方杰二位先生认为在今绍兴兰亭的黄现村，参见氏著《越国古迹钩沉》，《绍兴师专学报》1993年第3期。葛国庆先生认为在今上塘、下塘一带，参见氏著《越国故都嶕岘大城今地考》，《2002·绍兴越文化国际学术研讨会论文集》，浙江古籍出版社2006年版，第99—116页。

③ 浙江省文物管理委员会：《吴兴钱山漾遗址第一、二次发掘报告》，《考古学报》1960年第2期；丁品等：《浙江湖州钱山漾遗址进行第三次发掘》，《中国文物报》2005年8月5日，第1版。

④ 浙江省文管会：《杭州水田畈遗址发掘报告》，《考古学报》1960年第2期。

⑤ 牟永抗：《嘉兴市雀幕桥遗址》，《中国考古学年鉴(1984)》，文物出版社1984年版。

⑥ 刘斌：《湖州市邱城新石器时代遗址》，《中国考古学年鉴(1987)》，文物出版社1988年版。

允常,拓土始大,称王"①。周敬王在位是公元前519～前477年,允常即位最早也在公元前519年以后。允常在位有60余年,此后勾践继位。这一时期越国的疆域,《越绝书·外传记地传》载:"大越故界,浙江至就李,南姑末、写干。"就李,《左传》和《史记》记作檇李,《吴越春秋》记作檇里,今在嘉兴县境;姑末,今衢州龙游;写干,汉时属豫章郡,今江西余干县,此为越国西境,与楚分界。《国语·越语上》曰:"勾践之地,南至于句无,北至于御儿,东至于鄞,西至于姑蔑,广运百里。"句无、御儿、鄞分别指的是今绍兴诸暨、嘉兴桐乡、宁波鄞县等地,而姑蔑即姑末。可见,这一时期的越国疆域大致以浙江为界,分布区域为宁绍平原、杭嘉湖平原及金衢温丘陵的部分区域。《吴越春秋·勾践归国外传》载"越本兴国千里",不论这是准数还是约数,均可推想越国当时的国土面积。《尔雅·释地》云"吴越之间有具区",说明其时吴越两国以太湖为界。以上是越国的基本疆域。不过,由于吴越两国战事不断,国界往往陷于拉锯的状态。据《越绝书·外传记吴地传》记载,越国在距吴国都城娄门外150里处建有鸿门,娄门外80里处建有复城,娄门外70里处建有干城。娄门,是吴国都城的东门,干城、复城和鸿城,其地在今昆山、嘉定境内。可见,吴国都城东面大片地域属于越国,越国的实际势力,在北界当已突破就李、御儿之地,推进至今江苏昆山至上海嘉定一带。

　　三是越国在勾践囚吴归越时的疆域。这其实是吴王夫差在吞并越国疆域以后赐还给越王勾践的封地,《越绝书·外传记地传》记载:"东西百里,北乡臣事吴,东为右,西为左。"卷七载勾践自谓败于吴后"上栖会稽山,下守溟海",并对吴王自称"东海役臣孤勾践"。这两条均记得较为笼统,但可想见局促之状。《吴越春秋》则相对详细一些,卷八《勾践归国外传》记载:"吴封地百里于越,东至炭渎,西止周宗,南造于山,北薄于海。""山"即会稽山,"海"即后海,实为钱塘江南岸,炭渎与周宗难以确定。据此,此时越国北界至钱塘江一线,往南则到会稽山一带。《论衡·虚书》载:"余暨以南属越,钱唐以北属吴。钱塘之江,两国界也。"余暨大致相当于后来的萧山,这条记述与本时期的吴越疆域情况相符。不久,夫差见勾践奉吴甚勤,故又增广其地,《吴越春秋》卷八接着载录:"东至于勾

---

① 张守节在《史记·越王句践世家·正义》中引《舆地志》之语。

甬,西止于檇李,南至于姑末,北至于平原,纵横八百余里。"勾甬,今鄞县;平原,今海盐县。这八百余里疆域,与勾践与夫差战争之前的疆域,小有差距。

四是越国在勾践统治全盛时期的疆域。《越绝书·德序外传记》载:"越王句践即得平吴,春祭三江,秋祭五湖。"《国语·越语下》引范蠡之语曰:"与我争三江、五湖之利者,非吴耶?"三江,即吴江(松江)、钱塘江、浦阳江;五湖,说法不一,但均与太湖相关①。三江、五湖已然纳入越国版图。《越绝书·外传记地传》记载:"句践伐吴,霸关东,徙琅琊起观台,台周七里,以望东海。"勾践甚至在胶东的琅邪也建立了都城。《史记·越王句践世家》记载勾践平吴以及迁都琅邪以后,越兵"渡淮南,以淮上地与楚,归吴所侵宋地于宋,与鲁泗东方百里"。《吴越春秋·勾践伐吴外传》记载勾践临终遗言,说到自己"摧吴王之干戈,跨江涉淮,从晋、齐之地"。综合考察上述史料,则越国在吴越之战中取得最终胜利以后,以会稽为故都,不仅据有原先的越、吴之地,而且还把势力和疆域沿着往北的海岸线扩展到山东一带。需要注意的是,虽然越国在灭吴之后,为了争取楚国的支持,如《史记》所说"以淮上地与楚",《越绝书·外传本事》亦载"浮陵以付楚",以取悦楚国。《史记·楚世家》则云:"是时越已灭吴而不能正江、淮北;楚东侵,广地至泗上。"过去学者往往将淮北大片地区划入越国版图,事实上,楚国在勾践火吴之后已经将这片土地收入囊中,并扩张至泗上。越国北上争霸,并不通过淮北一线,而是直接以琅邪为起点。此种情形,颇类似于史念海先生所谓"插花地"②。值得进一步指出的是,在越国疆域中,河、湖、海三者的面积占有相当比重,越国的社会生产力和军队战斗力均与越人的善水习性有关系。

五是越国为楚所败后的疆域。勾践之后,越国势力继续发展,古本《竹书纪年》有越王朱句"灭滕"、"灭郯"的记载,《战国策·魏四》有越王翳"灭

---

① 五湖的说法不一,举要如下:第一,以太湖为五湖。《国语·越语下》"战于五湖"韦昭注、《水经注·沔水》、《史记·河渠书》"于吴,则通渠三江、五湖"集解。第二,以太湖及附近四湖为五湖。《水经注·沔水》又认为是长荡湖、太湖、射湖、贵湖、滆湖。第三,谓五湖非一湖,并不在一地。《史记·河渠书》"于吴,则通渠三江、五湖"索隐,认为是具区、洮湖、彭蠡、青草、洞庭。按:具区即太湖。

② 史念海:《战国时期的插花地》,《史学杂志》1945 年第 1 期。收入氏著《河山集》(七集),陕西师范大学出版社 1999 年版。

缯"的记载,可见其疆域在山东的扩展。然而,越国盛世不继,古本《竹书纪年》有"翳三十三年,迁于吴"和"粤子无颛薨,后十年,楚伐徐州"的记载,越国在山东一带的疆域和势力被削弱,因此自琅邪迁都于江南的吴地。在越王无疆时代,《史记·越王句践世家》记载楚威王"大败越,杀王无疆,尽取故吴地至浙江……而越以此散,诸侯子争立,或为王,或为君,滨于江南海上,服朝于楚"。按照《索隐述赞》的说法,越国"灭于无疆"。经过楚国的这次致命打击,越国就此分崩离析,其疆域局限于两部分:北方局促于琅邪一带,南方则退缩于钱塘江以南。

六是越国最终消亡之前的疆域。《越绝书·外传记吴地传》载:"楚考烈王并越于琅邪。"卷八《越绝外传记地传》载:"楚伐之,走南山。"南山是会稽山的别称,上述两条,合观可见,越国的残余势力自琅邪彻底退回到越族和越国的传统生息之地:浙东宁绍平原。

从越国的疆域变迁情况看,先越文化时期尚且处于相对真空状态的越文化中心地逐步奠定核心地位。无余建国之际,尚在会稽山以南的山区,此后才逐渐向平原地区扩展。我们知道,在先越文化时期,早已完成由山地聚落向平原聚落的转变,而在越国文化时期,却又经历了倒退再前进的过程。联系到良渚文化之后越地的衰落,我们不难理解这种逆发展的现象。无余时期越文化中心地初步确立,允常时期越国已经掌握以越文化中心地为核心的较大疆域,而在勾践手中,越文化中心地正式确立,并随着其霸业的拓展一度将领土延伸到胶东地区。至于越国衰落之后,越文化中心地仍然是於越退守的最后根据地。

有关越国的行政区域即政区的设置,史籍记载有这样三个特点:一是主要集中于勾践时代的越国,原因是越国虽然在越王允常时代"拓土始大,称王",但越国是从勾践灭吴以后才开始称霸的,故而包括《越绝书》、《吴越春秋》、《史记》和《国语》在内的史籍,所记载的重点均在勾践时代;二是缺乏专类记载,详尽度不够,原因是上举几种史籍对越国的史述趣味主要集中于吴越争霸之事,故而大体上详军事而略行政,记兵法和兵役制度较多而对政区的记载相对较少,并且这种记载又主要是从一些地名资料中反映出来的;三是政区设置不健全,原因是越国在吴越争霸之时偏处于东南沿海地区,这与中原诸国自春秋时期就开始试行的郡县制客观上有着一些差距。因此之故,我们难以就越国的政区设置作详尽的梳理,只能获得片面的、局部的认识。

三、越地文化时期的范围和政区

秦始皇一统之后,越文化进入了越地文化阶段。本时期的越地延续了越国文化时期的情形,即以越文化中心地为核心而时有盈缩。从秦到南朝,基本以"会稽"称呼越地,范围及政区则屡有变动,总体呈不断缩小的趋势。隋代到北宋,基本叫"越州",明州的设置使今宁波自成一地并逐步盖过越文化中心地的锋芒。南宋至今,则以"绍兴"名世,越文化中心地完全定型,政区不再有大的变动。这实际上也对应了越地的不同发展阶段,如南宋开越地"近世化"之端绪,唐代到北宋是此前的一个过渡阶段,"会稽"时期则以士族的发展引人注目。下面试就越地文化的范围和政区设置,以越地中心地的领辖地为依据,按朝代沿袭作一简述①:

1.秦朝在越国故地设置会稽郡,治所在吴县,领县24,范围为今江苏东南部及浙江西部。属于今浙江省的有15个县②:钱唐、余杭、由拳、海盐、乌程(以上5个在浙西杭嘉湖平原)、山阴、上虞、诸暨、余姚、句章、鄮、鄞(以上7个在浙东宁绍平原)、鄣县(在浙西天目山区)、乌伤、太末(以上2个在金衢盆地)③。

2.汉承秦制,仍设会稽郡。稍有变化者二:一是西汉元封五年(前106)于郡国之上设置刺史部,会稽郡隶属于扬州刺史部,这种政区隶属格局一直延续到隋朝;二是东汉永建四年(129),吴、会分置,以浙江(钱塘江)为界,分会稽郡之浙江以北地为吴郡(今浙江境内属于吴郡的有乌程、海盐、余杭、由拳、富春5县),以南地仍称会稽郡,治所移置于山阴,这种格局几乎延续至清朝。西汉会稽郡领县26,在今浙江省者有18,辖地与秦朝相近,即:乌伤、余暨、诸暨、山阴、余姚、上虞、海盐、剡、由拳、太末、乌程、句章、余杭、鄞、钱唐、鄮、富春、回浦。东汉会稽郡领县15,在今浙江省者有14:山阴、鄞、乌伤、诸

---

① 参考材料除了所标示的史志以外,尚有绍兴市地方志编纂委员会编、任桂全总纂《绍兴市志》第1册,浙江人民出版社1996年版;傅振照:《绍兴史纲》(秦至清代),百家出版社2002年版;《浙江分县简志》(上、下),浙江人民出版社1983、1984年版。

② 秦朝会稽郡在今浙江省的领县,旧志记载不一,目前学术界也有分歧,有分歧的是剡、余暨、富春的设置时间。文中所说15个县系根据谭其骧先生《浙江各地区的开发过程与省界、地区界的形成》一文,载《历史地理研究》第1辑,复旦大学出版社1986年版,第1—11页。

③ 据《史记》卷六《秦始皇本纪》。

暨、余暨、太末、上虞、剡、余姚、句章、鄞、章安、永宁、始宁①。

3.东吴由于人口的增加和土地的开辟,郡县的设置比东汉时大增。治所在山阴的会稽郡的领县初始有 27 个(吴太平二年),后被缩减为 10 个(吴宝鼎元年):鄞、鄮、句章、山阴、永兴、诸暨、上虞、余姚、剡、始宁②。

4.东晋南朝宋齐梁陈时期今浙江省的郡县设置大致沿东吴旧制,属于扬州或东扬州。宋齐梁的会稽郡领县 10:鄞、鄮、句章、山阴、永兴、诸暨、上虞、余姚、剡、始宁。陈的会稽郡领县增加一个③:会稽④。

5.隋朝于原会稽郡的郡名历经了吴州、越州、会稽郡的变化,治所均在会稽,隶属于吴州总管府,治所也在会稽。领县 4:会稽、句章、剡、诸暨⑤。

6.唐朝近 300 年基本上设置越州(只在天宝元年恢复会稽郡旧名,16 年后的乾元元年旋改称越州),治所在会稽与山阴之间有所变动,最后固定于山阴(这种格局延续至清)。隶属有变:越州总管府(治所会稽)、越州都督府(治所会稽)、越州中都督府(治所山阴)、浙江东道(治所越州)、江南东道(治所苏州)。治所的变化透露了越州在政区格局中的地位变化。领县数目在 5～7 个之间有所变化,主要范围在宁绍平原,萧山于天宝元年(742)起属于领县之一。至唐末的贞元三年(787),越州领县有:会稽、山阴、诸暨、余姚、上虞、剡、萧山⑥。

7.五代吴越时期设置越州,为吴越国的东府(其时杭州为西府),隶属于越州大都督府,治所越州,领县 8:会稽、山阴、诸暨、赡(即剡)⑦、余姚、萧山、上虞、新昌。

8.北宋设置越州,隶属有变:两浙路(治所杭州)、两浙东路(治所越州),领县 8:会稽、山阴、嵊(旧剡县⑧,宣和三年改)、诸暨、余姚、上虞、萧

---

① 据《汉书》卷二八《地理志》、《后汉书》卷二二《郡国志四》、嘉泰《会稽志》卷一。
② 据《晋书》卷一五《地理志下》。
③ 据傅振照先生所言,陈"并山阴、上虞、永兴 3 县为会稽县,会稽设县自陈始。旧志均认为是隋开皇九年置会稽县,此误"。参见氏著《绍兴史纲》(秦至清代),百家出版社 2002 年版,第 49 页。
④ 据《宋书》卷三五《州郡志一》等。
⑤ 据《隋书》卷三一《地理志下》。
⑥ 据《旧唐书》卷四〇《地理志三》、《新唐书》卷四一《地理志五》。
⑦ 《嵊县志》等文献均认为后梁开平二年(908),改剡县为赡县。然据《绍兴晚报》2007 年 1 月 10 日《一块唐代砖墓志,改写嵊州更名史》一文报道:最近在嵊州市剡湖街道漩泽村发现的一块唐代砖墓志记载,早在唐咸通二年(861)初剡县已经改名为赡县,这将嵊州称赡县的历史提前了 47 年。
⑧ 北宋太平兴国三年(978)由赡县复改剡县。

山、新昌①。南宋时期越州于绍兴元年(1131)升为绍兴府,隶属于两浙东路,领县仍北宋。

9.元朝设置绍兴路,路下设州、县。绍兴路领县6、州2:山阴、会稽、诸暨、余姚、上虞、嵊县、新昌、萧山。隶属有变:江淮行省(治所扬州)、江浙行省(治所杭州)浙东道宣慰司(治所婺州路)。省与路之间设道宣慰司②。

10.明朝设置绍兴府,领县8:山阴、会稽、萧山、诸暨、余姚、上虞、嵊、新昌。隶属有变:江浙等处行中书省(治所杭州)、浙江承宣布政使司(治所杭州)宁绍道(治所绍兴府,后移宁波府)。明朝建国之初,承元制设行中书省,洪武九年(1376)改为承宣布政使司,下设道分辖各府③。

11.清朝设置绍兴府,领县8:山阴、会稽、萧山、诸暨、余姚、上虞、嵊、新昌。宣统三年(1911),并山阴、会稽二县为绍兴县。隶属于浙江省(治所杭州)宁绍台道④。

上述对历代越地范围的梳理,也隐含着对此地县级及以上政区设置的陈述。由于越地自秦朝始成为封建王朝政区中的一部分,故与其他地区在政区设置上无甚差别,即"县作为地方行政区划的基层单位始终未变,县以上则经历过极为频繁复杂的变革"⑤,但是,会稽郡或越州或绍兴府则是作为或实或虚的三级政区制中的第二级而存在着的,其领县则存在着越划越少的趋势。

第三节 越文化的边际关系——以越国文化为中心

作为中国南方的一种地域文化,越文化尤其是秦汉统一中国之前的越文化,与中国南方各地域文化之间相互影响、相互渗透,存在着非常密切的联系。正是在这种广泛的文化交流之中,越文化通过吸收、融合外部的积极文化因素,不断壮大并保持自身的活力。秦汉之后的越文化,则以另外一种形式即卸去了国家政权组织的文化传播形式,对中国南北方文化发生着持续影响。越地文化时期由于共同体文化趋于成熟,与周边区域的同质

---

① 据《宋史》卷八八《地理志四》。
② 据《元史》卷六二《地理志五》。
③ 据《明史》卷四四《地理志五》。
④ 据《清史稿》卷六五《地理志十二》。
⑤ 谭其骧:《中国历代政区概述》,《长水粹编》,河北教育出版社2000年版,第23—24页。

性增强而相互影响不再明显。比较越文化与周边区域的文化之间的关系，在某种程度上可视为对越文化边际特征的梳理，而讨论的重点又不可避免地集中到越国文化阶段乃至更早的时期，以便对不同族系的源流、交涉及文化的相互影响提出一些基本认识。

一、楚文化与越文化的关系

关于楚国的族源，学界并无统一的意见。《史记》等传统文献认为楚人出自颛顼，上溯到黄帝。郭沫若先生指出"徐、楚均商之同盟，自商亡即与周为敌国"，"徐、楚实商文化之嫡系"①。胡厚宣先生在《楚民族源于东方考》中也认为"楚国在文化方面是犹有殷之遗风"②。姜亮夫先生则认为楚文化的祖源在西部，与羌狄集团关系特大③。不少学者则认为楚是南蛮。我们以为，与越国族源问题一样，楚国族源问题同样需要以"二分论"的视角看待。因为楚国是个多民族的国家，其辖下有众多民族，苗蛮占了较大的比重；而楚国王室将祖先追溯到颛顼、祝融，当与华夏集团有关。近年公布的清华简《楚居》，追溯楚人的始源与迁徙，证实楚国先公确来自北方的騩山④。从考古学文化看，在夏代来自中原地区的文化因素曾强势侵入长江中游地带。另一方面，由于楚国境内多蛮族，故中原政权将楚国目为蛮夷，甚至《史记·楚世家》载楚王屡屡自称"蛮夷"，而论者多以此为楚王室亦属苗蛮的证据。

楚国是两周时期的南方大国，在军事扩张的过程中，对周边区域的文化产生了强烈的影响。以下试从民族关系、文化面貌以及政治关系的角度讨论楚、越关系。

首先是楚、越的民族关系。古今不少学者认为楚、越同祖，《史记·越王句践世家·正义》引《世本》云："越，芈姓也，与楚同祖。"《国语·吴语》韦昭注云："勾践，祝融之后，允常之子，芈姓也。"《墨子·非攻下》云："越王翳亏，出自有遽，始邦于越。"孙诒让《墨子间诂》谓"翳亏"即越祖无余，"有遽"

---

① 郭沫若：《〈两周金文辞大系〉序》，《郭沫若集》，中国社会科学出版社 2005 年版，第 266 页。
② 胡厚宣：《楚民族源于东方考》，《少数民族史论文选集》（一），广西民族研究所资料组 1964 年版，第 1—51 页。
③ 姜亮夫：《楚辞学论文集·三楚所传古史与齐鲁三晋异同辨》，上海古籍出版社 1984 年版，第 117 页。
④ 参见陈民镇编撰《清华简〈楚居〉集释》，发布于复旦大学出土文献与古文字研究中心网站，2011 年 9 月 23 日。

即楚君熊渠。持楚、越同祖之说者多据此认为越国与楚国一脉,且为芈姓[①]。据《国语·郑语》的说法,"芈姓夔、越,不足命也",蒙文通先生指出:"此'芈姓夔、越'四字,世人多以'夔越'连读,遂有所谓'夔越'国。然此读非是。应读'芈姓夔、越',夔、越各是一国。此夔、越二国皆楚附庸,为周夷王时楚熊渠之子受封之国,无疑当为芈姓。则是此芈姓之夔与越当为楚族而非越族,亦与后世百越无关。或据此以论百越中有所谓'夔越'者,乃不根之论也。……'夔、越'之'越',应即熊渠少子执疵受封之越章王国之省称,其封地即熊渠所取扬越之地。"蒙文通先生进而指出"楚、越畛域既殊,楚、越亦不同祖;又据诸书所载,楚、越人民亦不得为同族也"[②]。我们认为,以越国王室为芈姓固然非是,然追根溯源,楚、越同祖之说却渊源有自,古史传说越国王室系夏禹之后,而夏禹之父鲧又是颛顼后裔[③]。楚国芈姓得自季连,说越国芈姓没有充分依据。然楚、越同祖如果成立,也只能是针对楚国与越国的王室而言,楚、越两国的国民种族存在较大差异。

其次是楚、越的文化面貌。楚、越两国的主体人民既殊,二者的文化面貌亦有不同。《荀子·儒效》云:"居楚而楚,居越而越,居夏而夏。"可见楚、越文化存在较大差异。《汉书·地理志》云:"本吴、粤与楚接比,数相并兼,故民俗略同。"又可知两者由于文化交流,存在相似性。吴春明先生指出两者属不同的文化系统,小同大异,互有影响和交流[④]。楚、越同处长江流域,同样过着"饭稻羹鱼"的生活,同样信巫好鬼,这些都是两者的交集。楚、越二国文化之交流,当从两个方面说,一是楚对越的影响,二是越对楚的浸染。由于楚文化更加强势,当以前者为主。贺刚先生总结为:楚、越文化在器具上相互借鉴,楚继承和发展了越人先进的采矿技术和青铜冶铸技

---

① 吕荣芳:《楚、越同姓析》,《江汉论坛》1980 年第 3 期。
② 蒙文通:《越史丛考》,人民出版社 1983 年版,第 5—8、12 页。
③ 《史记·楚世家》云:"楚之先祖出自帝颛顼高阳。"《史记·夏本纪》云:"夏禹,名曰文命。禹之父曰鲧,鲧之父曰帝颛顼,颛顼之父曰昌意,昌意之父曰黄帝。禹者,黄帝之玄孙而帝颛顼之孙也。"可见鲧系颛顼之子、黄帝之孙。《国语·鲁语上》云:"夏后氏禘黄帝而祖颛顼,郊鲧而宗禹。"据此,鲧系颛顼苗裔。不过问题在于,假若鲧系颛顼之子,那么这个世系在时间上就出现了问题。《大戴礼记·帝系》云:"颛顼产鲧,鲧产文命,是为禹。"《墨子·尚贤中》云:"昔者伯鲧,帝之元子。"这里的"帝"应指颛顼,也说鲧系颛顼之子。不过《世本·帝系》给出的世系是,从颛顼到鲧中间隔了五代。《汉书·律历志》引《帝系》云:"颛顼五世而生鲧,鲧生禹。"王逸注《离骚》引《帝系》同。
④ 吴春明:《背倚华夏、面向南岛——关于东南土著民族的周邻关系》,《中国东南土著民族历史与文化的考古学观察》,厦门大学出版社 1999 年版,第 74—81 页。

术,越人则在葬俗和建筑等方面都受到楚文化的强烈影响①。在绍兴坡塘狮子山306号战国墓中,可以见及楚文化对其在青铜器器形、纹饰、铭文、玉器类型等方面的影响,所出楚式的汤鼎、圆底鼎等器物即为明证。而绍兴凤凰山木椁墓则完全是楚国的墓葬形制了②,宁波火车站125号战国土坑墓亦是属于楚文化的墓葬。浙江安吉则发现有楚国的货币③。越文化对楚文化的影响则突出地表现在青铜铸造技术上,越王勾践剑等重器由于某些原因在楚地发现。相传楚王延请吴越的铸剑高手干将和欧冶子为其铸剑。《越绝书·外传记宝剑》云:"楚王召风胡子而问之曰:'寡人闻吴有干将、越有欧冶子,……因吴王请此两人作铁剑,可乎?'风胡子曰:'善'。于是乃令风胡子之吴,见欧冶子、干将,使人作铁剑。"考古发掘所见,楚地出土的大量铜剑完全仿照吴越双箍剑和空首剑的技艺。一般认为楚地的采矿技术亦受越文化影响,在安徽皖南地区的铜陵、南陵、青阳、繁昌等地即发现多处先秦时期的铜矿采冶遗迹,包括矿井、支架、炼铜炉和大量的矿渣等遗址遗物。此外,楚地发现的几何印纹陶、扁高足外撇的越式鼎、越式矛、铜钺、句鑃、铜镰刀、耨、耘田器等均带有越文化特征。以越式鼎为例,在江陵雨台山558座楚墓出土的18件铜鼎中④,即有8件纯系越式风格,所占比例达44.4%,这种鼎在湘、鄂、赣诸省以及湘桂交界地带的战国墓中屡有出土。此外,越文化对楚文化的影响还表现在葬制、纹饰等方面⑤。

再看楚、越的政治关系。或许正是由于地缘、血缘上的接近,楚、越两国一度亲善,越国长期慑于楚国的权势,贡献不绝。越国在政治制度方面很大程度上也向楚国学习,如清华简《系年》第二十章记载了越国的令尹,令尹是楚国的最高官衔。楚、晋相争在一定程度上导致了吴、越的争霸,楚国对越国有一定的支持。联楚、结齐、通晋正是越国在"十年生聚,十年教训"期间的重要外交策略,如《韩诗外传》卷八载:"越王勾践使廉稽献民于

---

① 贺刚:《论越文化的特质及其与楚文化的相互浸染和融合》,《百越民族研究》,江西教育出版社1990年版,第206—222页。
② 绍兴县文物管理委员会:《绍兴凤凰山木椁墓》,《考古》1976年第6期。
③ 匡得鳌:《浙江安吉发现"郢爰"》,《考古》1982年第3期。
④ 荆州博物馆:《江陵雨台山楚墓发掘简报》,《考古》1980年第5期。
⑤ 朱燕英:《从长沙楚墓看越文化对楚文化的影响》,《百越文化研究》,厦门大学出版社2005年版,第96—108页。

荆王。"最后越国得以灭吴,与楚国牵制吴国大有关系。楚、越的亲善关系一直维持到公元前473年越灭吴之后,对于越国而言,对外关系的主要矛盾转移,楚、越矛盾加剧。在越灭吴后,越国以"淮上地"归楚,然楚国锐意东侵,扩张至泗上。此后两国日渐疏远,并成为竞争对手。《墨子·鲁问》云:"昔者楚人与越人舟战于江,楚人顺流而进,迎流而退,见利而进,见不利则其退难。越人迎流而进,顺流而退,见利而进,见不利则其退速,越人因此若执,亟败楚人。"越王无疆后来受齐国挑唆,"于是越遂释齐而伐楚。楚威王兴兵而伐之,大败越,杀王无疆,尽取故吴地至浙江,北破齐于徐州。而越以此散,诸族子争立,或为王,或为君,滨于江南海上,服朝于楚"①,越国自此元气大伤。

此外,越国与楚国的思想学术也存在交流。越国的重要谋臣计然,有线索表明当即文子②。无论是传世的《文子》,还是出自河北定县八角廊的汉简,均可见及《文子》对《老子》的继承关系③。至于《国语·越语》中范蠡的思想,亦与《老子》一脉相承④。通过文献的梳理,大致可以得出这样一个认识:计然即文子,系老子之徒、范蠡之师。我们可以归纳出"老子—文子(计然)—范蠡"的学统承传,文子(计然)作为一个具有承启意义的人物,衔接了老子与道家后学的传承脉络。由于越国原本学术土壤稀薄,当文子(计然)、范蠡等人来到越国,将楚国的思想学术带到此地,越国思想学术也便具备了外来移植的特征——而这一点长期为学界忽视。

二、吴文化与越文化的关系

吴地有其较明晰的考古学文化序列,在夏朝之前的考古学文化谱系与越地相同,即"马家浜文化—崧泽文化—良渚文化"的序列;而相当于夏朝的考古学文化为点将台文化,其年代为距今约4100~3700年;相当于商朝

---

① 《史记》卷四一《越王句践世家》。
② 《史记集解》引《范子》:"计然者,葵丘濮上人也,姓辛氏,字文子,其先晋国亡公子也。尝南游于越,范蠡师事之。"唐代马总《意林》卷一引《范子》云:"计然者,葵丘濮上人,姓辛,名文子,其先晋国公子也。为人有内无外,形状似不及人。少而明,学阴阳,见微而知著。其形浩浩,其志泛泛,不能自显。诸侯阴所利者,七国。天下莫知,故称曰计然。时遨游海泽,号曰渔父。范蠡请见越王,计然曰:'越王为人鸟喙,不可同利也。'"
③ 李学勤:《〈老子〉与八角廊简〈文子〉》,《中国哲学史》1995年第3、4期。
④ 参见江林昌《出土文献所见楚国的史官学术与"老庄学派""黄老学派"》,《江汉论坛》2006年第9期。

的考古学文化为湖熟文化,其年代为距今约3500～3200年。以土墩墓的出现为界,此后本区的文化即为周代的吴文化。

古史艳称泰伯奔吴,《左传》哀公七年云:"大伯端委以治周礼,仲雍嗣之,断发文身,赢以为饰,岂礼也哉,有由然也。"《史记·吴太伯世家》云:"于是太伯、仲雍二人乃奔荆蛮,文身断发,示不可用,以避季历。"不过对于这些言之凿凿的记载,后世学者颇不以为然,正如不认同越国王室的祖先出自夏人。诸如《左传》、《国语》、《论语》等先秦典籍以及鲁襄公、孔子、周敬王等权威人物,均承认吴国王室姬姓。1954年出土于江苏丹徒烟墩山的宜侯矢簋,说明周王室确在吴地封建诸侯①。就"大传统"而言,如文字、礼乐制度等方面,周王室与吴国统治者存在较多一致性。此外,吴国青铜器铭文明言吴国王室系姬姓,这是不容轻易否定的。

虽然吴国王室与周王室同源,但吴国与楚、越一样存在统治者与被统治者族属不同的现象。郭沫若先生主编的《中国史稿》称"吴在先是周族的一支,后来和当地的居民融合"②。既然吴国王室来自华夏,那么吴国的主体民族或者说"当地的居民"是什么呢?《史记·吴太伯世家》说是"荆蛮",曾昭燏、尹焕章二先生据本区湖熟文化的土著性指出当地居民即蛮夷③,卫聚贤先生以为是苗人④,持论近同。董楚平先生则认为应是淮夷⑤。更多的学者则认为吴国的子民与越国同族。实际上,《史记》"荆蛮"之说近来得到了分子人类学研究成果的支持⑥。然春秋以降,吴地的民族又发生了变迁,逐渐越化。故吴、越两国的民族关系需要动态地考察。

---

① 不过事情并非如此简单。《世本》云:"孰哉居藩篱,孰姑徙句吴。"宋衷注云:"孰哉,仲雍字。藩篱,今之余暨也。孰姑,寿梦也。"汉之余暨,当今之萧山。《世本》的叙述并不与《史记》一致。据董楚平先生研究,到西周康王时期以后,宁镇地区始出现周文化的遗存,参见董楚平等《吴越文化志》,上海人民出版社1998年版,第59页。也就是说,周人入主吴地可能要迟于文献所载的泰伯时期。卫聚贤先生曾考论泰伯始封于西吴,地当陕西陇县,参见氏著《太伯之封在西吴》,《吴越文化论丛》,上海书店出版社1996年影印本,第14—45页。一些学者结合宝鸡市出土的青铜器,强调吴国先公始封于西吴,吴国王室是后来才迁到东吴,但是后世的一些典籍误以为泰伯始封的正是东吴。这些问题仍有待进一步研究。

② 郭沫若主编:《中国史稿》,人民出版社1976年版,第305页。

③ 曾昭燏、尹焕章:《试论湖熟文化》,《考古学报》1959年第4期。

④ 卫聚贤:《吴越民族》,《吴越文化论丛》,上海书店出版社1996年影印本,第349页。

⑤ 董楚平等:《吴越文化志》,上海人民出版社1998年版,第6页。

⑥ 参见李辉《上海历史上的民族变迁》,台北中山纪念馆馆刊第13期,2004年5月。

茅山将苏南分割为西部的宁镇丘陵和东部的太湖平原,在新石器时代,江南的宁镇地区与江北的扬州、六合等地的文化面貌基本一致,是为吴文化的发祥地,而太湖流域的文化面貌则与钱塘江流域较一致。湖熟文化与马桥文化存在较大差异,不过它们之间已经存在交流现象。如在浙江萧山的马桥文化遗址即发现了诸多湖熟文化因素,如口部设流并且内腹壁有交错刻纹的研磨钵、竹节状高把豆、三足盘、铜刀、铜镞、半月形石刀等,并出现一定比例的流行于湖熟文化的梯格纹①。此外,江苏无锡、江阴等地的马桥文化亦常见到梯格纹,湖熟文化中的几何印纹陶文化因素则当来自马桥文化②。

　　到了春秋前期,宁镇地区的文化面貌逐渐接近太湖流域,宁镇地区的文化此时应该受到越文化的强烈同化作用。在春秋战国时期,吴、越两国的民族文化近同,乃至难分难解。《吕氏春秋·知化》引伍子胥语:"夫吴之与越也,接土临境壤,交通属,习俗同,言语通。"《越绝书·外传纪策考》云:"吴、越为邻,同俗共土,西州大江,东绝大海,两邦同城,相亚门户,忧在于斯,必将为咎。"《越绝书·外传记范伯》云:"吴、越二邦,同气共俗,地户之位,非吴则越。"《吴越春秋·夫差内传》云:"吴与越同音共律,上合星宿,下共一理。"《吴越春秋·勾践入臣外传》云:"越之与吴,同土连域。"所言殆同,归纳之,即语言通、地域邻、习俗同、生活生产方式相近、人民性格相似。这基本上合乎事实,如吴地与越地均有大量古越语地名,可说明两地语言的相近。蒙文通先生指出,吴、越两国之语言、习俗既皆相同,则其人民宜为同一民族也③。卫聚贤先生也认为"吴越原系一个民族"④。实际上,说吴、越同族仍有不妥之处。只不过两者春秋时几乎已融为一体,共性是最基本、最主要的⑤。随着军事行为带来的进一步融合乃至统一,吴、越两地存在一个趋同的进程,文化面貌逐渐融为一体,最终形成"吴越文化"的整体。

　　再看吴、越两国的政治关系。《史记·吴太伯世家》云:"寿梦立而吴始

---

① 林华东:《对湖熟文化正名、分期及其他》,《东南文化》1990年第5期。
② 毛颖、张敏:《长江下游的徐舒与吴越》,湖北教育出版社2005年版,第125页。
③ 蒙文通:《越史丛考》,人民出版社1983年版,第18页。
④ 卫聚贤:《吴越民族》,《吴越文化论丛》,上海书店出版社1996年影印本,第5页。
⑤ 陈国强等:《百越民族史》,中国社会科学出版社1988年版,第13页。

益大,称王。"如果说越国历史的转折点是允常称王,那么吴国历史的转折点则是寿梦称王。在此期间,吴国的影响力逐步扩大,而其中重要的契机正是巫臣使吴。《左传》成公七年载巫臣"乃通吴于晋。以两之一卒适吴,舍偏两之一焉。与其射御,教吴乘车,教之战陈,教之叛楚",《史记·吴太伯世家》所记相同。由于晋、楚两大国之间的恩怨,晋国扶持吴国,楚国扶持越国,遂演绎出富于传奇的吴越争霸。从公元前 632 年的城濮之战始,晋、楚争战不休,长达百年。随着公元前 537 年晋平公嫁女于楚,晋、楚争霸告一段落,历史的聚光灯转向了吴越大地。除了历史大环境的原因外,越人睚眦必报的复仇传统亦起到推波助澜的效果。《国语·越语上》云:"夫吴之与越也,仇雠敌战之国也。三江环之,民无所移,有吴则无越,有越则无吴,将不可改于是矣。"春秋时期吴、越两国的争战可谓不绝于史。如公元前 544 年,"吴人伐越,获俘焉,以为阍,使守舟。吴子余祭观舟,阍以刀弑之"(《左传》襄公二十九年);公元前 537 年,越国随楚国等伐吴(《春秋》昭公五年);公元前 510 年,"吴伐越,始用师于越也"(《左传》昭公三十二年),杜预注云"自此之前,虽强事小争,未尝用大兵",吴、越两国开始有大的军事行动;公元前 505 年,"越入吴,吴在楚也"(《左传》定公五年);公元前 496 年的槜李之战吴王阖庐受伤身亡,吴、越两国积怨更深,于是有了公元前 494 年夫椒之战越国的惨败;此后越国经"十年生聚,十年教训",最终在公元前 473 年攻破吴都姑苏,夫差自杀。吴越争霸以吴亡越兴而告终,越国在吴国霸业的基础上,北上争霸,称雄一时。

越国灭吴,吴、越文化进一步融为一体。后来越为楚所败,故吴地为楚国所侵占。秦王朝兼并江南之后,以吴、越故地为会稽郡,设郡治于吴,吴、越再度融为一体。在此后的发展进程中,吴、越文化走过了相似的发展道路,并同样表现出"点状突进"的发展特点。

三、东夷、淮夷文化与越文化的关系

我们首先需要讨论一下"东夷"的问题。广义的"夷"泛指华夏集团以外的其他民族,所谓"四夷"是"东夷、南蛮、西戎、北狄"的总称,后来又扩大为表示外族与外国。在典籍中一度有东夷与西夷的区分。狭义的"夷"则指东夷。《礼记·王制》云:"东方曰夷,被发文身,有不火食者矣。"《说文解字·大部》亦云:"夷,从大从弓,东方之人也。"泛指东方的部族集团。现在一般学者将东夷等同于上古山东地区的族群,似乎对《后汉书·东夷列传》将东北、日韩的族群也视作东夷的现象不以为然。据古本《竹书纪年》等文献,在夏朝之时有岛夷、嵎夷、莱夷、鸟夷、淮夷等,《后汉书·东夷列传》所载"九夷"在夏朝均已出现。夏人与东夷关系密切,东夷时来贡献。太康在位期间,夏朝权柄被东夷有穷氏首领后羿夺取,后少康重夺政权,复兴夏朝,史称"少康中兴"。至于商代,一般认为甲骨卜辞中的"人方"是东夷。商人与东夷的关系比较微妙,商王朝时而笼络东夷,时而征伐东夷。"东夷"在西周金文中数见,指周公东征的对象、山东地区的族群并无问题。金文中与"东夷"并提的尚有"南夷"、"南淮夷"。西周中叶,淮夷强盛,其中徐国尤其强大。以上与三代中原王朝发生直接接触乃至争战的东夷,都应该是山东地区的族群。

目前学术界已经基本认同山东地区的岳石文化①便是夏代的东夷②。一些学者认为岳石文化之前的山东龙山文化、大汶口文化也属于东夷文化。事实是否如此,还需要进一步考虑。岳石文化与山东龙山文化相比,虽然有继承的地方,但差异还是比较大的③。岳石文化的来源存在争议,张国硕先生以及一些日本学者力主岳石文化来自辽西的夏家店下层文化④。岳石文化的文化层极薄,而且基本没有发现确凿的墓葬,某些方面较山东龙山文化有所退化。岳石文化的一些因素,如疑似筒形罐、之字形纹、石棺葬的因素都与辽东地区的文化相比存在共性。尽管目前学术界的主流意见是岳石文化由本土文化发展而来,但北来说不可忽视。燕辽文化圈的考古学文化,包括红山文化等,以筒形罐及之字形纹为代表性特征。有学者提出"筒形罐文化圈"⑤,不但包括中国东北,还包括西伯利亚乃至日韩(甚或夏代的山东地区)。这是一个相对统一的文化集合体,从某种程度上讲,其与"萨满文化圈"、"东夷文化圈"在某种程度上是相重叠的,值得

---

① 岳石文化因1959年最早发现于山东平度市大泽山镇东岳石村而得名,其分布范围与山东龙山文化大致相同,积年在夏朝的年代范围内。
② 严文明:《东夷文化的探索》,《文物》1989年第9期。
③ 参见俞伟超《龙山文化与良渚文化衰变的奥秘——致纪念发掘"城子崖遗址六十周年国际学术讨论会"贺信》,《文物天地》1992年第3期。
④ 张国硕:《岳石文化来源初探》,《郑州大学学报》(哲学社会科学版)1989年第1期;张国硕:《岳石文化的渊源再探》,《郑州大学学报》(哲学社会科学版)1994年第6期。
⑤ 参见冯恩学《东北平底筒形罐区系研究》,《北方文物》1991年第4期。

我们重视。现在的学者论及东夷往往仅仅将目光限定于山东地区,事实上古人将中国东北、日韩诸族视作东夷并非没有依据。

孟文镛等先生认为於越属于东夷族群,是东夷族的一支①。其实在古人眼中,"夷"、"越"的区分还是比较严格的,两者的分布地域和文化特征均有不同。两者可并称"夷越",泛指东方及南方的民族。"夷越"有可能存在遗传结构的交叉,Y-SNP 单倍型 O1-M119(H9)是百越的重要遗传特征,据研究,带有这一遗传特征的人群曾沿中国东部海岸线北上,可能到达东北地区。O1-M119 在今天山东、东北均有不小比例,红山文化先民身上也有发现。

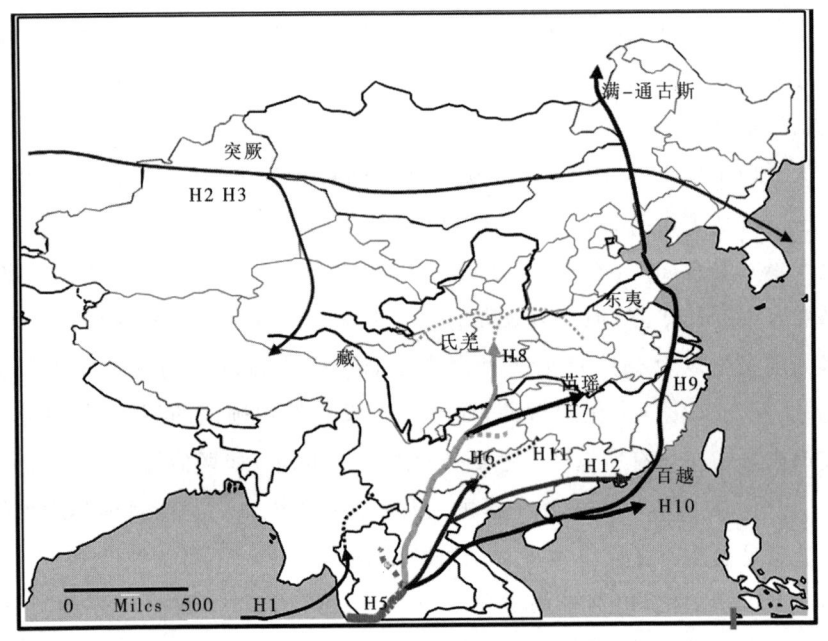

推测 Y 染色体各单倍型的地理发生图②

---

① 参见孟文镛《越国史稿》,中国社会科学出版社 2010 年版,第 141—143 页。此外,吕思勉先生亦曾指出夷与越是同一民族,淮北称夷,江南称越,参见氏著《中国民族史》,世界书局 1934 年版,第 212 页。孟文镛先生列出三项证据:其一,越人的活动地域在东夷范围之内,文献多有夷、越不分;其二,越人与东夷有相似的文化特征,俱文身、崇鸟、尚陶;其三,夷与越,音相近,义相通。对此,我们有不同的意见。关于第一点,古人对东夷与百越之间的界限还是比较清晰的,两者虽有交叉,却基本以淮河为界;综观古代东夷与越的文化面貌,也存在较大差异;"夷"的涵义有广义、狭义之分,广义的"夷"当然涵括"越",加之两者地域相接,遂导致某些情况下夷、越不分的情形。《论衡·恢国》说的"越在九夷",即是广义的"夷"。关于第二点,与两者的文化交流有关,也与两者可能存在的文化底层有关。关于第三点,"夷"在古文字中作"人"或"尸","越"则作"戉",殊不相类。

② 杨俊、李辉、金建中、金力、卢大儒:《上海原住民的 Y 染色体遗传分析》,《中央民族大学学报》(自然科学版)2004 年第 1 期。

从考古学文化看,山东地区和江浙在新石器时代的确关系密切。有学者认为山东地区的后李文化与环太湖流域的马家浜文化在器物上存在相似性①,这究竟是文化同源的结果还是文化交流的结果有待进一步研究。至于后来的大汶口文化与良渚文化,更是交流密切,其中苏北的花厅遗址反映了两者的共存与碰撞。良渚文化出现了大汶口文化的彩陶背壶,大汶口文化发现有良渚文化的贯耳壶。此外,良渚文化玉器符号与大汶口文化陶器符号相同或相近的约有半数②,这已上升到精神文化层面的共性。

百越文化内部存在一些共同的文化因素,比如几何印纹陶。而有些现象是超出百越的,将山东等地囊括在内,甚至遍布环太平洋地区,如玉器、有段石锛、文身、鸟图腾崇拜、人工拔牙、枕骨变形、口含石球等。李辉先生将"澳泰族群"作为一个整体进行研究③,凌纯声等先生此前也将研究的视域放宽到整个环太平洋地区④。在中国境内,夷、越确实可以看作一个大的整体,而环太平洋的南岛语系民族,与他们也存在同源关系。除了考古学方面的反映,语言也是重要的化石,说古越语的居民大致分布于今山东、江苏、安徽、浙江一带⑤。古越语的地名,在山东地区亦有不少分布。而由古越语演变而来的壮侗语系,则与南岛语系有非常密切的关系。

在青铜时代,与於越发生直接关系的主要是分布于江淮地区的徐国与群舒,可以统称为"淮夷"。徐国的畛域主要在淮河下游一带,极盛时囊括苏北、皖中、鲁南。典籍中或称徐方,或称徐夷,或称淮夷(确切而言,徐系淮夷的一支),或称徐戎。徐文化在当时的长江下游是相对先进的一支,所出土的徐国青铜器均形制古朴,铸造精良,纹饰细密。徐国王室相传为佐禹治水有功的伯益之后,嬴姓。迨至西周,徐国强盛,与周王朝相颉颃。周、徐冲突纵贯西周,以穆王、厉王、宣王三朝尤甚,在传世文献与金文中多有反映。徐国君主自称为"王",所见徐国吉金铭文皆自称"徐

---

① 张学海:《后李类型与马家浜文化之联系》,《中国文物报》1998年1月7日,第3版。
② 李学勤:《比较考古学随笔》,广西师范大学出版社1997年版,第160页。
③ 李辉:《澳泰民族的遗传结构》,复旦大学博士学位论文,2005年5月。
④ 凌纯声:《中国古代与亚洲地中海》,《中国的边疆民族与环太洋文化》上册,台湾联经出版事业公司1979年版。
⑤ 周振鹤、游汝杰:《地名的学问》,《百科知识》1980年第4期;《古越语地名初探——兼与周生春同志商榷》,《复旦学报》(社会科学版)1980年第4期;郑张尚芳:《古吴越地名中的侗台语成分》,《民族语文》1990年第6期。

王",如"徐王义楚"、"徐王之子庚儿"等。著名的徐偃王据说"地方五百里,行仁义,割地而朝者三十有六国"①。在古籍中,或说楚文王伐徐偃王,或说楚庄王伐之,或说周穆王伐之,歧说迭出,徐偃王的时代更是混淆不清。在春秋时期,徐国衰弱,并最终在公元前512年亡于吴国之手。

再如群舒。群舒系江淮一带若干小国之统称,包括舒国、舒蓼、舒庸、舒鸠、舒龚、舒龙、舒鲍、巢、宗等,春秋时代为楚、吴等列强所鲸吞。考古发现所见,群舒青铜器中的牺形鼎、平盖扁鼓腹鼎、异形盉等独具特色。根据《春秋》、《左传》的记述,可以爬梳出一串挣扎于列强之间又相继覆亡的小国,更可勾勒出群舒屈辱的血泪史②。群舒相继倾覆,江淮地区的夷人诸国为列强所吞灭,成为大国侵凌的牺牲品。

徐、舒既处华夷交会之所,又与周边其他南方民族发生着密切联系,故其文化呈现出多元的色彩。以徐、舒青铜器为例,其既具有土著风格,又受到中原王朝以及楚、越、吴等国家的浸染。徐舒的乐器、官制等均承自殷商,其官制、铭文语汇亦兼受楚国影响③。徐、舒尤其是徐国与越国的关系颇为复杂,值得深究。《春秋》昭公五年载:"冬,楚子、蔡侯、陈侯、许男、顿子、沈子、徐人、越人伐吴。"徐国曾与越国一道伐吴。徐、越两国的关系文献语焉不详,但丰富的考古学、民俗学材料却为我们提供了一定的线索。如绍兴306号墓出土有铭青铜器三件,其中一件汤鼎自铭为徐器,尤为重要,另有一件铜炉也铭为徐器。对于该墓的性质,一直以来歧说纷纭,或说为越墓,或说为徐墓,是徐亡入越的见证。安徽淮南蔡家岗蔡声侯墓出土

---

① 《韩非子》卷一九《五蠹》。
② 《春秋》僖公三年:"三年春王正月,不雨。夏四月不雨。徐人取舒。"《春秋》文公十二年:"夏,楚人围巢。"《左传》文公十二年:"群舒叛楚。夏,子孔执舒子平及宗子,遂围巢。"《左传》文公十四年:"楚庄王立,子孔、潘崇将袭群舒,使公子燮与子仪守而伐舒蓼。二子作乱,城郢而使贼杀子孔,不克而还。"《春秋》宣公八年:"楚人灭舒蓼。"《左传》宣公八年:"楚为众舒叛,故伐舒蓼,灭之。楚子疆之,及滑汭,盟吴、越而还。"《左传》成公七年:"吴始伐楚、伐巢、伐徐。"《春秋》成公十七年:"楚人灭舒庸。"《春秋》襄公二十五年:"楚屈建帅师灭舒鸠。"《春秋》昭公二十四年:"冬,吴灭巢。"
③ 郭沫若先生曾于《两周金文辞大系图录考释》的序言中指出:"徐、楚乃南系之中心,而徐多古器,旧文献中,每视荆、舒为蛮夷化外,足征乃出于周人之敌忾。徐、楚均商之同盟,自商之亡即与周为敌国,此于旧史有征,而于宗周彝铭,凡国室与'南夷'用兵之事尤几于累代不绝。故徐、楚实商文化之嫡系,南北二流实商周之派演。商人气质倾向艺术,彝器之制作精绝千古,而好饮酒,好田猎,好崇祀鬼神,均其超现实性之证。周人气质则偏重现实,与古人所谓'殷尚质、周尚文'者适得其反。民族之商、周,益以地域之南北,故二系之色彩浑如泾、渭之异流。"参见氏著《周代金文图录及释文·增订本》(三),台湾大通书局1971年版。

越王者旨於赐戈二件。据董楚平先生考释，戈铭曰："癸亥，余（徐）侯之皇，戉王者旨於赐。"①"徐侯"可能即徐王。2003年，在绍兴塔山公园扩建工地出土了一件青铜甬钟，作上小下大的柱状形，甬上模印云雷纹饰间以蟠螭纹，名"自铎"。据曹锦炎先生考证，形制上属越器，然铭文注明系徐器，殆即徐人流亡越国时所为②。此外，前些年曾于绍兴地区出土两件越国青铜戈，上有铭文，但两戈均已流入民间，铭文较多的一件现为澳门某收藏家所得，另一件现藏绍兴越文化博物馆，即所谓"越王得居戈"。曹锦炎先生在考证"越王得居戈"的铭文时指出该器铭文记载了越国先称王、铸造铜戚佐徐国称王等史事③。曹先生的考证尚有疑义，学者多有讨论，目前已经究明这件戈与"得居"或"允常"无涉，器主实际上为越王初无余，佐徐之事亦无从谈起。

从目前的材料看，徐、越两国的确关系亲善，徐国在受到中央王朝以及吴国等的强大军事打击之后，王室曾流亡越国。郭沫若先生早年曾说："春秋初年之江浙殆犹徐土者，亦未可知也。"④虽推论太过，却反映了徐人入越的若干事实。关于徐人入越之路径，曹锦炎先生认为是从海路而来，第一站是舟山，继而渡海溯钱塘江至嘉兴、绍兴、衢州，或仍循海路到鄞县、台州⑤。今天浙江境内台州、衢州、嘉兴、宁波等地均有徐偃王的遗迹，地方史志亦多有记载⑥，不过背后反映了何种史实仍有待进一步探讨。

四、百越文化与越文化的关系

在第一节讨论於越的族源问题时，我们已经结合分子人类学、体质人

---

① 董楚平：《吴越徐舒金文集释》，浙江古籍出版社1992年版，第226—227页。
② 曹锦炎：《自铎铭文考释》，《文物》2004年第2期。
③ 曹锦炎：《越王得居戈考释》，《古文字研究》第25辑，中华书局2004年版，第208—212页。
④ 郭沫若：《殷周青铜器铭文研究》卷一，《郭沫若全集·考古编》第4卷，科学出版社2002年版，第93页。
⑤ 曹锦炎：《春秋初期越为徐地说新证》，《浙江学刊》1987年第1期。
⑥ 台州温岭大峃村大唐岭麓有"徐偃王故城"。宋人陈耆卿的嘉定《赤城志》载："徐偃王故城在黄岩县东南大唐岭东（今属温岭市），外城周十里，内城周五里，有洗马池、九曲池、故宫基址。"《台州府志·古迹》记载："偃王古城在太平县（即今温岭市）西北三十五里，又县南有叶、鲍二将军庙，或谓即偃王将也。"翁州（今舟山）亦有"徐偃王城"。张守节《史记正义》引《括地志》："大徐城在泗州，徐城在县北三十里，古徐国也。……徐城在越州鄞县东南，入海二百里。夏侯《志》云：翁州上有徐城，传云昔周穆巡狩，诸侯共尊偃王。穆王闻之，令造父乘骥骣之马，日行千里，自行讨之。或云命楚文王率师伐之，偃王乃于此处立城以终。"另浙江衢州龙游有徐偃王庙，韩愈撰有《衢州徐偃王庙碑》。

类学以及考古学的研究成果阐明了百越集团各支系的体质特征和遗传特征具有一致性,说他们是同一个部族集团是可信的;百越集团在两广地区孕育发生之后,其中一个支系在8000多年前发展迅速,沿海岸线迅速扩张,东南越人也在此时出现。此前学者多认为百越(百粤)①泛指古东南沿海暨岭南地区及其居民②,实际上百越是一个内部认同感较强的部族集团,这不但表现于血缘,还表现于文化。"百越"一词首见于《吕氏春秋·恃君》:"扬、汉之南,百越之际,敝凯诸、夫风、余靡之地,缚娄、阳禺、驩兜之国,多无君。"高诱注云:"越有百种。""扬汉之南"当今之福建、广东等地。《汉书·地理志》云"粤地,牵牛、婺女之分野也。今之苍梧、郁林、合浦、交趾、九真、南海、日南,皆粤分也",所叙即百越之地。颜师古注引臣瓒语:"自交趾至会稽,七八千里,百粤杂处,各有种姓。"颜师古注《汉书·高帝纪》又引服虔语:"非一种,若今言百蛮也。"百越民族在中国南方的分布犬牙交错,古人以"百"称之,言其部落之多。

百越具体包括哪些族群呢?罗香林先生在《中夏系统中之百越》一书从於越、瓯越、闽越、东鳀、扬越、山越、南越、西瓯、骆越、越裳、掸国、腾越、滇越、越嶲、僰国、夜郎、夔越十七族进行讨论③。蒙文通先生则据《方言》所载百越地区之不同方言,合百越各地之不同习俗论之,百越民族可略分为吴越(包括东瓯、闽越)、南越、西瓯、骆越四族④。一般认为,除於越外,百越尚有东瓯、闽越、南越、西瓯、骆越等主要支系。其中於越自成一体且文化最为发达,东瓯则与闽越的文化面貌相近,可归为一类。以下分别予以讨论。

东瓯主要分布于浙江南部的瓯江流域,包括温州、台州、丽水等地区。《山海经·海内南经》云:"瓯居海中。"《逸周书·王会解》见及"东越"、"欧人"、"沤深"、"越沤"等族称,或以为与东瓯有关。《战国策·赵策二》:"被发文身,错臂左衽,瓯越之民也。"⑤概言其俗。《史记·东越列传》云:"闽越王无诸及越东海王摇者,其先皆越王句践之后也,姓驺氏。秦已并天下,

---

① 有时"扬越"亦指"百越",如《史记·南越列传》"略定扬越,置桂林、南海、象郡",即贾谊《过秦论》中所说"南取百越之地,以为桂林、象郡"。
② 蒙文通:《越史丛考》,人民出版社1983年版,第1页。
③ 罗香林:《中夏系统中之百越》,独立出版社1943年版,见目录页。
④ 蒙文通:《越史丛考》,人民出版社1983年版,第17页。
⑤ 《史记·赵世家》作:"夫翦发文身,错臂左衽,瓯越之民也。"

皆废为君长,以其地为闽中郡。"①在汉初,摇建都东瓯,成为东海王。至于东瓯王室是否果如《史记》所云属勾践家族,尚不可遽断。《路史·国名纪四》引《越绝书》云:"东瓯,越王所立,(周)元王四年范蠡筑。"《太平寰宇记》引《越绝书》亦同。董楚平先生指出:"考古资料表明,闽越与瓯越文化面貌基本一致,它们与太湖、钱塘江流域的於越明显有别,这说明闽越与瓯越的基本群众是土著民族,上文所引'闽越王无诸及越东海王摇者,其先皆越王勾践之后',说的是这两国的王室,非指土著居民。"②事实上,浙南闽北的人群遗传特征很可能与於越一致,董先生的论断尚有商讨的空间,说瓯越、闽越的统治者与勾践同宗则确实是有可能的。不过先秦时期瓯江水系的文化特征虽亦属几何印纹陶文化,但与杭嘉湖平原、宁绍平原、金衢丘陵的文化面貌有异,而与福建地区的文化存在更多共性③。浙江南部的乐清、永嘉、瑞安等地的遗址,与福建闽北诸遗址极为相似④,所见一种拍印条纹的黄灰色薄胎硬陶(有的两面涂黑)与几何印纹陶共存,石器较细小,石箭镞多宽扁而短小,一些有段石锛的断面略呈弧边三角形⑤。司马迁将东瓯与闽越合为《东越列传》,事出有因。

闽越主要分布于今福建及赣东、浙南⑥。《山海经·海内南经》云:"闽在海中,其西北有山。一曰闽中山在海中。"《周礼·夏官·职方氏》提及"七闽"。《说文解字·虫部》云:"闽,东南越,蛇种。"蒙文通先生认为"'越'本国名,其族为'闽'"⑦。浙南闽北一带不但可能与几何形印纹陶的起源

---

① 不少学者认为,闽中郡虽设,但有名无实,其范围包括东瓯与闽越。
② 董楚平:《勾践姓、氏考》,《2002·绍兴越文化国际学术研讨会论文集》,浙江古籍出版社2006年版,第4页。
③ 文物编辑委员会:《三十年来浙江文物考古工作》,《文物考古工作三十年(1949—1979)》,文物出版社1979年版,第220页。
④ 曾凡:《关于福建史前文化遗存的探讨》,《考古学报》1980年第3期。
⑤ 牟永抗:《浙江的印纹陶——试谈印纹陶的特征以及与瓷器的关系》,《文物集刊》(3),文物出版社1981年版,第264页。
⑥ 福建地区主要的考古学文化有:壳邱头文化,距今约6000~5500年,分布地区在福建沿海和部分岛屿;昙石山文化,距今约5000~4000年,主要分布在闽江下游和福建东部,发现有印纹硬陶;牛鼻山文化,距今约5000~4000年,主要分布在闽西和闽北地区;黄瓜山文化,距今约4000~3500年,主要分布在闽江下游及闽东沿海地区,晚期有施釉器物;黄土仑文化,距今约3500~3000年,主要分布在闽江下游,以几何形印纹硬陶为主;闽西北的马岭类遗存与马桥文化中层相当,与浙南关系密切,白主段类遗存相当于商代晚期,与吴城文化关系密切。
⑦ 蒙文通:《越史丛考》,人民出版社1983年版,第1页。

有关,还可能是原始青瓷的发源地。需要注意的是,钱山漾文化、广富林文化及马桥文化与浙南闽北的文化有千丝万缕的联系。闽越族群所处地理位置特殊,向北影响长江下游,往东影响台湾岛,向南则传达於越的先进文化因素,可以视作百越族群的中间枢纽。"闽越"作为狭义的国名,则是指西汉初年对土著闽越政权正式册封的异姓诸侯国,创于汉高祖五年(前202),亡于汉武帝元封元年(前110)。汉武帝后来迁闽越土著于江淮一带,一部分闽越人则向广东及更西的地方迁徙并成为今天水族的祖先,造成当地的越人成分几近空白,这在遗传学的材料中得到了直观反映①。

南越主要分布于今广东。"南越"一名始见于《史记·南越列传》:"秦已破灭,佗即击并桂林、象郡,自立为南越武王。高帝已定天下,为中国劳苦,故释佗弗诛。汉十一年,遣陆贾因立佗为南越王,与剖符通使,和集百越,毋为南边患害,与长沙接境。"或以为南越即"南海"、"苍梧"等。南越国立国于汉代,但南越作为一个族群,在广东地区已有很长的历史②。

西瓯主要分布于今广西桂江流域及西江中游一带③。郭璞《山海经注》云:"郁林郡为西瓯。"④他书亦同。汉代郁林郡当今之广西大部,西瓯并括苍梧、合浦之地。蒙文通先生指出,骆越之与西瓯,自民族言本为二族,自地域言本为二地,自政治组织言亦本"二国"⑤。实际上西瓯由南越分化而出(南越后来发展为侗族类群体),西瓯则与由山地群体发展而来的骆越融合,成为壮族、傣族等民族的祖先⑥。《淮南子·人间训》云:"(秦始皇)乃使尉屠睢发卒五十万,为五军……又以卒凿渠而通粮道,以与越人战,杀西呕君译吁宋。""西呕"即"西瓯",秦人虽诛杀了西瓯之君,却没能彻底征服西瓯。

骆越或称雒越,主要分布于今广西左江流域、越南红河三角洲及海南

---

① 李辉:《分子人类学所见历史上闽越族群的消失》,《广西民族大学学报》(哲学社会科学版)2007年第2期。

② 本地区的重要考古学文化有:咸头岭文化,距今约6000～5000年,主要分布在珠江三角洲及附近的部分岛屿;石峡文化,距今约5000～4000年,主要分布在粤北北江中上游地区的马坝河、滃江和翁江沿岸;涌浪类文化遗存,距今约5000～4000年,分布于香港,几何印纹陶占有一定比例。

③ 广西地区的主要考古学文化有:顶蛳山文化,距今约8000～7000年,主要分布在以南宁地区为中心的扶绥、武鸣以东,邕江横县以西的左江、右江、邕江及其支流附近地区;甑皮岩五期类文化遗存,距今约8000～7000年;临桂大岩五期类文化遗存,属于新石器时代的中期晚段。

④ 《太平御览》卷一七一引。

⑤ 蒙文通:《越史丛考》,人民出版社1983年版,第82页。

⑥ 李辉:《侗台语与南岛语人群的遗传同源性》,《现代人类学通讯》2011年第5卷。

岛,当古交趾、九真之域,并无疑义。"骆越"之名,首见于《汉书·贾捐之传》:"骆越之人,相习以鼻饮。"《韩诗外传》卷五云:"(周)成王之时……越裳氏重九译而献白雉于周公。"《尚书大传》云:"交趾之南,有越裳国。"越裳与骆越畛域叠合,越裳与中原交流远溯西周初年,骆越之名始闻于汉代。铜鼓是骆越的代表器物,《后汉书·马援传》即载马援"于交趾得骆越铜鼓,仍铸为马式"。石钟健先生强调於越与骆越出自同源①,从目前分子人类学的研究成果看是可以成立的,属于广西地区的山地群体。

干越也被视作越人的一支②,他们创造了历史上的邗国。关于邗国的史料书缺有间,但我们还是可以通过文献寻绎邗国的蛛丝马迹。"邗"又称"干"。《史记·货殖列传》云:"与闽中、干越杂俗。"徐广云:"干越在临淮。"《说文解字·邑部》云:"邗,国也。今属临淮郡。"《淮南子·道应训》高诱注云:"干,国,在临淮。"《太平御览·州郡部》引韦昭语:"干越,今余干县之别名。"干越的范围,古籍均谓在汉代的临淮郡一带,而其中心当在今扬州、邗江至仪征的蜀岗一带③。刘美崧先生则认为干越的范围在赣东北一带④。

关于邗国的史料只能从《管子·小问》中寻得一二:"昔者吴、干战,未龀不得入军门。国子挝其齿,遂入,为干国多。"言吴、邗两国战争之惨烈,乃至于邗国未成年人都凿齿参战。这种凿齿的风俗,出现于一部分夷、越民族。毕竟国力有限,邗国最终未能抵挡吴国的强大攻势。郭沫若先生曾指出所谓的吴王寿梦之戈铭文"邗王是埜,乍为元用"中"邗王"即吴王寿梦,并认为邗国的灭国时间可能在春秋之前,至迟亦当在春秋初年⑤。因这把戈有晋文化风格,且晋赵孟壶铭文云"遇邗王于黄池",董珊先生指出"是埜"实为"夫差"的晋方言对音⑥,此说更合形制、史事与音理。《韩非子·难二》云:"蹇叔处干⑦而干亡,处秦而秦霸。"蒙文通先生据此推论邗国之亡在秦穆公初年⑧。《左传》哀公九年云:"秋,吴城邗,沟通江、淮。"此时邗地应早已为吴国所有。

---

① 石钟健:《试证越与骆越出自同源》,《百越民族史论集》,中国社会科学出版社1982年版,第183—204页。
② 有的学者认为属淮夷。
③ 毛颖、张敏:《长江下游的徐舒与吴越》,湖北教育出版社2005年版,第57页。
④ 刘美崧:《干越四题》,《龙虎山崖葬与百越民族文化》,吉林人民出版社2001年版,第116页。
⑤ 郭沫若:《吴王寿梦之戈》,《沫若文集》,人民文学出版社1963年版,第131页。
⑥ 董珊:《吴越题铭研究》,科学出版社2014年版,第36页。
⑦ 他本"干"作"于"或"虞",备考。
⑧ 蒙文通:《越史丛考》,人民出版社1983年版,第45页。

此后吴国亦称"吴干"或"干",董楚平先生认为邗国是文化发达国家,吴国吸收了邗的文化,故袭用其国号,这是吴文化发生中期突变的动因①。蒙文通先生认为,越有干王,当是越灭吴而封其支庶于干,遂为干越②。台北古越阁主人王振华先生藏有一件越王州句复合剑,铭文谓越王朱句"唯余土卷邗",可能反映了越曾迁都于邗的历史③。

邗国的历史虽似流星划过,没有在典籍中留下太多篇章,但其精湛的青铜兵器铸造技术却使后世仍能感受到它的绝世风华。干越的青铜兵器铸造技术显赫天下,文献多有称述④。吴灭邗后,邗国的青铜兵器铸造技术为吴国所继承,越灭吴后,又为越国所继承,而后楚国又从越国身上取其精华。由考古发掘的资料所见,邗文化既有自身的土著特征,也有南北文化交流融合的特点。作为一个蕞尔小国,邗国不免于灭亡,但其青铜铸造技术却为吴越所继承。

此外,《史记·楚世家》中所言称的扬越则与楚王熊渠少子执疵受封的越章有关。至于山越,则为古越人之遗裔。另有与越文化中心地"内越"相对的"外越"。《越绝书·外传记吴地传》云:"娄门外力士者,阖庐所造,以备外越。"《越绝书·外传记地传》云:"句践徙治山北,引属东海,内、外越别封削焉。"同卷又称秦朝将谪戍之人"置海南故大越处,以备东海外越"。所谓"外越"者,当指东海外之越地,显当囊括澎湖、台湾⑤。《水经注·温水》引《林邑记》云:"(寿泠)浦通铜鼓外越,安定黄冈心口,盖度铜鼓,即骆越也。"铜鼓以南还有"外越",学者认为这个"外越"即是"骆越"⑥。另有山夷,包括台湾岛土著居民⑦,亦被认为属于百越,台湾高山族的遗传特征确与百越极近。

关于百越文化的内部关系,我们可以作如下总结:

1.从遗传结构和体质特征看,百越诸族确可视作同一的部族集团。在

---

① 董楚平等:《吴越文化志》,上海人民出版社1998年版,第66页。
② 蒙文通:《越史丛考》,人民出版社1983年版,第46页。
③ 董珊:《吴越题铭研究》,科学出版社2014年版,第59页。
④ 《庄子·刻意》云:"夫有干越之剑者,柙而藏之,宝之至也。"《尸子·劝学》云:"使干越之工铸之以为剑。"《战国策·赵策》云:"夫吴干之剑,肉试则断牛马,金试则截盘匜。"《吕氏春秋·疑似》云:"患剑之似吴干者。""吴干"连称,"干"实际上指越。《淮南子·道应训》:"荆有伙非,得宝剑于干队。"高诱注云:"干,国,在临淮,出宝剑。"《新序·杂事》云:"剑产于干越。"
⑤ 蒙文通:《越史丛考》,人民出版社1983年版,第102—104页。
⑥ 陈桥驿:《越族的发展与流散》,《东南文化》1989年第6期。
⑦ 台湾地区的主要考古学文化有:大坌坑文化,距今约6000~5500年,主要分布在北部淡水河下游沿岸地区;圆山文化,距今约4500~4000年;芝山岩文化,距今约4000~3500年。

第一章 越文化的起源与边界

遗传结构上分为东越与西越,不同支系在文化上也存在差异,并存在文化发展严重不平衡的现象。

2.於越是百越的一支,也是最为发达的一支。一些学者认为越地是百越的策源地,这并不符合事实。百越的发展并不均衡,尤其是良渚文化的成就令人瞩目,而两广地区的越人长期处于落后状态。良渚文化(至少是上层社会)已是衣冠文明,与其他断发文身的越人迥异。河姆渡文化的一些文化因素,对百越有较大影响①。在良渚文化时期,其先进的文化因素便向南传播,影响了浙南闽北地区,浙南好川墓地便发现有良渚文化的玉器和陶器,广东地区的石峡文化与良渚文化更是关系密切。进入青铜时代后,於越文化作为先进文化继续影响南方的百越集团,吴越地区的青铜文化曾对广东和广西东北部地区产生过影响②。

3.偏南的百越支系也影响了於越。最典型的便是几何印纹陶的传播。一般认为,几何印纹陶③文化即百越的文化④。几何印纹陶在新石器时代晚期便开始流行,兴盛于商周时期,一直到战国汉初才逐渐衰落。空间分布上以"鄱阳湖—赣江—珠江三角洲"为中轴的一线为核心,在浙江、福建、江西、广东、海南、广西均普遍发现,苏南、皖南、湘南、台湾等地亦有分布⑤。而於越所分布的地带,自广富林文化、马桥文化时期才有较多的几何印纹陶因素,是受浙南闽北文化的影响所致。"几何印纹陶文化圈"可基

---

① 林华东:《试论河姆渡文化与古越族的关系》,《百越民族史论集》,中国社会科学出版社1982年版,第88—97页。
② 郑小炉:《吴越和百越地区周代青铜器研究》,科学出版社2007年版,第232页。
③ 几何印纹陶是指陶器的表面上拍或压印有几何印纹的夹砂质、泥质软陶和硬陶。其烧制火候较高,质地坚硬。几何印纹陶文化出现的时间及地区分布皆与"百越"相合,1978年在江西庐山召开的"江南地区印纹陶学术会议"上,与会学者普遍认为几何印纹陶的主人即古越人。有学者提出"用鼎文化圈"、"用鬲文化圈"、"筒形罐文化圈"、"尖底瓶文化圈"等概念,事实上,"印纹陶文化圈"与"筒形罐文化圈"一样,是范围极大且内部较为统一的文化集合体。
④ 吴绵吉:《江南几何印纹陶"文化"应是古代越人的文化》,《百越民族史论集》,中国社会科学出版社1982年版,第47—63页。
⑤ 李伯谦先生将几何印纹陶的分布境域划分为7个区,即宁镇区(包括皖南)、湖南区(洞庭湖周围以及以南地区)、岭南区(广东与广西东部)、闽台区(包括福建、台湾及浙南)、粤东闽南地区(包括福建九龙江以南和广东东江流域以东的滨海地区)。参见氏著《我国南方几何形印纹陶遗存的分区、分期及其有关问题》,《北京大学学报》(哲学社会科学版)1981年第1期。吴春明先生认为几何印纹陶文化存在明显的地带性差异,表现为江南湖网平原地带、东南沿海丘陵山地地带、海岛地带等文明程度递减,是分地带、多区系而一体的关系。参见氏著《分地带、多区系而一体——重建东南印纹陶文化总谱系的尝试》,《中国东南土著民族历史与文化的考古学观察》,厦门大学出版社1999年版,第63—73页。

本上代表百越文化,当然它们并不是完全重叠的关系。

4.作为中间地带,闽越扮演了传递文化因素的重要角色,这一点过去关注不够。在汉王朝大规模迁移闽越之后,一部分闽越人向广东等地流散,并扮演了文化传播者的角色。

5.作为一个认同感较强的部族集团,百越确实存在较一致的文化底层①,如崇蛇、崇鸟、断发文身的习俗以及相近的语言。其他如几何印纹陶文化、有段石锛、有肩石斧、稻作农业、干栏式建筑、舟楫等,也是百越集团流传较广的因素。至于鼻饮、铜鼓②、悬棺等因素,则相对来说不甚普遍。

滕复等编著的《浙江文化史》如此表述於越文化与百越文化之关系:由于於越民族的文化具有显著的先进性,是这一地区内出现最早、亮度最强的文化中心,因此,它自然地成了这一地区的文化内核,而百越的其他部族则成了它的外缘地带,是受容文化区③。这话有对,也有不对。毕竟两广地区才是百越的"祖庭",许多百越的重要文化因素也并非出自於越,於越反而是受传播的对象。百越文化与越文化之间的关系错综复杂,需要我们谨慎对待。至于百越集团的归宿,有一部分融入了现代的汉族,今天中国南方乃至北方汉族中的东越血统占了不小的比重,西南汉族的西越血统也有一定体现;更多的是被迫迁移或退避到相对荒僻的地域,成为今天西南地区的壮侗语系民族。

五、苗蛮文化与越文化的关系

苗蛮历史上的名称有九黎、三苗、髳、苗民等,是今天苗族、瑶族、畲族等苗瑶语系民族的祖先。一些学者将苗蛮与越族混淆,这里需要作一番澄清。

卫聚贤先生认为苗民系越人之后④。江西省博物馆"印纹陶问题"研究小组认为几何印纹陶的分布与古代三苗的活动领域大体一致,三苗的许多习俗与越人同,越族系三苗集团之一支⑤。均主张越人与苗蛮同源。我

---

① 所谓"文化底层",是指存在于不同区域中一种或数种来源相同、年代古远,并在各自文化序列中处于底层或带有底层特征的共同文化因素。参见段渝《大禹史传的西部底层》,《四川大学学报》(哲学社会科学版)2004年第5期。
② 已有学者指出铜鼓非整个百越地区的产物。参见陈国强等《百越民族史》,中国社会科学出版社1988年版,第336页。
③ 滕复等编著:《浙江文化史》,浙江人民出版社1992年版,第52—53页。
④ 卫聚贤:《吴越民族》,《吴越文化论丛》,上海书店出版社1996年影印本,第349页。
⑤ 江西省博物馆"印纹陶问题"研究小组:《南方地区几何印纹陶几个问题的探索》,《文物集刊》第3集,文物出版社1981年版,第42页。

们认为苗蛮与百越的分布地域虽有交集,但不能混为一谈。

首先,两者语言不同。百越后裔的语言为壮侗语系,苗蛮后裔的语言为苗瑶语系,并不相类;

其次,两者遗传结构不同。在这一点已经得到分子人类学的证明;

再次,两者分布地域不同。古史传说与苗族史诗透露出苗蛮集团原居黄河流域的信息,不过目前考古学与遗传学方面并没有发现这方面的直接证据,尚且存疑。传说时代的苗蛮集团,在与华夏族黄帝、少皞相当的时期,其部族首领称蚩尤,苗蛮时称"九黎",与尧、舜、禹相当的便称为"三苗"。华夏集团在逐鹿中原的过程中与苗蛮发生了多次针锋相对的冲突。后来苗蛮集团被驱赶至江汉一带,成为南方苗、瑶诸族的先祖。苗蛮后裔与百越后裔的地域虽有交集,均广布南方,但不重叠。苗蛮集团多分布于长江沿线,以长江中游及相关支流最多,长江下游也有分布,构成吴国的下层民众。百越集团则主要分布于上述区域以南,如浙江、福建、广东等地。

最后,两者文化面貌不同。几何印纹陶、有段石锛、有肩石斧、干栏式建筑等均为百越文化的重要特征,苗蛮集团则不同。

这里还需要讨论"百濮"的问题。楚国的子民,有百濮之属,不少学者将"濮"等同于"越"。今天贵州安顺、兴义、毕节和黔东南的部分苗族仍自称为"濮",所以也有学者将其归入苗蛮。杨权喜先生认为荆楚、扬越皆为传说时代九黎、三苗之后裔,并据罗香林等先生的研究,认为"濮"与"百濮"是"越"的别称,系越人自称,而"越"系中原民族对其的称呼,荆楚与扬越系同一系统中两个不同类型的文化①。宋蜀华先生所著《百越》亦持此说②。持此说的还有蒋炳钊、李家和、吕荣芳、吴春明等先生,他们认为三苗实际上是东周秦汉时期"百越"的先祖③,梁钊韬先生认为"濮"是越人的自称④,江应樑先生亦认为"越"即"濮",系同一民族的不同称谓⑤。段丽波女士通

---

① 杨权喜:《楚越关系初析》,《百越史研究》,贵州人民出版社1987年版,第108—119页。
② 宋蜀华:《百越》,吉林教育出版社1991年版,第222页。
③ 蒋炳钊:《"越为禹后说"质疑——兼论越族来源》,《民族研究》1981年第3期;李家和:《越文化初论》,《南方文物》1981年第3期;吕荣芳:《三苗、越族与印纹陶的关系》,《百越民族史论集》,中国社会科学出版社1982年版,第64—72页;吴春明:《汉文史籍中东南土著民族的形成、发展与变迁》,《中国东南土著民族历史与文化的考古学观察》,厦门大学出版社1999年版,第9—14页。
④ 梁钊韬:《百越对缔造中华民族的贡献——濮、莱的关系及其流传》,《百越民族史论集》,中国社会科学出版社1982年版,第24页。
⑤ 江应樑:《说濮》,《思想战线》1980年第1期。

过考古学文化的分析,指出濮、越是源于不同地域、不同原始文化的两个不同的古代族群,后因迁徙而错居杂处①。文献中的百濮每每与百越相混,实际上两者的血缘、文化确实有一定交叉,百濮的后代为中国境内南亚语系的民族,而百越的后裔则基本操壮侗语系的语言。

六、总　结

通过越文化(主要是越国文化阶段)与周边区域的文化关系的研究,可以作如下几点总结:

1.从中国文明的整体架构讲,包括越文化在内的中国南方诸文化共同演绎了长江文明的辉煌篇章,是中国"大两河流域"的重要一翼。就文化的发生而言,长江流域与黄河流域是大致同步的,长江流域在很多方面更有领先优势。就文明的发生而言,过去由于受中原中心论的束缚,人们长期认为中国文明起源于黄河流域并向周边扩散。而近半个世纪来的考古学进展证明,长江流域在中国文明发生期所作的贡献,与黄河流域相比完全是有过之而无不及的。日本学者贝冢茂树指出,长江流域的文化比黄河流域的文化大概更早发达起来,至少两者是并行存在和发展的②。越来越多的学者开始认同长江流域在中国文明起源进程中的独特地位③,黄河流域、长江流域均为中国文明的源头④、中国的"大两河流域"是东方文明的摇篮⑤业已成为不争的事实。长江流域的文化具有动态性、开放性、多元性等特征,包括越文化在内的中国南方诸文化均为其重要组成部分。长江流域因地形多样、复杂等原因,其文化也呈区块发展,由此形成中国南方多元的文化。

2.从考古学的角度看,包括越文化在内的中国南方诸文化共同谱写了中国长江流域青铜时代文化的华章。本节考察的中国南方诸文化主要限

---

① 段丽波:《濮、越民族考——从考古学文化的视角》,《学术探索》2007年第3期。
② [日]贝冢茂树:《黄河文明与长江文明》,《江西社会科学》1981年第5、6期。
③ 周国兴:《长江流域——中华民族远古文明的又一摇篮》,《史前研究》1983年第2期;张之恒:《长江流域也是中国古文明的发祥地》,《长江文化论集》,湖北教育出版社1995年版,第61—67页;张之恒:《长江流域在中国文明起源中的地位及作用》,《光明日报》1995年10月16日,第5版。
④ 张正明:《黄河、长江与中华文明起源》,《湖北社会科学》1996年第3期。
⑤ 但与西亚的两河文明一体化的模式不同,中国的两河文明趋于多样化。参见李学勤、江林昌《越文化在中国文明史中的地位以及对东亚历史文化的影响》,《中国传统文化与越文化研究》,人民出版社2004年版,第2页。

定于中国的青铜时代,它们共同呈现了中国长江流域灿烂的青铜文化。

3.从文化融合的角度看,包括越文化在内的中国南方诸文化大多是土著文化与外来文化融合的产物。中国南方诸文化基本上存在土著文化与外来文化交融的现象,包括与中原地区文化的交流,也包括与周边文化的交流。从南方诸文化之间的关系看,它们之间相互影响、相互渗透,越文化与周边区域的文化均发生着千丝万缕的联系。南方诸文化之间求同存异,你中有我,我中有你,关系颇为微妙。以邗国的青铜铸造技术为例,相继为吴、越、楚等国所继承,并不断发扬光大。

4.从先秦的政治格局看,楚文化是当时南方诸文化的执牛耳者,而吴、越两国一度是楚国的追随者。《左传》宣公八年云:"楚为众舒叛,故伐舒蓼,灭之。楚子疆之,及滑汭,盟吴、越而还。"杜预注云:"传言楚强,吴、越服从。"中国南方诸国或与楚国相颉颃,或相联合。无论是从政治角度看,还是从文化角度看,楚文化在中国南方都无疑是强势的一方。而从民族影响力看,广义的越文化即百越文化的影响力足以与楚文化相埒。

5.中国南方诸文化具有相似的经济基础。南方文化普遍立足于稻作农业,《周礼·夏官·职方氏》云"东南曰扬州……其谷宜稻。正南曰荆……其谷宜稻。……正东曰青州,……其川淮、泗,……其谷宜稻麦",《史记·货殖列传》云"楚越之地,地广人稀,饭稻羹鱼"。楚、越之地也就是长江中下游地带,是中国稻作农业最先兴起的区域。此外,江淮地区的稻作农业亦有悠远的历史,在高邮龙虬庄、连云港藤花落、含山大城墩、东海焦庄等遗址均发现有早期稻谷遗存。

正是在与周边文化的交流过程中,富于开放性与包容性的越文化不断吸收外部优势文化因素,并熔铸为自身特色的文化因素,这也是越文化"点状突进"的重要原因之一。

第二章 越文化发展的历史地理环境

第一节 越文化中心地的文化生态

文化生态旨在研究文化与生态环境的相互关系,它侧重于地理环境对文化发生、发展的影响①,是生态学产生并发展到一定阶段后与文化嫁接的一个新概念②,研究的是文化与地理环境的耦合关系。对越地文化生态的考察,有助于揭橥越文化发展进程与文化生态的互动关系。总体而言,越地的地理环境较为优越,这为其文化的早熟与快速发展奠定了基础;但越地的地理环境又非尽善尽美,沮洳水害长期伴随着越文化的发展,适度挑战在一定程度上又激发了越地人民的主观能动性③。在历史地理学界有一种理论认为,环境太过优越会限制文化的发展,譬如非洲的某些地区,再如於越祖先所居住的两广地区,因为食物的相对充足而限制了进一步的发展④。而越地的地理环境既有其得天独厚之处,又存在一定的阻碍,在利用与改造自然环境的过程中,文化生态逐步优化。本节的讨论以越文化中心地为重点,主要从区位特征、地表形态、气候变化、土壤生物、自然灾害、水文水利六个方面分别进行讨论,实际上它们又是环环相扣的链条:区位特征是历史地理环境的基础,地表形态是人类活动的载体,气候变化能影响土壤生物,并能引发自然灾害,出于应对灾害与改造自然的目的,水利设施等建设应运而生。从越文化中心地的文化生态出发,既是在讨论越文化发生及发展的历史地理背景,同时也是以某一地域文化为个案探求文化生态的作用及意义。

---

① 朱竑、司徒尚纪:《近年我国文化地理学研究的新进展》,《地理科学》1999年第4期。
② 邓先瑞、邹尚辉:《长江文化生态》,湖北教育出版社2005年版,第4页。
③ 顾琅川先生认为越地的地理环境有三个基本特征,即背山而面海的地理格局、环境险恶而孤悬海隅的地理位置、南山陵北水泽两大区块,对越文化复杂内涵之发生有重要影响。参见氏著《越地环境与越文化复杂内涵之生成》,《绍兴文理学院学报》(哲学社会科学版)2006年第1期。
④ 《国语·鲁语下》有类似的看法:"沃土之民不材,逸也;瘠土之民莫不向义,劳也。"

第二章 越文化发展的历史地理环境

一、区位特征

越文化中心地包括古代的山阴、会稽、萧山、诸暨、余姚、上虞、嵊、新昌八县,相当于目前绍兴市的越城区、柯桥区、上虞区、诸暨市、嵊州市、新昌县以及杭州市的萧山区、宁波市的余姚市。越文化中心地位于浙江省中北部、钱塘江河口段南岸,介于北纬 29°13 至 30°23′、东经 119°53′至 121°25′之间,总面积约 9553 平方公里。此外,今天杭州、宁波以及嘉兴、衢州、金华等地级市的部分区域也是越地的范围。以下讨论的,主要是越文化中心地的情况。

概言之,越文化中心地的区位有如下几个特征:

(一)东南形胜

越文化中心地位于中国版图的东南端,占有宁绍平原的地利,北临钱塘江,南接四明、天台诸山,山水交会,气候适宜。《周礼·夏官·职方氏》云:"东南曰扬州,其山镇曰会稽,其泽薮曰具区,其川三江,其浸五湖,其利金、锡、竹、箭,其民二男五女,其畜宜鸟兽,其谷宜稻。"越地处古扬州之域,作为东南形胜之地,物华天宝,人杰地灵,所谓"山有金木鸟兽之殷,水有鱼盐珠蚌之饶,海岳精液,善生俊异"①。不过由于居东南一隅,地理位置偏远,又曾是越人的聚居地,虽然文化及文明的发生都很早,但越地却长期游离于中原人士的视野之外。而随着中国经济、文化重心向东南转移,尤其是伴随着"永嘉南渡"、"安史之乱"、"靖康之难"等历史事件,越文化迎来了特殊的发展机遇,实现了几次大的突进。

(二)面向大海

《越绝书·计倪内经》记载勾践这样描述当时越国的地理环境:"西则迫江,东则薄海,水属苍天,下不知所止。"越文化中心地背倚群山,东临大海。扼钱塘江喇叭口,处东海之滨,素享鱼盐之利。苏秉琦先生指出:"我国历史地理,在某些意义上,大体可以分为两大部分——面向海洋的东南部地区和面向亚洲大陆腹地的西北部地区。"②从七八千年前跨湖桥文化的独木舟,到河姆渡文化、良渚文化的舟船遗物,到越国文化时期先进的航海技术,再到后世绵延不绝的航海传统,越文化中心地一直是"面向海洋"

---

① 《三国志·吴志·虞翻传》裴松之注引《会稽典录》。
② 苏秉琦:《略谈我国东南沿海地区的新石器时代考古》,《文物》1978 年第 3 期。

文化板块的组成部分。总体上说,越文化是半农耕半海洋的文化,是中国文化的一种特殊表现形式。也正因为如此,越文化表现出开放性、动态性的一面,这也是越文化发展的重要动力。

(三)长江下游的交汇

黄河流域、长江流域均为东方文明的摇篮①,无论是中国文化与文明的初肇时期,还是此后的历史发展,长江文化与黄河文化相辅相成,两河相济,最终汇聚为中国文化的滚滚长河。正如陈剩勇先生所说:"中国历史能够延续数千年而不绝,中华文明具有如此顽强的生命力,其原因就在于,早在起源阶段,中华文明已经取精用宏,兼收并蓄了黄河、长江两大流域各种新石器时代文化的血脉精华,从而为后来文明的发展延续奠定了坚实的历史根基,凝聚了丰厚的文明底蕴,创造了以汉字、汉语为传播媒介的伟大的文化传统。在如此辽阔的区域空间内实现文明的全面交融和积聚,这是世界上其他任何一个古代文明都无法达到的境界。"②越文化中心地位处长江下游,在汇聚四方文化的同时,也影响了周边的区域。长江文明的本质特征可以概括为水的文明③,水文化④是越文化的重要方面。越文化中心地作为长江下游的文化汇聚地,同时也处于"面向海洋"的板块,水环境对越文化产生了重要作用⑤,赋予了越文化不息的生命力。

二、地表形态

就人类的历史时期而言,地表形态是一种极其稳定的地理因素。而在漫长的地球运动过程中,它并非一成不变。如今的浙江省以绍兴—江山深大断裂带为界限,分为浙东与浙西两个单元。浙西为钱塘江凹陷带,浙东为华夏古陆。越文化中心地便位处浙东的单元。由于地壳的差异性抬升等原因,越文化中心地呈现出地表形态多样化、地势由西南向东北倾斜的

---

① 严文明:《东方文明的摇篮》,《农业发生与文明起源》,科学出版社2000年版,第148—174页。
② 陈剩勇:《长江文明的历史意义》,《史林》2004年第4期。
③ 叶书宗等:《长江文明史》,上海教育出版社2001年版,第5页。
④ 葛剑雄先生指出:"水文化,是指人类或者是某一个人类的群体,以水为基础所产生的生活方式、生产方式和相应的思想观念。"参见氏著《水文化与河流文明》,《越文化与水环境研究》,人民出版社2008年版,第14页。在浙江省"五水共治"全面展开的今天,如何进一步继承与发扬水文化已然成为现实课题。
⑤ 陈桥驿:《越文化与水环境》,《浙江学刊》1994年第2期。

主要地貌特征。随着中生代后期的燕山运动和第三纪末、第四纪初的喜马拉雅山运动,山海陵替,今天的地质形态最终形成。同时,地质运动也带来了丰富的矿藏。如铁矿主要分布于绍兴漓渚、兰亭—诸暨视北、西江、广山一线,以及诸暨化泉—璜山一线;铜矿主要分布在诸暨浬浦—绍兴平水一线。丰饶的铜、铁矿藏成就了越地发达的采矿业与冶铸业。此外,丰富的高岭土储量也是陶瓷业兴盛的基础。

越文化中心地的地貌可以概括为"四山三盆两江一平原"。平原指的是浙江省内仅次于杭嘉湖平原的第二大平原——宁绍平原。宁绍平原面积约 4824 平方公里,位于杭州湾南岸,西起钱塘江,南届会稽山与四明山北麓,东面与北面濒临大海。从会稽山北麓直到杭州湾沿岸的冲积平原被称为山会平原,是宁绍平原的一部分,也是越文化中心地的核心所在。山会平原平均海拔在 10 米以下,除少数如府山、塔山、蕺山、吼山等孤丘之外,可谓坦荡如砥,水网密布。越文化中心地除平原地形外,尚有西部的北天目山脉之分支龙门山耸峙,中部的会稽山脉横贯(会稽山脉的东白山系境内第一高峰),东部及东南部的四明山、天台山绵亘,浦阳江流域的诸暨盆地、曹娥江流域的新嵊盆地、三界—章镇盆地嵌于群山之间,曹娥江(东小江)和浦阳江(西小江)以会稽山脉为分水岭,流贯东、西两侧,自南而北分别流入钱塘江(后海)。上述地貌,正是孕育越地相对早熟的农耕文化的温床。

作为一种半农耕半海洋的文化,海平面的升降与海岸线的变迁在宏观上也影响了越文化的发生与发展。中国东南沿海的浙江、福建海岸地貌是基岩港湾淤泥质海岸[①]。自第四纪更新世末期(即晚更新世,距今 13 万～1 万年间)以来,中国东部沿海曾发生过 3 次海侵,这 3 次海侵以当时海洋中常见的一种肉足纲原生动物有孔虫命名,依次为星轮虫(Asterorotalia)、假轮虫(Pseudorotalia)和卷转虫(Ammonia)海侵[②]。综合王靖泰、汪品先、陈桥驿等先生的研究,我们对这三次海侵作简要的阐述[③]:

星轮虫海侵发生在距今 11 万年以前,海面比现代高出 5～7 米,海退

[①] 李孝聪:《中国区域历史地理》,北京大学出版社 2004 年版,第 294 页。

[②] 地理学界对晚更新世的几次海侵命名并不统一,鉴于有孔虫化石的代表性与指示性,本书依从星轮虫(Asterorotalia)、假轮虫(Pseudorotalia)和卷转虫(Ammonia)海侵的命名方式。

[③] 王靖泰、汪品先:《中国东部晚更新世以来海面升降与气候变化的关系》,《地理学报》1980年第 4 期;陈桥驿:《越族的发展与流散》,《东南文化》1989 年第 6 期;陈桥驿:《吴越文化和中日两国的史前交流》,《浙江学刊》1990 年第 4 期。

则发生在距今7万年以前,退至-70米以外,海退历时约2.5万年左右。作为本次海侵标志的星轮虫化石在中国东海、黄海、渤海沿岸海侵层广泛出现,具有间冰期性质,随后出现的海退则与大理早期相对应。假轮虫海侵发生于距今4万年前,海退则发生于距今2.5万年前。持续大概有1万年,中国东部海岸线后退约600公里。这次海退是全球性的,规模最大。海退之后,今舟山群岛全部成为内陆,在其东面,尚有大片滨海平原,今天的杭嘉湖平原与宁绍平原业已形成。紧接着又出现了卷转虫海侵,距今1.5万年这段时期,海面回升,距今1.2万年,海面上升到今海面-110米,到了距今1.1万年前,海面已升到-60米左右,舟山群岛形成。到距今8000年前,海面已达到-5米。距今7000~6000年,海侵达到最大值[1],海水直漫会稽山和四明山地北麓的绍兴漓渚、平水和上虞丰惠、章镇一带,杭嘉湖平原和宁绍平原沦为浅海。据上述研究,距今5000年左右,海退开始,距今4000年左右,海岸线已推进到柯桥—绍兴—上虞一线。

晚更新世的三次海侵是客观存在的,陈桥驿先生的一些论著据此讨论越人在各时期的流散,此后的学者基本照搬这些看法。由于在新石器时代初期越地才开始有越人进入,同时考古学的研究成果也需要考虑,故在结合海侵理论讨论先民的活动与流散问题时需要谨慎。同时,在一些具体问题上还有待修正。譬如在绍兴、杭州、德清、奉化等处都有牡蛎化石发现,其中杭州汽轮机厂出土的牡蛎年代距今17400±580年[2],准此,卷转虫海侵开始的年代当早于1.5万年前,海退时间也当远早于距今8000~7000年[3]。跨湖桥文化的消亡,据目前发现的海相沉积材料,有学者认为与海侵有关[4]。自此之后,海面逐渐下降,甚至低于现代海平面。据吴维棠先生研究,自距今7000年以来,海面高度没有超过现在平原的高度,不过发生了数次沼泽化和湖泊扩大的过程[5]。距今6000年左右,杭州湾南岸线在

---

[1] 耿秀山:《中国东部晚更新世以来的海水进退》,《海洋学报》1981年第1期。

[2] 吴维棠:《从新石器时代文化遗址看杭州湾两岸的全新世古地理》,《地理学报》1983年第2期。

[3] 林华东:《浙江通史·史前卷》,浙江人民出版社2005年版,第11页。

[4] 王永江、姜晓玮:《卫星遥感探讨杭州湾跨湖桥古文化消失原因》,《国土资源遥感》2005年第1期。

[5] 吴维棠:《从新石器时代文化遗址看杭州湾两岸的全新世古地理》,《地理学报》1983年第2期。

慈溪市童家岙北，余姚市历山镇（今属低塘镇）南，上虞区百官至绍兴下方桥及萧山市瓜沥、尪山与城厢镇一线①。河姆渡第四文化层虽有海生鱼类遗骨，但动植物遗存乃至孢粉分析均可显示聚落并未被海水淹没，海面高度比今天的海面还要低。至于河姆渡第三、第二及第一文化层，则均无海生遗迹。因此，基于海侵理论导致河姆渡文化消亡以及与此相关的越人流散理论亦值得商榷。总之，距今7000～6000年前，长江下游正是一个低海面的时期，当时海岸线尚比现代海面低2～3米。到了距今6000～5200年前，海平面又有所升高，此后则处于波动状态②。再如良渚文化的盛极而衰，一些学者同样归因于海侵，但事实上此说难以成立。在良渚文化消亡前后，海面已基本稳定，这是"海侵说"的硬伤所在。有资料显示长江三角洲地区距今4000年的海面变化是一个低海面时期，外国学者的研究指出我国的海岸线在距今4000年前后比现在的海平面低约2米，是大约6000年以来最低的时期③。即使由于海平面上升而阻滞了河水的东排，甚至浸漫太湖平原，但东来的海水缺乏可供挟携泥沙之源头，因而海水的沉淀量是十分有限的④。尤为重要的是，在对淤土标本进行的专门检测中也未见能够证明海相的有孔虫标本，说明遗址上的沉积层与海侵没有必然联系⑤。相反，更多的证据支持良渚文化的消亡与晚期气候逐渐转凉、生存环境有所恶化相关。这一时期，大致也正是尧舜禹面对滔天洪水的时期。此时中国沿海正值低海平面时期，一些学者将大禹治水的传说与海侵现象联系，也缺乏进一步的证据。

根据以上讨论，我们可知河姆渡文化、良渚文化的消亡都并非因为海侵，而卷转虫海侵的起讫时间需要修正，海侵对越地先民的影响也需要重新估计。在星轮虫、假轮虫两次海侵发生之际，百越的祖先尚未出现，越地更是尚无越人居住，故这两次海侵与越文化没有直接联系，也便失去讨论的意义。卷转虫海侵的确对越地产生了影响，越地最早的新石器时代文化

---

① 林华东：《浙江通史·史前卷》，浙江人民出版社2005年版，第11—13页、第75页。

② 高蒙河：《长江下游文明化初期的人地关系——多学科交叉的实践与探索》，《复旦学报》（社会科学版）2005年第2期。

③ H.E.Wright, et al., *Global Climates since the Last Glacial Maximum*, University of Minnesota Press, 1993. pp.234-236.

④ 张明华：《良渚文化突然消亡的原因是洪水泛滥》，《江汉考古》1998年第1期。

⑤ 程鹏、朱诚：《试论良渚文化中断的成因及其去向》，《东南文化》1999年第4期。

是上山文化,主要还是活跃于浙江中西部的丘陵地带,这一现象可能与海岸线分布有关。海侵对跨湖桥文化可能产生了影响,不过后来的河姆渡文化、良渚文化等考古学文化的消亡,则与海侵没有直接的关联。尤其是进入越国文化时期以来,中国东部海面虽有略微波动,但基本稳定于现在海平面的高度上,海平面与海岸线作为一个稳定性因素并没有产生过多的影响。也正是从这条海岸线出发,一些越人扬帆起航,开始了对海洋的探索。

三、气候变化

相对地表形态而言,气候是一个变动频繁的因素。就大的地质年代来说,气候变化经历了多次起伏。在人类历史时期,气候因素同样波动频繁,极大地影响了历史进程。从气候变化对越文化乃至中国文化的发生、发展的影响看,气候实际上是一个能够直接作用于宏观历史进程的历史地理因素。

总体而言,在越文化发生与发展的整个历史时期,越文化中心地均处于亚热带季风气候区,冬夏季风交替显著[①],四季分明,气候温和,光照充足,雨量丰沛。受复杂的地形影响,气候地区性差异明显。同时,在不同的历史时期内,气候因素也存在频繁波动的现象。

竺可桢先生的《中国五千年来气候变迁的初步研究》[②]一文为我们探究中国古代气候变迁奠定了基础。在进入新石器时代之前,尚是冰期。人类文化的发生与新石器时代的到来是基本同步的,此后越地的气候波动可根据王开发等先生的研究示列如下:

第一凉期:距今 10300~9500 年(前北方期):气候冷凉干燥;

第二凉期:距今 9500~7500 年(北方期):气候温凉略干,平均温度比目前约低 1~2℃;

第一暖期:距今 7500~5000 年(大西洋期):气候热暖潮湿,年平均温度比目前高 2~3℃,降水量比目前多 500~600mm;

第三凉期:距今 4000 年±,气候凉干;

第二暖期:距今 3885~3500 年,气候温暖湿润,平均温度比目前高 1~2℃,降水量比目前多 200~300mm;

---

① 早在晚第三纪,东亚季风气候已然形成。
② 竺可桢:《中国五千年来气候变迁的初步研究》,《中国科学》1973 年第 2 期。

第四凉期:距今 3000 年,气候再度凉干,但比第三凉期略暖;

第三暖期:距今 2500 年,气候温暖湿润;

第五凉期:距今 2000～1650 年,气候温凉;

第四暖期:距今 900～550 年,气候转暖①。

我们暂且忽略距今 10000 年之前的古气候情况,而是将考察的视角缩至一万年的尺度以内,借以探究近一万年来越文化的肇源、萌兴、发展的进程与气候的关联。

距今 10000 年前,大理冰期②结束,接着冰后期到来,气候由冷凉转向温凉。本时期相当于考古学上的新石器时代早期,在气候学上相当于北方期。此时冰期结束,全新世开始,人类进入了以磨制石器、烧造陶器和农业出现为主要特征的时代,开始步入农耕社会。之前进入中国西南的人群开始迅速向东亚地区扩散,越地的文化也在此期间肇端。上山文化在此时出现,与中国同时期其他地域的文化相比显得更加早慧,而且不逊色于西亚、北非的早期文化。越地先民在此期间已经开始种植水稻,并且过上了定居生活,农耕的发展与气候的温暖密不可分。可以说,随着走出冰期的束缚,越文化开始发生并呈加速度发展。

再看距今 7500～5000 年的时间段,本时期相当于气候学上的大西洋期,又称全新世大暖期、全新世气候最适期③、新高温期。本时期气候热暖潮湿,年平均温度比目前高 2℃～3℃(中国西部比目前高 3℃～4℃),降水量比目前多 500mm～600mm,是冰后期的气候最宜期。有学者称作"仰韶温暖期"④,本时期黄河流域的仰韶文化得到快速发展。辽河流域的自然环境也比较适宜人类居住,属暖温带森林气候,与现在的温带

---

① 王开发、张玉兰:《根据孢粉分析推论沪杭地区一万多年来的气候变迁》,《历史地理》创刊号,1981 年;王开发等:《根据孢粉分析推断上海地区近六千年以来的气候变迁》,《大气科学》1978 年第 1—4 期。

② 在第四纪更新世这 250 多万年间,世界范围内发生过 4 次大的冰期和 3 次大的间冰期,其中第四次冰期被称为"大理冰期"。早期的气候变化造成部分地区森林面积缩小,这在某种程度上促成了猿的生活范围由森林转向草原、灌丛,进而促成猿向人进化的重要一步——直立行走。如果将时间尺度放得更宽,气候除了影响人类文化的发生与发展,也影响了人类的进化历程。

③ 参见施雅风等《中国全新世大暖期的气候波动与重要事件》,《中国科学》(B 集)1992 年第 12 期。需要说明的是,距今 6000 年左右和距今 5500 年左右,气温都有一个下降的趋势。

④ 蒲余庆:《我国三万年的气候变化》,《自然杂志》1980 年第 3 期。

草原气候条件明显不同①,红山文化在此背景下孕育。从河姆渡遗址大量的动植物材料看,当时越地的气候温热湿润。优越的气候条件为农业的繁荣奠定了基础,宁绍平原的河姆渡文化与环太湖流域的马家浜文化在本时期发展迅速,并为此后良渚文化的兴盛奠定了基础。距今5000~4000年正是中国一万年来气候最好的时期②,也是中国文明乃至世界文明的发生期。

在距今4000年左右,是一个气候转凉的时期,也是一个宇宙期,越地以及其他区域的文化都遭遇了前所未有的考验。此次降温,或许还要追溯到崧泽文化时期③。在距今4000年前后,我国共发生了三次九星地心会聚事件④,造成气候异常。据研究,东南地区在4.2~3.9kaB.P.间不仅温度降低,而且发生了大范围的洪涝⑤。从马桥遗址剖面的孢粉分析可以看出,自下而上,木本数量逐渐减少,在第五层的自然层呈锐减之势,表明良渚文化晚期气候开始转凉。广富林文化正处于这一气候的转折点,根据孢粉记录,当时气候环境和良渚文化晚期接近,气候相对冷干,水体面积减少⑥。不少资料表明,当时的平均气温比现在要低1℃~2℃,而比5500年前要低3℃~5℃⑦。正如一些学者指出的,2200~2000B.C.的气候突变造成了尼罗河流域、两河流域、印度河流域、黄河流域古文明的衰落,这次突变以中纬度普遍的变冷为背景,是全新世进入大暖期以来的一次强冷事件⑧。这实际上正是距今4000年左右小冰期⑨的反映。小冰期气温降低,空气转为湿润,正是洪涝灾害的多发时期。在浙江吴兴钱山漾、杭州水田畈、江苏吴

---

① 邓辉:《全新世大暖期燕北地区人地关系的演变》,《地理学报》1997年第1期。
② 王会昌:《中国文化地理》,华中师范大学出版社1992年版,第26页。
③ 高蒙河:《长江下游文明化初期的人地关系——多学科交叉的实践与探索》,《复旦学报》(社会科学版)2005年第2期。
④ 张善余:《全球变化和中国历史发展》,《华东师范大学学报》(哲社版)1992年第5期。
⑤ 王富葆等:《太湖流域良渚文化时期的自然环境》,《东方文明之光——良渚文化发现60周年纪念文集》,海南国际新闻出版中心1996年版,第301页。
⑥ 李春海等:《上海松江广富林遗址的孢粉记录》,《微体古生物学报》2006年第6期。
⑦ 任振球:《中国近五千年来气候的异常期及其天文成因》,《农业考古》1986年第1期。
⑧ 王绍武:《2200—2000BC的气候突变与古文明的衰落》,《自然科学进展》2005年第9期。
⑨ 在小冰期的阶段,气候极为寒冷,但降水量并未减少,相反却是一个较为湿润的时期。小冰期时期特殊的环境变化表现为:气温和降水量的年变率较大,旱涝及其他自然灾害出现的频率都远远高于其他时期,同时生态系统和社会经济系统对外界变化的抵御能力也比较脆弱。

江梅堰、上海青浦果园村等遗址均发现有淤泥层,表明当时发生过较大的水患①。根据孢粉、藻类分析,当时应发生过水患②。埋藏古树对古洪水具有明确的指示意义,长江三角洲地区的埋藏古树遍及长江三角洲地区,时段集中于距今 4200～4000 年左右③。综合植物孢粉、淤泥层情况及埋藏古树的分布,东南地区在距今 4200 年左右发生过一场大规模的洪水。这一时期正处于"龙山时代",中原地区进入文明社会并成为中国文化重心所在。这一时期除了长江流域,黄河流域也存在洪水的迹象,不过中原地区相对来说影响更小。正因为如此,长城以北的先民因气候恶化而南下④,东部沿海的先民也向中原地区聚集,对"龙山时代"影响最大的确实是来自北方与东方的文化因素。这一时期的地球自然环境灾异现象在世界各民族的神话传说中都有反映,其影响遍及古希腊、古埃及、两河流域、印度河流域、北非撒哈拉地区等地,在中国则表现为大禹治水的传说。

马桥文化的前半段相当于第二暖期,时间距今约 3885～3500 年。该时期气候温暖湿润,平均温度比目前高 1℃～2℃,降水量比目前多 200mm～300mm。本时期已经进入越国文化阶段,并有了持续的发展。与此同时,中原地区的夏文化也有了较大的飞跃。一般被认为属于夏文化的二里头文化发现有青铜礼器、青铜兵器、宫殿遗址、玉器、文字符号等遗存,揭开了中国青铜时代的序幕。后来取代夏文化的商文化则创造出更为辉煌的文明,中国文化已经展现出极高的成熟度。

商代积年据"夏商周断代工程"考定为公元前 1600～前 1046 年,而第四凉期相当于距今 3000 年,与商代积年的下限相当。本时期气候再度凉干,但比第三凉期略暖。商王朝的覆亡当然根源于商王朝的社会矛盾,但其覆亡的时间与第四凉期的吻合亦非偶然,文献所载商末出现各种灾异当有根据。最终,与西北的游牧民族杂处的周人代商而兴。该寒冷期持续达 200 多

---

① 吴建民:《太湖地区良渚文化时期的古环境》,《东方文明之光——良渚文化发现 60 周年纪念文集》,海南国际新闻出版中心 1996 年版,第 306 页;张明华:《良渚文化突然消亡的原因是洪水泛滥》,《江汉考古》1998 年第 1 期。
② 张玉兰:《从孢粉、藻类分析探究良渚文化突然消亡的原因》,《同济大学学报》(自然科学版)2008 年第 3 期。
③ 程鹏、朱诚:《试论良渚文化中断的成因及其去向》,《东南文化》1999 年第 4 期。
④ 长城以北地区的一些早期文化中农业也有重要地位,随着气候、民族的变化,游牧经济才逐渐成为主流。

年,《诗经·豳风》叙及西周关中地区的严寒,而古本《竹书纪年》则有"江汉俱冻"的记述。公元前771年,游牧民族犬戎攻破镐京,西周灭亡。这次游牧民族入侵同样与凉期的影响有关,而在气候凉期游牧民族南下的深层原因在于农牧业分界线向南推移以及由气候变冷带来的各种灾异现象。这段时期越文化波澜不兴,处于缓慢发展的阶段,同时也为越国的崛起积蓄能量。

距今2500年左右当第三暖期,气候温暖湿润。该温暖期持续了800年左右,从春秋时代一直持续到西汉末年。彼时黄河流域尚有梅树生长,关中地区竹类生长茂盛,山东一些地方更是一年两熟,农业得到长足发展。这段时期也是越文化与中国文化发展的关键期。春秋战国时代正处于"轴心时代",对中国文化走向影响甚巨的经典和思想家不断涌现。而在越地,越国勃兴,称霸一时,创造出了灿烂的越国文化。随着秦始皇一统中国,中国历史进入了秦汉的大一统时代。秦汉时期的平均气温大约比现在高1.5℃左右,在优越的气候条件的刺激下,中国文化得到快速发展。据王子今先生研究,汉代气候温暖是造就汉代文明的重要因素[1]。秦汉时期越文化经历了重大转型,实现了较平稳的过渡。

随着第五凉期的出现,中国文化遇到新的转折点。该凉期距今2000～1650年,持续近600年,贯穿东汉至南北朝的历史时期,气候温凉,气温约较现在低1℃～2℃。东汉洛阳晚春时尚降霜雪,三国时淮河尚会冰封,南朝时建康亦建有冰房。东汉末至南北朝正是中国历史上的一个大乱世,一个自然灾害集群爆发的时期,也是一个游牧民族大量涌入黄河流域的时期。其间除了西晋的短暂统一,中国都处于分裂的境地。西晋末年,内赴的各族人民达870余万口[2]。本时期游牧民族南下与气候变化有关,气候变冷造成农牧业分界线南移,而北魏孝文帝由平城迁都洛阳亦与此相关[3]。与此相应,躲避祸乱的中原人士不断南下。在黄河流域遭遇普遍破坏的同时,越文化却在东汉以及"永嘉南渡"以后迎来了突进的机遇。

第四暖期为公元600～1000年,本期适逢隋唐五代,气候转暖,有利于农业生产,黄河流域的农业得到恢复,年平均气温较目前高1℃。史载唐高宗时长安三年冬天无雪,可种植梅树、柑橘,柑橘尚能结果。隋唐是中国

---

[1] 王子今:《秦汉时期气候变化的历史考察》,《历史研究》1995年第2期。
[2] 《晋书》卷二《文帝纪》。
[3] 满志敏等:《气候变化对历史上农牧过渡带影响的个例研究》,《地理研究》2000年第2期。

文化的一个高峰期,也是越文化的一个高峰期,这与温暖的气候密不可分。此外,满志敏等先生认为唐代中唐以后气候转冷,气候带要比现代南退一个纬度[1],实与唐由盛转衰、"安史之乱"、自然灾害频仍的时间点相契,此后中国历史进入五代十国的阶段。在此之后,中国的经济、文化重心进一步向东南地区倾斜。

《根据孢粉分析推论沪杭地区一万多年来的气候变迁》一文仅将沪杭地区一万年来的气候变化划分到第四暖期,事实上此后的气候并非一味转暖。唐宋以降,气候转冷,宣告了中世纪温暖期的结束,此后的气候虽有短期转暖,然以寒冷为主。由于气候寒冷,黄河流域农业经济衰落,中国经济、文化重心南移已成定局。公元1000~1200年,进入了两宋寒冷期。在此期间,华北的梅树不能生长,春获与秋获较唐代推迟了近一个月,公元1111年更是太湖冰封,湖中洞庭山柑橘全部冻死,苏州运河经常结冰,自然灾害频发。而此后的历史,中原地区长期受到游牧民族的高压威胁,先后遭到金、蒙古等民族的重创。游牧民族的南迁与气候变冷有关,据记载,该时期内蒙古境内的冻灾、奇寒频发,由此带来的南迁蒙古流民常达数万至数十万[2]。而由"靖康之难"带来的移民潮则促成越文化的又一次突进,不但中国的人口、经济、文化重心逐步向东南转移,中国汉族的政治中心也转移到了东南地区。

公元1200~1300年处于元代温暖期,自然条件相对较好,但庞大的元帝国最终因社会矛盾激化而倾覆。

公元1400~1900年适逢明清宇宙期,也是一个小冰期。本时期低温寒冷,多灾多难,尤其是明清之交,是小冰期最严重的时期。气候灾变造成农牧业分界线的南移,是为清人南下的自然环境背景。而由气候恶化带来的自然灾害更是给大江南北带来深巨破坏,因为水旱之灾频发,作为鱼米之乡的越地在某些年份也是饿殍遍地。在1670年冬,天气寒甚,长江封冻"匝月不解",浙江嘉善十二月朔大风冰冻,河港封冻如平地,绍兴十二月积雪高达数尺[3]。本时期干旱尤为严重,各地亢旱的记载史不绝书,越文化中心地亦是如此。如在嘉靖二十三年(1544),绍兴合郡连年大旱,湖尽涸

---

[1] 满志敏:《唐代气候冷暖分期及各期气候冷暖特征的研究》,《历史地理》第8辑,上海人民出版社1990年版,第1—58页。
[2] 罗贤佑:《元代蒙古族人南迁活动述略》,《民族研究》1984年第4期。
[3] 徐道一等:《明清宇宙期》,《大自然探索》1984年第4期。

为赤地;在崇祯十四年到崇祯十七年之间(1641~1644),江南地区连续4年发生长达90天以上的大旱,杭州、湖州、绍兴诸府粮价飙升,1斗米的价格涨至400钱以上。此外,洪涝、台风、蝗灾等灾害亦频繁袭扰,苦不堪言。在祁彪佳所撰《救荒全书》、《辛巳越中荒纪》、《辛巳岁救荒小议》,张陛《救荒事宜》等论著中,我们可以窥及明末自然灾害的大致情况。由自然灾害带来了尖锐的社会矛盾,农民起义此起彼伏。清初东南沿海一带的冬季最低气温较现在要低5℃~7℃,18世纪20年代至70年代长江下游的冬季平均气温要较现在低1℃~1.5℃。气候寒冷给游牧民族的生存带来压力,农牧业分界线南移。据瞿里《万历武功录》卷八记载,明代的蒙古草原地区"时冬寒草枯马饥"。清人南下最终灭明,这是又一个游牧民族取代汉族政权的历史事件。中国文化在本时期逐渐落后于西方,黄河流域的农业经济进一步衰落,而越文化则趋于成熟。

通过上述分析,我们可以得出以下几点认识:

1.中国近一万年来气候冷暖更替,总体而言,公元前的气候更显温暖湿润,公元后的气候则偏寒冷干燥;

2.暖期适宜人类的生产与生活,自然地理环境优越,由于中国古代主要是农业社会,所以气候成为决定社会经济的重要因素;

3.相对而言,凉期不适宜农业社会的生产与生活,凉期往往灾异频仍,由此带来一系列尖锐的社会矛盾,国内战争、外族入侵、农民起义也趋于频繁;

4.中国文化发轫以来快速发展的时期,均对应近一万年来的暖期,越文化的发生与早期发展,得益于气候的暖期;

5.中国文化遭遇挫折的低落期,基本对应近一万年来的凉期,这些低落期又往往出现游牧民族南下,其深层原因在于气候凉期期间农牧业分界线向南推移以及由气候变冷带来的各种灾异现象[1];

---

[1] 对于中国历史上气候变迁与外患内乱的关系,美国地理学家亨廷顿(E. Huntington)早在其1907年出版的《亚洲的脉动》中已经初步提出。蓝勇先生指出,中国历史上北方游牧民族周期性南迁往往是以这些地区的寒冷气候为潜在动力,中国历史上几次众多的北方游牧民族南迁高潮对应着千年尺度的寒冷期。参见氏著《从天地生综合研究的角度看中华文明的东移南迁》,《学术研究》1995年第6期。随着中国近五千年来气候的日趋转冷,历代游牧民族的疆域南界亦往低纬度推移,参见王会昌《2000年来中国北方游牧民族南迁与气候变化》,《地理科学》1996年第3期。实际上,这一过程要追溯到"龙山时代"前后,由于气候变化导致长城以北的经济方式逐步由农耕向游牧转变,长城以北的人群结构经历了极大的变动。

6.暖期促进了越文化的发展,而从第五凉期开始的历次凉期,虽然给中国文化整体带来了挫折,却给越文化的突进带来了机遇:一方面凉期对越地影响相对较小①,反而丰富了越地作物的多样性,优化种植结构,另一方面移民潮刺激了越文化的发展;

此外,对越地海岸线产生重要影响的海侵,与气候变化也有关。海岸变迁与海面变化与气温变化息息相关②。可以说,正是气候变化带动了海平面的升降。根据海平面变动曲线与气温曲线的比较研究,海平面的升降时间略晚于气温升降③。从这个层面讲,气候变化不但直接作用于人类历史的发展,更作用于其他地理因素,从而深刻地影响人类活动。通过对中国东部化石组合的研究可以发现,海侵初期,出现喜冷植物群,海侵最盛时期,变为喜热植物群,海退时期则以耐寒植物为主,动物群也有相应的变化,形成"温暖时期—高海面","寒冷时期—低海面"的气候旋回和海侵旋回的对应关系④。简单地讲,在处于寒冷时期尤其是冰期时,一部分海水与陆地一道被封冻为冰川,海平面自然降低;而一旦冰川融化,海平面便上升。目前而言,全球气候的走向是伴随地球气候变化周期将逐渐进入下一个冰期,抑或因人类活动而产生"温室效应",学术界有不小的争论。如果眼下确是气候变暖的时代,无疑将导致海平面上升并严重影响到太平洋上一些岛民的生活。目前看来,马来人群是从距今12000年左右从北部湾地区也就是百越祖先的诞生地南下逐渐扩散的,波利尼西亚人群又在距今3000年左右由马来人群分化而出⑤,逐步向太平洋各岛屿扩散。我们不难看出,澳泰族群真正向海洋拓展,还是海平面基本稳定之后的事情。

我们认为气候因素是能直接作用于宏观的历史进程的历史地理因素之一,不但因为它直接影响人类的生产、生活条件,更因它能够带动其

---

① 气候变化在中国中高纬度地区变化幅度相对比中低纬度地区更大,气候变化对黄河流域的影响较长江流域更为明显。
② 冯怀珍、王宗涛:《全新世浙江的海岸变迁与海面变化》,《杭州大学学报》(自然科学版)1986年第1期。
③ 吴维棠:《从新石器时代文化遗址看杭州湾两岸的全新世古地理》,《地理学报》1983年第2期。
④ 王靖泰、汪品先:《中国东部晚更新世以来海面升降与气候变化的关系》,《地理学报》1980年第4期。
⑤ 李辉:《侗台语与南岛语人群的遗传同源性》,《现代人类学通讯》2011年第5卷。

他自然地理因素,对人类历史进程产生作用。除了对海平面的作用,更作用于生物、自然灾害等因素,形成一条影响人类活动的自然地理因素链。

四、土壤生物

《尚书·禹贡》曰:"淮海惟扬州。……厥土惟涂泥。厥田唯下下,厥赋下上,上错。"越地属古扬州之域,如《禹贡》所言,越地的土壤系"涂泥",质量偏下。据考证,所谓"涂泥"质地泥泞,植被草盛木高,水分多,肥力下下(第九等),赋税七等,相当于现今的湿土、水稻土[①]。土壤大多属平原土壤组合型,具有地势低平、水源充足、土层深厚、农田集中、耕作精细、肥力稳长、产量较高的特点[②]。总体来看,越地的土壤以地带性红壤和山地黄壤为主,多数土壤类型质量较好,经过越地人民的长期经营,较适宜农业生产。

越地属亚热带季风性气候,地貌形态多样,又有较好的土壤资源,为生物的孳生繁衍提供了温床。而生物作为气候的重要指示材料,尤其是古动物化石与孢粉,又为我们探究古气候提供了可贵的材料。

先说动物。距今13万~1.2万年前,在地质年代的晚更新世,相当于考古学的旧石器时代中晚期,广布于中国南方各地的古动物群组合被称之为"大熊猫—剑齿象动物群",中国犀、剑齿象、巨貘、最后鬣狗、大熊猫、虎、豹、鹿等皆是常见动物[③]。在浙江建德市乌龟洞遗址中发现的哺乳动物化石有猕猴、最后鬣狗、大熊猫、中国犀、水牛、羊、鹿、猪、剑齿象、纳玛象、龟、鳖等[④]。距今7000~5300年河姆渡文化正处于一个温热湿润的时期,河姆渡遗址发现了大量动物遗骸(上万块),至少属于61种动物,主要有无齿蚌、真鲨、鲟、海龟、乌龟、中华鳖、中华鳄相似种、鹈鹕、鸬鹚、鸭、雁、鹰、穿山甲、鲸、鲤鱼、青鱼、狗、亚洲象、苏门犀、爪哇犀、梅花鹿、麋鹿、虎、黑熊、圣水牛等。其中猕猴、红面猴以及对气候条件反应极其敏感的犀、象在今

---

① 林蒲田:《中国古代土壤分类和土地利用》,科学出版社1996年版,第35页。
② 陈桥驿等编著:《浙江地理简志》,浙江人民出版社1985年版,第226页。
③ 张明华:《中国南方新石器遗址哺乳动物群初探》,《兽类学报》1984年第3期。
④ 韩德芬、张森水:《建德发现的一枚人的犬齿化石及浙江第四纪哺乳动物新资料》,《古脊椎动物与古人类》1978年第4期。

天的生存范围都已向低纬度转移,亚洲象、苏门犀、爪哇犀正是典型的热带动物①。罗家角遗址则发现有野猪、梅花鹿、麋鹿、亚洲象、鲸、中华鳖、扬子鳄等各类野生动物②。随着气候转凉,亚洲象的分布地域已经南移了17个纬度,由河北一带逐渐退至云南地区;而曾在长江流域广泛生存的野生犀牛最终在20世纪中叶从云南地区退出历史舞台③。此外,由于人类的活动挤占了动物的生存空间,一些物种也在人类的威胁下消亡。越地现有的动物群落具有门类多、物种广的特点,总体来说属于东洋界动物区系的动物群落。据乾隆《绍兴府志·物产》的总结,"禽属"有鹤、鹄、鹳、鹊、戴胜、鹈、鹧鸪、鹭、鸭、鹅鸽、乌、伯劳等,"兽属"有牛、羊、兔、獭、猫、猿猴、熊、狐等,"鳞介水虫属"有鲻、鲤、鲈、鳙、鲫、虾等。在新石器时代,越地先民已经较早豢养牲畜。如跨湖桥文化先民已经养猪、狗,河姆渡文化、马家浜文化时期可能已经养牛,至于羊、马,则是"龙山时代"后在中国逐渐流行的。

次说植物。越地植被丰茂,在上山文化时期,先民已经从事采集并初步培植水稻。在河姆渡文化时期,越地分布着茂密的亚热带常绿落叶阔叶林,以栎属、栲属、台湾枫香为主④。当时越地森林茂盛,其中目前主要见于海南、广东、云南等地的台湾枫香、南酸枣、九里香、柳叶的海金沙等植物均表明当时气候较今天温热湿润。而河姆渡遗址第一文化层的发现则证实在河姆渡文化晚期,气温已呈下降趋势。从广富林遗址看来,良渚文化时期草本植物数量增加,野生和栽培的禾本科生长繁盛,木本植物花粉中针叶松大大减少,常绿栎类、落叶栎类与杉、柳等生长繁茂;广富林文化时期植被仍主要是常绿阔叶、落叶阔叶、针叶混交林,但水域面积更扩大,湖中槐叶萍等水生蕨类植物繁茂⑤。先秦时期,越地最大的原始森林分布在稽南丘陵和稽北丘陵,当时绍兴以南的丘陵地常被称为南山,而这片森林

---

① 浙江省博物馆自然组:《河姆渡遗址动植物遗存的鉴定研究》,《考古学报》1978年第1期;魏丰等:《浙江余姚河姆渡新石器时代遗址动物群》,海洋出版社1990年版。
② 张明华:《罗家角遗址的动物群》,《浙江省文物考古所学刊》,文物出版社1981年版,第43—51页。
③ 蓝勇:《历史时期中国野生犀象分布的再探索》,《古代交通生态研究与实地考察》,四川人民出版社1999年版,第507—512页。原载《历史地理》第12辑,上海人民出版社1995年版。
④ 浙江省博物馆自然组:《河姆渡遗址动植物遗存的鉴定研究》,《考古学报》1978年第1期。
⑤ 张玉兰:《广富林遗存在上海地区的首次发现及其古环境意义》,《海洋地质与第四纪地质》2006年第6期。

则相应被称为南林①。本区的植被分布情况基本上受气候冷暖变迁的影响,不过在历史时期,主要还是表现为亚热带东部湿润常绿阔叶林地带。越地植被按地域差异,可分山丘植被区、水网河谷平原植被区和滨海平原植被区:丘陵山地植被以针叶林、常绿阔叶林、落叶阔叶林、针阔混交林、竹林、灌丛、草被为主;水网、河谷平原以人工栽培的农作物为主;滨海平原以人工栽培农作物为主,部分为耐盐碱的自然草本植被。越地的竹林尤为著名,分布面积较大,有毛竹、旱竹、苦竹、刚竹、淡竹、雷竹、金竹、紫竹、哺鸡竹、角竹、箭竹等20余种。《周礼·夏官·司马》云:"东南曰扬州……其利金、锡、竹、箭。"《淮南子·墬形训》云:"东南方之美者,有会稽之竹箭焉。"高诱注云:"竹箭,今会稽郡出好竹箭是也。"《盐铁论·本议》亦提及"江南之楠梓竹箭"。孔融在收到会稽余姚人虞翻所著《易注》后,在答书中说:"睹吾子之治易,乃知东南之美者,非徒会稽之竹箭也。"②以上所说的"竹箭"指竹而非作为武器的箭镞。后世越地人民对本区的开发垦殖在一定程度上破坏了植被,一些学者认为这是越地植被消退的主要原因。实际上越国时期虽伐木营造宫室、陵墓以及冶铸,但毕竟对整体植被影响不大。"永嘉南渡"带来大量移民,但彼时仍是"茂林修竹"。转折点在南宋,"靖康之难"促成的北人南迁高潮使越地人口大增,越地的环境压力加大。这一时期,也是气候转凉的时期,这或许是影响越地植被消退的更为主要的因素。

五、自然灾害

自然灾害发生在地球岩石圈、大气圈、水圈和生物圈四大圈层内,依次派生出地质地貌灾害、气象水文灾害和生物灾害三个灾害系统。其中地震属地质地貌灾害,水灾、旱灾、台风、雹灾、春寒属气象水文灾害,蝗灾属生物灾害,它们受地理环境、气候条件等因素的影响较大。

历史上越文化中心地各种自然灾害并不鲜见,并非一直风调雨顺。其中发生最为频繁的自然灾害是水灾和旱灾。水灾的记录多为"水"、"大水"等,成因有水利条件不佳、河湖泛滥、淫雨不止、海潮侵袭以及台风等。水灾为害之时,越地常沦为城内行舟的泽国。台风(飓风)往往带来水灾,常

---

① 陈桥驿:《古代绍兴地区天然森林的破坏及其对农业的影响》,《地理学报》1965年第2期。
② 《三国志》卷五七《吴书·虞翻传》。

引发"海沸"、"海啸"、"海溢"等。越地是鱼米之乡，旱灾发生的概率不大，但旱灾一旦发生则说明气候的反常，因此破坏力也更大。如唐贞元年间，越州大旱，到了鉴湖水竭的地步；在明嘉靖、万历年间，绍兴合郡连年大旱，湖尽涸为赤地；清顺治年间，绍兴大旱，河湖尽成赤地，步履往来。虫灾每每伴随旱灾，志书每每"蝗旱"连称。雹灾的发生并不多。春寒大多表现为"无麦"。地震或称"地动"，常伴随所谓的"白毛生"，最严重的是康熙七年（1668）的一次。

我们对史志有关越地灾害的记载作了全面的统计，发现在以下一些年份，发生了两种以上程度猛烈、覆盖面广、波及浙江大部的灾害（大多是水灾和旱灾并行），意味着出现了多种灾害的集群现象：晋太康四年（283），北宋大中祥符五年（1017）、熙宁八年（1075），南宋绍兴五年（1135）、绍兴二十八年（1158）、绍兴二十九年（1159）、绍兴三十年（1160）、隆兴元年（1163）、乾道二年（1166）、绍熙四年（1193）、绍熙五年（1194）、庆元三年（1197），明正统五年（1440）、正统七年（1442）、景泰七年（1456）、成化八年（1472）、成化十三年（1477）、嘉靖元年（1522）、嘉靖二年（1523）、嘉靖十八年（1539）、嘉靖二十三年（1544）、隆庆二年（1568）、隆庆三年（1569）、万历三年（1575）、万历十六年（1588）、万历十七年（1589）、崇祯十一年（1638）、崇祯十三年（1640）、崇祯十五年（1642），清康熙三年（1664）、康熙四年（1665）、康熙六年（1667）、康熙七年（1668）、康熙十年（1671）、康熙五十一年（1712）、康熙五十二年（1713）、康熙五十三年（1714）、康熙六十年（1721）、嘉庆二十五年（1820）、道光十三年（1833）、道光十四年（1834）、道光二十四年（1844）、道光二十六年（1846）、道光三十年（1850）、咸丰二年（1852）、咸丰三年（1853）、咸丰七年（1857）、咸丰四年（1854）、咸丰五年（1855）、咸丰六年（1856）、同治元年（1862）、光绪九年（1883）。这些特殊年份都适逢历史上的凉期，正是灾害频发的时期，且有愈加频繁的趋向。

在一些特殊年份，同一种灾害也会出现连续多年爆发的态势。如重大水灾，在西晋元康五年（295）、元康六年（296）、元康八年（298）数年连续发生，南宋隆兴元年（1163）、乾道元年（1165）、乾道二年（1166）、乾道三年（1167）、乾道四年（1168）密集出现，明崇祯十一年（1638）、崇祯十三年（1640）、崇祯十四年（1641）、崇祯十五年（1642）频繁发生，例子很多，在此不一一列举。再如旱灾，以下试举几个集群发生的年份：东晋咸康元年

(355)、太和三年(368)、咸安二年(372),南宋乾道元年(1165)、乾道二年(1166)、乾道三年(1167)、乾道四年(1168),明崇祯九年(1636)、崇祯十一年(1638)、崇祯十三年(1640)、崇祯十四年(1641)、崇祯十五年(1642)、崇祯十六年(1643)等。同样,均对应历史上的凉期。

我们可以发现,在历史时期的凉期,自然灾害往往趋于频繁且各种灾害出现集群现象。自然灾害具有多发性、周期性、连锁性的特点,其周期性表现为半年一灾、一年一灾,频率加快①。从越地数千年的自然灾害情况看来,的确有频率加快的趋势。这与近万年来温度总体下降有关,也与越地晚近志书增多、记载愈益翔实有关。

六、水文水利

越文化中心地的水系发育受地质构造及地貌形态制约:南部丘陵山地地面切割强度大,地形破碎,呈树枝状水系发育;北部水网平原地势低平,河网密布。主要可分为曹娥江、浦阳江、鉴湖水系。其中曹娥江(东小江)和浦阳江(西小江)以会稽山脉为分水岭,流贯东、西两侧,自南而北分别流入钱塘江(后海)。至于湖泊情况,据陈桥驿先生研究,自春秋战国以来,经历了兴起、消亡、复兴,经历了一个由南部山区走向北部平原,又从北部平原返回南部山区的往复过程②。

事实上,越地的水文条件并不十分理想。像曹娥江和浦阳江两江江道曲窄,河口受钱塘江水流、潮汐影响,泄水不畅,故历史上旱涝频发。《管子·水地》云:"越之水重浊而洎。"《水经·沔水注》则谓"吴越之国""东南地卑,万流所凑,涛湖泛决,触地成川",讲的便是越地水文方面的劣势。《荀子·王制》云:"修堤梁,通沟浍,行水潦,安水藏,以时决塞。岁虽凶败水旱,使民有所耘耕,司空之事也。"越文化的发展历程,很大程度上是越地人民改造越地环境的历程。

在先越文化阶段,由于水患频仍,越地先民已经有意识地去改造自然环境,修建早期的水利工程。近年来对良渚古城的逐渐揭露,城内外的河道、码头、堤坝等遗迹得以认识。一些学者认为,塘山土垣即是良渚文化时

---

① 邱国珍:《三千年天灾》,江西高校出版社1998年版,第7页。
② 陈桥驿:《论历史时期宁绍平原的湖泊演变》,《地理研究》1984年第3期。

期的西险大塘,被称为"中国水利第一坝",是东苕溪流域最早的防洪设施①,作用就是堵截遗址区北侧的大遮山诸峰来的山水。塘山、岗公岭等水利设施近年来逐渐被认识,将使中国的水利史延伸到距今 4800 年左右②。至于良渚古城,也有防御洪水的作用。流传在越地的传说往往将兴修水利的传统追溯至大禹,但考古发现证明在更早的时期越地的水利工程技术已经走在时代的前列。越文化的发生较早、起点较高与自然地理条件密不可分,而越地较早出现社会分层并进入文明社会,与稻作农业、水利工程等集体行为所需要的社会分工、调度职能息息相关。

越国时期的越地水利工程有进一步发展。《越绝书·计倪内经》云:"计倪对曰:'……必先省赋敛,劝农桑。饥馑在问,或水或塘。因熟积以备四方……'"在计然等谋臣的擘划之下,越国通过兴修水利逐步改变环境的劣势,诸如南池、坡塘、吴塘、富中大塘、练塘、苦竹塘、山阴故水道等工程应运而生。进入越地文化阶段后,水利设施得到持续发展,贺循、马臻、戴琥、汤少恩等"缵禹之绪",逐渐改变了越地的水文劣势,为越文化的突进创造了基础条件。

越地的水利建设,以江河的整治、水库的建设和海塘的修筑最具成就,以下分别叙之。

(一)江河的整治

越文化中心地的平原河网主要由绍兴河网(萧绍河网的一部分)与上虞河网组成。越王勾践时建东西向的山阴故水道,是平原最早的人工运河工程。东汉建成鉴湖后,形成了局部平原水网的雏形。晋永嘉年间,会稽内史贺循主持开凿西兴运河,为浙东运河奠定了基础。西兴运河修成之后,沟通山会平原西部的南北向河流,内河水网进一步扩大。唐代元和年间,孟简浚新河,筑官塘。五代时期,吴越国疏浚鉴湖。宋乾道年间,吴芾开新河、疏浚运河。南宋初年,围垦鉴湖,绍兴河网初步形成。明成化十二年(1476),绍兴知府戴琥建"山会水则",以水位高低,定玉山斗门的启闭,调节整个山会平原河网水位,是山会平原河湖网充分整治的标志③。明嘉靖年间,南大吉主持疏浚和整修绍兴城河及城外一些主要河道。明嘉靖十

---

① 张炳火:《良渚先人的治水实践——试论塘山遗址的功能》,《东南文化》2003 年第 7 期。
② 参见刘斌等《浙江杭州:彭公水坝遗迹可能与良渚古城外围防洪系统有关》,《中国文物报》2011 年 2 月 25 日,第 4 版。
③ 陈桥驿:《绍兴水利史概论》,《吴越文化论丛》,中华书局 1999 年版,第 406 页。

六年(1537),绍兴知府汤绍恩历时9个月,主持建成三江闸。山阴、会稽、萧山三邑交界处汇浦阳江、钱塘江、曹娥江三江之水,本处地势低洼,泄水不畅,每受山洪与潮汐倒灌之苦。随着三江闸建成,钱清江从此被纳入山会平原河湖系统之中,成为一条内河,钱清江以北萧山平原诸内河也被纳入该系统中。山阴、会稽、萧山三县水利面貌得到进一步改变,"建三江闸而山、会、萧三邑无旱之忧殆百年矣"①。在修筑三江闸的同时,又在蒿坝建清水闸,引曹娥江水冲三江闸下淤积,蓄、引、排相结合,至此,绍兴平原河网水系的调整基本完成。上虞河网位于上虞境内,东与余姚接壤,南为丘陵山地,西连曹娥江下游段,北濒钱塘江河口,曾是洪、潮、涝、旱易发地带。东汉时这一地区便建成白马、上妃两湖蓄水灌溉。唐贞观初年,创皂里湖。唐长庆年间,筑成上虞历史上最大的人工湖——夏盖湖。夏盖湖废后,又形成了小越湖、东泊、西泊、破冈湖、孔家岙泊等湖泊。主要河道有四十里河、姚江、十八里河、百沥河、百崧河、百谢河等。

相较于平原河网,曹娥江与浦阳江沾溉深广,然囿于各种条件,历代少有综合治理方略,江堤御洪能力差,蓄引水量主要依赖山塘堰坝,宝贵的水力资源因无力充分利用而日付东流。江堤工程多十分简陋,极易坍毁,致使水患不息,民谚有"沿江人家一夜穷"之说。人称浦阳江为"小黄河",曹娥江为"蓑衣江",说明其危害之甚。

(二)水库的建设

在越国时期,会稽山北麓便修建了南池、吴塘、富中大塘、练塘等水库。东汉时期在若耶溪口建成的回涌湖②,已达中型滞洪水库规模。东汉永和五年(140),会稽太守马臻在山阴、会稽两县境内,主持建成我国最古老的大型蓄水灌溉工程鉴湖。"会稽太守马臻创立镜湖,在会稽、山阴两县界……堤塘周围三百一十里,溉田九千余顷"③,古鉴湖"三百五十八里之中,蓄诸山三十六源之水"④。古代的鉴湖堤坝控制集雨面积610平方公里,湖总面积189.93平方公里,湖中有岛屿115个,17.23平方公里,水面

---

① 康熙《会稽县志》卷一二《水利》。
② 据学者考证,位于绍兴禹陵乡葛山。参见盛鸿郎、邱志荣《回涌湖新考》,《鉴湖与绍兴水利》,中国书店1991年版,第131—145页。
③ 《通典》卷一二〇《州郡》十二引孔灵符《会稽记》。
④ 王十朋:《鉴湖说》,《王十朋全集·文集》卷二三。

面积172.7平方公里[①]。由现稽山门至禹陵的夹堤分为东、西两湖,夹堤中有三眼闸桥贯通两湖。沿堤又置排灌设施,《水经注·渐江水》载:"沿湖开水门六十九所,下溉田万顷。"鉴湖的兴建,对越文化中心地的农业、水产、航运等方面起了巨大的推动作用,并初步形成由海塘挡潮、斗门排涝的局部平原河网的雏形。宋大中祥符年间,越地已有人围垦鉴湖。"靖康之难"之后,宋室南渡,越地人口激增,围湖造田愈演愈烈,鉴湖逐渐埋废。此外,上虞建成白马、上妃两湖以蓄水灌田,唐代又建夏盖湖,为当时宁绍平原第二大湖。

(三)海塘的修筑

越文化中心地自古以来饱受山洪、海潮夹击之苦,因此修筑海塘保护北部平原也是越地人民着力的方面。境内主要海塘以曹娥江为界,东属百沥海塘、浙东海塘,西属萧绍海塘。越国时期有固陵等沿海石塘,唐代开始全线修筑山会平原的海塘。山阴海塘筑于隋垂拱二年(686),于萧山、山阴一带筑海塘50里,因位于两县交界处,故称为"界塘"。会稽海塘筑于开元十年(722),嗣后又先后两次增修。这一段因大部分位于曹娥江沿岸,又称东江塘。大致到唐中后期,西起萧山、东迄上虞海塘已经连成一线,形成比较完整的防潮工程体系。因其横亘于古代山会平原的北部,相对鉴湖堤而言称"北塘"。本时期扩建了玉山斗门,拒咸排涝。唐代以降,塘线逐渐固定在今萧绍海塘一线。虞北平原海塘,在元代已经形成一定规模,此后塘线基本未变,明代在元代海塘的基础上续作巩固。洪武四年(1371),在上虞沿海修筑了一条长约8里的石塘。洪武二十三年(1390),工部主持征调绍兴府民工在长山至龛山一线修筑石塘40余里,规模甚巨。弘治年间,将绍兴沿海一带数十里长的土筑海塘改筑为石塘,耗资巨万。嘉靖十八年(1539),又将萧山县西江海边长约40里的古塘改建为石塘,越地海塘更加巩固。清康熙年间,绍兴知府俞卿对海塘又续作修缮。经历代修治,海塘成为越文化中心地的重要屏障。

第二节 越文化中心地的民族变迁与人口发展

从血缘上看,於越遗传结构特征的形成要追溯到先越文化时期,越国

[①] 陈桥驿:《古代鉴湖兴废与山会平原农田水利》,《地理学报》1962年第3期。

文化时期於越正式形成并成为文化的创造主体,在此后的越地文化阶段於越的后裔仍占一定比例,但已然被汉族同化。故从文化上看,比民族变迁更为强烈的是文化的变迁。至于越文化中心地的人口发展,总体来说是逐步上升的,其波动的趋势又与越文化的发展趋势大致同步。

一、轮替与整合:民族的历史变迁

秦汉以降,越文化中心地的人群逐步形成以汉族为主体的民族结构。而这一格局的形成,基于越文化中心地的历次民族变迁。即便是在越地文化阶段,民族构成仍不乏於越遗裔(虽然已经被汉族所同化)。由于史料阙如,历史上民族变迁的具体历程已难详考,但我们仍可以结合考古学、分子人类学等学科的认识寻绎出大致的线索。

关于越文化中心地早期的人群流动,陈桥驿先生曾结合海侵理论对远古时期越族的迁徙进行了如下推论:

> 越族的迁移,显然是从对于卷转虫海侵首当其冲的东海大陆架开始的。这个地区居民的迁移路线,一条当然是越过舟山丘陵内迁到今宁绍平原。另一条可能是外流,利用原始的独木舟漂向琉球、南日本、南洋群岛、中南半岛和今中国南部各省沿海等地。其间也有一部分利用舟山丘陵的地形安土重迁。这是这一次迁移的第一阶段……在距今1万年以前,今宁绍平原的环境恶化尚不十分严重。这一时期,或许是海侵波及以前古代越族在宁绍平原繁衍生息最重要的时期。距今1万年以后,由于环境恶化开始发展,古代越族就进入了他们迁移中的第二阶段。越族居民在这次迁移中的主要路线,估计也有三条,他们中的一部分,越过钱塘江进入今浙西和苏南的丘陵区,另一部分随着宁绍平原自然环境自北向南的恶化过程,逐渐向南部丘陵区转移。还有一部分利用平原上的许多孤丘特别是今三北半岛南缘和南沙半岛南缘的连绵丘陵而安土重迁。海侵扩大以后,这些丘陵和舟山群岛一样地成为崛起于浅海中的岛屿,这些越族居民也和舟山群岛的越族居民一样成为岛民。①

---

① 陈桥驿:《越族的发展与流散》,《东南文化》1989年第6期。

以上推论影响较大,许多研究越文化的论著都沿承此说。论者多未加辨别而全盘吸收,事实上,以上说法大多未被证实,而且一些新的材料对上述观点是相对不利的。

过去学者普遍认为越文化中心地是"越族"的发源地,百越诸族是其扩散的结果①。至于扩散的时间,或系之于远古或系之于越国衰亡。但此说现在看来并不符合实际。前面我们已经介绍百越集团是在两广地区产生的,东亚现代人群的祖先来自非洲,有一部分人群在广东、广西地区驻留并逐渐形成一个体质、文化特征相近的群体,是为百越的渊薮。百越集团的遗传特征具有共性,东南越人是后来分化出来的一支。从考古学角度看,长江下游的新石器时代考古学文化要追溯到上山文化,年代最早要上溯到一万年前。目前所发现的上山文化遗址集中于浙江中西部,可以佐证东南越人自江西进入浙江的观点。此后宁绍平原与环太湖流域的文化逐渐繁兴,在崧泽文化、良渚文化时期达到极盛。而浙江旧石器时代考古的工作相对薄弱,一些遗存的年代尚存争议②,上山文化之前的情况难以确知。至少在新石器时代之前,越地并没有越人的祖先居住。如此一来,说卷转虫海侵造成越人流散本身便缺乏基本前提。

目前学者对河姆渡文化、崧泽文化、良渚文化的先民做过体质人类学的分析,上山文化、跨湖桥文化的人群尚无研究成果,故不能判断其与后来文化的人群有无直接联系③。河姆渡文化的头骨存在一系列明显的蒙古人种性质,另一方面又有一些类似接近澳大利亚—尼格罗人种的特征,尤其是在颅型上,与福建闽侯昙石山、广东佛山河宕、广西桂林甑皮岩等遗址的头骨相似④。崧泽文化的人群据研究属蒙古人种,带有南亚类型的特征⑤。针对良渚文化先民的研究也得出类似的结论⑥。总体而

---

① 如法国学者鄂卢梭(L.Aurousseau)《安南民族之起源》的论断,参见冯承钧译《西域南海史地考证译丛九编》,中华书局1958年版,第104—119页。
② 徐新民:《浙江旧石器考古综述》,《东南文化》2008年第2期。
③ 长江下游的酸性土壤使人骨保存殊为不易,目前有关材料尚属稀缺,对长江下游史前人群体质特征的研究并不充分。
④ 韩康信、潘其风:《浙江余姚河姆渡新石器时代人类头骨的观察与研究》,《人类学学报》1983年第2期。
⑤ 上海市文物保管委员会:《崧泽——新石器时代遗址发掘报告》,文物出版社1987年版,第111页。
⑥ 汪洋:《广富林良渚先民体质及文化适应研究》,复旦大学博士学位论文,2008年4月。

言,广东、广西、福建、浙江等地的新石器时代人群(相当于百越集团),普遍带有蒙古人种南亚类型的特点,与当时中国北方先民的体质特征形成鲜明对比。

无论是分子人类学还是体质人类学,都表明百越集团人群的生理特征趋同。我们也可以基本肯定,先秦时期越文化中心地的人群主体属于百越集团,但我们并不能说本地区的人群性质保持绝对的连续性。宁绍平原的河姆渡文化与环太湖流域的马家浜文化本是并行发展,在良渚文化时期环太湖流域与宁绍平原逐步统一;良渚文化最终消亡,其后的钱山漾文化既有土著因素,也受北方文化以及浙南地区文化的渗透;再后来的广富林文化则直接受北方王油坊类型文化遗存的影响,马桥文化也受到中原地区文化的影响,同时广富林文化与马桥文化也有许多浙南闽北地区的文化因素。以上一系列考古学文化的整合很可能伴随人群的变动。马桥文化有不少来自南面的因素,如果当时有一批浙南闽北的人群涌入越地、而这群人又是属于百越尤其是东南越人的话,则同样会造成良渚文化、马桥文化之间没有直接延续关系但主体人群的遗传特征却相近的情况。

同时,我们也可以找到越地人群扩散的线索。从文化传播的迹象看,河姆渡文化在宁绍平原消亡之后,河姆渡文化先民可能向周边(主要是南方)扩散。良渚文化作为一种强势文化,其文化因素更是不断向周边扩张。向南到珠江流域,西北至甘青地区,乃至于中原地区、海岱地区,都可以发现带有良渚文化特征的器物。但良渚文化文化因素的扩散,是初步的文化交流,还是深层的文化传播乃至人群扩散,尚有待我们进一步探讨。最典型的是主要分布在粤北北江中上游地区的石峡文化,其与珠江三角洲史前文化存在较大差异,而与良渚文化有千丝万缕的联系,有可能是良渚文化先民南下的产物。

我们可以基本肯定的是,於越民族至迟在马桥文化时期在越地形成,他们是越国文化的创造者。而据《史记》、《越绝书》、《吴越春秋》等文献,越国的统治者是夏人的后裔。这种民族结构伴随越国的崛起、称霸与衰亡。随着秦始皇二十五年(前222)秦将王翦破越国并在越地设会稽郡,越文化中心地的人群经历了一次较大的变动。《越绝书·外传记地传》载:"是时,徙大越民置余杭、伊攻、□故鄣,因徙天下有罪適吏民,置海南故大越处,以备东海外越。乃更名大越曰山阴。"《越绝书·外传记吴地传》云:"乌程、余杭、黝、歙、无湖、石城县以南,皆故大越徙民也。秦始皇帝刻石徙之。"《太平寰宇记》卷九三引《吴越春秋》:"秦徙大越鸟语之人置。"秦始皇此举的背后动因,根据《宋书·符瑞上》,因"秦始皇帝曰:'东南有天子气。'于是东游以厌之"。准此,秦始皇因惮于越地人民的斗争精神,调整了越地的民族结构。陈桥驿先生因而指出当时秦始皇"把聚集在部族中心,即今绍兴一带的部族居民强迫迁移到今浙西和皖南地区,然后从北方移入汉族,以改变这个地区居民的民族结构"[1],这也是北人成批南迁的第一次[2]。此说亦为大多数学者所接受,有学者便明确指出秦始皇之后越文化中心地便不再有越人留下来安居了[3],强调"换了人间"[4]。潘承玉先生则指出秦以后越国故地、今浙江省全境的居民成分并没有发生根本性的变化,秦始皇下令迁徙移出的居民范围就今浙江省全境而言极为狭小,而移民所往之地本来就是春秋越国的统治范围;《史记》未载此次移民,要么是根本不存在,要么是规模太小;当时一批戍卒的入驻并不能说是大规模的移民,所谓"中原人民首次大规模地徙居越地"纯粹是论者的想象;受冲击的主要是越国上层,广大百姓受影响较小;历代移民没有一次属于根本的对越地人口结构的改造[5]。潘先生的质疑是有道理的,但潘先生所质疑的王志邦等先生的观点,事实上是认为越文化中心地的人群发生了根本性变化,而不是说浙江全境发生变化;而且这批越人被迁往浙西、皖北也是大家所承认的。何况,我们也实在不能因为《史记》没有相关记述而断然否定《越绝书》诸书的记载。当然,说越地的人群发生"置换"的确是有问题的。前面我们已经介绍今天的浙江汉族 O1-M119 有 26.0%,上海汉族也有 26.7%,是汉族群体中最高的,江苏汉族也有 16.4%。可见,这种越人的特征性遗传因素在今天的江浙一带仍有不小的比重。在越国故地,仍生活着当年的於越遗裔,而他们是被当做汉族看待的。

秦始皇用兵东南之后迁徙越文化中心地的人群,此事当有一定事实根

---

[1] 陈桥驿:《於越历史概论》,《浙江学刊》1984年第2期。
[2] 陈桥驿、颜越虎:《绍兴简史》,中华书局2004年版,第36页。
[3] 邹身城:《越国都邑、疆域考释》,《杭州师范学院学报》(社会科学版)1990年第4期。
[4] 王志邦:《浙江通史·秦汉六朝卷》,浙江人民出版社2005年版,第16—17页。
[5] 潘承玉:《秦末浙地"换了人间"说献疑》,《浙江社会科学》2009年第3期;《中华文化格局中的越文化》,人民出版社2010年版,第39—47页。

据;说越文化中心地的於越民族自此绝迹,却与事实不符,至少此次迁移不如汉武帝迁瓯越、闽越之民彻底[1];百越以外的人群向越地渗透至迟在战国时期已经开始,如马桥地区在战国时期出现了 M122T 突变,M122T 可能原先并不存在于马桥地区,是春秋战国时期从西部传入的[2],此时已经出现一定程度的民族融合;秦始皇平定越地之后的两千多年,多次移民潮逐步改变了越地的民族构成,并使越地逐步纳入中原王朝的政治版图与文化版图,这一过程在西汉时期基本完成。

《史记·越王句践世家》载:"楚威王兴兵而伐之,大败越,杀王无疆,尽取故吴地至浙江,北破齐于徐州。而越以此散,诸族子争立,或为王,或为君,滨于江南海上,服朝于楚。"一些学者据"越以此散"认为於越因败于楚而四散,乃至于将百越诸族视作此次流散的结果。现在已经究明,百越集团形成于两广地区,福建、广东、广西等地的越人并非於越的支流。但我们也应该承认越国后期於越民族确有流散的迹象,集中于楚败越和秦灭越两个时期[3]。尤其是秦灭越之后,除了越人自发的溃散,还有政治力量的强迫迁移。秦代虽然国祚短暂,却是越地民族交融、整合的重要时期,是一个重要的转折点。蒙文通先生指出秦汉之世越人之大批迁徙皆为北迁而无南走之迹[4],说法不免绝对。东越败后汉武帝确实向北迁了大批越人,而秦始皇对越地土著的处理,主要是就近移出,而非长途迁徙。

汉代继续秦代对越地的人口填充策略,汉人进一步南迁越地。汉人在越地的比重上升,而越地土著又逐渐被汉化。到了东汉、三国时期,越地尚

---

[1] 《史记·东越列传》:"是天子曰东越狭多阻,闽越悍,数反覆,诏军吏皆将其民徙处江淮间。东越地遂虚。"《吴越春秋·勾践伐吴外传》:"从无余越国始封,至余善返越国空灭,凡一千九百二十二年。""虚"、"空灭"可见其彻底。今福建一带 O1-M119 的分布几近于无,汉族的主要 Y 染色体单倍型则极为集中,形成鲜明的对比。据李辉先生研究,闽越曾经是福建的主体民族,通过对现代福建和其他闽语人群的分子人类学研究,结果并没有看到闽越的结构,闽语人群基本都是来源于北方的汉族移民,所以可以确定历史上的闽越族在福建地区基本上已经消失。参见氏著《分子人类学所见历史上闽越族群的消失》,《广西民族大学学报》(哲学社会科学版)2007 年第 2 期。

[2] 杨俊等:《上海原住民的 Y 染色体遗传分析》,《中央民族大学学报》(自然科学版)2004 年第 1 期。

[3] 根据郑小炉先生的研究,春秋后期开始,吴越地区的青铜文化对广东和广西东北部地区产生了巨大的影响,战国中期以后更加广泛而深入。吴越人向岭南的迁徙过程至少从春秋晚期就已开始,战国前期迁徙的规模更大。参见氏著《吴越和百越地区周代青铜器研究》(科学出版社 2007 年版)一书的研究。但这种文化因素的渗透并不一定与人群的大范围迁移等同。

[4] 蒙文通:《越史丛考》,人民出版社 1983 年版,第 43 页。

有山越。山越主要是越人遗裔,其分布不仅限于越地,在记载六朝史事的史书中多有出现。东吴多次征山越为兵,并使之成为郡县编户,逐步被汉化。随着"永嘉南渡"、"安史之乱"、"靖康之难"所带来的数次北人南迁移民潮,越地的北方汉人比重越来越大。不过直至今天,越地的於越遗裔仍有一定的数量,只不过已经完全融入汉族。

北宋灭亡后,金兵一度南下,攻占越地。迨至蒙古灭宋,一部分蒙古人随元军进入越地[①]。在明清时期,从福建、浙南山区尚有部分少数民族迁入浙中、浙东等平原地带。清军占领浙江后,各地旗兵驻扎,据雍正《浙江通志·兵制》所载,当时浙江省旗兵(满族人)5万余人,绍兴达千余。不过元代以来的少数民族的迁入影响较小,并不能改变越文化中心地的民族结构。

二、人口的增长与波动

越地人口的确切记载只能追溯到西汉,但我们还是可以通过文献与考古材料一窥先秦越地人口的概貌。在新石器时代,人口繁衍较为缓慢,我们无法确知当时的人口数量,只能通过遗址数量的变化、农业生产的起伏以及文化的兴衰来推论人口变化。经过数千年的发展,越地在良渚文化时期进入一个文化高峰,地域范围与遗址数目膨胀,人口也必然随之膨胀。良渚古城是良渚文化的政治中心,其面积约为300万平方米。我们可以看一下其他面积小得多的新石器时代城址的推测性数据:城子崖古城面积约20万平方米,当时城内居民约在5161～6451人之间;此外孟庄古城内居民约为4129～6161人,边线王古城内居民约为1471～1839人,丁公古城内居民数为2580～3226人,田旺古城内居民为3871～4839人[②]。良渚古城的人口数量无疑要远大于这些数字。据刘斌先生估算,使用简单工具兴建良渚古城的大型平台和城墙,需要1万人花费2年以上才能完成[③]。而要建造良渚文化早期的反山大墓的土台,若以当时每人每日运土堆土量为1立方米计算,耗费的劳动日则超过210万个。可以想见当时良渚文化的

---

① 《元史》卷九九《兵志二·镇戍》。
② 参见江林昌《摒弃中国古文明研究中的两种误解》,《东岳论丛》2006年第3期。
③ Andrew Lawler., "Beyond the Yellow River: How China Became China." *Science*, 2009, 325: 930-935.

人口已有相当规模。此后的广富林文化、马桥文化陷入了相对的文化低潮期,遗址数目也大不如前,当时应面临人口锐减的境地。

越国时期,尤其是允常、勾践的阶段,越地的人口随着社会的发展而递增。为了与吴国抗争,越国制定了鼓励生育的措施:"令壮者无取老妇,令老者无取壮妻;女子十七不嫁,其父母有罪,丈夫二十不娶,其父母有罪;将免者以告,公医守之;生丈夫,二壶酒,一犬,生女子,二壶酒,一豚;生三人,公之与母,生二人,公之与饩。"①在政府鼓励之下,越地人口逐步上升,据陈桥驿先生推测,当时於越部族的人口总数约为30万人之谱②,林正秋先生估计为20万左右③。此后,依次发生了越灭吴、迁都琅邪、退据越地等事件,越国尤其是越文化中心地的人口一直存在波动。孟文镛先生认为越国灭吴后人口总数已达100万以上④。在秦灭越国之后,随着土著的迁出与北方人口的迁入,越地不但经历了人口的波动,还经历了民族的整合。西汉时期外来人口进一步向越地渗透。《汉书·武帝纪》载:"(元狩)四年(前119)冬,有司言关东贫徙陇西、北地、西河、上郡、会稽凡七十二万五千口。"清人王鸣盛估计迁入会稽郡的为数约14.5万人⑤。经过西汉的休养生息,西汉元始二年(2)会稽郡领县26,户223038,口1032604⑥。此后越地的人口基本保持增长势头,如东汉永和五年(140),会稽郡领县14,户123090,口481196⑦;西晋太康初年(280～289),会稽郡领县10,户3万⑧;南朝宋大明八年(464),会稽郡领县10,户52228,口348014⑨;隋大业五年(609),会稽郡领县4,户20271⑩;唐天宝元年(742),越州领县7,户90279,口529589⑪。

越文化中心地的政区在五代以后定型,而只有在一定的地域与政区范

---

① 《国语》卷二〇《越语上》。
② 陈桥驿:《古代於越研究》,《民族研究》1982年第1期。
③ 林正秋:《浙江经济文化史研究》,浙江古籍出版社1989年版,第101页。
④ 孟文镛:《越国史稿》,中国社会科学出版社2010年版,第563页。
⑤ 《十七史商榷》卷九。
⑥ 《汉书》卷二八《地理志》。
⑦ 《后汉书》卷二二《郡国志四》。
⑧ 《晋书》卷一五《地理志下》。
⑨ 《宋书》卷三五《州郡志一》。
⑩ 《隋书》卷三一《地理志下》。
⑪ 《新唐书》卷四一《地理志五》。

围内作历时比较才有意义。以下根据万历《绍兴府志·户口》、乾隆《绍兴府志·户口》所总结的材料,列表如次(单位:户):

时间＼地点	越州(绍兴府)总	会稽县	山阴县	剡(嵊)县	诸暨县	萧山县	余姚县	上虞县	新昌县
北宋大中祥符四年	187180	34076	2171	32578	49062	23086	21063	5141	20003
南宋嘉泰元年	273343	35406	36652	39792	42424	29063	30883	30883	28820
元至元	300248								
泰定	222657								
明洪武	267074	39879	53946	28765	31037	21548	51188	30037	7363
明永乐	272707	39872	53946	22385	40104	21548	44000	34119	7863
明天顺	179887	23418	30364	10805	缺	18219	缺	34119	4100
明万历	165678	18608	29142	11605	18410	19430	41847	19311	7345
清康熙五十六年	609527	61949	122119	55324	118358	71672	101384	57035	21731

可见,越地历史上各时期的人口发展并不平衡,其中南宋至元代为一高峰,此后的清朝更臻于盛。各县发展也不平衡,如新昌县在明代人口急剧减少。需要注意的是,由于历史上某些朝代隐匿人口的情况特别严重,不同的材料数据来源也不同,个别数据会存在较大误差。各时期的具体人口变化以及背后的历史原因,在下面有关章节会有详细讨论。

由于越地政区改易频繁,所领县市不一,也造成了纵向比较的难度。从人口密度的角度或许可以更直观地考察越地的人口变迁。陈桥驿先生指出,《国语·越语上》所说的越国"南至于句无,北至于御儿,东至于鄞,西至于姑蔑"的范围,大体以5万平方公里的面积计算,则人口密度约为每平方公里6人[1]。西汉时会稽郡南部每平方公里人口密度为0.32人,北部为14.28人[2],若以平均数算,人口密度还是要大过越国时期。东汉时会稽郡以平均数算,每城不到8700户,口34000多,与西汉相比,基本相当。从初

---

[1] 陈桥驿:《古代於越研究》,《民族研究》1982年第1期。
[2] 葛剑雄:《西汉人口地理》,人民出版社1986年版,第98页。

唐至天宝年间,越州人口密度由每平方公里8人发展到57人[①],增长明显。明洪武年间(1368~1398),绍兴府每平方公里95.06人。清乾隆五十六年(1791),绍兴府每平方公里368.49人。清代"盛世滋丁",人口繁盛,嘉庆二十五年(1820),绍兴府人口达500多万,每平方公里已达579.55人。

值得注意的是,明初以降,社会经济得到发展,而浙江省人口不增反降,150年间减少一半。这一现象令人迷惑,人口学家多归于当时户口隐漏之严重。陈剩勇先生则一针见血地指出溺杀女婴及男女性别失调对明代人口出生率的影响是非常大的[②]。明代越地向外流出的人口也不少,即王士性所言"宁、绍人什七在外,不知何以生齿繁多如此"[③],在外人口多从事师爷职业或经商。清代人口激增,这固然有利于越地社会经济的进一步发展,但由于可耕地不多以及土地兼并加剧等原因,无节制的人口增长也逐渐使人口由原先的可再生资源转变为社会再发展的包袱。

三、人口的流动及影响

民族变迁和人口流动是越文化发生及发展进程中的一个直接作用于宏观的历史进程的历史地理因素。从民族结构与人口发展的角度看,越地的民族变迁和人口流动实现了本区域的民族大换血和人口大输血。首先是民族大换血。在先越文化阶段,考古学文化的融合也反映了民族的融合。此后,以於越民族为国民主体的越国创造出了灿烂的越国文化。而秦始皇统一越地之后将土著居民强迫迁移到今浙西和皖南地区,然后从北方移入汉族,越文化中心地的民族经历了一次大换血,越人逐渐淡出世代居住的土地,剩下的居民又为汉文化所同化。自此之后,越文化进入越地文化阶段,本阶段的人口变化主要表现为人口大输血。经过西汉末年动乱、"永嘉南渡"、"安史之乱"、"靖康之难"所引发的几次北人南迁高潮,给越地输入了大量人口。在明清时期,无论是人口数量还是人口密度越地都居全国前列,由人口稀薄之地一跃成为人口巨邑。明清至近代,越地人口又表

---

① 翁俊雄:《唐鼎盛时政区与人口》,首都师范大学出版社1995年版,第50页。
② 陈剩勇:《明代人口"北增南减"现象研究》,《史林》2000年第3期;《浙江通史·明代卷》,浙江人民出版社2005年版,第65—75页。据万历《会稽县志》,当时绍兴府诸县"婚论财,嫁率破家,乃至生女辄溺之"。举例而言,在万历年间,山阴县男子数为82299,女子数为33110,男女性别比达到2.49:1,简直不可思议。
③ 王士性:《广志绎》卷四《江南诸省·浙江》。

现出不断向外流出的态势,越地人士更为广泛地参与全国的政治、经济、文化建设。

根据主流移民特征的变化,中国移民史可分为四个时期:先秦黄河中下游多向移民期,秦统一到两宋从黄河中下游向长江中下游的由北向南移民期,元明清长江流域由东向西移民期,近代沿边多方向移民期[①]。其中第二个时期中国汉族由北往南的五次迁移高潮,或者说中国历史上的五次北人南迁事件,给越文化的发展带来了深远的影响。

第一次是秦并会稽后的移民。一方面秦始皇将越人迁出越地,另一方面将戍卒迁往越地。西汉时期的行政移民,亦为这一举措的延续。这一系列移民活动,促使越文化完成了一次转型。

第二次是西汉末年。西汉末年的动荡使北方人口锐减,一些北方人士南迁越地,尤其是一些士族的到来,极大优化了越地的人口结构,促成了越文化在东汉时期的突进。

第三次是"永嘉南渡"。西晋时期,"永嘉之乱"给了当时西晋王朝致命打击,也引发了一次人口大迁徙。"永嘉南渡"给越地带来了先进的文化、生产力以及大批劳动力。越文化遇到了一个绝佳的发展机遇,一时成为人文荟萃之地。

第四次是"安史之乱"。此后中国的人口重心向南方转移(不但体现于人口数量,还体现于人口密度),并促成中国经济重心向东南转移,是一个重要的拐点。

第五次是"靖康之难"。在此之前中国经济重心已经转移到东南,而此后中国的文化重心也逐步转移到东南。

上述几次北人南迁事件,尤其是后面四次,按葛剑雄先生的话讲,是一种自北向南的离心型迁移,与政府强制性的内聚型移民、东西向的渗透型移民、由内地向边疆的开发型移民、东南沿海地区向海外移民、北方少数民族的内徙和西迁、南方非汉族的退却性迁徙等移民方式相区分[②]。在上述几次北人南迁事件的推动下,中国不但完成了人口重心的转移,还完成了经济、文化重心的转移。对于越文化而言,更是其历次突进的重要动因。

---

① 张国雄:《中国历史上移民的主要流向和分期》,《北京大学学报》(哲学社会科学版)1996年第2期。

② 葛剑雄:《中国人口发展史》,福建人民出版社1991年版,第368页。

移民潮的影响主要体现在两方面：一是外来人口的迁入有利于人口数量的提高，二是有利于人口质量的提高。由于越地的社会经济主要是建立在农业生产的基础之上的，劳动力数量的优势自然有助于越地的开发，而由外来人口带来的先进技术更是社会经济的助推力。中国经济重心向东南转移的过程，实际上是与移民潮刺激下的江南大开发相伴随的。相比之下，人口质量的提高，尤其是"永嘉南渡"、"靖康之难"后进入越地的统治阶层与文化精英，在很大程度上刺激了越地人文的繁兴。故从中国文化发展的视角看，越地的人口流动在一定意义上反映了中国文化重心的转移。而从越文化发展的总体进程看，移民潮实际上带来了越文化"点状突进"的关键外部机遇。

第三节 历史地理环境对越文化的作用与影响

关于历史地理环境对文化及人类活动的作用与影响，《礼记·王制》已有相关论述："凡居民材，必因天地寒暖燥湿，广谷大川异制，民生其间者异俗，刚柔轻重，迟速异齐，五味异和，器械异制，衣服异宜。修其教不易其俗，齐其政不易其宜。"庄绰《鸡肋编》亦云："大抵人性类其土风。西北多山，故其人重厚朴鲁；荆扬多水，其人亦明慧文巧，而患在轻浅。"[①]总体而言，说的是风土与民风的关系。《管子·水地》说"越之水重浊而洎"，进而认为"其民愚疾而垢"，已是偏见。古人的朴素认识以及一些西方学者的"地理决定论"虽然有商讨的余地，但历史地理环境对文化的发生与发展产生过极大的作用，已是人们普遍认可的事实。

在文化的发生期，历史地理环境的影响几乎是决定性的，并直接形塑了不同地域文化的初始轮廓。百越在两广地区起源，但沿海支系与山地支系之间的文化差距越来越大，不得不归因于迁徙、交流及海洋所带来的刺激。越地"具有背山面海的形势，距南面不远，就有山林之饶，而平原北缘濒海，又有鱼盐之利。平原上气候暖热，水土资源丰富。於越部族的祖先，是在如此得天独厚的自然环境中繁衍发展起来的"[②]。越地先民所面对

---

① 庄绰：《鸡肋编》卷上。
② 陈桥驿：《於越历史概论》，《浙江学刊》1984年第2期。

的,既有平原之利,也有连绵的山地、凶险的大海,以及大片的沼泽。正是在这种复杂的地理环境中,越文化经历了曲折的发展。

一、生产方式

农业生产是越文化发展的物质基础。越地的气候、土壤、水文条件涵育了越地重农桑的氛围,形成了以稻作农业为核心的生产方式,并奠定了越文化半农耕半海洋特征的基础。连续性是越地生产方式的一个重要特点,诸如稻作农业、渔业、盐业、纺织业、制瓷业等都具有连续性。这种连续性,又是建立在越地相对稳定的历史地理环境基础之上的。

(一)稻作农业的发生与发展

越地的水土条件决定了"其谷宜稻"①,越地先民从一开始便从事稻作农业的生产,过着"饭稻羹鱼"②的生活。伴随着新石器时代的到来,农业开始出现。世界上已知的原生文明,都孕育于原始农业的发达地区,可以说农耕是文明起源的立足点和根基所在,是人类由蒙昧、野蛮走向文明的开端。与黄河流域的粟作农业、两河流域的麦作农业不同,长江流域主要是稻作农业。从目前的材料来看,栽培稻在中国南方腹心地带起源,其中西北侧的两湖平原西部地区和东北侧的钱塘江流域率先得到发展③。温暖湿润的气候为稻作农业的孕育提供了温床,上山文化、跨湖桥文化先民成为中国最早的农业定居者之一。距今约11400~8600年的浦江上山遗址发现有早期人工栽培稻遗存,这不但为河姆渡文化大量稻谷遗存找到了数千年前的源头,也进一步确立了东南地区在世界水稻起源史上的地位④。而稍迟的跨湖桥文化,也发现了早期的稻谷遗存。

在进入距今7500~5000年的全新世大暖期后,越地的河姆渡文化与马家浜文化的稻作农业得到进一步的发展。本时期是全新世气候最适期,气候热暖潮湿,越地的平均温度比目前高2~3℃,为稻作农业的进一步发展创造了条件。河姆渡遗址中发现的稻谷遗存数量之多令世人震惊。在

---

① 《周礼·夏官司马第四·职方氏》。
② 《史记》卷一二九《货殖列传》。
③ 朱乃诚:《再论中国稻作农业"中心起源、边缘发展"》,《环境考古研究》第4辑,北京大学出版社2007年版,第84—91页。
④ 盛丹平、郑云飞、蒋乐平:《浙江浦江县上山新石器时代早期遗址》,《农业考古》2006年第1期。

河姆渡文化的第四层,考古学家发现了大量7000多年前人工栽培的稻谷、谷壳、稻秆和稻叶的堆积。这些堆积层层叠压,厚度从10~20厘米到30~40厘米不等,最厚者达70~80厘米。据估计,稻谷的堆积总量达到120吨之多①。这些稻谷经过科学鉴定,属于人工栽培稻,其中大多为籼稻,少量为粳稻,同现代栽培稻较为接近。河姆渡遗址的稻作遗存以其数量之大、遗存之丰富、人工栽培特点之鲜明,为史前遗址所罕见。经孢粉分析鉴定,河姆渡遗址附近的平原地带有河姆渡先民垦种的大片稻田。据钻探资料,在河姆渡遗址西北一侧聚落和沼泽的过渡地带发现了大片的古稻田。在已经发掘的河姆渡文化遗址,均有数量不等的稻作遗存发现。而同时代环太湖流域的马家浜文化地层或遗址中,都普遍发现有炭化的稻谷遗存。在草鞋山遗址发现了6000多年前的马家浜文化水稻田。这些水稻田显示,当时已出现了以水井和水塘为水源的两种水稻田形态的灌溉系统。这些田块之间均以水口相通,中间出现水塘或蓄水井,旁及水沟,灌溉系统以水塘或水井为源。此外,在嘉兴邱城马家浜文化遗址发现有排水沟及大型引水渠道。在良渚文化时期,水稻田分布更为广泛,广布于环太湖流域和宁绍平原,出现了面积较大的水稻田,有的还开挖小水沟。钱山漾遗址有成堆的粳稻和籼稻,并发现舂米的陶臼。从宁波慈湖、杭州水田畈、吴县龙南、昆山绰墩、武进寺墩和上海福泉山遗址出土的生产工具和植物遗存看,良渚文化先民已懂得用木千篰来捞取河泥,同水草混合发酵后,作为农田的底肥,并且出现了戽水灌田和小型的引水和排水设施②。近年在茅山良渚文化遗址中发现了明确的稻田遗迹区,并有明确的道路系统以及包括灌溉水渠、灌溉水口在内的灌溉系统③,可见良渚文化先民业已对水稻田进行了比较先进而细致的规划。

除了率先栽培水稻,越地先民还引领了中国农业的耜耕和犁耕两个发展阶段。跨湖桥文化已发现有骨耜,是由大型偶蹄类哺乳动物肩胛制成的。游修龄先生指出我国农业有自己的发展形态,最早的耕地农具就是耒耜④。河姆渡文化的农具主要是骨耜、木耜、木锄和靴形器,河姆渡遗址出

---

① 参见林华东《河姆渡文化初探》,浙江人民出版社1992年版,第152页。
② 林华东:《浙江通史·史前卷》,浙江人民出版社2005年版,第278页。
③ 丁品等:《浙江余杭临平茅山遗址》,《中国文物报》2010年3月12日,第4版。
④ 游修龄:《对河姆渡遗址第四文化层出土稻谷和骨耜的几点看法》,《文物》1976年第8期。

土的骨耜达200件左右,大多见于第四文化层。河姆渡遗址出土的骨耜标志着越地先民已进入耜耕的阶段。与刀耕火种相比,耜耕大大延长了土地连续使用的年限。翻土可以改善土壤结构和肥力,是农耕的一次革命。犁耕的出现,进一步提高了耕田的效率。犁可能是耜的演化结果[①],在崧泽文化已有石犁发现,邱城遗址发现有一件体形较小的三角形犁形器,是良渚文化石犁的前身,也是中国目前所见最早的石犁。到了良渚文化时期,石犁形制趋于稳定,体形变大,数量增多。在平湖庄桥坟遗址出土了一件带木质犁床的组合式分体石犁,该石犁通长106厘米,总宽44厘米[②],只有用牛等大型牲畜才能拉得动,当时可能已使用畜力拉犁。良渚文化先民已经使用种类繁多、配套使用的农业生产工具,有耕地用的石犁、田间管理的耘田器和石锄,收获用的石镰、石刀以及各种木制、骨制、竹制的农业生产工具。

可见,越地的稻作农业有着完整的发展序列,从接近万年前的上山文化,到跨湖桥文化,再到河姆渡文化、马家浜文化、崧泽文化、良渚文化,越地的稻作农业不但起源早,而且发展迅速。目前,在长江中下游发现的新石器时代稻作农业遗存已达数百处。中国早期的水稻遗存均集中在长江中下游,这些地区直至今天仍是主要稻作产区。

越国文化时期的稻作农业继续发展,1982年5~6月,浙江省文物考古研究所在定海蓬莱新村发现东周时期的炭化稻谷遗存,其形状与大小与现代栽培稻基本相同,有粳稻和籼稻两种,而以粳稻为多[③]。本阶段出现了青铜农具,主要有犁、锄、铲、镰、耨、钁等。1958年3月,绍兴西施山出土了铁镰、铁锄、铁镢、铁削等春秋战国时代铁器[④]。在绍兴上灶一带则出土了铁斧、铁镰等越国时代农具[⑤]。1982年春季,在定海石礁乡出土了青铜锸与青铜耨各一件[⑥]。据统计,从1972年12月至1982年12月,绍兴出土的越国青铜工具有86件。其中,犁2件、锄21件、铲2件、镰3件、钁23

---

① 徐中舒:《耒耜考》,《农业考古》1983年第1期。
② 徐新民、程杰:《浙江平湖市庄桥坟良渚文化遗址及墓地》,《考古》2005年第7期。
③ 王和平:《浙江定海县蓬莱新村出土战国稻谷》,《农业考古》1984年第2期。
④ 沈作霖:《绍兴出土的春秋战国文物》,《考古》1979年第5期。
⑤ 沈作霖:《古代越国的农耕工具》,《农业考古》1984年第2期。
⑥ 王和平:《舟山发现东周青铜农具》,《文物》1983年第6期。

件、凿1件、削34件,以农具犁、锄、铲、镰、镢为大宗①。青铜农具占当时越国青铜器的一半以上。越国时期修建的南池、吴塘等水利工程,为农业生产创造了条件。越国时期稻谷产量亦丰。《越绝书·外传枕中》云:"范子曰:'……兵之要在于人,人之要在于谷。'"《越绝书·计倪内经》云:"计倪对曰:'……必先省赋敛,劝农桑。饥馑在问,或水或塘。因熟积以备四方……'"在谋臣的一再进言下,勾践已深知农桑是立国之本。《吴越春秋·勾践阴谋外传》载勾践使计请籴于吴,获稻谷万石,随后待越国谷熟之时,择其精者蒸熟还给吴国。若这一记载属实,吴越两国稻谷往来一次达万石,足见越国生产力已到一定程度。除新石器时代便出现的籼稻和粳稻外,此时已出现"粢",或即糯米,被列为第一等货物。

在越地文化阶段,随着人口的增多、生产技术的进步以及水利设施的完善,农业生产进入了一个全新的阶段。及至南宋,业已形成庞大的水稻品种群体,根据嘉泰《会稽志·草部》,当时早熟、中熟、迟熟籼稻、粳稻、糯稻俱全。宋元以降,江南地区成为中国经济重心所在,是中国的大粮仓,其时有"苏湖熟,天下足"之谚,越地稻作农业亦得到快速发展。据《建炎以来系年要录》卷八六,南宋时期,两浙系全国最大的粮食基地,而苏、湖、明、越四州的粮食产量又占两浙总产量之大半。越地以稻作农业为核心的生产方式在后世继续发展,水稻品种愈加丰富,耕作技术不断进步,稻作农业至今仍是越地人民的社会经济基础。

(二)蚕桑与丝织

早在跨湖桥文化时期,越地已经出现水平踞织机的萌芽。在河姆渡文化和马家浜文化的遗址,大量发现有捻绳用的陶纺轮和石纺轮等纺纱工具,以及木质的定经杆、综杆、绞纱棒、分经木、机刀、布轴、骨梭、管状针等纺织工具,当时的水平踞织机得到进一步发展。在江苏吴县草鞋山的马家浜文化遗址中,出土了3块炭化的织物残片。经鉴定其纤维原料是野生葛②,织物为纬起花的罗纹作品。在良渚文化时期的余杭反山和瑶山女性显贵者的墓葬中,更出现了制作精致的玉质纺轮和原始的腰机部件。

纺织技术的高度发展是丝绸出现的基础,而东南先民以芦苇编织、织

---

① 董楚平等:《吴越文化志》,上海人民出版社1998年版,第152页。
② 《越绝书·外传记地传》云:"葛山者,句践罢吴,种葛,使越女织治葛布,献于吴王夫差。去县七里。"说的是越国葛布的情况。

网为代表的编织技术又是纺织技术的前提。丝绸是以人工养殖的蚕所吐的丝为原料经缫丝加工之后精心纺织而成的丝织品,故高超的纺织技术是丝绸出现的技术支持,而蚕桑养殖是丝绸的必要条件。1997年在河姆渡遗址的第三文化层发现的1件象牙雕刻盅形器,外表面上,刻有1圈编织纹和4条蚕纹图案。1960年,江苏吴江梅堰遗址出土的1件良渚文化时期的带把灰陶壶,其腹部刻有一周共5条家蚕图像。通过对河姆渡遗址、桐乡罗家角遗址、常州圩墩马家浜文化遗址等遗址的孢粉分析,可以看出当时桑树广为栽种的信息。根据当时的织机构造,良渚文化先民已能生产出幅宽达35厘米以上的织物,一部分人已穿着较大面积纺织面料的衣服。值得注意的是,1958年在钱山漾遗址出土了3块平纹麻布残片,经鉴定是苎麻织品①,此外还出土有丝织品绢片、丝带和丝线②。有证据表明丝织品的年代距今约4750年,不过也有不少学者对钱山漾遗址出土丝绸的年代提出质疑。它是否归属良渚文化时期,尚有疑问。总体看来,其年代仅次于河南荥阳青台仰韶文化遗址发现的绸罗,是中国丝绸纺织历史的重要物证。此外,近年考古学家又在钱山漾遗址发现了距今3700年左右的马桥文化时期的丝带③,亦值得重视。

  在越国时期,蚕桑与丝织得到进一步发展。据《越绝书》、《吴越春秋》等书,当时越国的丝织品有帛、丝、纱、縠等多种。1985年浙江省博物馆入藏一件越王者旨於赐剑,剑柄上缠着丝带和绢。绢所用的丝线极细而平滑,系平纹纺织的绢,由极为纤细的蚕丝制成。而浙江省博物馆于1995年入藏的一件越王者旨於赐剑也缠裹着丝织物。当时越国以麻、葛等为原料的织物亦著称于世。秦汉之后,越地的蚕桑与丝织续有提升。东汉时期,王充在《论衡》中对蚕桑有所讨论。三国东吴时代,越地的诸暨出"御丝"。随着"永嘉南渡",大量移民亦刺激了越地的蚕桑与丝绸业发展,当时会稽

---

① 《越绝书·外传记地传》云:"麻林山,一名多山。句践欲伐吴,种麻以为弓弦,使齐人守之,越谓齐人'多',故曰麻林多,以防吴。以山下田甲功臣。去县一十二里。"可见种麻的普遍,麻布为越地的传统织物。

② 浙江省文物管理委员会:《吴兴钱山漾遗址第一、二次发掘报告》,《考古学报》1960年第2期;周匡明:《钱山漾残绢片出土的启示》,《文物》1980年第1期。

③ 丁品等:《浙江湖州钱山漾遗址进行第三次发掘》,《中国文物报》2005年8月5日,第1版。

郡有"丝绵布帛之饶,覆衣天下"①的美誉,隋代的耀花绫、唐代的越罗、缭绫等名冠一时,唐代列入贡品之属的有宝花绫罗、使样花纹绫等数十种之多,五代时期亦有所发展。而随着两宋之交的"靖康之难",宋室南渡,极大地刺激了丝织物的需求,会稽丝绸生产迅猛发展,百姓"习谷农桑,事机织,纱、绫、缯、帛岁出不啻百万"②。宋元时期,棉织业在越地兴起,但一时未能取代丝织业的地位。明清以降,越地的丝绸生产逐步形成区域性分工,其中嵊县、诸暨、新昌以生产蚕丝为主,山阴、会稽以丝织、印染为主,并且成为当地经济发展中的支柱产业。当时越地还出现了《蚕桑宝要》、《劝种桑说》、《蚕桑要言》等相关书籍,对蚕桑养殖技术进行了总结。

(三)其他种植业

除稻作与蚕桑外,越地的其他种植业也是农业的重要补充。在良渚文化时代的水田畈等遗址中,发现许多植物种子,已辨明的有花生、芝麻、蚕豆、两角菱、甜瓜子、毛桃核、酸枣核、葫芦等。据《越绝书》及《吴越春秋》,在越国时代,越地已有"五谷"、"八谷"的称谓,主要作物有粱、黍、赤豆、稻、粟、麦、大豆、穬等。麦在越国时可能已有种植,在唐代麦作农业则达到不小规模。粟经过春秋战国时代到宋代的发展,越地已有早粟、晚粟、糯粟、百箭粟、木粟等众多品种,到近代则愈见衰落。越国时代有赤豆、大豆,而据嘉泰《会稽志·草部》,宋代越地产乌豆、白豆、青豆、褐豆、赤豆、绿豆、茶绿豆等豆类多种。高粱(稷)亦在春秋战国有所种植,然分布不广。越国时期亦种植麻、葛等作物,主要为纺织服务。越地的柑橘,在六朝时期已经知名,在唐代更是成为贡品。

越地在汉代已有野生茶树的记载,当时叫"大茗"。唐代越州茶被写入陆羽的《茶经》,奉为上品。中晚唐以降,越地的茶树种植也逐渐兴旺,并已进行苗圃化种植。在宋代,越地的茶业已名动天下。会稽日铸岭所产日铸茶、山阴卧龙山所产卧龙茶均著称于世,南宋时绍兴府产茶居全国之首。明清时代,越地的茶叶种植进一步发展,并形成"平水茶区",盛极一时。

元明以后越地开始引种棉花,清代种植面积已经有不小规模。越地在明万历年间引入玉米,马铃薯(土豆)则是在清代引入。

---

① 《宋书》卷五四《传论》。
② 沈立:《越州图序》,《会稽掇英总集》卷二〇。

(四)畜禽饲养与渔业

早在河姆渡文化时期,越地先民已经豢养猪、水牛、狗等。《越绝书·外传记地传》云:"犬山者,句践罢吴,畜犬猎南山白鹿,欲得献吴,神不可得,故曰犬山。其高为犬亭,去县二十五里。白鹿山,在犬山之南,去县二十九里。鸡山、豕山者,句践以畜鸡豕,将伐吴,以食士也。"据此,在越国时期,越地的犬、鹿、鸡、猪等畜牧产业不但较为发达,并初步形成了专门养殖。《庄子·庚桑楚》云:"越鸡不能伏鹄卵,鲁鸡固能矣。"可见越国饲养的鸡体型较小。夏鼐先生曾指出:"水牛和鸡,可能是在长江流域或更南的地方开始驯养,然后才传到黄河流域。"[①]其中圣水牛还要追溯到跨湖桥文化时期,不过中国本土的圣水牛最终灭绝,被南亚传入的水牛品种所取代。汉代以降,牛、猪、羊成为主要牲畜,鸡、鸭为主要家禽,尤其是随着牛耕的推广,饲养的牛增多。明、清之际,畜禽饲养出现育肥技术,饲养效益得到提高。

《国语·越语下》载范蠡语:"昔吾先君固周室之不成子也,故滨于东海之陂,鼋鼍鱼鳖之与处,而蛙黾之与同渚。"越地先民与水为伴,亲近海洋,如《史记·货殖列传》所说"饭稻羹鱼",越人嗜食鱼、虾、蚌等水产品,故渔业是於越先民经济生产的重要组成部分。《逸周书·王会解》即载越人向周王朝贡献海货。河姆渡遗址发现有鲸、鲨等远洋深海动物和鲻、裸顶鲷等滨海河口性鱼类骨骼遗存。良渚文化发现有网坠(石制、陶制两种)和倒梢(捕鱼工具)等原始捕捞工具。越国已开始池塘养鱼,开堤塘河沟,以便水产之利,《越绝书·外传记地传》便记载了当时勾践经营目鱼池:"会稽山上城者,句践与吴战,大败,栖其中。因以下为目鱼池,其利不租。"嘉泰《会稽志·池》载:"南池在县东南二十六里会稽山,池有上下二所。旧经云范蠡养鱼于此。"相传越国大臣范蠡著有《养鱼经》,记述了池塘条件、选种等淡水渔业的技术内容,被视作世界上最古老的养鱼文献。该书亡佚已久,但作为越地渔业生产的总结,在《齐民要术》等书中留下了痕迹。随着汉代围筑鉴湖,晋代开凿西兴运河,越地渔业得到进一步发展。南朝陈末、隋初,石首鱼、春鱼、鲻鱼、银鱼、比目鱼、墨鱼等为沿海渔民主要捕捞品种。隋唐兴修海塘,修造闸堰,宜于养鱼的水域不断扩大。唐武德年间,越州开始人工养殖青、草、鲢、鳙鱼,淡水养鱼逐步从池塘、堰塘进入大水面养殖。

---

① 夏鼐:《长江流域考古问题》,《考古》1960年第2期。

宋代山阴、会稽、上虞等处养鱼更趋普遍,会稽、诸暨渔户"每春初,江州有贩鱼苗者,买放池中,辄以万计。方为鱼苗时,饲以粉。稍大,饲以糠糟。久则饲以草"①。可见当时已掌握了鱼苗、鱼种饲养技术。明代嘉靖年间,随着三江闸建成,水域环境进一步得到改善,外荡养殖遂形成一定规模。

(五)酿酒业

酒是粮食富足的产物。从马家浜文化时期出现的带管或流的三足陶盉以及底为袋足的异形鬶看,当时应已出现了酒。崧泽文化时期,酒器盛行,如陶杯、陶觚等。而到了良渚文化时期,酿酒现象更为普遍,而酒器也更为繁多、完备,有过滤器、宽把带流罐形壶、杯形壶、杯、鬶、盉等,不少酒器形制为中原王朝所继承。在越国时代,酒是人们生活中不可或缺之物,越国军队"箪醪劳师"更是著名典故。两晋时期,会稽酿酒、饮酒之风大盛,出现了一批庄园酒坊。山阴孔群"性嗜酒","尝与亲友书云:'今年田得七百石秫米,不足了曲蘖事'"②。这时,会稽也始做"女酒",并成为习俗。及至南朝时,会稽酿酒已从浊醪演变成"山阴甜酒"。梁元帝萧绎称:"吾小时,夏日夕中绛纱蚊绸,中有银瓯一枚,贮山阴甜酒。卧读时至晓,率以为常。"③"山阴甜酒"或是后来绍兴黄酒的前身。南宋时,酿酒业发达,山阴、会稽糯稻种植面积占十分之六,糯米价格是粳米的两倍之多。当时有名酒瑞露酒、蓬莱春等。明代糯稻面积占十分之四,因为谷物多用于酿酒,以致米价腾贵,供应不足。越地的酿酒业闻名于世,有"越酒行天下"之说。

二、军事行为

历史地理环境对越地的军事行为亦有塑造,只是随着越国灭亡之后越地的军事职能逐渐淡出,作战方式亦发生转变,因此,这种现象后世虽有所延续,但不再突出。以下试从军事风格与作战方式出发,论述历史地理环境对越地(尤其是越国时期)军事行为的作用。

(一)锐兵任死的军事风格

《越绝书·外传记地传》云:"锐兵任死,越之常性也。""锐兵任死"是越国鲜明的军事风格。

---

① 嘉泰《会稽志》卷一七《鱼部》。
② 《晋书》卷七八《孔群传》。
③ 萧绎:《金楼子》卷六。

《左传》定公十四年与《史记·越王句践世家》均记载了公元前496年的一次吴越战争。这场战役以吴国征伐越国肇端,以越国大胜结束,越国的制胜法宝正是出人意料的"死士"。《左传》作如下记载:

> 吴伐越。越子句践御之,陈于檇李。句践患吴之整也,使死士再禽焉,不动。使罪人三行,属剑于颈,而辞曰:"二君有治,臣奸旗鼓,不敏于君之行前,不敢逃刑,敢归死。"遂自刭也。师属之目,越子因而伐之,大败之。

越国此役出奇制胜,攻吴军之心,千载而下,我们仍会为越国"死士"动容。《汉书·地理志》云:"吴、粤之君皆好勇,故其民至今好用剑,轻死易发。"所谓"轻死易发",则为越国军队的表现作了注脚。越国统治者有意训练国民"轻死",如《韩非子·内储说上》云:

> 越王虑伐吴,欲人之轻死也,出见怒蛙乃为之式,从者曰:"奚敬于此?"王曰:"为其有气故也。"明年之请以头献王者岁十余人。

《墨子·兼爱中》则记载了越王勾践训练军队的具体做法:

> 昔越王句践好士之勇,教训其臣,私令人焚舟失火,试其士曰:"越国之宝尽在此!"越王亲自鼓其士而进之。士闻鼓音,破碎乱行,蹈火而死者左右百人有余。越王击金而退之。

类似的记载见诸《墨子·兼爱下》《韩非子·内储说上》《吕氏春秋·用民》等文献。重赏之下必有勇夫,但越人勇猛轻死,当根源于血液中的基因。"锐兵任死"与其说是越国鲜明的军事风格,毋宁说是越国显著的国民性格与社会风尚。"锐兵任死"是越国的国民性格在军事行为上的反应,归根到底又受到历史地理环境的强烈影响。随着越地的越族文化为汉文化所取代,由于民族的轮替、军事地位的失落,越地"锐兵任死"的军事风格不再彰显。后世的一些军事事件,如参与明万历援朝抗倭战争的"浙兵"中李天常、吴宗道等表现勇猛的绍兴籍武将扮演了重要角色,再如后来在定海保卫战中牺牲的葛云飞也是著名的爱国将领,但我们并不能简单地解释为越国时期"锐兵任死"军事风格的延续。

(二)习于水战的作战方式

水乡及海滨的地理环境造就了越人习水便舟的生活习惯,由此衍生出越人谙于水战的军事行为。随着后世越地军事职能的弱化以及战争方式的嬗变，习水便舟的世风主要在日常生活中延续，军事属性逐渐淡化。

《越绝书·计倪内经》云："山林幽冥，不知利害所在。西则迫江，东则薄海，水属苍天，下不知所止。交错相过，波涛濬流，沉而复起，因复相还。浩浩之水，朝夕既有时，动作若惊骇，声音若雷霆。"在如此诡谲动荡的海洋环境下，催生了越人习水便舟的习俗，进而影响了越人习于水战的作战方式，即《汉书·严助传》所说的"（越）习于水斗，便于用舟"。关于越人习于水战的作战方式，典籍多有称述。如《国语·吴语》云：

> 于是越王句践乃命范蠡、舌庸，率师沿海溯江以绝吴路。

《庄子·逍遥游》云：

> 越有难，吴王使之将，冬与越人水战，裂地而封之。

《墨子·鲁问》云：

> 昔者楚人与越人舟战于江①，楚人顺流而进，迎流而退，见利而进，见不利则其退难。越人迎流而进，顺流而退，见利而进，见不利则其退速，越人因此若执，亟败楚人。

蒙文通先生在《越史丛考》中专辟《吴、越之舟师与水战》一章，论证夫椒之战、檇李之战、干遂之战等吴越之间的重大战役实亦并为水战②。《管子·轻重甲》载齐桓公时越国甚至曾引水师北上与齐国作战，未可尽信。但勾践以后越人的确北上胶东与齐国争胜，这需要依赖航海能力。据《越绝书》等文献记载，越国有"须虑"、"方舟"、"乘舟"、"舲"、"戈船"、"楼船"、"桴"等舟船，多为战船。越国还有专门的造船场所、军港与专管造船的官署。《越绝书·外传记地传》云："石塘者，越所害军船也。塘广六十五步，长三百五十三步，去县四十里。""石塘"当为越国的军港。除石塘外，越国尚有防坞、杭坞等海防要塞，以抵御吴军③。《越绝书·外传记地传》载："舟室者，句践船宫也，去县五十里。""船宫"当即越国专管造船的官署。经

---

① 关于越国在对外战争中"舟战于江"，亦见《国语·吴语》。
② 蒙文通：《越史丛考》，人民出版社1983年版，第109—120页。
③ 《越绝书·外传记地传》云："防坞者，越所以遏吴军也。去县四十里。杭坞者，句践杭也。二百石长买卒七十人，度之会夷。去县四十里。"

过十年生聚,十年教训,在公元前 482 年越国伐吴时出动了"习流二千人,教士四万人,君子六千人,诸御千人"①。关于"习流",司马贞《索隐》、张守节《正义》等认为是罪犯,《吴越春秋·勾践伐吴外传》徐天祐注作"习水战之兵",如此则指越国水军。在灭吴之后,越国水师曾浩浩荡荡北上琅邪。《越绝书·外传记地传》云:"句践徙治山北,引属东海,内、外越别封削焉。句践伐吴,霸关东,徙琅琊,起观台,台周七里,以望东海。死士八千人,戈船三百艘。……初徙琅琊,使楼船卒二千八百人伐松柏以为桴,故曰木客。"据孟文镛先生估算,越国水军总数当在万人以上②。

越国亡后,越地的政治、军事职能淡化,水战的作战方式基本退出越地的历史舞台,不过越地人民习水便舟的习俗仍延续至今。秦代徐福远航,有可能是从东南沿海出发的,这与本区域发达的造船业有关③。《史记·东越列传》云:"(汉武帝)乃遣庄助以节发兵会稽。会稽太守欲距不为发兵,助乃斩一司马,谕意指,遂发兵浮海救东瓯。"《汉书·朱买臣传》云:"(汉武帝)诏买臣到郡,治楼船,备粮食、水战具,须诏书到,军与俱进。"战船均自会稽出发,可见越地作为舟船基地的地位。汉代越地出产"越舲",汉代军种分为郡国材(适合山地战兵)、骑士(骑兵)、楼船(水战兵),会稽则多楼船。吴国水军则有馀艎、三翼、突冒、楼船、弋船、蒙冲斗舰、走舸、轻利舰、飞云大船、大舸船等名目,当时最大的造船厂就在原属于会稽郡的东冶,至孙休时才别置建安郡。隋唐之交越州高智慧占据浙东抵御隋兵,子总管来护儿便向杨素进言:"吴人轻锐,利在舟楫,必死之贼,难与争锋。"④隋开皇十八年(598)文帝就因吴越地区造船过大过多,而曾下诏称"吴、越之人,往承弊俗,所在之处,私造大船,因相聚结,致有侵害。其江南诸州,人间有船长三丈已上,悉括入官"⑤。在唐代,中国造船业高度发达,越州是当时全国的造船工业中心之一。唐代袁晁、裘甫、王郢等起义均有大量船只。唐末刘汉宏与董昌的混战,大批战船与水师也是战争的重要角色⑥。可见,越地习于水战的作战方式在后世仍在延续。

---

① 《史记》卷四一《越王句践世家》。
② 孟文镛:《越国史稿》,中国社会科学出版社 2010 年版,第 245 页。
③ 蔡丰明主编:《吴越文化的越海东传与流布》,学林出版社 2006 年版,第 111—157 页。
④ 《资治通鉴》卷一七七《隋纪一》;《北史》卷七六《来护儿传》。
⑤ 《隋书》卷二《高祖下》。
⑥ 《新唐书》卷一九〇《刘汉宏传》;《新五代史》卷六七《钱镠传》。

三、社会风尚

社会风尚俗称社会风气,是社会成员的思想认识、价值判断、行为意向、行为方式等在形式上趋于相近的情形的一种总称①。社会风尚与区域文化的关系一般表现为,不同的社会风尚表现了不同区域的文化特征,区域文化是社会风尚的概括和反映。一方水土浸淫一方风俗,不同的历史地理演绎不同的社会风尚,一个地方的"自然类型和生长在这土地上的人民的类型和性格有着密切的联系"②。《汉书·地理志》云:"凡民函五常之性,而其刚柔缓急,音声不同,系水土之风气,故谓之风;好恶取舍,动静亡常,随君上之情欲,故谓之俗。"明人王士性说:"杭、嘉、湖平原水乡,是为泽国之民;金、衢、严、处丘陵险阻,是为山谷之民;宁、绍、台、温连山大海,是为海滨之民。三民各自为俗:泽国之民,舟楫为居,百货所聚,闾阎易于富贵,俗尚奢侈,缙绅气势大而众庶小;山谷之民,石气所钟,猛烈鸷愎,轻犯刑法,喜习俭素,然豪民颇负气,聚党与而傲缙绅;海滨之民,餐风宿水,百死一生,以有海利为生不甚穷,以不通商贩不甚富,闾阎与缙绅相安,官民得贵贱之中,俗尚居奢俭之半。"③王士性对"泽国之民"、"山谷之民"和"海滨之民"各自为俗的社会风尚作了精辟的概括,但又容易流于平面化。尚且不说越国故地的复杂性,就越文化中心地而言,泽国、山谷、海滨三要素都是兼具的,时代风气对一地民风的影响也要考虑在内,故越文化的发生与发展都要置于立体的历史地理环境中考察。我们需要注意的是,历史地理因素对某一区域社会风尚的影响,随着人类主观能动性的提高而弱化或隐化,这种影响在文明社会到来之前或文明社会初期尤为明显;历史地理因素对该区域人民的社会风尚会产生深远的影响,但这种社会风尚并不是一成不变的;这些社会风尚的某些方面会作为特殊的基因沉淀下来,有些却会随着社会变迁而改易。尤其是在越文化中心地,由于文化经历数次转型,相较越文化的生产方式而言,更增添了可变因素。特别是由越国文化向越地文化转型之际,社会风尚的变化尤为剧烈。故我们在看待越地的社会风尚时,需要注意文化转型背景下社会风尚的转变,也要重视自然环境

---

① 朱力:《社会风尚的理论蕴含》,《学术交流》1998年第4期。
② [德]黑格尔著、王造时译:《历史哲学》,生活·读书·新知三联书店1956年版,第123页。
③ 王士性:《广志绎》卷四《江南诸省·浙江》。

在这种转变中的地位。

（一）从尚武任气到文雅温润的转捩

一些学者习惯将江南地区的文化定位为柔、细、雅①，认为水的文明（以长江文明为代表）表现为文的、柔的、外向型的②。如果着眼于明清的越文化，自然不难得到以上的印象。但如果放眼越文化近万年的发展历程，便很难如此对号入座。越文化在达到一定的成熟度之前，并未表现出文质彬彬的一面。先越文化的情况我们难以确知，但从大量的钺、镞等礼器或武器看，越国文化所表现出的尚武任气当渊源有自。越国作为当时的"好战之国"③，正如《淮南子·主术训》所说："越王好勇，而民皆处危争死。"越国君臣上下皆尚武任气，轻死易发。表现在军事上，便是越国"锐兵任死"的军事风格。古越人勇武好剑，无疑是一个尚武勇猛的民族。陈桥驿先生曾说："勇敢善战可能是於越能够战胜比它强大得多的句吴，并且能够染指中原二百多年的重要原因之一。"④实际上，古越人睚眦必报，其复仇传统是吴越争霸的背后动因之一，也是与其尚武任气的民族性格一脉相承的。出土于杭州市郊的吴王余祭剑铭文云："有勇无勇，不可告人，人其知之。"董珊先生指出这句话是说"有勇"不是仅仅挂在嘴边的，当示人以实际行动⑤，这是对当时吴国与越国国民性格的揭示。越文化中心地倚山面海，越人在与海涛的搏斗、与山林的亲近的过程中，逐渐陶冶出尚武任气的心性。

然而，自秦灭越之后，越族文化为汉文化所取代，越地的社会风尚也开始从尚武任气向文雅温润转捩。秦始皇曾亲至越地，改变越地民族结构，并立会稽碑刻，改易当地民俗。不过《汉书·地理志》说到汉代吴越地区的人民还是"好用剑，轻死易发"，民风犹存，即所谓"士有陷坚之锐，俗有节慨之风"⑥。一些学者对这一记述颇不以为然，认为越地土著已经汉化，不复有当年的尚武习气。不过这一说法似乎也不是没有根据，如《会稽典录》便

---

① 董楚平：《吴越文化概述》，《杭州师范学院学报》（人文社会科学版）2000年第2期。
② 叶书宗等：《长江文明史》，上海教育出版社2001年版，第15页。
③ 《墨子》卷五《非攻下》。
④ 陈桥驿：《古代於越研究》，《民族研究》1982年第1期。
⑤ 董珊：《吴越题铭研究》，科学出版社2014年版，第19页。
⑥ 左思：《吴都赋》，《文选》卷五。

记载了董黯、魏朗、张立等刚毅之士。但我们也要注意,由于秦汉人尚武①,上述人物体现的是地域性抑或是时代性仍有待探讨。我们认为东汉时期越地文化的发展是一个关键,这一时期越地重教化,宣忠孝,儒风甚炽,民风嬗变,涌现出了许多大儒、忠臣、孝子、烈妇,业已完成文化的转型。有学者以为剑文化为古越文化的一大特色,衣冠南渡后则转变为书文化②。事实上越地文化的这一转型至迟在东汉已经完成。这种转变表现在物质文化层面,便是铜镜对铜剑的取代。在越国时期,金属冶铸业极为发达,越国的青铜剑精美绝伦,震烁古今,而在汉代越地则以铜镜闻名。同样是兴盛的金属冶铸业,主体却由铜剑发展为铜镜,个中原因耐人寻味。青铜剑是古越人尚武任气的标志,而铜镜的广泛铸造则标示着一个文雅温润的时代的到来。此后,随着"永嘉南渡"、"安史之乱"、"靖康之难"几次大事件,中国的文化重心逐渐向江南一带转移,而越地作为中国文化重心的重镇,可谓文风昌盛,文雅温润,已彻底扭转了越国文化时期尚武任气的社会风尚,即《隋书·地理志》所谓"其人君子尚礼,庸庶敦庞,故风俗澄清,而道教隆洽,亦其风气所尚也"。在越地文化时期,越地的自然环境不断得到改善,成为名副其实的鱼米之乡,水文化文雅温润的一面便发生了作用。越地的自然环境因人类的改造而精致,它又反过来陶铸越地文雅温润的社会风尚。隋唐至清末的千余年间,越文化中心地登文进士科者近两千人,其中便包括贺知章、朱庆余、陆佃、陆游、杨维桢等名士。正如陈桥驿先生所说:"在我国的许多历史文化名城中,论宫殿第宅,亭台楼阁,长街深巷,高陵巨墓,超过绍兴的所在多有,但论历代以来,儒林文苑之众,学术文章之富,则恐怕是屈指可数的。"③诚然。

(二)从衣冠文明到断发文身再到衣冠文明的转捩

从良渚文化遗址的出土实物看,良渚文化先民衣冠昌盛,繁缛华美,显然是文明之邦。而同时代的其他史前遗址包括中原,倒显得更像荒服化外之族了,这与三代的情况恰好颠倒了,个中缘由大可玩味。

良渚文化先民的衣着布料有麻布,还可能有丝绸,这是建立在东南地

---

① 林剑鸣等:《秦汉社会文明》,西北大学出版社1985年版,第376页。
② 杨义:《古越精神与现代理性的审美错综——鲁迅〈铸剑〉新解》,《杨义文存》第5卷,人民出版社1998年版,第550页。
③ 陈桥驿:《论绍兴古都》,《吴越文化论丛》,中华书局1999年版,第386页。

区较早发端的桑麻农业基础上的。尤其注意的是良渚文化上层贵族,衣服缀饰、配饰显得极为繁缛。缀饰常见的有新月形玉饰,此外还有椭圆形、圆饼形、半管形等。在张陵山、反山、瑶山等良渚文化大墓,还出土一些小型玉质圆雕动物缀饰,如玉蛙、玉鸟、玉鱼、玉鳖、玉蝉等,其中玉鸟最多。良渚文化先民的服饰系束腰款式,墓葬出土有纽扣和玉带钩,而中原已知的最早玉带钩,出土于河南固始春秋战国之际的墓中。良渚文化墓葬出土的锥形器,可能也是用于腰部的挂饰[①]。良渚文化贵族的冠饰主要是三叉形冠饰、锥形玉饰和半圆形额饰,出土时均置于死者的头骨上方,任式楠先生指出:"良渚文化的玉三叉形冠饰及其附件,与'皇'义形对照,正相暗合,可说是中国最初的皇冠。"[②]此外,良渚先民手臂和手腕的装饰品有玉环、玉镯、臂圈,胸前的配饰有玉璜、牌饰,发饰有玉笄,耳饰有玉玦。这些饰品从头到脚,几乎身体的每一个部位都有相应的饰物,一身珠光宝气,佩玉琳琅,可谓雍容华贵之至。在距今四五千年前的中国东南地区,已是衣冠华茂的礼仪之邦。

然而,随着良渚文化的消亡,继起的钱山漾文化、广富林文化很少有比较精致的、属于上层社会的器物发现,自然也见不到衣冠文明的迹象。至于越国文化,似乎重新堕入了野蛮的境地。《汉书·严助传》云:"越,方外之地,剪发文身之民也。不可以冠带之国法度理也。"越人不冠、跣行,且断发文身。关于越人"断发文身"之俗,文献多有记载。《庄子·逍遥游》云:"宋人资章甫,而适诸越,越人断发文身。"《战国策·越策》作"被发文身",《韩诗外传》卷八作"文身剪发",《说苑·奉使》作"翦发文身",总之指越人剪短头发,不着冠笄,并在身上施以文身,这一习俗与中原诸夏"身体发肤,受之父母,不敢毁伤"的观念大异其趣。绍兴漓渚所出鸠杖可见古越人文身的实物。《淮南子·原道训》载:"九疑之南,陆事寡而水事众,于是民人被发文身,以像鳞虫。"汉高诱注云:"文身,刻画其体,内默其中,为蛟龙之状,以入水,蛟龙不害也,故曰以像鳞虫也。"《说苑·奉使》、《汉书·地理志》等书有类似记载,可归为"避害说"。闻一多先生在《伏羲考》一文中指出:"'断发文身'是一种图腾主义的原始宗教行为。他们断发文身以像龙,

---

[①] 俞为洁:《良渚人的人体装饰品及衣冠服饰初考》,《良渚文化研究——纪念良渚文化发现六十周年国际学术讨论会文集》,科学出版社1999年版,第260页。

[②] 任式楠:《良渚玉三叉形冠饰与皇冠》,《中国文物报》1991年10月20日。

是因为龙是他们的图腾。"①罗香林先生认为越人"文身""殆为一种以龙蛇一类水族为图腾的遗俗,盖太古各图腾社会,其所属民人,于成年时代必举行一种永远矢信于图腾之荣誉仪式,而文身殆其仪式之一"②。结合民族志的材料,"文身"除了是图腾崇拜心理的孑遗,也是南方某些民族的成年礼。"文身"是一种痛苦的过程,其毁伤皮肤,在身体上留下难以磨灭的图案,这与中原诸夏的观念有悖。《淮南子·泰族训》云:"夫刻肌肤,镶皮革,被创流血,至难也,然越为之,以求荣也。"说明文身是"求荣","避害"当是中原人的误解。有论者指出古越人这一习俗的历史地理背景:"百越共同体先民通过纹其身,断其发,以像龙子,在水中游动就能够以乱其真,从而避免为蛟龙所伤害。环境因素在百越形成断发文身习俗中所起的作用于此彰显无遗。"③可备一说。关于"断发",或曰"翦",或曰"祝",或曰"劗",皆指均匀剪断头发,"断发"后的越人发式即表现为"披发"。此外,尚有越人"椎髻"的记载,这也在绍兴坡塘306号墓所出乐俑得到验证。

随着越族文化为汉文化所取代,越地又重新进入衣冠文明的阶段。可见,越地完成了从衣冠文明到断发文身再到衣冠文明的转捩。发生这种转捩的背后动因是越地民族的轮替,其背后又有着深刻的历史地理背景。

(三)从神巫淫祀到民间宗教杂糅崇拜的转捩

在史前时代,越地的神巫氛围十分浓郁,良渚文化便被称为"神巫的世界"④,原始宗教发达,出现的大型祭坛以及各种玉礼器都鲜明地反映了这一点。有些学者将良渚文化的衰亡归结于宗教思想的泛滥,其实,原始宗教是中国文明发生的重要动力⑤,良渚文化的文明成就便得益于此。良渚文化的宗教信仰是与河姆渡、马家浜诸文化一脉相承的,以天神、地祇、祖先三位一体作为崇拜对象,集中反映在玉琮和玉钺的神徽上⑥。董楚平先生指出"良渚文化既崇拜鸟,又崇拜龙……根据太湖、钱塘江地区的历史

---

① 闻一多:《神话与诗》,古籍出版社1956版,第29页。
② 罗香林:《百越源流与文化》,台湾编译馆中华丛书编审委员会1978年版。
③ 周典恩、丛云飞:《浅析百越文化特征中的环境因素》,《百越文化研究》,厦门大学出版社2005年版,第174页。
④ 刘斌:《神巫的世界——良渚文化综论》,浙江摄影出版社2007年。
⑤ 江林昌:《论原始宗教对中国古代文明起源发展的影响——以"绝地天通""铸鼎象物"为例》,《东岳论丛》2010年第10期。
⑥ 汪遵国:《良渚文化:东方文明之光》,《浙江学刊》1996年第5期。

文化背景,鸟应该是原生的信仰,是图腾;而龙是次生信仰,是图腾以外的新神灵"①,这两种崇拜又浓缩到神徽的形象上。尤其是鸟图腾崇拜,从河姆渡文化、马家浜文化、崧泽文化到良渚文化有连续性的线索。在越国时期,鸟篆书、大鸠尾等出土文物都反映了人们的鸟图腾崇拜。《吕氏春秋·异宝》云:"越人信禨。"即越人迷信鬼神,信奉吉凶的预兆。根据《史记·封禅书》,古越人好鬼神,所谓"越人俗鬼",并流行鸡卜:"乃令越巫立越祝祠,安台无坛,亦祠天神上帝百鬼,而以鸡卜。上信之,越祠鸡卜始用。"

进入越地文化时期之后,越地实际上完成了从神巫淫祀到民间宗教杂糅崇拜的转捩。这种转捩既由于越地民族的轮替,同时也是越文化开放性、包容性的体现。《风俗通义》载:"会稽俗多淫祀,好卜筮,民一以牛祭。巫祝赋敛受谢,民畏其口,惧被祟,不敢拒逆。是以财尽于鬼神,产匮于祭祀。"②《隋书·地理志》云:"(江南)其俗信鬼神,好淫祀,父子或异居,此大抵然也。"杜佑《通典》也说"扬州人性轻扬,而尚鬼好祀"③。东汉曹娥之父,《会稽典录》谓其"能抚节按歌,婆娑乐神"④,《后汉书·曹娥传》称"父盱能弦歌为巫祝"。《后汉书·第五伦传》载"会稽俗多淫祀,好卜筮",第五伦便在改风易俗方面作出贡献——东汉正是越地文化转型完成的阶段。在越地文化时期,越地多种信仰并存,儒释道合祀,民间信仰多元混合。包括祖先崇拜、四方诸神(如财神、关帝等),并且有先民万物有灵的孑遗,每逢灾异之年,官府、民间总会祈福禳灾。如万历《新昌县志·风俗》记载:"民间疾病多诣城隍庙、张侯、陈老太公、土谷等祠祈祷,继设戏台、酒席酬谢,或以三牲赛之。"不过越地最盛行的还是本土的道教及早已本土化了的佛教。东汉炼丹方士上虞人魏伯阳撰成《周易参同契》一书,著名道教理论家葛洪亦曾结庐会稽修炼。东汉中平年间,安息国高僧安世高曾来会稽弘传佛教,此后越地的佛教昌盛,高僧辈出,宝刹林立,华严宗、律宗、净土宗、密宗、三论宗、禅宗等都在境内流传。越地的民间信仰具有强大的生命力,在近世则被赋予更多娱乐的因素,陆游笔下多次写到赛神的情景:"祷庙祈

---

① 董楚平:《伏羲:良渚文化的祖宗神》,《杭州师范学院学报》1999年第4期。
② 《风俗通义》卷九《怪神》。
③ 《通典》卷一八二《州郡》。
④ 《世说新语·捷悟》注引。

神望岁穰"①、"击鼓驱殇鬼,吹箫乐社神"②。民间的巫风作为"小传统"仍在延续,陆游笔下写到"灼鬼占岁又成非"③,"祭多巫得职"④,即是越地巫风盛行的表现。嘉靖《萧山县志·风俗》:"俗尚鬼多淫祀,徼福浮屠、道场,虽士大夫家亦用之。"万历《绍兴府志·风俗》则载一般人丧葬"不甚用浮屠",相对浙江其他地区的习俗而言,已甚理性。在万历年间,意大利耶稣会会士罗明坚、麦安东应王泮的邀请至绍兴传教,是为天主教传入绍兴之始。清代以来,随着西方宗教的逐渐传播,越地的宗教愈趋多元。

---

① 陆游:《太息》,《剑南诗稿》卷五九。
② 陆游:《村炊》,《剑南诗稿》卷一〇。
③ 陆游:《出游暮归》,《剑南诗稿》卷七七。
④ 陆游:《秋怀》,《剑南诗稿》卷六八。

第三章　上古时期越文化的历史发展

第一节　先越文化的演进轨辙及其文明史意义

在越国文化形成之前,如果追溯到新石器时代的开篇,先民已经在古越大地上耕耘了六千多年。从考古学文化的角度讲,越地出现过上山文化、跨湖桥文化、河姆渡文化、马家浜文化、崧泽文化、良渚文化、钱山漾文化、广富林文化以及马桥文化。其中马桥文化之前的诸文化,可以概称为"先越文化"。这个阶段的时间跨度,甚至超过了此后越文化历史时期的总长度。我们也无可否认,越文化的许多基因,要回溯到先越文化的血脉之中。无论是先越文化的时间长度,还是其丰富的内涵,都使之成为我们考察越文化发展历程时无可回避的阶段。这个阶段的历史,长期以来面临被误读、被曲解的尴尬。通过考古学材料的考察,我们得以尽可能地了解这一漫长时期的演进轨辙,探究物化遗存背后的发展规律。其中在良渚文化阶段,越文化完成了由"野蛮"向"文明"的转型,实现了一次突进。这一段历史,无论对越文化,还是对中国文化全局而言,都是具有里程碑意义的。

一、先越文化兴替盈缩的轨迹

世人对先越文化的认识,通过不断涌现的考古发现而得以不断修正。诸如上山文化与跨湖桥文化,是 21 世纪以来的新认识,这为我们找到越文化最早的源头提供了考古学上的依据。至于钱山漾文化与广富林文化,也是近年来的新认识,我们得以掌握良渚文化消亡之后的文化发展脉络。至于马家浜文化、良渚文化等,虽然发现较早,但长期未能得到客观的认识。再如河姆渡文化与良渚文化的关系,直至今日仍有学者认为良渚文化由河姆渡文化发展而来。实际上,良渚文化由马家浜文化经崧泽文化发展而来,而马家浜文化是与河姆渡文化并行发展的。为了更直观地呈现先越文

化的横向比较与纵向发展,我们试结合现有的考古发现及研究成果示列简表如次:

考古学文化	年代	陶器	玉石器	木器、骨器	房址	墓葬
上山文化	距今约10000～8500年	早期以夹炭陶为主,晚期夹砂陶增多。陶胎较厚,胎质中普遍羼和草本植物碎料,呈现出"外红内黑"的特点。平底器较多见,此外有圈足器和圜底器。主要器形有大敞口盆、双耳罐、大平底盘、镂空圈足盘等。基本素面,有的装饰绳纹、戳印纹等。	石器以打制为主,也有一些磨制石器。大多用河滩鹅卵石制成,有砍砸器、尖状器、石球、石磨盘、石磨棒、石斧等。此外,小黄山遗址还发现有一件石雕人首。	资料不足。	上山遗址发现了带有基槽的地面建筑遗迹。遗迹的第三层下发现的F1房址,具有明确的结构单元。小黄山遗址发现有立柱建筑遗址,共清理出9根柱子,三排构成两个完整的单元。在小黄山遗址,发现有一道壕沟,宽度达到10多米。	墓葬材料并不丰富,在小黄山遗址发现有长方形的土坑竖穴墓。
跨湖桥文化	距今约8000～7000年	多为手制,慢轮修整技术已经出现,烧成温度较高。陶质主要是泥质夹砂和夹炭,还有不少夹蚌陶。夹炭黑陶的比重比较大,另有一部分彩陶。以圜底器居多,占到约79%,此外有平底器、圈足器。器形主要有釜、罐、豆、圈足盘、甑、钵、小罐、支座、盖等。陶器除陶釜常有交叉绳纹外,以素面为主,少量有镂孔、刻划纹、戳印纹等。	石器都是磨制的,大多通体磨光,表现出极高的磨制工艺。石器主要有斧、锛、凿、锤、磨盘、磺等。	木器有锥、叉、盘、桨等。还发现有木榫构件。发现有目前中国最早的独木舟遗骸、桑木条制成的木弓。骨角器有耜、镞、镖、针、叉等。	目前发现的房址并不多。其中,跨湖桥遗址F4是长方形地面建筑,墙体用质地纯净紧密的灰白色土筑成,中间埋有木桩,室内残存烧土面一处。	墓葬的材料比较缺乏,发现有一例儿童仰身躺于木板的现象。

续表

考古学文化	年代	陶器	玉石器	木器、骨器	房址	墓葬
河姆渡文化	距今约7000～5300年	主要手制,采用泥条盘筑法,晚期出现了慢轮修整技术。早期陶系较简单,夹炭黑陶占绝对优势,此外有夹砂黑陶。晚期以夹砂灰陶为主。主要器形有釜、罐、盘、钵、盉、鼎、豆等,其中口、腹出脊的釜,双耳罐等最为典型。除磨平素面外,往往装饰绳纹、弦纹等,还刻划有几何、动植物图案。	石器有斧、锛、凿、刀等,晚期石器多通体磨光,出现了扁平长条石锛、穿孔石斧、长方形双孔石刀和石纺轮。在河姆渡遗址的第四、第三层,还出土有玉质的玦、璜、管、珠等。	木器发达,有各种带榫卯的建筑构件、器柄、杵、蝶形器、桨、独木舟遗骸等。第三文化层发现的木碗是我国迄今发现的最早漆木制品。骨器较发达,有耜、镞、锥、针、匕、哨等。	一般认为,当时的建筑主要是木制的干栏式建筑。第四层发现了成行排列的木桩和大量的梁、柱、地板、榫卯等木构残件,总数有数千件之多。在第二层发现一口木构浅水井,是我国迄今发现的最早水井遗迹。	墓葬主要是土坑竖穴墓,主要有侧身屈肢葬和仰身直肢葬,还有少量的二次葬和合葬墓。在河姆渡第四层的居住区,发现以陶釜、陶罐为葬具的婴儿瓮棺葬。从随葬品看,当时还没有出现明显的阶层分化。
马家浜文化	距今约7000～6000年	主要手制,采用泥条盘筑法,第四期出现慢轮修整技术。流行夹砂红陶和泥质红陶,也有一些黑陶、灰陶、白陶和彩陶。圜底器、平底器比重较大,此外有圈足器、三足器、袋足器。代表性器物有双目式足鼎、腰沿釜、扁腹釜、牛鼻式器耳、管状嘴或流的盉、外红里黑的豆等。在第四期,鼎、豆、壶的组合已经形成。大多素面,少数有绳纹、弦纹等纹饰。	石器有磨制的,也有打制的,主要有钺、锛、刀、凿等。此外,还发现有玦、璜、珠、管、环、坠饰等玉器。	发现有木制建筑构件、木铲、木桨等。在常州圩墩遗址,还发现了涂漆的木器。骨器主要有镞、锥、凿、针、管等。	当时的房屋主要是长方形或圆形的地面建筑以及干栏式建筑,不少遗址发现有与居址相关的木柱、柱洞、木建筑构件等遗迹。在崧泽遗址,还发现有水井。	墓葬主要是土坑竖穴墓,多为单人葬。流行俯身直肢葬式,仰身直肢葬比较少见。有些死者头骨用陶器覆盖,或是把头骨另放在陶器内。有些死者有生前拔牙的现象。一般都没有随葬品,个别墓葬已出现随葬石钺的现象,阶层分化尚不明显。

续表

考古学文化	年代	陶器	玉石器	木器、骨器	房址	墓葬
崧泽文化	距今约6000～5300年	普遍采用慢轮修整，有些可能已经采用轮制技术。以夹砂红灰色陶居多，泥质灰陶也有不少。主要器形有鼎、豆、壶、釜、盘、盆、罐、杯、觚等，鼎、豆、壶的组合已经固定。大多素面，有的装饰镂孔、刻划纹等，此外尚有涂漆、彩绘和刻划符号。	石器都是磨制的，大多通体磨光，有斧、锛、凿、钺、镞、镰、纺轮、犁等。玉器主要有璜、璧、玦、珏、镯、环等，磨制和钻孔技术有比较大的提高。	骨器发现不多，有镞、锥等。牙器有獐牙勾形器和象牙镯。	房屋遗迹发现不多，主要是方形的地面建筑，墙体是竹木骨泥墙。在松江汤庙村遗址发现有土井。	墓葬为土坑竖穴墓，流行单人仰身直肢葬，有很少的侧身葬和二次葬。有的死者存在生前拔牙的现象。从随葬品看，当时社会的贫富分化加剧，不同阶层、不同性别的墓葬存在较大的差距。
良渚文化	距今约5300～4300年	制作手法有手制和轮制两种。以泥质黑皮陶和夹砂灰黑陶为主，有少量的夹砂红陶和泥质红陶。以圈足器、三足器为主，平底器较少。早期以鼎、豆、双鼻壶、圈足罐等为主要组合，晚期发展为鼎、豆、圈足盘、双鼻壶、尊、簋等。大多素面磨光，常见的纹饰有弦纹、篮纹等，另有漆绘、几何形花纹、云雷纹、鸟纹、龙蛇纹、刻划符号等。	石器有钺、镞、锛、凿、耘田器、镰、有孔石刀、犁、镞、矛、网坠、球等，均通体磨光。玉器主要有璧、琮、钺、斧、冠状饰、三叉形饰、锥形饰、镯、璜、瑗、带钩、纺轮、鸟、龟、管、珠、坠等。	木器有桨、槽、盆、杵、锤、屐、陀螺、瓢、豆、盘等。另有骨器、象牙器等。	居住遗址分散，面积较小。房屋大多建于地势较高的地方，有干栏式、浅穴式、地起式等房屋形制。	墓葬发现较多，墓坑呈长方形，普遍使用木棺，以头向南的仰身直肢葬为主。等级森严，有大型墓、中型墓、小型墓、丛葬墓之分。大型墓有反山、瑶山、汇观山墓地，随葬有大量精美的玉器等，有的还有人殉和人牲。随着等级的递减，墓葬规模、随葬品数量和质量均依次递减。

续表

考古学文化	年代	陶器	玉石器	木器、骨器	房址	墓葬
钱山漾文化	距今约4400~4200年	以轮制为主,质地分为夹砂陶和泥质陶,夹砂陶约占70%。夹砂陶中主要有灰陶、红陶、黑陶,泥质陶中以灰陶、黑陶为主。器形主要有鼎、罐、豆、瓮、盘、盆、钵、缸、器盖等,以鱼鳍足鼎最为典型。多为素面,纹饰以弦断绳纹或篮纹最为盛行,发现有少量刻划符号。	石器均为磨制,器类有锛、镞、刀、犁、砺石等。	木器有杖形器、构件等。骨器有骨镞。	发现有疑似干栏式建筑。	资料不足。
广富林文化	距今约4100~3900年	普遍采用轮制技术,按质地可分为夹砂陶、泥质陶和印纹硬陶。夹砂陶占60%以上,主要有灰陶、红陶,泥质陶以灰陶为主。器形主要有鼎、豆、盘、罐、瓮、甗、豆、钵、杯、盆等。以素面为主,纹饰有绳纹、篮纹等。	石器为磨制,有锛、刀、镞、犁、砺石等。玉器有凿、锥形器等。	骨器有锥等。	房址有干栏式建筑和地面式建筑两种类型。钱山漾F3形成面阔3间、进深2~3间的一房八室的建筑格局,建筑面积达260平方米,系土坯泥墙、木骨泥墙和木构营建相结合的地面建筑。	墓葬为土坑竖穴,大多数墓葬没有随葬品。葬式多为仰身直肢,还发现有屈肢葬。

在距今1万年左右,人类开始步入新石器时代,此后的人类历史愈益明朗,文化的发展呈加速度前进。在此期间,越地的先民创造了领先同时代中国境内其他地域早期文化的史前文化。新石器时代正是越文化的初肇时期,上山文化的先民不但已经过上定居生活,创造了具有明确结构单元的地面建筑住房,并且已开始种植水稻。在上山遗址中,打制、磨制石器并存,并以打制石器为主的遗存现象在早期新石器时代遗址中并不多见,反映了其保留着浓厚的由旧石器时代向新石器时代过渡的原始特征。小

黄山遗址不但有上山文化的因素，还有跨湖桥文化的痕迹。晚于上山文化的跨湖桥文化，同样表现出一定的先进性。跨湖桥文化同样发现有古栽培稻，所发现的骨耜比河姆渡文化所出骨耜年代更为久远，它们也表明跨湖桥文化时期稻作农业已经脱离原始状态，进入了耜耕农业时期。在跨湖桥遗址，还发现了一条目前所见中国最早的独木舟遗骸，越文化半农耕半海洋的文化特征已经呈现。跨湖桥遗址出土了一些神秘的符号，学者认为是我们目前所见到的最早的可能与数字卦有关的符号类型①。跨湖桥文化与稍后或在时间上相交叉的马家浜文化和河姆渡文化存在文化上的交集，它的发现为追溯马家浜文化及河姆渡文化的源头提供了珍贵的线索。一些学者认为，跨湖桥文化最终在海侵的威胁下消亡。

21世纪以来有关上山文化与跨湖桥文化的发现，确证了越文化是中国文化进程中的重要一元，证实了越文化的领先优势在万年前业已确立②，也为越文化作为独立地域文化的历史找到了更早的源头，其价值不言而喻。需要指出的是，尽管先越文化有自身的发展脉络，但跨湖桥文化除了继承上山文化也有来自长江中游的文化因素，如湖南石门县皂市遗址下层发现有与跨湖桥文化相近的文化因素。而由跨湖桥文化向河姆渡文化演变，淮河下游文化因素的渗透也不容忽视③。因此，在越文化肇端之初便不是绝对孤立的文化系统。

此后的先越文化，主要有两大系统。其一是环太湖流域的马家浜文化系统，其二是宁绍平原的河姆渡文化系统。1973年河姆渡文化的发现是中国史前考古学史的一件大事。大量的稻谷遗存、干栏式建筑遗迹以及目前中国最早的漆器、水井令世人的目光集中于东南地区，也令世人重新考虑中原中心论的问题。河姆渡文化由于萌兴了越国文化的一些基本因素而被视作是越国文化的嚆矢④。而本书所讨论的越文化的萌生，当追溯到上

---

① 王长丰、张居中、蒋乐平：《浙江跨湖桥遗址所出刻划符号试析》，《东南文化》2008年第1期。

② 由于出现了较多先进性的因素，在上山文化、跨湖桥文化发现之初，学术界对其绝对年代持怀疑态度。从碳-14测年数据及其他线索看，上山文化应该距今约10000～8500年甚至更早。与同时期其他地区的文化相比，上山文化显然具有相当大的优势。总体而言，中国东部沿海的史前文化相对早熟。

③ 蒋乐平：《钱塘江流域的早期新石器时代及文化谱系研究》，《东南文化》2013年第6期。

④ 林华东：《试论河姆渡文化与古越族的关系》，《百越民族史论集》，中国社会科学出版社1982年版，第88—97页；林华东：《浙江通史·史前卷》，浙江人民出版社2005年版，第182页。

山文化。如稻作农业、习水便舟等因素,在河姆渡文化之前便已经奠定。只不过河姆渡文化有了新的发展,而且影响了百越文化的其他支系。河姆渡文化最终因环境恶化等原因消亡,趋于流散,其故地为环太湖流域的文化系统所兼并。

环太湖流域的文化序列包括"马家浜文化—崧泽文化—良渚文化",三者前后相继。马家浜文化与钱塘江南岸的河姆渡文化遥相呼应,既有文化差异,也有文化共性以及文化因素的交流。两者有相似的生产方式,如稻作农业和纺织业发达,也有相近的习俗,如鸟图腾崇拜。不过在陶器形制、住房形式等方面,两者有一定的差异。崧泽文化是由马家浜文化到良渚文化的过渡阶段,为良渚文化的突进奠定了基础。如良渚文化的石犁、土筑祭坛、刻划符号等因素,都要追溯到崧泽文化。值得一提的是,2008 年以后发掘的张家港东山村遗址,表明至少在距今 5800 年前后,崧泽文化的社会已有明显的贫富分化,出现了明显的社会分层[1]。从全国范围看,崧泽文化及周边的凌家滩文化已经走在了最前列。崧泽文化为良渚文化提供了一个很高的起点,由此我们也就不难理解后来的良渚文化所创造的文明成就了。当然,这种高的起点还要追溯到更早的马家浜文化[2]。

在良渚文化阶段,不但完成了由"野蛮"到"文明"的转型,还实现了越文化的第一次突进。良渚文化的原始宗教已经比较成熟,玉器精美绝伦,萌生了早期文字,并出现了中国最早的城市。放眼中国新石器时代的考古学文化,良渚文化可以说率先步入文明社会,并有可能已经出现国家体制。在延续了一千多年的辉煌之后,良渚文化最终在东南地区消亡。不过良渚文化的一些重要文化成就却在此后的"龙山时代"得以延续。至于"后良渚时代"的钱山漾文化、广富林文化与马桥文化,则是另一番旨趣了。

在越文化的肇源期,虽然存在断而复续的情况,但宏观上讲是持续发展的,而在内外因素的综合作用下,先越文化表现出持续发展中的突进。文化的发展是一个持续的过程,而在某些特殊的历史契机的作用下,则会呈现出或突进或迟滞的情形。人类的出现至今已数百万年,现代人的直接祖先在十多万年前也已经起源,但在人类进入新石器时代以前,其发展进程是极为缓慢的,我们的祖先宛如在原始的荒原上踽踽爬行。大约到了 1

---

[1] 周润垦等:《江苏张家港市东山村新石器时代遗址》,《考古》2010 年第 8 期。
[2] 朱乃诚:《马家浜文化在中国文明起源中的地位与作用》,《中国社会科学院古代文明研究中心通讯》第 21 期,2011 年 1 月。

万年前,地球上主要的几个文明策源地进入了新石器时代,人类文化的曙光才真正开始显现。此后的先民相继迈过文明的门槛,发展愈加快速,这一过程中潜隐着一种文化发展的加速度。而在越文化的发展进程中,新石器时代尤其是新石器时代晚期,既是文化格局的奠定时期,又是越文化发展进程中的第一次突进。由上山文化开始,越地的史前文化经历了多元融合的过程,由最初的星星点点到钱塘江两岸的各自发展,最终融为一体。尤其是在良渚文化阶段,率先在中国大地上擎起文明的火炬,无愧于"东方文明之光"的赞誉。良渚文化是当时中国乃至世界范围内极为耀眼的一支文化,其文化基因融入中国文化的肌体,并成为促进中国文明形成的重要推动力。东南地区在新石器时代一度是领先于中国当时其他区系的考古学文化的,这种优势自所谓的"龙山时代"开始才逐渐扭转,中国文化的重心在中原地区确立。新石器时代的考古学文化为越文化的发展奠定了基本格局与文化基因,使越地的文化成为中国文化的重要一元,并崛起为中国的一支独具特征的地域文化。从这一层面来说,越文化地域文化特征的形成不得不追溯到远古时期越文化的肇源与初步发展。

二、"文明"的发生

摩尔根(L.H.Morgan)在《古代社会》一书中将人类历史的发展分为"蒙昧、野蛮、文明"三阶段。关于"文明"的界定、"文化"与"文明"的区别[①]及判定"文明"的标志,国内外向来存在许多争议。夏鼐先生的界定得到较

---

① 有学者认为"文化"指人类社会历史实践过程中所创造的物质财富和精神财富的总和,"文明"则是人类的文化发展到一定阶段上出现的一种社会现象,参见蔡凤书《中华文明起源"新说"驳议》,《文史哲》1988年第4期。有学者指出,"文明"的含义乃是从"火"引申出的,人类掌握用火技术是文明的开端,文明时代应远早于阶级社会之前,参见林剑鸣《如何理解"文明"这个概念》,《人文杂志》1984年第4期。苏秉琦先生于1987年10月在辽宁兴城的一个讲话上列举了《现代汉语词典》对文化、文明词义的解释:"文化"是人类创造一切精神的、物质的事物;"文明"是指人类社会发展到较高阶段的较高水平的文化,参见氏著《从中国文化起源到中国文明起源》,《华人·龙的传人·中国人》,辽宁大学出版社1994年版,第100—102页。童恩正先生指出:广义的文明指某一时代或地区有特征性的文化;有时也指某一传播很广、延续时间很长的、其下又有若干分支的总体文化。狭义的文明是指文化发展的某一阶段,文字与文字记录的保存已有出现,同时也有城市、先进技术、众多的人口以及复杂的社会结构,参见氏著《有关文明起源的几个问题》,《考古》1989年第1期。彭邦本先生指出,"文化"是自有了人就有文化,与人类社会始终;而"文明"则为人类社会文化在一定历史阶段孕育的与野蛮蒙昧状态相对立的新的社会因素,以及由这些因素的相互联系和发展所导致的特定社会状态,参见氏著《论早期文明探索中的几个重要概念》,《四川文物》1995年第3期。

多学者的认可：

> 现今史学界一般把"文明"一词用来以指一个社会已由氏族制度解体而进入有了国家组织的阶级社会的阶段。①

苏秉琦先生亦指出，"文明起源"的确切含义，恩格斯《家庭、私有制和国家的起源》的书名已经清楚地表述出来了，那便是家庭、私有制和国家的起源②。

实际上，"文明"是人类文化发展到一定阶段时所达到的综合层次，学界既然普遍倾向于摩尔根《古代社会》所谓"蒙昧"、"野蛮"、"文明"三个时代的划分，那么与"文明"所相对应的便是"蒙昧"与"野蛮"，即当人类脱离了蒙昧与野蛮的状态则算真正的"文明"。至于判定"文明"的标志，学术界往往借用西方学界的以文字、青铜器、城市为"三要素"的观念，但它并非放之四海而皆准的标尺③。"文明"本身是一种社会的整体进步状态，核心是成熟的社会秩序的建立。对于中国文明而言，或许"礼"更能充当是否进入文明社会的标志④。

在先越文化阶段，越地完成了由"野蛮"到"文明"的转型，这一过程的完成无疑是具有里程碑意义的。对于整个中国文明而言，同样也是具有里程碑意义的，因为良渚文化很有可能是中国最早跨入文明社会的考古学文化。

良渚文化的社会性质一直是学界探讨的焦点。由于判定"文明"标尺意见的不统一，有关良渚文化是否进入文明时代的问题也是歧义纷呈。根据石兴邦先生的归纳，学界主要有三种看法：

1. 曙光论

又称"门槛论"。持此观点的学者主张良渚文化正站在文明的门槛上，氏族制度快要走到尽头，文明的曙光已从中国东南升起。

2. 文明形成论

这种观点认为良渚文化已经进入文明时代。张忠培、严文明等先生均

---

① 夏鼐：《中国文明的起源》，文物出版社1985年版，第81页。
② 苏秉琦：《在中国文明起源研讨会上的讲话》，《考古》1992年第6期。
③ 彭邦本：《文明起源的"三因素"说质疑》，《考古与文物》1993年第1期。
④ 陈剩勇：《良渚文化的礼制与中华文明的起源》，《良渚文化研究——纪念良渚文化发现六十周年国际学术讨论会文集》，科学出版社1999年版，第30—42页。

认定良渚文化已经进入文明社会①。

3. 未定论

该观点认为良渚文化同文明时代的标志还有较大的距离,良渚文化尚未进入文明时代②。

近年来的考古发现,则越来越支持第二种观点,以下试作说明。

良渚文化时期已经萌生了"礼",这是得到诸多学者肯定的③。依据田野考古的成果,良渚文化时期不但已经形成了礼制,并且具备了一定的成熟度。良渚文化的土筑祭台堪称"土筑金字塔",而以等级为基础的无形金字塔却几乎渗透进了良渚文化社会的方方面面——等级正是"礼"的核心。

良渚文化的礼制从宏观方面讲,主要表现在聚落结构的层级性上。《左传》隐公元年云:"大都不过三国之一,中五之一,小九之一。"城邑的建造是遵循着严格的礼制的,天子之都、诸侯之都,以及邑、聚皆有定制。聚落的等级差异反映了政治权力分配结构,也反映了等级尊卑下的礼制。良渚文化"都邑聚"的聚落结构更是良渚文化形成国家权力体系的明证。根据良渚文化遗址的规模和形制,我们可以约略分出四个聚落层级:第一层级只有一处,即以莫角山为中心的浙江余杭良渚古城,发现有王这一级别的陵墓、城址与宫殿遗迹,应具有都城的性质;第二层级以江苏昆山赵陵山遗址、上海福泉山遗址与江苏武进寺墩遗址为代表,系良渚古城辖下地域的亚中心;第三层级主要是第一层级与第二层级的附属聚落,相当于"邑",余杭安溪姚家墩、卢村等一组台形遗址可算个中代表;第四层级的聚落主要是指普通的村落,是良渚文化聚落系统的底层,代表聚落有江苏吴江梅堰镇龙南遗址和余杭良渚镇庙前遗址。张学海先生指出,

---

① 张忠培:《良渚文化的年代和其所处社会阶段——五千年前中国进入文明的一个例证》,《文物》1995年第5期;严文明:《良渚文化:中国文明的一个重要源头》,《寻根》1995年第6期。

② 参见石兴邦《良渚文化研究的过去、现状和展望——纪念良渚文化发现六十周年国际学术讨论会小结》,《良渚文化研究——纪念良渚文化发现六十周年国际学术讨论会文集》,科学出版社1999年版,第3页。

③ 陈剩勇:《礼的起源——兼论良渚文化与文明起源》,台湾《汉学研究》1999年第1期;吴汝祚:《良渚文化礼制的形成及其影响》,《杭州师范学院学报》(人文社会科学版)2001年第1期;卜工:《良渚礼制研究》,《纪念良渚遗址发现七十周年学术研讨会文集》,科学出版社2006年版,第316—334页。

典型史前聚落群"都邑聚"金字塔形等级结构,集中反映了群体内国家社会本质特征的存在①。根据以上对良渚文化聚落层级的论述,良渚文化的聚落层级体系正是典型的"都邑聚"结构。良渚文化的聚落体系实已形成了较为成熟的体系,不仅都城形制宏大,而且大系统套小系统,已经产生复杂的权力系统。随着城市都邑的出现,最早的城乡对立也产生了。

再看墓葬礼制。《论语·为政》曰:"生,事之以礼;死,葬之以礼,祭之以礼。"古人事死如事生,丧葬习俗作为一个民族的深层心理因素,具有其独特性和稳定性。良渚文化的墓葬可大致分为四个等级,即:大型墓—中型墓—小型墓—丛葬墓。这些墓葬的级差区别主要是依据墓坑的大小、陪葬物的种类和数量以及墓地位置。四个等级内部还可分为若干级别。四个等级的墓葬界限分明,悬殊极大,随葬品的种类和数量更有严格的限定,尊卑有序,贵贱有等,这分明是在遵行一种严明的等级秩序。我们认为,良渚大中型墓葬中所体现出的礼制观念至少有以下几个方面:以南为尊,良渚大型墓葬的祭坛都是坐北朝南的,反山、瑶山等"王陵"皆是分为两排,南列系男性贵族,北列系女性贵族;以中为尊,建有宫殿的莫角山遗址即位居良渚古城的中央,反山墓葬两排均以中间一墓规格最为高级,规格依次向两侧递减;以高为尚,大凡大中型墓葬或依山而建,或建于土筑大祭台之上,皆在高处;祭坛至上,良渚文化最为显贵的墓葬几乎都有祭坛或大型土台;最后是厚葬之风。

再看祭坛礼制。据陈剩勇先生研究,良渚文化的一些祭坛(如瑶山祭坛)正与中国古代的"社"的形制相同②。目前发现的良渚文化祭坛都是为贵族墓葬服务的。朱乃诚先生将良渚文化墓葬分为四类:甲类2座,为余杭瑶山与汇观山,年代距今约在5000年前,其特点为将祭坛建在自然山体上,借助山势显示祭坛气态;乙类3座,为海宁大坟墩、余杭反山和卢村,出现年代接近距今5000年,其特点是土墩上修建方形祭坛墓地,墓葬数量约10余座;丙类2座,为青浦福泉山和昆山赵陵山,约距今4600年,其特点是祭坛上有红烧土层,作用可能与燎祭有关;丁类1座,武进寺墩,约距今

---

① 张学海:《论莫角山古国》,《良渚文化研究——纪念良渚文化发现六十周年国际学术讨论会文集》,科学出版社1999年版,第18页。

② 陈剩勇:《中国第一王朝的崛起——中华文明和国家起源之谜破译》,湖南人民出版社2002年版,第115—116页。

4600年,其特点是祭坛与墓地相分离①。除了以上等级差别,良渚文化祭坛又存在其一致性:系人工堆筑的高土台,均以多色土筑成,南北向,坛上有阶梯状台面,结构为里外数层,坛顶平坦,坛面呈方形,祭坛与墓葬共存等②。这些祭坛虽分布于浙江、上海和江苏三个省市的区域范围,彼此之间相距数十公里甚至数百公里,却透露出相当程度的一致性。一致性背后的等级性,正是礼制的基本特征。

《左传》成公二年云:"器以藏礼。"一定的礼制总是体现在一定的器物中,这种器物便是礼器。良渚文化的玉器很大程度上是礼器。玉器在良渚文化上层墓葬陪葬品中占有绝对比重,在反山墓地11座墓葬中,出土的玉器占全部随葬品的90%以上。这些玉器有些是墓主生前重要的祭祀礼器,有些是装饰品。虽然良渚文化的中型墓甚至小型墓也出有玉器,但其规格与大型墓差之甚远,一些重要礼器如玉琮、玉钺等只是上层贵族的专属用品,这正是良渚文化玉器作为礼器的最好说明。因为礼制止于上层贵族,而礼制的本质正是等级。良渚文化的玉器品类繁多,制作精美,繁缛之中又无不蕴涵着森严的"礼"的思想。良渚文化玉器对"礼"的表现主要在于原料、器形、尺寸、色泽、纹饰几个方面。

陶礼器也是良渚文化时期的重要礼器。在良渚文化的大墓中,随葬的陶器多为特制。这时期所形成的呈程序化和固定化的"鼎、豆、壶"礼器组合为夏、商、周三代所继承,其中鼎更是三代重器,被赋予了青铜的载体。有学者指出环太湖流域以罐、豆、鼎、壶为基本组合的随葬习俗在崧泽文化中晚期已经形成,是东南先民的普化礼器③。不过在马家浜文化时期,这种组合应该说已经出现,崧泽文化时期得到定型。

宫室的规制也体现着森严的礼制观念,《周礼·冬官·考工记》记载了三代的宫室礼制,四代礼制相因,而良渚文化的莫角山遗址则为中国古代的宫室礼制的源头提供了线索。良渚文化的宫室可分为三个等级:第一等级以莫角山遗址为代表,其建于人工堆筑的高土台上,是良渚文化的统治者和最高权力机构的活动场所;第二等级以姚家墩遗址为代表,多发现于

---

① 朱乃诚:《良渚文化祭坛墓地概论》,《考古求知集——'96考古研究所中青年学术讨论会文集》,中国社会科学出版社1997年版,第239—250页。
② 参见杜金鹏《良渚神祇与祭坛》,《考古》1997年第2期。
③ 王书敏:《太湖流域史前社会的礼器与礼制》,《东南文化》2005年第5期。

山坡或高墩上,是与显贵者墓地和玉礼器相关的较高级别的显贵集团居住址;第三等级以庙前遗址和龙南遗址为代表,发现于农田或低地上,是村民生产生活的场所①。等级的差别体现着严格的礼制,而良渚文化宫室礼制最集中的体现则是良渚古城中的宫殿遗址,莫角山的宫殿遗址或是中国古代"前朝后寝,左祖右社"宫殿规划的雏形。

如果以"礼"为中国文明起源的标志,良渚文化确乎是进入文明时代了,而且很有可能已经进入国家阶段。中国文明的核心质素——"礼",可能要追溯到良渚文化。

除了"礼"这一中国独有的文明要素,其他文明要素同样很重要。如玉器,是"青铜时代"之前的中国特色的文明要素,有学者强调中国存在过一个"玉器时代"②。良渚文化的玉器成就举世瞩目,尤其是玉琮、玉钺、玉璧等礼器,既是良渚文化"礼"的物化,也是其文明成就的见证。再如文字,良渚文化的刻划符号不但已有连读的倾向,一些字符的构形与后世的汉字系统亦相接近,此前已有不少学者讨论③。近来浙江平湖庄桥坟遗址的有关发现引起了学术界和媒体的热议④,越来越多的学者相信良渚文化已经形成文字——这是与"文明"息息相关的文明要素。再如文明的综合载体——城市。2007年底,发现良渚古城的消息公布。良渚古城面积达300万平方米,城墙宽度达40~60米,能与其相埒的,惟有稍后的"龙山时代"

---

① 蒋卫东:《良渚文化高土台及其相关问题的思考与探讨》,《纪念浙江省考古研究所建所二十周年论文集》,西泠印社1999年版,第96—115页。
② 汤姆森(G.J.Thomsen)提出的"三期说"并不包括"玉器时代",牟永抗与吴汝祚两位先生曾在不同场合力陈中国"玉器时代"的存在,主要论文有《试谈玉器时代——中华文明起源的探索》,《中国文物报》1990年11月1日;《玉器时代说》,《东方文明之光——良渚文化发现六十周年纪念文集》,海南国际新闻出版中心1996年版,第166—175页;《试论玉器时代——中国文明时代产生的一个重要标志》,《考古学文化论集》(四),文物出版社1997年版,第164—187页;《关于〈试论玉器时代〉一文的若干说明——答谢仲礼、张明华诸同志》,《中国文物报》1999年12月29日。需要指出的是,虽然在北方地区更早的考古学文化中有金属冶炼的线索,中国在"龙山时代"才真正开始初步进入"青铜时代",青铜器开始取代玉器成为主要礼器。
③ 饶宗颐:《哈佛大学所藏良渚黑陶上的符号试释》,《浙江学刊》1990年第6期;李学勤:《良渚文化的多字陶文——吴文化历史背景的一项探索》,《吴学研究专刊》1992年第1期;李学勤:《试论余杭南湖良渚文化黑陶罐的刻划符号》,《浙江学刊》1992年第4期;李学勤:《海外访古续记(一)》,《文物天地》1993年第5期;李学勤:《良渚文化的多字陶文》,《吴地文化一万年》,中华书局1994年版,第3—13页;董楚平:《"方钺会矢"——良渚文字释读之一》,《东南文化》2001年第3期。
④ 参见《光明日报》相继刊发的《中国最早原始文字在浙江被发现》(2013年7月9日,第9版)、《"原始文字"?"刻画符号"?——专家热议平湖庄桥坟遗址考古新发现》(2013年7月16日,第5版)。

的山西陶寺古城、陕北石峁古城与四川宝墩古城。"城"和"城市"并不一样。"城"是有城墙围拱的建筑,它往往作为一种守护的防御性设施,但不一定包含政治、经济等方面的内容。而"城市",则是一个国家或地区范围内的政治、军事、文化等中心,是在一定地域内集中的经济、政治、物质、文化实体的有机统一体,城市的出现要晚于"城"和"市"。不过中国早期城市有自己的特点,比如经济职能不是很明显、重视宗庙祭祀等。关于"城市"的界定尺度,澳大利亚考古学家柴尔德提出过有名的"Childe的十项"。从各方面的标准看,良渚古城已经能够称得上"城市"了①。从这些文明要素看,说良渚文化已经进入文明社会,是并不过分的推论。

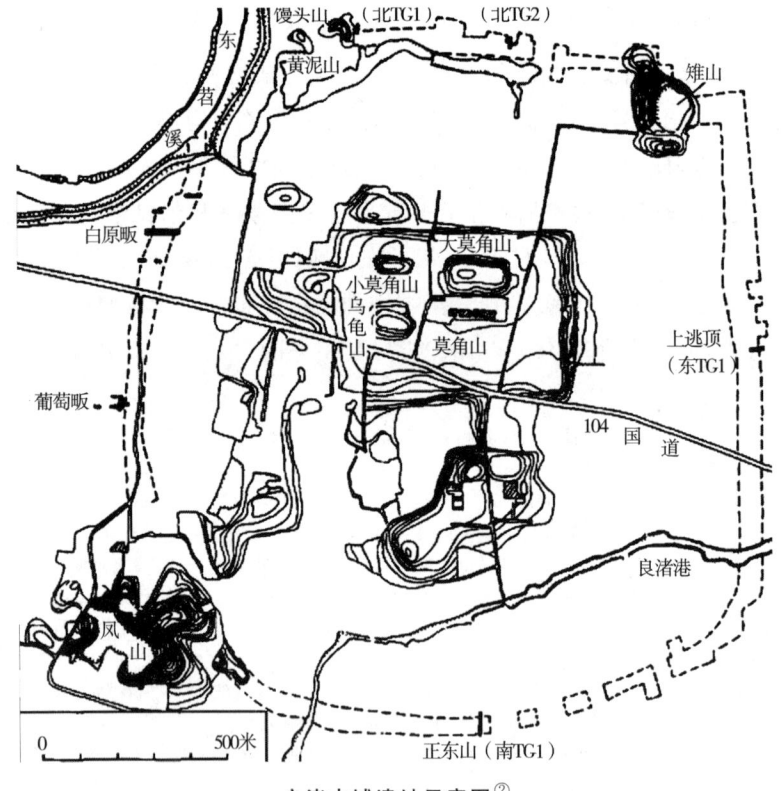

良渚古城遗址示意图②

---

① 陈民镇:《从良渚古城墙的发现看中国早期城市的起源》,《南京博物院集刊》第12辑,文物出版社2011年版,第26—31页。

② 浙江省文物考古研究所:《杭州市余杭区良渚古城遗址2006~2007年的发掘》,《考古》2008年第7期。

三、良渚文化的流播与影响

无论是对于学者还是公众,良渚文化的去向问题始终是充满诱惑的话题,但这在目前来说仍是难以彻底解决的。对于一种发展成熟的考古学文化,说上层的奢靡、淫祀而造成社会的瓦解,说其为外部军事力量所征服,或者说为海侵所摧毁,都是难以令人信服的解释。目前可以肯定的是,良渚文化晚期气候的变化或许带来一系列连锁反应,包括生存环境的恶化;而良渚文化之后东南地区并非荒无人烟,钱山漾文化、广富林文化的发现已经填补缺环。而如果着眼点放在良渚文化对中国文化全局的影响,便不难体会良渚文化从未远离我们。

近年来考古学界逐渐认识到良渚文化的主体实际上相当于大汶口文化中晚期,良渚文化的下限在距今4300年之前,"龙山时代"的上限在距今4300年之后,颠覆了之前良渚文化后半段落在"龙山时代"的认识。我们认为所谓的"仰韶时代"与"龙山时代"之间,可以提出一个"良渚时代"的概念,良渚文化在此期间的文化成就最为瞩目,并且深刻影响了同时代以及后来的其他地区。由于此前将良渚文化的后段归入"龙山时代",使得学者在看待"龙山时代"北方新出现的一些文化因素时莫衷一是。如今我们不难看到,"龙山时代"北方的某些新兴文化因素,或许是要追溯到"良渚时代"的。当我们看待其他地域出现的带有良渚文化特征的器物时,需要考虑到它们既可能是横向的传播,也可能是纵向的"隔代遗传"。

先看良渚文化对西面的影响。

良渚文化因素向西北传播的范围到达宁镇地区和鄂西地区。南京江宁昝庙遗址的上文化层出土具有良渚文化特征的贯耳壶、石钺、有段石锛、玉璧、玉瑗、玉冠形器和有柄石刀等。南京北阴阳营遗址的第2号灰坑中出土过具有良渚文化风格的袋足鬶。江西修水山背地区的新石器时代晚期遗址的文化遗存中有与良渚文化相似的高颈圈足壶、袋足鬶、有段石锛等。江西靖安、德安、丰城、新余、新干、清江樊城堆遗址和清江筑卫城遗址等处,也均出土过具有良渚文化特征的器物。安徽萧县城东金寨村发现大批良渚文化玉器,其中有玉璧、锥形饰、玉璜、玉坠、刀形器及管、球、珠等,形制与上海福泉山、昆山绰墩遗址良渚文化的同类器相似。安徽的新石器时代文化与良渚文化联系密切,且较早表现出先进性。含山凌家滩遗址出土过玉勺、玉钮扣饰、玉管、玉环和陶豆等具有良渚文化特征的器物。潜山薛家岗遗址的晚期文化遗存中也有与良渚文化相似的小玉琮、玉环、玉管、玉坠、玉璜、贯耳壶、鬶形器和有段石锛等。良渚文化的因素也向西扩散到了湖南和湖北一带。

再看良渚文化对北面的传播。

苏北的文化面貌与苏南浙北不尽一致,而是更接近海岱地区。1964年,南京博物院曾在淮河北岸的涟水三里墩和杨庄等遗址征集到一批陶器和石器,其中的实足鬶、贯耳壶、竹节形镂孔圈足豆、直壁浅盘豆等陶器,以及玉琮等玉器都具有浓厚的良渚文化色彩。在阜宁陆庄遗址,也有具有良渚文化风格的玉器出土。金湖白马湖农场也曾出土过具有良渚文化特征的玉璧和玉琮。海安青墩遗址的上文化层中发现有类似良渚文化的贯耳壶、有段石锛、玉琮、玉璧、玉瑗等。类似良渚文化的贯耳壶和其他近似良渚文化的陶器及石器,也在邳县大墩子遗址的上文化层出土。新沂花厅村遗址属于大汶口文化中期的墓葬中,曾出土和良渚文化相近似的贯耳壶、小口扁腹罐、有肩穿孔石斧、双孔石斧、玉琮、玉璧等。关于花厅遗址的性质学者有不同意见①,该遗址大汶口文化和良渚文化的文化因素共存,耐人玩味。

东南地区与海岱地区的文化关系极为密切,器物存在你中有我、我中有你的特点。与大汶口文化中较多见到良渚式的器物不同,良渚文化中典型的大汶口文化因素较为少见。泰安大汶口遗址属于大汶口文化中期的墓葬中,发现有和良渚文化相似的贯耳壶和有段石锛。海岱地区发现的玉钺、石钺、有段石锛、石镰、陶豆等器物,均有受良渚文化影响的迹象。

再看良渚文化对南面的传播。

良渚文化的影响已远抵粤北地区。曲江石峡遗址的新石器时代晚期文化遗存曾发现许多和良渚文化类似的袋足鬶、高颈圈足壶、有肩石斧、玉琮、玉璧、玉瑗等。肇庆鹿尾村等遗址也出现了玉琮、玉璧、玉璜、玉环、玉

---

① 高广仁:《花厅墓地"文化两合现象"的分析》,《东南文化》2000年第9期;南京博物院编著:《花厅——新石器时代墓地发掘报告》,文物出版社2003年版。

第三章 上古时期越文化的历史发展

瑗、玉玦等良渚文化特征的器物。良渚文化与石峡文化的先民可能都属于百越一系,两广地区是百越的祖居之地,一部分东南越人迁到广东地区也是不难理解的。

再看良渚文化对中原以及西北的传播。

朱乃诚先生认为,良渚文化向中原地区的扩张不会早于距今4600年[①]。在这个时间前后,良渚文化开始对中原地区施加影响。很有可能,"龙山时代"是在良渚文化的影响下出现的。在所谓的"龙山时代"到来之后,在中原地区出现了许多良渚文化典型的文化因素,如玉琮、玉钺、玉璧、石钺、石犁、有段石锛、V字形石刀等。临汝煤山遗址属于豫西龙山文化晚期一、二期文化层中,出土5件良渚文化特征的有段石锛。渑池不召寨遗址出土过V字形石刀。在孟津小潘沟出土过石犁、玉玦,与良渚文化的石犁、玉玦相同。陕西华县梓里村新石器文化遗址也发现有璧、琮之类的玉器。在陕北的延安芦山峁、神木石峁以及新华等龙山时代的遗址中,出土和采集有良渚文化特征的玉琮,另外还有较多的玉钺、玉璧、玉璋、V字形石刀等。这些器物的形制不但与良渚文化的器物近同,而且埋葬情况也相似。其中玉琮不仅四面有竖槽和分节,而且还刻划出与良渚文化玉琮一致或相似的神徽——神徽表现的正是良渚文化先民的祖神。山西襄汾陶寺遗址出土有良渚文化特征的玉琮、与俎相伴的V字形石刀、彩绘龙纹、绘彩(漆)木器等,从这些器物的地位看,都是尊贵的礼器。

以中原地区为跳板,良渚文化的因素还渗透进了甘青地区。在齐家文化遗址中,出土有素面的外方内圆的玉琮、大型玉璧以及多孔石刀等。其中甘肃兰州附近的永靖县秦魏家齐家文化墓地出有石璧5件,地处河西走廊东端的武威皇娘娘台的24座齐家文化晚期墓葬,出土264件玉璧、石璧和许多扁薄穿孔石斧(钺)。所出玉器从玉质方面分析,应是以西北当地的玉材制成,而非直接的实物传播,但玉琮和玉璧的造型在当地并无传统,从其形制特征看,应是良渚文化"隔代遗传"的结果。此外,2006年又在内蒙古赤峰地区新发现良渚文化特征的玉琮,属于夏家店下层文化时期,与红山文化使用的玉料相同。

---

① 朱乃诚:《关于良渚文化研究的若干问题》,《四川大学考古专业创建三十五周年纪念文集》,四川大学出版社1998年版,第39—60页。

上述所说的影响,有些是共时的,有些则并非共时,如"龙山时代"既然与"良渚时代"没有交集,"龙山时代"的一些现象已经属于"良渚文化"对后世影响的内容了。关于良渚文化的"遗产"(很大程度上属于整个先越文化),还可以举出如下数端:

"良渚时代"之后中原地区的陶器可以看出良渚文化的一些影响。良渚文化独有的陶器器形,诸如扁足鼎、贯耳壶、簋、阔把壶、鬹形杯等,既不见于其他考古学文化,也不为当地的马桥文化所承继,却成为二里头文化的典型器物,更成为商代某些青铜器如扁足鼎、壶、簋等的祖型。东南地区的黑陶起源甚早,尤其是良渚文化的黑陶,精美程度甚至不逊于山东龙山文化的蛋壳黑陶。北方地区由"仰韶时代"向"龙山时代"转变时,陶器旨趣大变,由绚丽的彩陶变为相对质朴的灰黑陶,近乎是"颜色革命"。《礼记·檀弓》云:"夏后氏尚黑。"《韩非子·十过》云:"禹作为祭器,墨漆其外而朱画其内。"都说明夏人陶器的审美倾向,这似乎又可以追溯到良渚文化的陶器[①]。

再如石器。石锛是平整木头的用具,全国各地均有发现,而东南地区的有段石锛是最为先进、最为高级的一种形制。东南地区在距今7000年前开始出现原始的隆背形有段石锛,而在距今6000~5500年间出现了弧背形有段石锛,及至良渚文化时期,台阶形有段石锛兴盛。在距今4300年左右,随着良渚文化在东南地区的消失,台阶形有段石锛也在该地区绝迹,却在此时出现在了中原地区和南方各地。石钺或称扁平穿孔石斧,在先越文化中较为流行。良渚文化大墓出土的石钺制作较精良,都无使用痕迹,应是礼器,它当是二里头遗址所出礼器——玉钺、青铜钺的重要源头。V字形石刀在良渚文化中是常见的器物,其在东南地区演变序列清晰。陶寺M3015大墓中出土的V字形石刀,属这种石刀演变过程中的晚期形态,介于浙江余杭余家堰出土的V字形石刀与余杭石濑村出土的V字形石刀之间。V字形石刀既出于陶寺遗址的墓葬中,也出于居住址中。出于居住址中的V字形石刀大都已残断,出于墓中的V字形石刀大都与俎为伍,是作为一种礼器存在的。此外,陶寺遗址出土的石琮、石瑗、带把石刀、半月形穿孔石刀等石器器形都可能要追溯到东南

[①] 陈剩勇:《中国第一王朝的崛起——中华文明和国家起源之谜破译》,湖南人民出版社2002年版,第146—149页。

地区。

一些学者认为在"青铜时代"到来之前,中国曾出现过一个"玉器时代",其中以红山文化与良渚文化最为典型。二里头遗址的玉器品类繁多,有琮、钺、戈、圭、璋、璧、玦、锥形器、玉臂圈等,以及未能命名的残玉等,不少器形的源头正是良渚文化。而在陶寺遗址的晚期墓葬中,也出有玉琮、玉钺、玉瑗等玉器,也可以看出良渚文化的影响痕迹。

早在7000年前的河姆渡文化和马家浜文化时期,乃至于更早的跨湖桥文化,东南地区就已经出现了漆器。良渚文化继承之前的髹漆技术,进一步推进其发展。良渚文化遗址发现了漆绘陶器、髹漆木棺等髹漆技术的实证,有些甚至在髹漆的基础上镶玉。中原地区所见到的最早的漆器出于陶寺文化墓地,也可能受到先越文化的影响。

东南地区的水井最早见于河姆渡遗址第二层,马家浜文化也发现有水井,不过形制与河姆渡文化发现的水井不同,为直筒形,其形制为后世所延续。至崧泽文化时期,水井增多。到了良渚文化时期,人们普遍开凿水井。然而中原地区的先民却很迟才掌握凿井技术。仰韶文化先民由于不会凿井,过度地依赖河流,故仰韶文化遗址十分密集地分布在河流两岸的台地上。到了"龙山时代",中原先民也开始凿井,从邯郸涧沟、洛阳矬李、临汝煤山、汤阴白营和襄汾陶寺发现的几口龙山文化水井来看,已有用木棍垒成的井壁,结构十分先进。水井极大地影响了当时聚落选址的观念,也极大地扩展了人们的生活空间。

除了物质文化方面的影响,一些精神文化方面的影响更为重要。而且这种"大传统"方面的文化因素,对三代文明的影响是更为深刻的,乃至于有学者认为良渚文化进入中原地区带去了先进的文化因素并促成了中原地区"王室文化"的形成[1]。最重要的是礼制,前文指出良渚文化已经形成"礼",包括钺、鼎、琮、璧等礼器,与社坛、天文观象有关的祭祀遗迹,均可以从中看出良渚文化对三代文明的影响。至于文字、城市等文明要素,良渚文化亦有贡献。以下主要谈谈原始宗教对后世的影响。

图腾表示一个部族的徽记和标签,也反映了一个部族的祖先崇拜及禁

---

[1] 朱乃诚:《再论陶寺彩绘龙源自良渚文化——兼论中原地区"王室文化"的形成》,《古代文明研究》第1辑,文物出版社2005年版,第79页。

忌。董楚平先生曾指出"良渚文化既崇拜鸟,又崇拜龙……根据太湖、钱塘江地区的历史文化背景,鸟应该是原生的信仰,是图腾;而龙是次生信仰,是图腾以外的新神灵"[①]。戴尔俭先生指出:"东南沿海则是鸟崇拜最早发达的地区,广而言之,还可以认为是环太平洋地区鸟崇拜的中心所在。"[②]东南地区的鸟日崇拜,至迟在河姆渡文化时期即已肇源。河姆渡遗址出土的双凤朝阳象牙雕片、连体双头鹰骨匕等,皆是典型代表。鸟图腾崇拜在河姆渡文化时期、马家浜文化时期、崧泽文化时期至良渚文化一直绵延不绝,始终是东南地区图腾崇拜的主旋律。在良渚文化时期,鸟日崇拜更发展至顶峰。在良渚文化陶器和玉器上发现有大量的鸟纹,还有各种玉鸟。良渚文化玉璧上的"阳鸟祭坛图",表现的是象征太阳的鸟立于盾状祭坛的情景。相关玉璧之前多有发现,近年在昆山少卿山遗址又发现了刻有类似图案的玉璧[③]。在良渚文化的玉器及大汶口文化的陶器上常见有""的刻划符号,我们认为,它的上部分为太阳无疑,而下部分则应为负日飞翔的鸟,是金乌负日的写照。良渚文化的许多陶器器形实际上也是鸟图腾的拟形,如鬶、盉。蛇图腾是华夏系统龙形象的主要源头,我国新石器时代可能有蛇图腾的文化,除良渚文化外,并未有其他发现[④]。良渚文化的蛇纹器物不胜枚举。良渚文化陶器多饰有蛇纹,有的兼饰有蛇纹与鸟纹。良渚文化也出现了发育较完整的龙形象,即龙首纹,主要施刻于圆牌形玉饰、玉管、玉柱形器、玉镯以及玉璜等玉器上。在陶寺遗址中发现有一件绘有龙纹的陶盘(M3072:6),朱乃诚先生认为,这种龙纹在中原找不到渊源,从其造型看,当源于良渚文化[⑤]。

饕餮纹是中国先秦时代的一种神秘纹饰,其内涵自古众说纷纭。一些

[①] 董楚平:《伏羲:良渚文化的祖宗神》,《杭州师范学院学报》1999年第4期。
[②] 戴尔俭:《从神人族徽、聚落网络和文化关系看文明前夕的良渚酋邦》,《良渚文化研究——纪念良渚文化发现六十周年国际学术讨论会文集》,科学出版社1999年版,第46页。
[③] 王华杰、左骏:《昆山少卿山遗址新发现的良渚玉璧刻符》,《东南文化》2009年第5期。
[④] 吕琪昌:《青铜爵、斝的秘密:从史前陶鬶到夏商文化起源并断代问题研究》,浙江大学出版社2007年版,第259页。
[⑤] 朱乃诚:《良渚的蛇纹陶片和陶寺的彩绘龙盘——兼论良渚文化北上中原的性质》,《东南文化》1998年第2期;《再论陶寺彩绘龙源自良渚文化——兼论中原地区"王室文化"的形成》,《古代文明研究》第1辑,文物出版社2005年版,第70—79页;《陶寺彩绘龙源自良渚文化的新证据》,中国社会科学院考古研究所官方网站,2005年9月7日;《三论陶寺彩绘龙源自良渚文化》,《中国古代文明与国家起源学术研讨会论文集》,科学出版社2011年版。

学者相信,商周青铜器上常见的饕餮纹的源头正是良渚文化神徽。良渚文化的神徽通常又称"神人兽面纹",是常见于良渚文化玉器上的一种神秘纹饰。刻画有该纹饰的有玉琮、玉钺、玉璜、玉管、三叉形器等十余种玉器。反山 M12:98 玉琮上所刻纹饰正是良渚文化玉器各种兽面纹的滥觞,各种兽面纹或为其简化,或为其变体,惟有反山 M12:98 玉琮的神徽刻画得最为繁缛。良渚文化神徽可以视作人、禽、兽"三位一体",它身上融合了凤鸟和龙蛇两大图腾,据董楚平先生考证,它正是良渚文化的祖神兼上帝——伏羲的表现[1]。李学勤先生指出,商周饕餮纹的前身是良渚文化玉器上的神人兽面纹。李先生通过商代(包括二里冈期和殷墟期)的青铜器饕餮纹与神人兽面纹之间的梳理与比勘,认为有八点共同之处[2]。陈剩勇先生进一步指出良渚文化神徽与饕餮纹之间在构图上的相同之处[3]。更为重要的是,通过对三代饕餮纹的分析,可以发现它也是龙图腾和鸟图腾的兼体,鸟爪特征犹在,龙尾表现更为明显,与良渚文化神徽一脉相承。而龙山文化和二里头文化的发现则填补了中间的缺环。1963 年在山东日照两城镇发现的玉圭,其形制与江苏溧阳出土的良渚文化玉圭相同。另藏于台北故宫博物院的玉圭亦有相类纹饰。河南偃师二里头夏代遗址则出土了数件镶嵌绿松石兽面纹青铜牌饰、龙纹陶片、玉柄形饰,以及新砦遗址的有关发现,均有类似饕餮纹的纹饰。

可见,无论是物质文化还是精神文化,"良渚时代"的遗泽不可谓不大。说先越文化的考古发现扭转了旧有史观的偏见,并不为过。

第二节 越国文化的崛起与发展

越国立国在距今 3900 年左右,这个时间点,也是马桥文化的开端[4]。

---

[1] 董楚平:《伏羲:良渚文化的祖宗神》,《杭州师范学院学报》1999 年第 4 期。
[2] 李学勤:《良渚文化玉器与饕餮纹的演变》,《东南文化》1991 年第 5 期。
[3] 陈剩勇:《中国第一王朝的崛起——中华文明和国家起源之谜破译》,湖南人民出版社 2002 年版,第 76 页。
[4] 董楚平先生认为马桥文化是越国文化的直接前身,参见氏著《吴越文化新探》,浙江人民出版社 1988 年版,第 121 页。马桥文化存在土著文化因素,也受到中原文化的浸染,而从其重要文化特征几何形印纹陶来说,应是直接接受了来自与江西、福建等印纹陶最早起源地邻近的金衢地区高祭台类型早期文化的影响,参见李伯谦《马桥文化的源流》,《中国原始文化论集》,文物出版社 1989 年版,第 226 页。如果从"青铜时代"的历史看,越国文化的确要追溯到马桥文化。

越国文化或者说狭义的越文化,其上限要追溯于此。至于越国文化的下限,则当以公元前222年秦帝国兼并越地为宜。关于越国亡年,学术界向有争议。要之,楚威王于公元前333年大败越,不少学者认为此时越国并未灭亡,李家浩先生认为楚威王确已灭越,不过采用羁縻政策,承认诸越君长的存在,仅派大臣监管[①];雷学淇、黄以周、杨宽等先生主张越国亡于楚怀王二十三年(前306)[②],得到较多学者的认同[③],一些学者认为《史记·越王句践世家》将楚怀王亡越与楚威王败越混为一谈[④],故招致不少误会。杨宽先生谓楚怀王亡越之后设置江东郡,有待商榷[⑤]。此外,楚考烈王也曾对越地用兵。可以肯定的是,越国上层阶级的势力的彻底颠覆,是在秦始皇降越君、置会稽郡之际。李学勤先生曾指出楚威王败越和后来楚怀王亡越两事并不矛盾[⑥]。这里需要说明的是,楚威王败越没有完全消灭越国势力,在载籍中,公元前333年之后越国尚很活跃[⑦],并且以独立主权国家

---

① 李家浩:《楚王酓璋戈与楚灭越的年代》,《文史》第24辑,中华书局1985年版,第20页。
② 蒙文通先生曾指出:"知自楚威王七年败越,至秦始皇统一六国,百余年间,越人活动之迹犹史不绝书。越、楚战争亦时有发生。越且常与齐、楚诸国平列并举。至楚顷襄王时,越犹北有琅邪,西有吴地。至始皇之时,犹能与楚、燕诸国合而谋秦。"参见氏著《越史丛考》,人民出版社1983年版,第40页。陈伟先生认为楚考烈王最终灭越,参见氏著《关于楚、越战争的几个问题——与杨宽等先生商榷》,《江汉论坛》1993年第4期。董楚平先生认为越国是被秦所灭,而不是被楚所灭。参见董楚平等《吴越文化志》,上海人民出版社1998年版,第129页。诚然,在秦始皇挥师江南"降越君"、设会稽郡之前,越国势力仍然存在。然楚怀王灭越之后的越国,与此前拥有独立主权的越国已不可同日而语。《国语·越语上》云:"古之伐国者,服之而已。"古代伐国、灭国,往往不是彻底的吞并,所谓"存亡国,继绝世",且有复国的可能。
③ 《韩非子·内储说下六微》云:"前时王使邵滑之越,五年而能亡越。"《战国策·楚策一》云:"且王尝用滑于越,而纳句章,昧之难,越乱,故楚南察濑胡,而野江东。"《史记·樗里子甘茂列传》云:"夫秦之有贤相,非楚国之利也。且王前尝用召滑于越,而内行章义之难,越国乱,故楚南塞厉门而郡江东。"均谓此事。另中山王鼎铭文曰:"昔者吴人并越,越人修教备险,五年覆吴,克并之至于今。"最后一句断句尚有争议。是鼎作于公元前314年左右,在越灭之前。朱德熙、裘锡圭先生指出铭文所叙与杨宽先生说合,参见朱德熙、裘锡圭《平山中山王墓铜器铭文的初步研究》,《文物》1979年第1期。
④ 参见杨宽《关于越国灭亡年代的再商讨》,《江汉论坛》1991年第5期;《战国史》(增订本),上海人民出版社1998年版,第364、735页。
⑤ 参见周书灿《楚怀王灭越置江东郡说质疑》,《中国历史地理论丛》2010年第3辑。
⑥ 李学勤:《关于楚灭越的年代》,《江汉论坛》1985年第7期。
⑦ 参见孟文镛《越国史稿》,中国社会科学出版社2010年版,第305—307页。

的面目出现①,而越国世系尚且延续②,考古发现也不能证明此役之后越文化中心地为楚文化所吞并③。据《史记·秦始皇本纪》,在秦始皇二十五年,即公元前222年,"王翦遂定荆江南地,降越君,置会稽郡"。至此,越国最终为秦国所灭。

可见,越国文化的阶段上起距今3900年左右,下至公元前222年,无疑是一个漫长历史时期。春秋时期,越国文化的发展迅速,尤其是勾践中兴是本时期越地历史的一个大事件,促成了越文化的一次突进。虽然在秦灭越国之后越文化进入了越地文化阶段,但越国时期所奠定的文化格局和文化因素却影响深远,促成了本区文化鲜明的地域性。

一、越地历史时期的开端及越文化中心地的确立

先越文化虽然已有很高成就,但我们难以在文献中找到依据,越地真正进入历史时期还是在越国文化阶段。越国的主体是於越民族,但越国王室与平民族属可能存在差异。曹锦炎先生认为越王姓氏应属彭姓诸稽

---

① 《水经·河水注》引古本《竹书纪年》载魏襄王七年四月,"越王使公师隅来献乘舟",今本《竹书纪年》基本相同。魏襄王七年为公元前312年,距越王无彊被杀二十二年。在无彊被杀之后,越国尚向魏国进献大宗物品。从清华简《系年》这一新材料看,我们得以知道越国与三晋关系密切,如此不难理解越国与魏国的联系。无论如何,此时尚有"越王",越国仍是一个独立主权国家是没有疑问的。陈桥驿先生对此有精辟的论述:"虽然派遣公师隅北上的越王是谁无法获悉,但是要集中这样一大批物资,并且从大越运送到遥远的魏都大梁,这并不是轻而易举的事。所以这位越王仍然拥有很大的势力。公师隅北上距无彊之败不过二十二年,说明越族在无彊败后绝未流散。作为一个部族,它不仅仍然存在,而且还有相当大的潜在力量。"参见氏著《越族的发展与流散》,《东南文化》1989年第6期。《史记·秦本纪》则载:"武王立,韩、魏、齐、楚、越皆宾从。"秦武王时越国尚是与楚国并列的诸侯国,越国此时仍是一个拥有独立主权的国家。而秦灭越国之时,越国尚有"越君",越国的历史是在秦军的手中终结的。

② 据《史记·越王句践世家》,楚杀无彊之后,"而越以此散,诸族子争立,或为王,或为君,滨于江南海上,服朝于楚"。据此,虽然越国趋于分裂,但仍是有"王"的,而且种种迹象表明,之后的越国仍有着一个统一的政权。

③ 据《史记·越王句践世家》,楚杀无彊之后,楚国"尽取故吴地至浙江,北破齐于徐州"。"浙江"即今钱塘江,一度为吴越两国的分界线,浙江以南是越国的祖居与发迹之地,楚国的势力抵达了浙江,而没有跨越浙江天险。楚国此时侵占了越国扩张霸业之后的领土,包括吴地,春申君即被封于吴地,而此时越国的政治中心又重新回到了越文化中心地。《越绝书·外传记地传》云:"尊子亲,失众,楚伐之,走南山。"南山即会稽山。没有迹象表明楚国侵占了越文化中心地,更没有证据表明此时越国已为楚国彻底征服。

氏①,而据董楚平先生考证,勾践是姒姓邾氏②。兹在前人研究成果的基础上,结合《史记》、《竹书纪年》、《越绝书》、《吴越春秋》、《左传》、清华简《系年》以及相关青铜铭文的史料,排定越国世系如次:

无余……无壬—无曎(夫镡、夫谭)—允常(元常③)—勾践(旨浅、旨戈、句戈、句践、菼执)④—鼫与(者旨於赐⑤、鹿郢、适郢、与夷、兴夷)—不寿(丌不古⑥、盲姑)—朱句(州勾、州句、株句、翁)—翳(者旨不光、旨不光、不光、不扬、旨殹、殹)—诸咎(诸旨⑦)—初无余(差徐⑧、者差其余⑨、莽安、王之侯⑩)—无颛(者邵豕蕾⑪、菼蠋卯)—无彊—[玉—尊—亲]⑫

《吴越春秋·越王无余外传》云:"余始受封,人民山居,虽有鸟田之利,租贡才给宗庙祭祀之费。乃复随陵陆而耕种,或逐禽鹿而给食。无余质朴,不设宫室之饰,从民所居。春秋祠禹墓于会稽。"据此,在无余时期,越

---

① 曹锦炎:《越王姓氏新考》,《中华文史论丛》1983年第3期。
② 董楚平:《勾践姓、氏考》,《2002·绍兴越文化国际学术研讨会论文集》,浙江古籍出版社2006年版,第3—9页。
③ 曹锦炎先生曾指出金文所见"得居"即越王允常,参见氏著《越王得居戈考释》,《古文字研究》第25辑,中华书局2004年版,第208—212页。按此说无据,已为学术界否定。董珊先生认为允常在铭文中作"者旨",参见氏著《吴越题铭研究》,科学出版社2014年版,第43页。
④ 关于越王"勾践"或"句践"的书写歧异,董楚平先生在《浅谈"勾践"与"句践"的纠纷问题》(见《中国语文》1999年第6期)一文中曾有过辨析,认为金甲文皆作"句",目前从众从俗则作"勾"。本文从董先生说。
⑤ 参见林沄《越王者旨於赐考》,《考古》1963年第8期。另诸稽郢、柘稽也可能是鼫与,参见董珊《吴越题铭研究》,科学出版社2014年版,第46页。
⑥ 参见马承源《越王剑、永康元年群神禽兽镜》,《文物》1962年第12期。
⑦ 一些学者认为者汈钟所见"者汈"是越王翳之子诸咎,参见郭沫若《者汈钟铭考释》,《考古学报》1958年第2期。董珊先生已经否定该说,参见氏著《越者汈钟铭新论》,《东南文化》2008年第2期。董珊先生指出青铜铭文中的"者旨"实际上是诸咎,参见氏著《吴越题铭研究》,科学出版社2014年版,第65页。
⑧ 参见李学勤《珍秦斋藏金——吴越三晋篇》之"前言";董珊:《论珍秦斋藏越王差徐戈》,《珍秦斋藏金——吴越三晋篇》之"论述"部分,澳门基金会2008年版;董珊:《越王差徐戈考》,《故宫博物院院刊》2008年第4期。
⑨ 参见董珊《记古越阁藏者差其余剑》,复旦大学出土文献与古文字研究中心网站,2011年1月31日。
⑩ 《史记索隐》云:"王之侯即无余之也。"董珊先生认为此说不确,王之侯即无颛,参见氏著《吴越题铭研究》,科学出版社2014年版,第43页。
⑪ 此据董珊先生说,参见氏著《吴越题铭研究》,科学出版社2014年版,第72页。此说可从。
⑫ 加"[ ]"的部分暂付诸存疑,董珊先生认为"玉"、"王之侯"、"王侯"、"子搜"均为无颛,参见氏著《吴越题铭研究》,科学出版社2014年版,第43页。

国的生产力尚落后,越人过着农业和渔猎并重的生活。

殷墟卜辞中有方国"戉",不过其具体地望尚有争议。《逸周书·王会解》载周成王大会诸侯及四夷于成周时,"於越纳"。另《艺文类聚》卷七一引《周书》云:"周成王时,於越献舟。"而据《尚书·顾命》,周成王病逝之后,举行丧礼时于宫室西序置"越玉五重"。《释文》引马融语:"越地所献玉也。"古人多不信此说,不过刘起釪先生辨明马融的说法才是正确的①。另据今本《竹书纪年》,周成王二十四年,"於越来宾"。今本《竹书纪年》的可信度一直备受质疑,录而存疑②。可见,越国与周王室的交流至迟追溯到成王时期③。

越国虽居东南一隅,似乎亦曾受周王室的册封。《说苑·奉使》载越国使臣诸发语:"彼越亦天子之封也。"另据《韩诗外传》卷八,越国使臣廉稽在楚王面前自称越国是"周室之列封"。《国语·越语下》载范蠡语:"昔吾先君,固周室之不成子也。"韦注云:"子,爵也。言越本蛮夷小国,于周室爵列不能成子也。周礼,诸子之国,封疆方二百里。"韦昭是从畛域范围的角度解释"不成子"的,如果从爵位的角度看,"不成子"的言下之意或谓越王系男爵。《史记正义》引《舆地志》云:"越侯传国三十余叶,历殷至周敬王时,有越侯夫谭,子曰允常,拓土始大,称王,春秋贬为子,号为於越。"准此,越王原是侯爵,在允常之时称王,而在春秋时被贬为子爵。然在越土夫谭时便为侯爵,恐不可信。而《史记索隐》所引古本《竹书纪年》称越君作"於粤子",则认为越君系子爵。《史记索隐》就此问题解释道:"越在蛮夷,少康之后,地远国小,春秋之初未通上国,国史既微,略无世系,故《纪年》称为'於粤子'。据此文,勾践平吴之后,周元王始命为伯,后遂僭而称王也。"新出清华简《系年》则将越王称作"越公",颇耐人寻味。"五等爵"的问题,历来聚讼纷纭,无论是出土文献还是传世文献,都难以理出合理的头绪。

---

① 参见顾颉刚、刘起釪《尚书校释译论》第4册,中华书局2005年版,第1756页。
② 陈桥驿先生认为此条记载是今本《竹书纪年》中不见他书的,具有极大的可信度,更得到了《论衡》的旁证。参见陈桥驿、颜越虎《绍兴简史》,中华书局2004年版,第16页。
③ 《北堂书钞》卷一一四武功部引古本《竹书纪年》云:"周穆王伐大越,起九师,东至于九江,驾鼋鼍以为梁也。"今本《竹书纪年》亦云:"大起九师,东至于九江,驾鼋鼍以为梁,遂伐越,至于纡。"时在周穆王三十七年。然他书引文有异,陈桥驿先生认为周穆王伐越之说不成立,参见氏著《於越历史概论》,《浙江学刊》1984年第2期。而据蒙文通、董楚平等先生的考证,周穆王所伐系徐偃王,周朝的军力则确实抵达了越地。

"公"为最尊,但诸侯国内称其君为"公"已不是爵称,而是尊称[①]。《系年》非越国文献,但对越国极为尊崇,殊难理解。李峰先生指出,"五等爵"称的形成可能与春秋时期国与国关系中的霸主制度有关[②],准此,越王称"越公"与越国霸业密不可分——这实际上是对越国特殊地位的承认。但由于没有确实分封的证据,我们仍难说越国在三代已经被纳入中原王朝的政治体系。

《史记·越王句践世家》云:"(无余)后二十余世,至于允常。"《史记正义》引《舆地志》谓允常"拓土始大,称王"。由此,越国及至允常之时开拓疆土,壮大势力,并开始称王。《吴越春秋·越王无余外传》云:"夫谭生元常,常立,当吴王寿梦、诸樊、阖闾之时。越之兴霸自元常矣。"越王者旨剑铭文云"以战吴人",据董珊先生研究"者旨"系允常[③],准此允常确实已经称王。允常之壮大与楚国的扶持有密切关联,并为勾践的霸业奠定了基础。

在越国时期,越文化中心地开始确立。在先越文化时期,越文化中心地虽然也是从上山文化到广富林文化诸考古学文化的分布范围,但并非核心区域,甚至是相对薄弱的区域。这与越文化中心地的历史地理环境有关,也与各考古学文化的发展走势有关。而到了越国文化时期,周边的文化向山会平原一带汇聚,越文化中心地逐步确立。史载无余立国时定都嶕岘,地在会稽山及秦望山以南。此外传说中的越国都城尚有埤中。《水经注·浙江水》引《吴越春秋》云:"越王都埤中,在诸暨北界。"或说即允常之都在埤中,地望在今诸暨东北方向与绍兴交界处湄池区店口镇和阮市乡一带[④]。另有越王勾践都平阳的说法,但此说依据不足[⑤]。总之,从立国初始,越国的政治中心便主要在越文化中心地的范围内流动。

无余立都,主要是以会稽山大禹陵为参照的,会稽山可以说是越文化中心地的主要中心坐标。相传大禹在此大会诸侯,虽然是传说,但说明会

---

① 参见陈恩林《先秦两汉文献中所见周代诸侯五等爵》,《历史研究》1994年第6期。按金文中称作"公"的,主要是宋、芮、秦、晋、曹、邓、邾、楚诸国国君。
② 李峰《论"五等爵"称的起源》,《古文字与古代史》第3辑(中研院历史语言研究所会议论文集之十),台湾中研院历史语言研究所2012年版,第159—184页。
③ 董珊:《吴越题铭研究》,科学出版社2014年版,第43页。
④ 方杰主编:《越国文化》,上海社会科学院出版社1998年版,第149页。
⑤ 葛国庆:《越国故都嶕岘大城今地考》,《2002·绍兴越文化国际学术研讨会论文集》,浙江古籍出版社2006年版,第99—116页。

第三章　上古时期越文化的历史发展

稽山的神圣地位由来已久。就越国文化而言,越国崛起于会稽山脉;在夫椒之战中勾践为夫差所败,退守会稽山;勾践后在会稽山北面营建越都,越文化中心地至此形成,会稽山脉也成为越国中兴的起点;而在越国为楚国所败之后,越人又败守祖居之地会稽山脉。"会稽"的郡名与"山阴"的县名,均与会稽山有关。"会稽"有可能是古越语地名,又称茅山。越国青铜铭文即以"蕾(茅)"、"越蕾(茅)"指代越文化中心地①。直至今天,会稽山仍是越文化中心地的中心标志。

在勾践以前,越文化虽经过了长期的发展与演变,但其分布范围始终是游移不定的。也只有在勾践时代,才完全确立了越文化中心地的基本格局,其标志是勾践小城与山阴大城的营建。

在勾践被夫差释放归国之后,他接受范蠡"处平易之都,据四达之地"②的建议,在范蠡擘划之下,开始营建勾践小城和山阴大城③。《越绝书·外传记地传》载:

> 句践小城,山阴城也。周二里二百二十三步,陆门四,水门一。今仓库是其宫台处也。周六百二十步,柱长三丈五尺三寸,霤高丈六尺。宫有百户,高丈二尺五寸。大城周二十里七十二步,不筑北面。……山阴大城者,范蠡所筑治也,今传谓之蠡城。陆门三,水门三,决西北,亦有事。

山阴大城位于勾践小城的东南,大城的范围比小城大十倍,两者相毗邻。小城是越国的政治中心与军事堡垒,大城则是越国的经济中心和生产基地④。至此,越国的国都正式从会稽山地转移到山会平原,地理环境更加优越,交通更加便利,也有利于越人的团结,越国的政治局面趋于稳定。勾践小城与山阴大城合称"大越",又称"内越",当时是利用这片沼泽平原上的九座丘峰建立起来的,与今绍兴城的位置完全吻合⑤。勾践小城与山阴

---

① 参见董珊《吴越题铭研究》,科学出版社2014年版,第60页。
② 《吴越春秋》卷八《勾践归国外传》。
③ 《吴越春秋·勾践伐吴外传》载勾践之语:"昔吴为不道,残我宗庙,夷我社稷以为平原,使不血食。"可见吴国大败越国之后曾夷灭越国宗庙,允常旧都在夫椒之战中当被破坏,这也应当是勾践之后考虑迁都的重要原因。
④ 陈桥驿:《古代於越研究》,《民族研究》1982年第1期。
⑤ 陈桥驿:《越族的发展与流散》,《东南文化》1989年第6期。

大城成为越国的政治、经济、文化中心,越文化中心地即以这一区域为中心,并从越国文化时期延续到越地文化时期。

所谓"内越"是相对"外越"而言的。当时居于舟山群岛(即所谓"甬东")的一支越人便属于外越。《越绝书·外传记地传》云:"句践徙治山北,引属东海,内、外越别封削焉。"可见当时内、外越联系密切,勾践迁都实际上也是为了加强内、外越之间的联系。同时,外越也是吴国的敌对势力,与内越并肩作战。据《越绝书·外传记吴地传》:"娄门外力士者,阖庐所造,以备外越。"又云:"娄北武城,阖庐所以候外越也,去县三十里。"哪怕是秦征服了越国故地,仍不得不对外越心存防范,《越绝书·外传记地传》载秦迁徙北方人群到大越"备东海外越"。由于外越星散于东海群屿,故当时的外越并未纳入秦朝的版图。蒙文通先生指出"外越"包括澎湖、台湾①,陈桥驿先生引《林邑记》指出外越的范围远及中南半岛②。

二、勾践中兴与越文化的突进

勾践中兴是越国文化进程中的重要阶段。在勾践时代,越国一度遭受重创,险遭灭国;也正是在勾践的手中,越国实现中兴,灭吴拓土,称霸一时。建都于会稽山之北,奠定了越文化中心地的基础,越文化也由此经历了一次突进。

春秋时代,周室衰微,王纲解纽,诸侯力征,五霸兴替。宋国于周简王七年(前579)和周灵王二十六年(前546)举行了两次弭兵活动,在此契机下,中原地区的征伐进入一个短暂的消停时期。而在此时,历史的聚光灯投向了东南大地,而随之上演的吴越争霸无疑是中国最为传奇、最为跌宕的历史片段之一。作为"仇雠敌战之国"③,吴、越冲突不断,尤其是檇李之战、夫椒之战与姑苏之战三次关键性战役,决定了局势的起伏与走向。随着公元前473年"越灭吴"(《左传》哀公二十二年),攻破吴都姑苏,夫差自杀。吴越争霸的历史自此画上句号,以吴灭越兴而告终。

勾践中兴的原因,或者说越国何以能最终战胜吴国,以往论者多归结于勾践的"卧薪尝胆"。诚然,勾践的个人气质在这场历时长久的角逐中起

---

① 蒙文通:《外越与澎湖、台湾》,《越史丛考》,人民出版社1983年版,第102—108页。
② 陈桥驿:《越族的发展与流散》,《东南文化》1989年第6期。
③ 《国语》卷二〇《越语上》。

到了关键性的作用,如果没有勾践的隐忍精神我们也很难看到后来的勾践中兴。论者也试图臧否勾践的人品与德行的得失①,勾践身上有复杂的两面性,已非简单的道德准则所能评判。勾践及其国民尚武任气、睚眦必报的性格,既使越国在夫椒之战中因冒进而遭受毁灭性打击,同时赋予了越国复仇吴国的凝聚力与推动力。而如若分析越国的对内及对外策略,亦不难推想勾践的中兴并非偶然。

其一,从经济层面讲,勾践的基本策略是与民生息,发展生产。

据《国语·越语上》,勾践为增强国力,越国实行了一系列增殖人口的政策,以鼓励生育,与民生息,吊死扶伤,宽赋安民。事实证明这一系列政策的确刺激了越国人口的增长,据《史记·越王句践世家》,越伐吴时,"乃发习流二千人,教士四万人,君子六千人,诸御千人伐吴",主要兵力总计近5万人②。不过与其他大国相比,越国人口还是相对较少的。此外,越国君臣同心,勾践"与百姓同其劳",同时发展农业生产与商业贸易,农末并重。《国语·越语上》云:"非其身之所种则不食,非其夫人之所织则不衣,十年不收于国,民俱有三年之食。"在强大凝聚力的支撑下,越国经济得到了快速的恢复与发展。

其二,从政治层面讲,勾践的基本策略是延揽人才,励精图治。

越国与中原诸侯国及楚国存在较大差距,而想要缩小这种差距,引入人才是当务之急。《国语·越语上》云:"其达士,洁其居,美其服,饱其食,而摩厉之于义。四方之士来者,必庙礼之。"《吴越春秋·勾践归国外传》云:"越王遂师八臣与其四友,时问政焉。"当时越国为延揽人才可谓竭尽心力,勾践"折节下贤人,厚遇宾客"③,而勾践自夫椒之败后亦从善如流,励精图治。越国对手吴国重臣伍子胥也不禁感慨:"胥闻越王句践服诚行仁,听谏,进贤士。"④当时效忠勾践麾下的大夫谋臣有文种、范蠡、计倪、苦成、舌庸、诸稽郢、皋如等人⑤,他们各尽其才,而勾践又任人唯贤,使得君臣同

---

① 黄朴民:《越王勾践的负面示范》,《光明日报》2014年6月18日,第14版。
② 《史记》卷四一《越王句践世家》。
③ 《史记》卷四一《越王句践世家》。
④ 《越绝书》卷一二《内经九术》。
⑤ 清华简《良臣》简7写到越文化勾践的良臣时,提到了范蠡和"大同",据广濑薰雄意见,"大同"即舌庸,参见氏著《释清华大学藏楚简(三)〈良臣〉的"大同"——兼论姑冯句鑃所见的"昏同"》,复旦大学出土文献与古文字研究中心网站,2012年1月3日。

心。计然来自宋国,范蠡与文种来自楚国,是勾践最得力的重臣。属于黄老道家的计然本有"安臣"之术,勾践实施此举也明显受到黄老学说的影响。在越国积聚势力的过程中,勾践曾几度耐不住性子而欲兴师伐吴,都被范蠡劝止,而反攻时机的把握则是越国最终胜利的关键;范蠡曾说"计然之策七,越用其五而得意"[①],文种则向勾践献了"伐吴九术"。外来的人才为越国带来了先进的哲学与政治思想,为越国中兴提供了重要保障。正是因为人才之于越国的重要意义,当文种伏剑,范蠡远去,贤臣相继凋亡,越国的霸业也便难以为继了。《吴越春秋·勾践伐吴外传》载:"自是之后,计研佯狂,大夫曳庸、扶同、皋如之徒,日益疏远,不亲于朝。"或许是因为勾践对楚人的疑惧,"飞鸟尽,良弓藏;狡兔死,走狗烹"[②]的结局最终上演。

其三,从军事层面讲,勾践的基本策略是发展军事,壮大军力。

文种所献"伐吴九术"第九术即是"坚厉甲兵,以承其弊"[③],军事实力的提升是争霸的保障。在修建了大越城之后,越国又在钱塘江南岸修筑了固陵等军事堡垒。越国的军备以剑、甲、戈等为主,其青铜兵器冶铸技术之精湛著称当时。勾践亦重视引进军事人才,善射者如陈音,善剑术者如越女,皆一一招纳帮助训练越师。越人尚武,越国军队以勇猛善战、军纪严明著称,尤善水战,建立了一支颇具规模的水师。《越绝书·外传记地传》云:"射浦者,句践教习兵处也。"是为越国的练兵场。越国训练军队严厉且极端,多死士,讲求士气与忠诚。

其四,从外交层面讲,勾践的基本策略是联楚结齐通晋,消耗吴国。

《史记·越王句践世家》载:

> 大夫逢同谏曰:"国新流亡,今乃复殷给,缮饰备利,吴必惧,惧则难必至。且鸷鸟之击也,必匿其形。今夫吴兵加齐、晋,怨深于楚、越,名高天下,实害周室,德少而功多,必淫自矜。为越计,莫若结齐,亲楚,附晋,以厚吴。吴之志广,必轻战。是我连其权,三国伐之,越承其弊,可克也。"句践曰:"善。"

越王勾践采纳了大夫逢同的意见,一反过去的相对孤立状态,转而联合楚

---

① 《史记》卷一二九《货殖列传》。
② 《史记》卷四一《越王句践世家》。
③ 《越绝书》卷一二《内经九术》。

国、齐国、晋国等大国,这既符合这些大国借越国牵制吴国的动机,也合乎越国孤立吴国的策略。另一方面,越国实施文种的"伐吴九术"的策略,勾践在将子女、宝器进献吴国迷惑吴王的同时①,注意离间吴国君臣,损耗吴国国力,消磨吴国的意志,使得吴、越两国力量的天平开始新的倾斜。

在以上诸多原因的共同促成之下,勾践中兴的实现已不难理解。《史记·越王句践世家》载:

> 句践已平吴,乃以兵北渡淮,与齐、晋诸侯会于徐州,致贡于周。周元王使人赐句践胙,命为伯。句践已去,渡淮南,以淮上地与楚,归吴所侵宋地于宋,与鲁泗东方百里。当是时,越兵横行于江、淮东,诸侯毕贺,号称霸王。

勾践灭吴之后,越国进入了一个全盛期。越国"南面而霸天下"②,其霸主地位得到了周王室的承认,也得到了周边诸国的认可。一时"宋、郑、鲁、卫、陈、蔡执玉之君皆入朝"③,"乃使使号令齐、楚、秦、晋皆辅周室"④。据记载,秦桓公不从越国之命,"勾践乃选吴越将士西渡河以攻秦"⑤,秦国恐惧而认罪,越国才罢兵而还。此后的越国一再想扮演好霸主的角色,以彰显霸主风范,如退还所侵占小国的领土,巩固吴越后方,斡旋邾国、鲁国诸国的内政,等等。需要说明,当时齐国田氏即将代齐,晋国正面临一分为二的境遇,楚国尚未从战争中恢复元气,而这正是越国崛起、称霸的重要背景。而当时齐国、晋国、楚国等大国仍然强大,越国的霸主地位只是在一些小国的衬托中凸显的,虽然中原诸强对越国皆有惮色,但毕竟越国的霸主地位始终缺乏几分底气。

陈桥驿先生指出,夫差成为春秋的最后一霸,勾践则是战国的最初一雄⑥。不过一般认为,吴王夫差与越王勾践均在"春秋五霸"之列。从某种意义上说,勾践称霸是对夫差霸业的延续。夫差黄池之会实现霸主之梦,

---

① 参见陈民镇《西施新考》,《寻根》2011年第5期;俞志慧:《勾践献给吴王的不是西施》,《光明日报》2013年11月4日,第15版。
② 《淮南子》卷一一《齐俗训》。
③ 《国语》卷一九《吴语》。
④ 《吴越春秋》卷一〇《勾践伐吴外传》。
⑤ 《吴越春秋》卷一〇《勾践伐吴外传》。
⑥ 陈桥驿:《论句践与夫差》,《浙江学刊》1987年第4期。

而越王勾践则延续了夫差的未竟事业,并进一步将霸业推向高潮。偏处蛮夷之地的吴国与越国本游离于中原诸国视野之外,吴、越两国的崛起很大程度上是吸收、融合外部优势文化因素的结果,而其争霸行为实际上是东南政权对中原政治和文化体系的一次冲击。然而,霸业来得迅速,其兴盛期亦甚短暂。吴国霸业很快为越国终结,而越国霸业也不能维系长久,在内外矛盾的纠结之下,最终归于凋亡。但无论如何,勾践中兴作为越国历史的一个高峰,实现了政治、文化、军事的全盛,标志着越文化的又一次突进。

三、越国"山东时期"军事扩张与文化扩张的尝试

越王勾践迁都琅邪之后,越国的政治及军事中心暂时由越文化中心地转移至山东地区。在徙都琅邪至越王翳迁都苏州这段时期,具体而言是公元前468年勾践迁都琅邪至公元前379年越王翳迁都至吴,我们称其为越国的"山东时期"。这段时期的越国史事,载籍尤其稀缺,清华简《系年》的记载可弥补这一缺憾[①]。其中第二十章的内容订正了申公巫臣通吴的时间,叙述了越王朱句时期两度联合晋国伐齐,反映了晋、越的特殊关系,透露出防御越国也是齐长城的营建原因之一,均是前所未知的信息[②]。越国在"山东时期"军事势力达到极盛,尤其是朱句时期越国实力当强于勾践时期,这一点过去认识不足。这一阶段的军事扩张虽然一度震慑诸侯,但越国很快由盛转衰。与北方文化相比,当时的越国文化在许多方面处于弱势。因此与军事扩张相比,越国的文化扩张很少留下痕迹,表现出不平衡的现象。

我们首先来看《系年》第二十章简108~113:

[①] 2008年7月,一批流散香港的战国竹简经由校友捐赠,入藏清华大学,是为"清华简"。《清华大学藏战国竹简》第一辑此前业已刊布,其中多与"书"类文献有关,引起学术界的热烈讨论。2011年12月19日,《清华大学藏战国竹简》(二)正式发布。清华简第二辑的内容系一篇完整的先秦史书,整理者拟题作"系年"。《系年》共有简138支,分为23章,记录了周初至战国诸多史事,该文本透露出的某些信息足以补传世文献之不逮,部分内容则可与《左传》、《国语》、《竹书纪年》等史籍相对读。尤其是关于战国前期的历史,如越国在山东的活动、齐长城的营建等问题,《系年》均提供了前所未见的史料。

[②] 陈民镇:《清华简〈系年〉所见越国史新史料》,《绍兴文理学院报·越文化研究》2012年2月25日,第8版;《齐长城新研——从清华简〈系年〉看齐长城的若干问题》,《中国史研究》2013年第3期。

第三章　上古时期越文化的历史发展

晋景公立十又五年，申公屈巫自晋适吴，焉始通吴晋之路，二邦为好，以至晋悼公，悼公立十又一年，公会诸侯，以与吴王寿梦相见于虢。晋简公立五年，与吴王阖闾伐楚。阖闾即世，夫差王即位。晋简公会诸侯，以与夫差王相见于黄池。越公句践克吴，越人因袭吴之与晋为好。晋敬公立十又一年，赵桓子会［诸］侯之大夫，以与越令尹宋盟于邧，遂以伐齐，齐人焉始为长城于济，自南山属之北海。晋幽公立四年，赵狗率师与越公朱句伐齐，晋师闵长城句俞之门。越公、宋公败齐师于襄平。至今晋、越以为好。①

本章从公元前 585 年申公巫臣通吴开始叙述②，记载了晋悼公十一年（前562）晋悼公会诸侯并与武王吴王寿梦相见于虢、晋简公（晋定公）五年（前507）与吴王阖闾伐楚③、晋简公会诸侯并与夫差王相见于黄池（事见《左传》哀公十三年）一系列晋与吴的外交事件。继而简文述及"越公句践"即越王勾践克吴之事。勾践灭吴，事见《左传》哀公二十二年、《国语·越语》，鲁哀公二十二年在公元前 473 年。此后，"越人因袭吴之与晋为好"，与晋亲善，并于晋敬公十一年即越王朱句八年亦即齐宣公十五年（前 441）④上演了三晋与越国联兵伐齐的事件。这一事件史籍阙如，《系年》所载可谓越国史的新知。是年，赵桓子会诸侯大夫，与越国令尹宋会盟于邧地，起师伐

---

① 本书所引《系年》宽式释文参见清华大学出土文献研究与保护中心编，李学勤主编《清华大学藏战国竹简》（二），中西书局 2011 年版；陈民镇：《清华简〈系年〉研究》，烟台大学硕士学位论文，2013 年 6 月。

② 申公巫臣通吴的事件，《左传》载见成公七年，是则在公元前 584 年。《史记·十二诸侯年表》亦系该事于是年。杨伯峻先生业已在《春秋左传注》中辨明该事件发生于成公六年，则是公元前 585 年，即《系年》第二十章开篇说的"晋景公立十又五年"。杨伯峻先生指出："《吴世家》谓巫臣自晋使吴在寿梦二年，即此年。当年使吴，当年教之车战，吴当年伐楚，入州来，使楚七次奔命，未必见效如此之快。或巫臣使吴在去年，司马迁仅据《传》文叙其大略。"参见杨伯峻《春秋左传注》（修订本），中华书局 1990 年版，第 834—835 页。《系年》实际上为杨伯峻先生的说法提供了重要佐证，对这一重要事件的发生时间有所匡正。

③ 吴王阖闾伐楚事见《左传》定公四年："冬，蔡侯、吴子、唐侯伐楚。"是年《春秋》经云："冬十有一月庚午，蔡侯以吴子及楚人战于柏举，楚师败绩。"鲁定公四年即晋定公六年，《史记·十二诸侯年表》所载同。按吴王阖闾伐楚主要是吴国的力量。

④ 参见陈梦家《六国纪年表》，《西周年代考·六国纪年》，中华书局 2005 年版，第 85 页。本文涉及越国纪年，俱参见该书。整理者指出："简文所记晋国世系始自献公，终烈公止，中间只缺出公一世未见。据《竹书纪年》出公在位二十三年推算，晋敬公十一年当在周贞定王二十八年。"参见清华大学出土文献研究与保护中心编，李学勤主编《清华大学藏战国竹简》（二），中西书局 2011 年版，第 187 页。

齐。这一事件更导致了齐人开始修建长城。继而在晋幽公立四年即朱句十九年(前430),赵狗又率领军队与越王朱句联兵伐齐,三晋之师攻破了齐长城的句俞之门,越师与宋军则在襄平大败齐军。在这两次战役中,攻打齐国不仅仅是三晋的功劳,越国无疑也扮演了重要的角色。这些事件文献缺载,今随《系年》重见天日而呈现于世人面前,弥足珍贵。

以上二事发生于越王朱句时期。按越王朱句于公元前448~公元前412年在位,在位时间较长,且国力臻于鼎盛。朱句在勾践霸业的基础上开拓疆土,将越国带入巅峰时期,煊赫当世。在朱句时期,越国先后灭掉滕国与郯国①。《史记·越王句践世家·索隐》引古本《竹书纪年》云:"於粤子朱句三十四年灭滕,三十五年灭郯。"《水经·沂水注》则引作:"晋烈公四年,越子朱句灭郯,以郯子鸹归。"在朱句早年,与楚国爆发过舟战,屡败楚人②。而从《系年》所见,越王朱句几度与三晋联手会师伐齐,战功赫赫。可以说,在越王朱句时期,越国势力得到空前膨胀,《系年》的出现进一步丰富了这方面的材料。

《系年》第二十二章简119~125云:

> 楚声桓王即位,元年,晋公止会诸侯于任,宋悼公将会晋公,卒于鞎。韩虔、赵籍、魏击率师与越公翳伐齐,齐与越成,以建阳、郎陵之田,且男女服。越公与齐侯贷、鲁侯衍盟于鲁稷门之外。越公入飨于鲁,鲁侯御,齐侯参乘以入。晋魏文侯斯从晋师,晋师大败齐师,齐师北,晋师逐之,入至汧水,齐人且有陈廛子牛之祸,齐与晋成,齐侯盟于晋军。晋三子之大夫入齐,盟陈和与陈淏于溋门之外,曰:"毋修长城,毋伐廪丘。"晋公献齐俘馘于周王,遂以齐侯贷、鲁侯显、宋公田、卫侯虔、郑伯骀朝周王于周。

本章记载了三晋与越国伐齐的史事,此次伐齐之役,亦见诸其他文献。《水

---

① 滕,姬姓,在今山东滕县西南。《战国策·宋卫策》则谓宋康王"灭滕伐薛,取淮北之地"。另《世族谱》谓齐灭滕。《左传》昭公四年有关于滕国灭亡的预言。孟子时的滕国,当系重建。郯,在今山东郯城西南。《史记·齐太公世家》云:"二年,伐灭郯,郯子奔莒。初,桓公亡时,过郯,郯无礼,故伐之。"

② 事见《墨子·鲁问》,蒙文通先生认为在朱句元年至十年间,参见氏著《越史丛考》,人民出版社1983年版,第129页。

经·汶水注》引古本《竹书纪年》云:"烈公十二年,王命韩景子、赵烈子、翟员①伐齐,入长城。"《吕氏春秋·下贤》云:"文侯可谓好礼士矣。好礼士,故南胜荆于连堤,东胜齐于长城,虏齐侯,献诸天子,天子赏文侯以上卿。"《淮南子·人间训》云:"三国伐齐,围平陆。"均指此次伐齐之战。这在著名的骉羌钟(《殷周金文集成》157~170)铭文中也有反映。

据《系年》记载,先是晋烈公会盟诸侯于任地,再度会师伐齐。其中宋悼公在前往任地参与会盟的路上逝世,故此次伐齐与公元前430年的那次战役不同,主要是三晋与越国的力量。三晋方面由韩虔、赵籍、魏击统帅,韩虔后为景侯,见诸骉羌钟铭文,赵籍后为烈侯,魏击后为武侯。韩虔、赵籍以及魏击之父魏斯后于周威烈王二十三年(前403)被封为诸侯,是为著名的"三家分晋"事件,被一些学者视作战国时代的起点。此时三晋势力壮大,与同样强盛的越国联军。过去大家忽视了越国在伐齐之役中的地位,《系年》为我们提供了前所未知的信息。此时越国国君为越王翳,在伐齐过程中,齐国请成,越、齐、鲁会盟。另一方面,三晋之师大败齐军。此次伐齐之役,主要分为两条战线,过去所见传世文献及出土文献,只透露出三晋伐齐的战线,故人们径将其视作三晋伐齐。事实上,越国也参与了伐齐,却早已湮没无闻。

简文的"越公殹",即越王翳,于公元前411年~公元前376年在位。关于越王翳的史料甚少,《系年》则记叙了越王翳参与了三晋伐齐,只不过齐国最终请成,并"以建阳、邱陵之田,且男女服"。建阳即开阳②,地在山东临沂北。邱陵,侯乃峰先生认为即渠丘,在莒县③。《越绝书·外传本事》云:"句践抑强扶弱,绝恶,反之于善,取舍以道,沛归于宋,浮陵以付楚,临沂、开阳,复之于鲁。"《越绝书·德序外传记》所叙殆同。是则勾践在称霸之后为行怀柔政策,将临沂、开阳还给鲁国。《系年》所记齐国献给越国

---

① 《水经·瓠子水注》引《竹书纪年》作"翟角"。
② 整理者指出,"开"、"建"并为见母元部字,《水经·谷水注》:"谷水又东,经开阳门南。《晋宫阁》名曰故建阳门。"《皇门》"维其开告于予嘉德之说","开"字清华简作"甚",从开声。清华简《子仪》"开"字从户,开声。小徐本《说文》:"开,张也。从门,开声。"参见清华大学出土文献研究与保护中心编,李学勤主编《清华大学藏战国竹简》(二),中西书局2011年版,第193页。
③ 侯乃峰先生于《读〈系年〉臆札》(复旦大学出土文献与古文字研究中心网站,2012年1月3日)一文下的评论,2012年1月4日。另参见董珊《吴越题铭研究》,科学出版社2014年版,第62页。

之地,与《越绝书》中的临沂、开阳相近,我们也可以通过这些记载一窥当时越国的疆界。

《系年》记叙了齐国请成之后,越王翳与齐侯贷、鲁侯衍盟于鲁国的稷门(南城门)之外。越王翳"入飨于鲁",鲁侯为越王驾车,齐侯则为骖乘①。《战国策·中山策》云:"中山君出,司马憙御,公孙弘参乘。"可与之参看。《系年》所叙,鲁国与齐国君主,一为越王驾车,一为越王陪乘,越王享受的待遇可谓尊荣,越国在当时的地位可见一斑。越王翳在位时期,实际上延续了勾践至朱句的霸业。

然而,越王翳时期的越国,已不如朱句时期兴盛。越国此次并不像公元前430年的那次战争与齐国争强,而是接受了齐国的请成,其背后的潜隐因素,或许与越国的战略收缩有关。越王翳时期,并不像朱句时期大力扩张。除了在公元前404年灭了缯国②——正与三晋伐齐同一年,越王翳并没有扩张的大动作。且据《史记索隐》引古本《竹书纪年》的记载,"翳三十三年,迁于吴",越王翳三十三年(前379)将都城由琅邪迁至苏州③。这一举动耐人寻味,由于国力收缩,加之北方诸国的壮大,越国重新将政治中心转移至江南。不过尽管越国迁都苏州,但仍据有琅邪及周边大片土地。越国势力开始从山东淡出,当在楚国大败越国之际。《吴越春秋·勾践伐吴外传》云:"自勾践至于亲,其历八主,皆称霸,积年二百二十四年,亲众皆失,而去琅邪,徙于吴矣。"所记有所不同。

越国自允常时开始强大,到勾践时成就霸业、朱句时代臻于鼎盛,越王翳则是越国由盛而衰的转捩点。彼时越王虽仍有崇高地位,却已大不如前,关于这一点,《系年》已隐隐透露出相关讯息。故齐庄子说:"虽猛虎也,而今已死矣。"④

越国其兴也勃焉,其亡也忽焉,其霸业最终迅速归于寂灭。关于越国衰亡的直接原因,据《史记·越王句践世家》所载,在越王无疆之时,越国兴

---

① 《左传》文公十八年"纳阎职之妻,而使职骖乘",杜注:"骖乘,陪乘。"
② 《战国策·魏策四》云:"缯恃齐以悍越,齐和子乱而越人亡缯。"缯(鄫)国,姒姓,地在今山东枣庄东,相关出土青铜器有上曾太子般殷鼎、曾妇中巳(姒)觚。《左传》襄公六年云:"莒人灭鄫,鄫恃赂也。"则公元前567年莒曾灭鄫。
③ 越王旨殹剑铭文云"居茅稽吴",参见董珊《吴越题铭研究》,科学出版社2014年版,第60页。
④ 《吕氏春秋·季秋纪第九·顺民》。

师伐齐,后又转而伐楚,楚国大破越兵,越王无彊被杀。穷兵黩武固然是越国霸业崩溃的直接导因,然其内部机体的腐化则是更为本质的因素。陈桥驿先生曾指出:"於越之所以衰落,从当时的外部形势来说,当然是因为有一些领土比它广大、自然条件比它优越的国家,在力量上超过了它。但是主要的原因,还是因为宫廷的内哄。"①这是极有见地的。到越国进入后期,这种危机愈加明显。

《淮南子·原道训》云:"越王翳逃山穴,越人熏而出之,遂不得已。"令人疑惑的是,越王翳逃至山洞,被越人用火熏烤才被迫出洞,究竟所因何事?依据上下文,这件事当与王位争夺有关。《淮南子·原道训》注云:"翳,越太子也。贤,不欲为王,逃于山穴之中,越人以火熏出而立之,故曰遂不得已。"《论衡·命禄》则有更详细的记述:"越王翳逃山中,至诚不愿。自冀得代。越人熏其穴,遂不得免,强立为君。"《抱朴子·逸民》云:"越翳入穴以逃之。"《三国志·吴志·虞翻传》注云:"昔越王翳让位,逃于巫山之穴,越人薰而出之。"这里颇让人费解的是,越王翳并非受人追杀,而是拒不继任王位。

《庄子·让王》的一段记述或许可以使我们进一步窥及真相:

> 越人三世弑其君,王子搜患之,逃乎丹穴。而越国无君,求王子搜不得,从之丹穴。王子搜不肯出,越人薰之以艾。乘以王舆。王子搜援绥登车,仰天而呼曰:"君乎君乎!独不可以舍我乎!"王子搜非恶为君也,恶为君之患也。若王子搜者,可谓不以国伤生矣,此固越人之所欲得为君也。

《吕氏春秋·贵生》的记述基本相同,高注谓王子搜即越王翳。视其情节,确与上述越王翳事相同。不过《史记索隐》引乐资语,谓王子搜"号曰无颛",准此,则王子搜并非越王翳。陈梦家先生亦谓翳、诸咎、无余之三世相承见弑,子搜宜为无颛②。《史记索隐》引古本《竹书纪年》云:"不寿立十年见杀。"则越王翳之前只有不寿是被弑的。从以上记述中,我们可以看出越国宫廷斗争的激烈。

《史记索隐》引古本《竹书纪年》又云:"(越王翳)三十六年七月,太子诸

---

① 陈桥驿:《於越历史概论》,《浙江学刊》1984年第2期。
② 陈梦家:《六国纪年》,《西周年代考·六国纪年》,中华书局2005年版,第160页。

咎弑其君翳。十月,粤杀诸咎。粤滑,吴人立子错枝为君。明年,大夫寺区定粤乱,立[初]①无余之。"越王翳本身便是死于宫廷政变,不寿、翳、诸咎等越王先后死于宫廷政变,越国王室一再上演弑父、弑君的悲剧。《吕氏春秋·审己》也记载了越国的一次宫廷政变:

> 越王授有子四人。越王之弟曰豫,欲尽杀之,而为之后。恶其三人而杀之矣。国人不说,大非上。又恶其一人而欲杀之,越王未之听。其子恐必死,因国人之欲逐豫,围王宫。越王太息曰:"余不听豫之言,以罹此难也。"

这里的"越王授",高注便认为是越王翳。果若如此,这段记述实际上说明了诸咎弑越王翳的原因。传世的越国重器者汈钟铭文记载某位越王叮嘱者汈"勿有不义"、"诰之于不适",越国后期的宫廷内耗造成的恶性循环,使越国逐渐走向衰退之路,者汈钟铭中训诰之辞所透露出的忧虑或与此有关。

越国"山东时期"的扩张最终归于失败,那么其文化扩张是否取得成功呢?林华东先生曾指出:"胶南市博物馆曾在夏河城及附近地区发现有若干表饰方格纹、席纹的印纹硬陶片和青铜剑、戈、镞、矛等,……剑刃多作两度弧曲,形制与越王剑相同,青铜矛骹部末端呈双叉形,显属越式兵器。"②不过蒙胶南博物馆翁建红馆长见告,胶南博物馆馆藏并无印纹硬陶,青铜兵器也不一定属于越系。胶南地区(今属青岛市黄岛区)的考古发掘尚未充分展开,春秋战国时期的遗存发现较少,如琅邪台等遗址已经展开调查与发掘工作,我们期待更多的发现。

古琅邪一带的西汉墓多出土有原始青瓷器,如黄岛唐家莹、胶南海青庙上村、胶南殷家庄等地。殷家庄墓地出土的原始青瓷器亦多见于江浙一带墓葬中,从西汉到东汉均有发现,其形制、釉色、刷釉方法及胎质特点等也与江浙一带的同类器基本相同③。而胶州盛家庄、胶南丁家皂户、胶州赵家庄等地所见西汉时期封土墓,与江南土墩墓也有类似之处。林玉海先

---

① "初"字据别本补。
② 林华东:《越国迁都琅邪辨》,《中央民族学院学报》1989年第1期。
③ 参见青岛市文物保护考古研究所《胶南殷家庄汉墓发掘报告》,《青岛考古》(一),科学出版社2011年版,第49页。

生认为,从西汉中期开始,鲁东南地区墓葬形制、葬俗、随葬品等出现了明显的越文化特征,应该是公元前138年汉武帝内徙东瓯越人和公元前111年灭闽越并内迁至江淮一带,两次北迁越人后裔的结果[①]。这些现象也有可能是战国时期北迁越人后裔造成的。

总之,越国在"山东时期"的文化扩张并没有留下太多的痕迹。究其缘由,或是越国文化相对当时的北方文化而言相对弱势。虽然越国军事力量强盛,却并不代表文化强盛。但越国的扩张在事实上促进了不同地域文化的交流与融合,为秦汉大一统时代的到来奠定了基础。

越国经略山东一览表

活动	时间	出处
伐齐(存疑)	齐桓公时	《管子·轻重甲》
越国使鲁	勾践二十三年(前474)	《左传》哀公二十一年
越国使齐(存疑)	勾践二十三年(前474)	《史记·六国年表》
与鲁泗东方百里		《史记·越王句践世家》、《越绝书》
帮助邾隐公恢复君位,太子革被废奔越	勾践二十四年(前473)	《左传》哀公二十二年
越、鲁互派使者	勾践二十五年(前472)	《左传》哀公二十三年
越国执邾隐公,立公子何	勾践二十六年(前471)	《左传》哀公二十四年
鲁哀公至越,逗留九个月之久	勾践二十六年(前471)	《左传》哀公二十四年
迁都琅邪(在今山东黄岛)	勾践二十九年(前468)	《越绝书》、《吴越春秋》等
调停邾、鲁二国的边界纠纷	勾践二十九年(前468)	《左传》哀公二十七年
鲁哀公欲藉越国势力攻三桓	勾践二十九年(前468)	《左传》哀公二十七年、《孟子·离娄下》、《吴越春秋·勾践伐吴外传》
调停邾、莒二国的边界纠纷(存疑)		"能原"镈(《殷周金文集成》155、156)[②]

---

① 林玉海:《从胶南海青墓看鲁东南沿海地区出土的汉代原始瓷器》,《青岛考古》(一),科学出版社2011年版,第172页。

② 此据曹锦炎先生说。曹先生读铭文中的"膚"作"莒",认为能原镈铭文记录的是越国主持的莒、邾分界会盟,称该器作"越、莒、邾盟辞镈(钟)"。参见氏著《"能原"镈铭文初探》,《东方博物》创刊号,杭州大学出版社1997年版;《再论"能原"镈》,《故宫博物院院刊》1999年第3期。

续表

活动	时间	出处
越国与三晋联兵伐齐	朱句八年(前441)	清华简《系年》
赵狗率军与越王朱句联兵伐齐,越师与宋军在襄平大败齐军	朱句十九年(前430)	清华简《系年》
灭滕	朱句三十四年(前415)	古本《竹书纪年》
灭郯	朱句三十五年(前414)	古本《竹书纪年》
越与三晋谋划伐齐,齐国请成,越王翳与齐侯贷、鲁侯衍盟于鲁稷门之外。	翳五年(前407)	清华简《系年》
灭缯	翳八年(前404)	《战国策·魏策四》
削莒		《墨子·非攻中》、《战国策·齐策五》①
伐齐		《说苑·立节》

第三节 秦汉政治、民族、文化融合背景下的越文化

秦汉帝国时代的出现是中国历史的重要转折,对于诸如越地这样的边裔而言,进入秦汉时代不但意味着政权的更迭,更意味着民族成分的换血以及文化的转型。可以说,越文化在秦汉以后的变化是剧烈的,也是相当典型的。然而目前学术界对秦汉越文化转型的探讨尚较缺乏,而以此个案为突破口探究秦汉帝国的政治、民族、文化扩张,无疑具有启示意义。

一、秦帝国的统一及越地纳入帝国版图的开端

根据《史记·秦始皇本纪》,秦始皇二十五年(前222)"王翦遂定荆江南地,降越君,置会稽郡"。这一事件,极大地改变了越文化的历史进程,越地由此纳入到统一帝国的版图之中。越文化自此进入到越地文化阶段,这一阶段延续至今。越地文化实际上是越地土著文化与汉族文化融合的产物。秦帝国对越地的统治,主要从政治、种族、思想文化等方面着手,对越

---

① 另越王剑铭文"越自莒"或指越国据琅邪取莒地,参见董珊《吴越题铭研究》,科学出版社2014年版,第61页。

地文化进行了一次"洗牌"。

在此之前,虽然有文献记载说明越国是夏、商、周中央王权的封国,但毕竟史料缺乏且语焉不详,难以落实。即便越国在三代业已成为中原王朝的封国,中原王朝对其统治力与影响力亦极为有限。但秦帝国兼并越地则不同,越地正式成为中央王朝的一部分。更为重要的是,随着政治层面地缘管理的正式确立,秦帝国向全国推行郡县制,分天下为36郡,强调政治权力的高度统一,"平定天下,海内为郡县,法令由一统"①,越地纳入了会稽郡的政治区划。秦代的会稽郡,事实上包括吴越之地,领县24,郡治设在吴,即今苏州②。自勾践灭吴之后,越文化中心地便成为吴越地区的主要政治中心,而此时越文化中心地丧失了越国时期的政治地位,这或许出于秦帝国的有意安排。事实上,秦始皇对越地土著一直十分忌惮。旧时越国定都之地,此时改称"山阴"。《越绝书·外传记吴地传》云:"后十六年,秦始皇并楚,百越叛去,更名大越为山阴也。"所谓"山阴",指会稽山之北。《会稽土地志》云:"邑在山阴,故以名焉。"③这已经是一个纯汉语的地名了。秦朝在当时的会稽郡下设二十余县,多保留越语旧名。像郡治苏州,当时仍称"吴",是对旧地名的保留。而越文化中心地"越"的指称被人为抹煞了,并替换以纯粹的汉语地名,可见秦朝"去越国化"的意图。直到隋大业元年(605)设立越州,越文化中心地才重新与"越"这一徽记联系在一起。

在越地设郡县,是为政治的一统。

东南地区的越人,对于秦人而言似乎是"非我族类",秦王朝并不容许土著居民继续生活在越文化中心地,遂将他们迁往他处。关于这一事件,主要见诸《越绝书》。目前学术界有两种较为极端的意见:一是认为此后越地"换了人间",不再有越人后裔;二是不相信有如此大规模移民的发生。我们在前文已经根据分子人类学的研究成果指出越人的特征性遗传因素在今天的江浙一带仍有不小的比重,当年的不少越人已经融入到汉族大家庭中了。所以说今天越地的主体仍是越人后裔是不适宜的,而认为越地种族彻底换血也是难以成立的。从汉墓看,保持越人色彩的土著仍占不小的

---

① 《史记》卷六《秦始皇本纪》。
② 这一格局为西汉所延续。汉初越地的郡县制度曾一度削弱,景帝四年(153)以后恢复会稽郡的建置。
③ 《世说新语·言语》刘孝标注引。

比重。需要注意的是,所迁对象是"大越民",指的是越文化中心地的居民;迁徙目的地是"余杭、伊攻、□故鄣"①、"乌程、余杭、黝、歙、无湖、石城县以南"②,是偏离越文化中心地的地域;迁入者是"天下有罪適吏民",主要是罪犯,目的是"以备东海外越"③。可见,此次迁徙没有令越人长途跋涉,只是让他们迁出此前越国的政治中心,促成越文化中心地的族群大换血。其目的是防备海外越人来犯,《宋书·符瑞上》载"秦始皇帝曰:'东南有天子气。'于是东游以厌之",秦王朝对越国故地凶悍的越人心存忌惮。如此一来,这一事件的始末基本得以厘清。一方面迁出当地居民,社会生产自然遭遇破坏④;一方面以素质相对较差的移民填入,越文化中心地的政治地位一落千丈,会稽郡的治所实际上在吴地。事实上,以戍卒作为填充边裔的主力军,可以说是秦人的一贯政策——他们甚至可以说是"汉族"扩张的主力军。

对越地进行民族结构调整和人口扩张,是为民族的融合。

《越绝书·外传记吴地传》云:"秦始皇帝刻石徙之。"所刻之石即著名的"会稽刻石",是礼仪和权力宣示的形式⑤。秦始皇三十七年(前210),秦始皇"上会稽,祭大禹,望于南海,而立石刻颂秦德"⑥。石刻说明此行目的是"遂登会稽,宣省习俗,黔首斋庄",要求"皆遵度轨,和安敦勉,莫不顺令"。石刻曰:

> 饰省宣义,有子而嫁,倍死不贞。防隔内外,禁止淫泆,男女絜诚。
> 夫为寄豭,杀之无罪,男秉义程。妻为逃嫁,子不得母,咸化廉清。

"防隔内外,禁止淫泆"云云似乎是针对越地土著居民的习俗⑦。在当时的

---

① 《越绝书》卷八《外传记地传》。
② 《越绝书》卷二《外传记吴地传》。
③ 《越绝书》卷八《外传记地传》。
④ 陈桥驿先生曾指出:"经过秦始皇的这一番折腾,原来的越人全部驱走,而从北方移入的填补者估计素质不高,人烟稀少,生产停滞,经济萧条,城市当然得不到什么发展。"参见陈桥驿、颜越虎《绍兴简史》,中华书局2004年版,第37页。
⑤ 程章灿:《传统、礼仪与文本——秦始皇东巡刻石的文化史意义》,《文学遗产》2014年第2期。
⑥ 《史记》卷六《秦始皇本纪》。在《越绝书》等地方文献以及民间传说中,秦始皇此次"上会稽"除留下一系列地名与传说外,亦影响巨大。
⑦ 参见顾炎武《日知录》卷一三《秦纪会稽山刻石》。或以为与秦始皇晚年诅咒淫行的心态有关(参见林剑鸣《秦始皇会稽刻石辨析》,《学术月刊》1994年第7期),而与越地民俗无关(参见林剑鸣《会稽"淫风"考》,《历史研究》1995年第1期)。

北方人士看来,南方广大地区尚未开化,还不是"文明"的乐土。以中原人士的眼光来看,越地土著的习俗"淫泆",是不合时宜的,故强制推行自己的观念。秦代以吏为师,强化律令与教化。秦始皇在会稽山立会稽刻石,便力图推行北方人士的伦理道德,即所谓"行同伦"。

秦代的另一个举措是"书同文"。战国时代的列国文字愈显混乱,其中越国的文字主要是鸟篆书(鸟虫书)。鸟篆书在楚、吴、越、蔡、宋诸国皆有发现,而以越国为多。越国鸟篆书的载体除了绍兴义桥所出越王矛系石器之外,基本是青铜器。鸟篆书虽然缘饰鸟形图案,但仍属于汉字系统。秦代统一文字则以小篆通行天下,罢与小篆不合者,不但推广字书,还以小篆书写多处石刻,会稽刻石便是一例。至于越地的古越语,亦逐渐为北方语言所取代,趋于融合。

上述为思想文化的统一。

此外,秦朝统一度量衡,车同轨,重视农业生产,推行封建土地私有制。越地的土地制度文献阙如,秦王朝当也将封建土地制度的蓝图铺展在越地,以达到碣石刻石所谓"男乐其畴,女修其业,事各有序。惠被诸产,久并来田,莫不安所"的效果。是为经济的统一。

通过上述政治、心理素质、语言文字、经济诸方面的统一,民族共同体逐渐形成。包括越地在内的中国版图,开始走向统一的、以汉文化为主体的发展道路。

秦代二世而亡,秦末的战火由大泽乡的九百戍卒点燃。戍卒是秦王朝征服全国的重要工具,也是进行人口扩张的主要武器——其中便包括对越地的征服。但秦王朝最终在戍卒中覆亡,这无疑是极具讽刺意味的。秦末争战的主角是项羽与刘邦。秦代会稽郡的吴故地部分在战国时期便属于楚国,它也是楚人后裔的项羽的起兵之地。秦始皇忌惮东南的势力,除了顾忌越人,更顾忌楚人。在越地,世代流传着项羽避难山阴的传说。嘉泰《会稽志·拾遗》载:"项里山在山阴县西南,《华氏考古》云项梁与籍居此,故得名。"不过《史记·项羽本纪》明言项羽"避仇吴中",所谓"俗称"未必可靠。吴中在今苏州一带,当时属会稽郡,或辗转讹传为项羽避仇山阴。此外,嘉庆《山阴县志·人民》说"厉狄(与项羽起山阴)",亦难落实。《史记·项羽本纪》倒记载了秦始皇渡浙江游会稽时项羽说出了"彼可取而代也"的豪言。当时项羽的确有可能活动在越文化中心地一带。在秦末揭竿潮流中,相传为勾践之后的闽越王无诸及东海王(东瓯王)摇也参与了反秦斗争,后为汉室所封。这是越人又一次活跃于政治舞台,不过仍以被西汉统一大潮吞没而告终。

二、西汉时期越地文化低潮期的延续

秦朝虽然国祚短暂,但令越地的政治、经济、文化、民族成分格局为之一变,可以说发生了天翻地覆的变化。在此背景下,越文化进入了低潮期,越地几乎淡出了人们的视线。

在前文讨论历史地理环境对越地社会风尚的影响时,我们已经指出从越国文化到越地文化,完成了从尚武任气到文雅温润的转捩,从断发文身到衣冠文明的转捩,从神巫淫祀到民间宗教杂糅崇拜的转捩。但这一过程在秦代、西汉是否已经实现仍是值得进一步讨论的事情。据董楚平先生研究,这一过程在西汉中期已基本完成[1]。但从墓葬形制看,西汉中期越地的一些墓葬饰米字纹、麻布纹的印纹坛仍有所见[2]。在西汉时期,越地的汉墓仍存在多元混合的情况,既有楚文化特征的墓葬,也有越人土著特征的墓葬(如延续了原始青瓷、印纹陶陪葬的习俗),同时来自汉族的墓葬也源源不断地进入越地。越地汉墓经历了由多元而一统的发展轨迹,"汉化"大潮不可阻挡。由于越地的土著仍占一定比重,虽然秦与西汉对越地推行全面的文化同化政策,但仍难以在短时间内彻底改变越地固有的思想文化。

与此相关的是本时期越文化地域特性的问题。随着统一帝国的扩张,包括越文化在内的地域文化是否被彻底消磨个性而趋于同一面目?虽然中央王朝实行政治、经济、文化的统一乃至文化的同化,但当地根深蒂固的文化底层仍发生作用,并在新的条件下强化其地域性。故秦汉以降文化的统一,实为多样化的统一。

在社会经济方面,此时仍然延续了越国时代的一些优势产业。

在西汉,越地仍是"楚越之地,地广人希,饭稻羹鱼,或火耕而水耨,果隋蠃蛤"的局面,当时的生产力发展与北方相比显得落后,但也是"无冻饿

---

[1] 董楚平:《汉代的吴越文化》,《杭州师范学院学报》(人文社会科学版)2001年第1期。
[2] 中国社会科学院考古研究所编:《中国考古学·秦汉卷》,中国社会科学出版社2010年版,第478页。

之人,亦无千金之家"①。据《汉书·地理志》,西汉元始二年(2)会稽郡户223038,口1032604。但当时会稽郡领县26,人口密度还是相当小的。当时会稽郡南部每平方公里人口密度为0.32人,北部为14.28人②,较之济阴261.95人的人口密度,自然算是"地广人希"。由于地广人稀,开发不足,秦、西汉之际越地的谷物种植不甚发达。有学者认为稻到秦汉时代才在江南比较普遍地种植起来③,却是很难说合乎事实的。稻谷是越地人民的主要食粮,稻作农业是越地农业之大宗。越地是世界水稻的重要起源地,越地的稻作农业要追溯到近万年前的上山文化,历河姆渡文化、马家浜文化、崧泽文化、良渚文化、马桥文化而不绝。越国时期,稻作农业继续向前发展,不但产量可观,还出现了青铜农具。据《越绝书》等文献,当时越国筑塘治田,兴修水利,保证了稻作农业的持续发展。在秦、西汉,虽然越地的生产遭到破坏,但稻作农业仍延续了下来。

冶铸业在越国时期是优势产业④,越国时期已经开始冶铁⑤,这也得到了考古发掘的证实。陈桥驿先生曾断言:"按国内各族的情况进行比较,越国时代冶铁是不可能的。"⑥但事实上,在越国时代越地的确已兴起了冶铁业,与中原诸国并肩步入"铁器时代"。或许是因为越地的社会经济遭到破坏,汉代的铁官与冶铁遗址,会稽郡并不在列。自汉以降,越地成为中国重要的铸镜中心。当时越地铜镜以神兽镜及画像镜著名,是为时人重要的生活用具。绍兴一带铜镜发现甚多,几乎每一个镇都有出土。一直到唐代,越地都是中国铸镜业的中心,因此有"天下铜镜出会稽"之说。

此外,《淮南子·原道训》谓"越生葛絺",这一传统至少要追溯到越国时代。由于越地的舟船制造业发达,历史悠久,故在西汉时期为水军提供

---

① 《史记》卷一二九《货殖列传》。
② 葛剑雄:《西汉人口地理》,人民出版社1986年版,第98页。
③ 林剑鸣等:《秦汉社会文明》,西北大学出版社1985年版,第201页。
④ 越国的青铜器多为兵器和农具,这与中原青铜器以礼器为主不同。越国的青铜兵器有剑、矛、戈、镞等,青铜农具有犁、锄、铲、镰、耨、钁等,而以农具居多,青铜农具在当时的农业生产中业已占据重要的位置。越国青铜兵器最为世人称道者无疑是青铜剑。目前已发现的东周时期青铜剑数以千计,而独以越剑最为精良。
⑤ 《越绝书·外传记宝剑》载:"欧冶子、干将凿茨山,泄其溪,取铁英,作为铁剑三枚:一曰龙渊,二曰泰阿,三曰工布。……当此之时,作铁兵,威服三军。天下闻之,莫敢不服。此亦铁兵之神,大王有圣德。"《吴越春秋·阖闾内传》云:"干将作剑,来五山之铁精,六合之金英。"
⑥ 陈桥驿、颜越虎:《绍兴简史》,中华书局2004年版,第115页。

了重要支持①。所谓"会稽稻米清"是越地出产的酒,这一传统也要追溯到越国文化乃至先越文化阶段。越地也是重要的海盐产区,西汉盐官,会稽郡有海盐一处。再如越国时期原始青瓷的创造,在汉代也得到进一步发展,并最终孕育出早期的瓷器。在秦汉时期,越文化中心地的商业贸易并不发达②,这与当时越地农业生产、手工业生产相对薄弱有关。

与秦代相比,西汉进一步统一意识形态,罢黜百家,独尊儒术,并将儒家的伦理教化推广到包括越地的广大疆土,以达到"下务明教化民,以成性也;正法度之宜,别上下之序,以防欲也"③的目的。越地在西汉虽然思想文化仍然薄弱,几乎是当时中国的一个盲区,但在西汉帝国思想文化统一的步伐之下,越地亦渐为同化。如汉元帝、汉成帝时期的山阴人陈嚣,以仁义孝行著称于世,"每朝请,上常待以师傅之礼"④。需要指出的是,在西汉之前,即便是中原地区普遍有尚武的习气,粗犷的民风并非越地的私产。西汉统一意识形态,是就全国而言的,只不过越地的地域性更为突出,故西汉前后的风尚迥异。

西汉时期有一批新的移民进入越地。《汉书·武帝纪》载:"(元狩)四年(前119)冬,有司言关东贫民徙陇西、北地、西河、上郡、会稽凡七十二万五千口。"清人王鸣盛估计迁入会稽郡的为数约145000人⑤。如郑吉之父"本齐国临淄人,官至蜀郡属国都尉。武帝时,徙强宗大姓不得族居,将三子移居山阴,因遂家焉。长子吉,云中都尉、西域都护,中子兖州刺史,少子举孝廉,理剧东部侯也"⑥。郑氏为大族,到东汉仍有较大的影响力。上述移民的到来,不但丰富了越地的劳动力,也有助于优化越地人口结构。

三、东汉时期越地文化的第一次突进

东汉顺帝永建四年(129),吴会分治,会稽郡析为吴郡与会稽郡两郡,基本以今钱塘江为界。越文化中心地的地位再度凸显,越文化实现了一次突进。由于政治的需要与社会经济的发展,会稽郡的行政区划作了新的调

---

① 参见《史记·东越列传》、《汉书·朱买臣传》的相关记载。
② 参见林剑鸣等《秦汉社会文明》,西北大学出版社1985年版,第149页。
③ 《汉书》卷五六《董仲舒传》。
④ 《太平御览》卷四七四引虞预《会稽典录》。
⑤ 《十七史商榷》卷九。
⑥ 《后汉书》卷三三《郑弘传》李贤注引谢承《后汉书》。

整。此时山阴县成为会稽郡的郡治,下辖山阴、上虞、诸暨、剡等12县,再度成为浙东的政治、经济、文化中心。

终秦、西汉两代,越地始终籍籍无名,似乎为史册所遗忘。在秦汉中央集权、强干弱枝的背景下,越地虽已纳入帝国版图,但在人们眼中仍是化外之域。情况到西汉末年开始有了转机。西汉末年黄河流域出现了长达数十年的混乱,"战斗死亡,缘边四夷所系虏,陷罪,饥疫,人相食,及莽未诛,而天下户口减半矣"①,"汉二百年而遭王莽之乱,计其残夷灭亡之数,又复倍乎秦、项矣"②,中国人口锐减到原来的一半以上,并导致移民潮的发生以及人口格局的重大改变。到东汉,长江流域的人口已经增长了50%,在中国总人口的比重翻了一倍。西汉末年的乱局,令黄河中下游的社会经济遭受破坏,并引发了移民潮。其中,越地也是移民潮的目标之一。《后汉书·任延传》载:"更始元年,以延为大司马属,拜会稽都尉。……时天下新定,道路未通,避乱江南者皆未还中土,会稽颇称多士。"此次移民潮,不同于秦、西汉时期的政府强制移民,而是因战乱引起的自发移民,可以说是中国人口重心南移的开端。更为重要的是,记载中的移民是"士",我们不知道当时移民潮中平民的比例,但上层精英的到来显然改变了越地的人口结构,非秦代"有罪適吏民"所可比拟。据记载,这些在乱世移居越地的士人大多没有迁回中原,在任延上任后"皆聘请"。新上任的会稽都尉提拔这些避居越地的中原士人,使他们自此在越地安居,这一举措无疑影响深远。《任延传》又云:"延到,皆聘请高行如董子仪、严子陵等,敬待以师友之礼。"严子陵名严遵,又名严光,东汉初会稽余姚人。其少有高名,与刘秀同游学。刘秀(光武帝)即位后,严子陵隐居富春山,其"先生之风"③为后人所重。鲁迅先生《会稽先贤传》辑本注云:"沈钦韩《疏证》云:董斯张曰:'光本新野人,避乱会稽。'《任延传》云:'天下新定,道路未通,避乱江南者皆未还中土,会稽颇称多士。延为会稽都尉,如董子仪、严子陵皆待以师友之礼。'以此证之,子陵非会稽人明矣。"④不过也有学者指出从《任延传》看,"似难

---

① 《汉书》卷二四《食货志》。
② 《后汉书》卷四九《仲长统传》。
③ 范仲淹:《桐庐郡严先生祠堂记》,《范文正公文集》卷三。
④ 参见《鲁迅全集》第8卷,人民文学出版社1973年版,第13页。

证明严遵是在西汉末迁入会稽的"①。此外,会稽乌伤杨氏也是在东汉初才来到越地的。杨璇"高祖父茂,本河东人,从光武征伐,为威寇将军,封乌伤新阳乡侯。建武中就国,传封三世,有罪国除,因而家焉"②。

东汉一代,越地的人口结构得到空前的优化。外来人口的作用至关重要,主要包括南迁士族、南迁平民、所封王侯与所封循吏。循吏对越地移风易俗作出了巨大贡献,如《后汉书·第五伦传》记载:

> 会稽俗多淫祀,好卜筮。民常以牛祭神,百姓财产以之困匮,其自食牛肉而不以荐祠者,发病且死先为牛鸣,前后郡将莫敢禁。伦到官,移书属县,晓告百姓。其巫祝有依托鬼神诈怖愚民,皆案论之。有妄屠牛者,吏辄行罚。民初颇恐惧,或祝诅妄言,伦案之愈急,后遂断绝,百姓以安。

越地好淫祀的习俗至东汉仍很盛行,乃至影响农业生产。第五伦的举措,不但有利于农业生产,更有助于民智的开化。其他循吏,如"一钱太守"刘宠"下车以来,狗不夜吠,民不见吏"③,太守马臻围筑鉴湖利在千秋却因逸身死,均为后世所尊崇。张霸"永元中为会稽太守,表用郡人处士顾奉、公孙松等。奉后为颍川太守,松为司隶校尉,并有名称。其余有业行者,皆见擢用",注重选拔人才,以至于"郡中争厉志节,习经者以千数,道路但闻诵声"④,学儒之风大盛。沈勋较为特殊,既是会稽山阴人,又是会稽太守。到南宋其故居尚存,嘉泰《会稽志·寺院》载:"光相寺,在府西北三里三百七步,后汉太守沈勋公宅。"越地百姓对诸循吏的尊重,自有传统。

此外,西汉时期乃至先秦定居于此的人群也发挥重要作用,如郑弘系西汉郑吉的从孙,郑氏依然显赫。一方面是循吏宣教,教育兴起,一方面是北方士人南下,于越地安居,越地的文化事业逐渐走上正轨。当时越地已有"学官"⑤,大学者王充"八岁出于书馆"⑥,并曾"归乡里,屏居教授"⑦。

---

① 傅振照等辑注:《会稽方志集成》,团结出版社1992年版,第19页。
② 《后汉书》卷三八《杨璇传》。
③ 《后汉书》卷七六《刘宠传》。
④ 《后汉书》卷三六《张霸传》。
⑤ 《后汉书》卷七七《黄昌传》。
⑥ 《论衡》卷三〇《自纪》。
⑦ 《后汉书》卷四九《王充传》。

第三章　上古时期越文化的历史发展

东汉时期越地经学氛围渐浓。如董昆"少游学,师事颍川荀季卿,授《春秋》,治律令,明达法理"①,赵晔"诣杜抚受《韩诗》"②,陈修"少为郡干。受《韩诗》、《穀梁春秋》"③,黄昌"本出孤微。居近学官,数见诸生修庠序之礼,因好之,遂就经学。又晓习文法"④,淳于长通"年十七说《宓氏易经》,贯洞内事万言,兼《春秋》,乡党称曰圣童"⑤,綦毋俊"少治《左氏春秋》"⑥,曾上书举荐王充的谢夷吾亦擅于《春秋》,庆氏在汉代则以传《礼》著称。当然,较之中原地区,越地经学研究的风气相对薄弱。当时越文化中心地是东南地区的学术中心,已有学者指出自东汉时期越地士人逐渐从事于经学研究,且当时治经的风气仍以与阴阳灾变、图谶候纬之类的方术相结合为一般特点⑦。此外,越地有德行之人辈出,"忠臣系踵,孝子连间,下及贤女,靡不育焉",如陈业"絜身清行,志怀霜雪"、"高邈妙踪,天下所闻"⑧,董黯以孝闻名乡里,"建武十四年,会稽大疫,死者万数,(钟离)意独身自隐亲,经给医药,所部多蒙全济"⑨,曹娥孝行更是为世人所重。

通过梳理正史与方志,示列东汉时期主要越地贤人简表如次:

东汉越地贤人一览表

姓名	籍贯	任职	出处
严遵	余姚	谏议大夫	《后汉书》卷八三、《会稽先贤传》
董昆	余姚	楚郡太守、司农帑丞、巨鹿太守	《会稽先贤传》、《会稽先贤赞》、《会稽典录》、谢承《后汉书》
綦毋俊	上虞	交趾刺史(或谓交州刺史)	《会稽先贤传》、《会稽先贤赞》、《会稽典录》
淳于翼		洛阳市长	《会稽先贤传》、《会稽典录》
沈勋	山阴	会稽太守	《会稽先贤传》、《会稽典录》
陈业	上虞		《会稽先贤传》、《会稽典录》

---

① 《太平御览》卷六三八引《会稽典录》。
② 《后汉书》卷七九《赵晔传》、《太平御览》卷五五六引《会稽典录》。
③ 《太平御览》卷三九三引《会稽典录》。
④ 《后汉书》卷七七《黄昌传》。
⑤ 《太平御览》卷三八五引《会稽先贤传》。
⑥ 《百越先贤志》卷二引黄恭《交州记》。
⑦ 沈善洪主编、费君清执行主编:《浙江文化史》上册,浙江大学出版社2009年版,第19页。
⑧ 《三国志》卷五七《吴书·虞翻传》裴松之注引《会稽典录》。
⑨ 《后汉书》卷四一《钟离意传》。

续表

姓名	籍贯	任职	出处
茅开	余姚	会稽郡督邮	《会稽先贤传》
钟离意	山阴	会稽郡水部督邮、大司徒等	《后汉书》卷四一、《会稽典录》
郑弘	山阴	淮阴太守、尚书令、大司农等	《后汉书》卷三三、《会稽典录》
盛吉	山阴	廷尉、司徒等	谢承《后汉书》、《会稽典录》
孟英	上虞	决曹掾	《会稽典录》
孟尝	上虞	会稽郡曹史、合浦太守等	《会稽典录》、《后汉书》卷七六
梁宏	句章	主簿	《会稽典录》
郑云	句章	主簿	《会稽典录》
谢夷吾	山阴	荆州刺史、巨鹿太守等	《后汉书》卷八二、《会稽典录》
王充	上虞	功曹	《后汉书》卷四九、《会稽典录》
赵晔	山阴	县吏	《后汉书》卷七九、《会稽典录》
董黯	句章		《会稽典录》
曹娥	上虞		《后汉书》卷八四、《会稽典录》
高丰			《会稽典录》
任光	鄞县	主簿	《会稽典录》
黄昌	余姚	宛令等	《后汉书》卷七七、《会稽典录》
王修	句章	扬州从事	《会稽典录》
杨璇	乌伤	尚书侍郎等	《后汉书》卷三八、《会稽典录》
戴就	上虞	仓曹掾	《后汉书》卷八一、《会稽典录》
周规		功曹、临湘令	华峤《后汉书》、《会稽典录》
陈修	乌伤	豫章太守	《会稽典录》
魏朗	上虞	彭城令等	《后汉书》卷六七、《会稽典录》
骆俊	乌伤	陈相	谢承《后汉书》、《会稽典录》
陈宫			《会稽典录》
虞国	余姚	日南太守	《会稽典录》
虞歆	余姚	郡守	《会稽典录》
周昕		丹阳太守	《会稽典录》

可见,东汉时期的越地人士不少在全国政治舞台崭露头角,且涉及学术、德行、政治、文学诸方面。东汉的越地文化,与秦、西汉近乎空白的情况迥然不同。王充无疑是本阶段越地思想学术的杰出代表。据《后汉书·王充传》及《论衡·自纪》,王充先祖本魏郡元城人,祖先从军有功,封会稽阳亭,父诵时举家迁上虞,可见王充也是移民后裔。东汉之时,谶纬盛行,王充认为"俗儒守文,多失其真"①,即著《论衡》以"疾虚妄"②。王充认为元气是宇宙的基本组成,批判谶纬之虚妄,驳斥怪异之说,强调对知识的理性验证。王充敢于批判当时的主流思想,《论衡》一书有着浓郁的批判意识,其理性精神匡正时谬且"下开魏晋"③,其所反映出的朴素唯物论与无神论无疑是中国哲学史上耀眼的一笔。

在此期间,越地还出现了两部演绎越国历史的著作,分别是《越绝书》与《吴越春秋》,它们分别开地方志、小说之先河。《越绝书》原本25卷,今存15卷,是在郡国之书编纂之风兴起的历史背景下编辑成册的。《越绝书》作者问题尚无定论,其成书于东汉,然有不少战国时期的材料。毕沅于乾隆《醴泉县志序》、洪亮吉于乾隆《澄城县志序》均指出:"一方之志,始于《越绝》。"《吴越春秋》系东汉赵晔所著,原本12卷,今存10卷,多因袭《越绝书》之史事。其文学价值不菲,可谓开历史演义小说之先河,然史料价值难以与《越绝书》相比。

东汉时期不但文化趋于繁荣,社会经济也得到进一步发展。封建土地制度进一步推广,著名的建初买地摩崖石刻在绍兴富盛镇东北3公里,刻于建初元年(76),内容为:"大吉昆弟六人共买山地建初元年造此冢地直三万钱。"④反映了土地私有制的情况。东汉永和五年(140),会稽郡领县14(治山阴),户123090,口481196⑤。当时吴、会两郡每平方公里人口密度由西汉末的4.54增至11,西汉末年会稽郡(除冶、回浦两县)在全国共103个郡或封国中人口密度居第54位,东汉中期吴、会两郡(除章安和永宁县)在全国共106个郡及属国中居第42位⑥,越地在全国的人口比重大大提高

---

① 《后汉书》卷四九《王充传》。
② 《论衡》卷二〇《佚文》。
③ 钱穆:《中国思想史》,台湾学生书局1985年版,第118页。
④ 彭云、葛国庆:《汉刻重宝——建初买地摩崖》,《东南文化》2005年第4期。
⑤ 《后汉书》卷二二《郡国志》。
⑥ 陈国灿、奚建华:《浙江古代城镇史》,安徽大学出版社2003年版,第48页。

了。由于人口的增长和人口结构的优化,越地的农业、手工业得到进一步发展。越地的优势产业——纺织业逐渐受到中原人士的重视。陆续"美姿貌,喜着越布单衣,光武见而好之,自是常敕会稽郡献越布"①,越布成为贡品。《后汉书·明德马皇后传》载:"及帝崩,肃宗即位,尊后曰皇太后。诸贵人当徙居南宫,太后感析别之怀,各赐王赤绶,加安车驷马,白越三千端,杂帛二千匹,黄金十斤。"李贤注:"白越,越布。"越布为时人所推重。在东汉,上虞小仙坛、余姚上林湖等地的窑址已开始烧制著名的青瓷器,此期间越地还出现了黑瓷。随着社会经济的发展、人口的增多,会稽郡最终一分为二,越文化中心地重新成为浙东首府。

鉴湖湖堤的修筑是汉代越地的一件大事。鉴湖湖堤的修筑系东汉顺帝永和五年(140)由会稽郡太守马臻所主持,时在吴、会分治之后12年,也是《后汉书·郡国志》所载会稽郡人口数的对应年份。鉴湖是属于湖泊蓄洪和洼地蓄洪一类的水利工程,工程的主要部分是围堤,并辅以涵闸排灌设备。根据记载,鉴湖湖堤以会稽郡城为中心,分为东西两段:东段自五云门至曹娥江,长72里;西段自常禧门至浦阳江,长55里,全长达127里②,"若水少则泄湖灌田,如水多则闭湖泄田中水入海,所以无凶年。堤塘周回三百一十里,溉田九千顷"③。鉴湖最初的名字不得而知④,《水经注》记作"长湖"、"大湖":"浙江又东北得长湖口,湖广五里,东西百三十里,沿湖开水门六十九所,下溉田万顷,北泻长江。"⑤唐时称"镜湖"⑥,宋以后鉴湖逐渐被称作"鉴湖",也正是从此时起起鉴湖因围湖而渐趋湮废。鉴湖这一人工大湖的修成是越地水利史上的重要成就,它极大地改善了越地不利的沼泽地形,惠泽后世。它上纳会稽山区三十六源之水,下溉山会平原九千顷良田,促进了越地经济生产的发展。鉴湖北面的沼泽地有了鉴湖的淡水作为坚实的后盾,次第开垦,开始从瘠薄走向丰饶,告别穷山恶水的时代。到

---

① 《后汉书》卷八一《陆续传》。
② 陈桥驿:《古代鉴湖兴废与山会平原农田水利》,《地理学报》1962年第3期。
③ 《元和郡县图志》卷二六《江南道二》。
④ 据谢承《会稽先贤传》记载,庆忌之妻避吴公子光之害逃难于此,"越人哀之,予湖泽之田,俾擅其利。表其族曰庆氏,名其田曰庆湖"。汉代为避清河王之讳,更名"镜湖"。此外,鉴湖又有贺监湖、照湖、南湖等名称。
⑤ 《水经注》卷四〇《浙江水》。
⑥ 或据任昉《述异记》谓"镜湖"之名得自轩辕氏铸镜,然此"镜湖"在今江西鄱阳。

六朝时代,良畴已达数十万顷。物阜民丰,沃野千里,已是鱼米之乡、富庶之邦。鉴湖也与会稽山一样,成为越文化中心地的重要标志物。

鉴湖的开辟,奠定了"鉴湖文化走廊"的基础。自竺岳兵、邹志方等先生倡导"浙东唐诗之路"以来①,这一诗歌之路乃至文化之路受到愈来愈多的关注。我们不妨将时间的幅度拉大,并且不独将视角放在"路线"层面,可以发现,在越文化中心地的范围内(与"浙东唐诗之路"空间范围有所交叉),在六朝时期已经形成了文化走廊,并延续至唐代以后。故此,我们拈出"鉴湖文化走廊"的概念,指涉这道上起六朝下至唐宋、以越文化中心地为中心、立体多维的文化走廊。之所以以"鉴湖"命名,一是在于东汉马臻围筑鉴湖为这道文化走廊奠定了基础,鉴湖之衰亦与文化走廊之衰同时;二是在于越文化中心地是这道文化走廊的主要范围,鉴湖流域又是越文化中心地的中心;三是鉴湖是越中山水的代表,而这道文化走廊又是以自然景观为依托的。

东汉末年又是一个乱世,到三国时期全国人口数量达到了一个低值。不少北方人士避居越地,如孔潜于东汉末年避地会稽,遂定居于此,其子孙孔愉、孔坦、孔群等均为当世才俊,孔氏渐成大族。《会稽典录》载:"沛国桓俨,为世英俊,避地会稽。"②诸如此类的移民,为越地注入了新的活力,一个以士族为文化主导的时代,亦悄然到来。

---

① 竺岳兵:《剡溪——唐诗之路》,《唐代文学研究》第6辑,广西师范大学出版社1996年版,第864—880页;邹志方:《浙东唐诗之路》,浙江古籍出版社1995年版;竺岳兵:《唐诗之路综论》,中国文史出版社2003年版。
② 《艺文类聚》卷三一引。

第四章　中古时期越文化的历史发展

第一节　"永嘉南渡"与中古越文化发展的转机

在东汉时期,越文化经历了一次突进,这是越地文化阶段的第一次突进。但东汉时期越地的开发毕竟是初步的,在六朝①尤其是"永嘉南渡"之后,越地文化进入了新的发展时期。西晋"永嘉之乱"后,世局大变。中原人士大量南迁,汉族政权的政治中心亦暂时向东南地区转移,文化重心亦随之倾斜。越地相对而言远离战乱,且吸纳了大批南迁的人口,其中包括不少世家大族。在此背景下,越地得到进一步的开发。此后的漫长时期,中国陷入了长期的分裂状态,从而造成了南、北文化差异逐渐扩大乃至对峙的格局。在此背景下,越文化借助自身有利的条件以及外部机遇,经过多元的融合,孕育出独异的文化面貌,其地域性在新时期愈加强化了。

一、"永嘉南渡"与六朝时期越地的历史发展

"永嘉南渡"无疑是本时期的一个转捩点。西晋"八王之乱"后,时任安东将军的司马睿在琅邪王氏的提议和拥戴下,南渡建邺(稍后改为建康),从者百族。当时东晋的政治中心在建康,会稽则被视为"昔之关中"②和"泱泱大邦"③,当时的地位,仅次于建康。事实上,东晋虽地占八州,但政权的稳固,主要取决于丹杨、吴、会稽三郡,其中会稽是东晋政权的战略大后方以及谷仓的所在。六朝虽当乱世,但越地乃至整个江南地区都是相对偏安的。这种安定的局面,是越文化持续发展乃至突进的重要前提。

---

①　东晋、南朝(宋、齐、梁、陈)包括之前的东吴,均定都于建康(今南京),总体而言前后相袭,史学界惯称"六朝"。六朝时代时间跨度从公元 229 年东吴建国至公元 589 年陈朝灭亡,除去中间西晋短暂统一的 37 年,共计 323 年。就全国局势而言,本时期跨越时段长,朝代更替频繁,战乱与分裂成为挥之不去的阴影,冲突与融合成为交替的主题。
②　《晋书》卷七一所载司马睿告诫行将出任会稽内史的诸葛恢之语。
③　韩康伯:《王述碑》,《全晋文》卷一三二。

会稽在春秋时期是越国的中心地带,越国对宁绍平原的开发已经取得不小的成绩,但这开发从后世的眼光来看,尚属初步。秦汉两代越地社会经济有所恢复并持续发展,尤其是东汉马臻在鉴湖流域兴造水利工程,为日后越地的大规模开发奠定了基础。东晋土地的开发以及大量北方移民的流入,是循着平原—山地—丘陵或陆地—湖海的线索进行的。太湖流域和会稽郡的平原,在孙吴政权之时,已得到开发;占据那里的,从南迁北人看来,多是土著豪族①。而会稽地区大量的山地、丘陵和湖海,可供开发和侨民居住的余地还很大。在南下移民与当地居民的共同努力之下,越地的物质文化与精神文化得到了长足的进步,并逐渐耸峙为越文化发展进程中的又一座高峰。本时期越文化经历了一次突进,表现在如下几个方面:

(一)政治地位的凸显

"永嘉南渡"之后,中国汉族的政治中心向东南转移。在此背景下,会稽得到进一步开发,社会经济发展迅速,成为东晋时期的重要都会。会稽是当时三吴(吴郡、吴兴、会稽)的腹心地带,开发潜力最大,经济最为富庶②。会稽在东晋称"国"而不称"郡",并且以郡为方镇。会稽郡治山阴是南朝户口最多、聚落最密集的县份,可谓盛极一时。"苏峻之乱"以后,建康宫殿一片狼藉,"三吴之豪,请都会稽",虽因王导力主保留建康才作罢③,但会稽在当时的显要地位可见一斑。南朝宋孝建元年(454),设东扬州,会稽即为州治。大明三年(459),一度将扬州州治从建康移至会稽。这一事件无疑反映了会稽的特殊地位,因为自晋室南渡以来,建康作为扬州州治、一国之都的地位从未撼动。会稽在六朝时被视作人阜物丰的都会,与建康东西对峙。刘宋时仅山阴一县就达"民户三万",人口居全国诸县之冠,号为"海内剧邑"④。到了陈朝,会稽郡郡治山阴县始分为山阴、会稽两县,这一举措影响深远。汉族政治中心的暂时转移,使越地的政治地位得以凸显,并极大地丰富了越地文化的内涵。

---

① 严格来说,越地的土著是越人,但自从进入越地文化阶段,越国文化的色彩逐渐淡化,旧有土著的势力逐渐减弱并被汉族同化。这里所说的土著,指的是"永嘉南渡"之前进入越地的居民;南渡之后进入的,在当世则被视为侨民。
② 王志邦:《浙江通史·秦汉六朝卷》,浙江人民出版社2005年版,第317页。
③ 《资治通鉴》卷九四;《晋书》卷六五《王导传》。
④ 《宋书》卷八一《顾觊之传》。

(二)人口的发展与民族的整合

六朝时期中国境内发生了人口的大迁移与民族的大融合,规模浩大且影响深远,决定了中国文化的总体走向。六朝时期的人口转移以东吴为第一个高峰[①],而以东晋为盛。"永嘉南渡"后,北方陷于丧乱[②],北人大量南迁,这是中国人口迁移史上罕有的大流动。首先是统治阶级的南迁,主要是贵族、官僚、地主,包括琅邪王氏、颍川庾氏、范阳祖氏、高平郗氏、谯国桓氏、陈郡谢氏在内的士族,为了维持自己的地位和利益,纷纷南下避难。由此也伴随着大量的宗族、部曲、附庸、奴仆人口的南下,普通民众也迫于战乱的压力,往南迁徙。这次北人南迁,以统治阶级为先导,以由统治阶级携带的附属人口为主体,并有大批普通民众参与。《晋书·王导传》云:"洛京倾覆,中州士女,避乱江左者十六七。"谭其骧先生在《晋永嘉乱后之民族迁徙》中指出:"若即以侨州、郡、县之户口数当南渡人口之约数,则截至宋世止,南渡人口约共有九十万,占当时全国境人口约共五百四十万之六分之一。"[③]葛剑雄先生则进一步推测在200万人左右[④]。当时移民人数占当时北方移民输出区总人数的1/8左右,意味着当时北方平均每8个人中就有1个人迁往南方。大量移民的南下使北南地区之间的人口比例发生了较大变化,由西汉时期的8∶2转变为隋朝的6∶4。隋末,全国人口总数为5000万左右,其中北方地区约3000万,南方地区则上升到2000万[⑤]。尤其是东晋创立并定都建康之后,南下者弥多。因其主要发生在西晋怀帝永嘉年间(307~311),故称"永嘉南渡"。其肇端于永嘉年间,而终于南朝宋元嘉年间(424~453),近150年之久。其中,会稽是北人南迁尤其是北方士族迁徙的重要目的地。北人南迁,为越地带来了丰富的劳动力和先进的生产技术,同时也带来了中原王朝的核心文化,这为越地物质文化与精神

---

① 虽则孙吴时期有较多人口迁往江东,一部分山越又得以归附,然其著籍户口却不及东汉旧境的三分之一。

② 《晋书·食货志》:"至于永嘉,丧乱弥甚。雍州以东,人多饥乏,更相鬻卖,奔迸流移,不可胜数。幽、并、司、冀、秦、雍六州大蝗,草木及牛马毛皆尽。又大疾疫,兼以饥馑。百姓又为寇贼所杀,流尸满河,白骨蔽野。刘曜之逼,朝廷议欲迁都仓垣。人多相食,饥疫总至,百官流亡者十八九。"《晋书·孙绰传》:"自丧乱已来六十余年,苍生殄灭,百不遗一,河洛丘、虚,函夏萧条,井堙木刊,阡陌夷灭,生理茫茫,永无依归。播流江表,已经数世,存者长子老孙,亡者丘陇成行。"

③ 谭其骧:《晋永嘉乱后之民族迁徙》,《长水集》上册,人民出版社1987年版,第219页。

④ 葛剑雄:《中国移民史》第2卷,福建人民出版社1997年版,第410—412页。

⑤ 范玉春:《移民与中国文化》,广西师范大学出版社2005年版,第32页。

文化的加速度发展奠定了基础。《通典》载:"永嘉之后,帝室东迁,衣冠避难,多所萃止。艺文儒术,斯之为盛。"①中原士族的南迁为江南带来了繁盛的文化,会稽为众多名士所青睐,当时聚居会稽的名士有王羲之、谢安、孙绰、李充、许询、支遁等人,可谓群贤毕至。越地一时文风鼎盛,世所艳称。如著名的兰亭雅集,荟萃当世名士,陈桥驿先生便指出即便是在当时的首都建康,恐怕也摆不出这样的场面来②。绍兴向有"名士乡"之称,为名士渊薮,而这一传统的奠定不能不追溯到"永嘉南渡"之后的士族南迁。如果说西汉末年中原的世家大族为越地带来了中原核心文化的火种,那么"永嘉南渡"后已在越地形成燎原之势。六朝时期,也是汉族与越地土著进一步融合的时期。在此期间的少数民族主要有山越,他们主要是越人遗裔。《资治通鉴》载:"丹杨山越围太守陈夤,夤击破之。"③胡三省注云:"山越本亦越人,依山阻险,不纳王租,故曰山越。"六朝尤其是东吴时期,东南政权与山越之关系错综复杂,山越时附时叛。作为东吴的心腹之患,山越一度成为牵制东吴扩张的掣肘。东吴多次征山越为兵,见于记载者前后达40余万之众,其余则成为郡县编户。山越遗裔大多为汉人所同化,直到今天,浙江地区带有越人血统的汉族尚有26%的比例,其中一部分当是在六朝时期融入汉族主体的。

需要注意的是,六朝越地虽然得到开发,也吸引了大批移民,同时在"侯景之乱"前没有大的丧乱,但著籍户口却远小于东汉,参看以下几个数据:

东汉永和五年(140),会稽郡领县14,户123090,口481196④;
西晋太康初年(280~289),会稽郡领县10,户3万⑤;
南朝宋大明八年(464),会稽郡领县10,户52228,口348014⑥。

南朝刘宋朝的人口繁盛,《元和郡县图志》引裴子野《宋略》云:"会稽山阴,编户三万,号为天下繁剧。"⑦光是会稽山阴,编户便有三万,《宋书·顾

---

① 《通典》卷一八二《州郡》。
② 陈桥驿、颜越虎:《绍兴简史》,中华书局2004年版,第42页。
③ 《资治通鉴》卷五六《汉纪》。
④ 《后汉书》卷二二《郡国志四》。
⑤ 《晋书》卷一五《地理志下》。
⑥ 《宋书》卷三五《州郡志一》。
⑦ 《元和郡县图志》卷二六《江南道二》。

觊之传》、《宋书·江秉之传》亦有相关记载。《南齐书》谓"山阴一县,课户二万"①,"课户"仅指承担赋役的正户。在宋末齐初,"山阴户众难治,欲分为两县"②。但当时会稽内部的人口分布并不平衡,余姚、鄞、鄮等县即人口相对较少,这些县主要在今天的宁波范围,宁波一带尚未崛起。

六朝越地著籍人口相对偏少,与本时期士族文化的发展密切相关。大量"私属"的存在,导致政府掌握著籍人口的减少。根据桓温上疏内容看③,这一情况的确存在。东晋时"豪族多挟藏户口,以为私附"的现象已经十分严重,山遐任余姚令时"绳以峻法,到县八旬,出口万余"④,这可以说是相当惊人的。此外,繁重的赋役、大量的僧侣也造成了著籍户口偏少。梁代的"侯景之乱",则确乎造成了越地人口的急剧下降,乃至"天下户口减落","东境户口空虚"⑤。"自巴陵以下至建康"竟"人户著籍,不盈三万"⑥,不及此前的山阴一县。此后著籍人口失落⑦,以至于长期未能恢复。

(三)越文化发展趋向多元化

六朝也是中国历史上一个思想大解放的时期。在此期间,佛学、道家、儒家、玄学等学说兼容并蓄,互相渗透,多元共生,奠定了中国哲学思想的基本格局。这一特点,在江南地区表现得尤为明显。越族文化与汉族文化经过融合,催生出新的文化面貌。北方文化与南方文化经过交融和互动,呈现出更加多姿的色彩。此时中外交流也有所加强,带来了新的文化气息。而社会结构中士族、庶族等的对立碰撞,则为当时社会经济的进步带来了生机。总之,在此期间,越地文化因不同文化的碰撞而趋向多元化,呈现出多元互摄的文化面貌。

文化在一地的发展,要而言之,取决于三层因素:一是此地的历史文化传统与当世社会发展之需的结合度,二是当世一般文化的发展对上层主流文化的渗透力,三是外来强势文化与当地文化的融合度和影响力。越地从

---

① 《南齐书》卷四六《顾宪之传》。
② 《南齐书》卷五三《沈宪传》。
③ 《晋书》卷九八《桓温传》。
④ 《晋书》卷四三《山遐传》。
⑤ 《梁书》卷三八《贺琛传》。
⑥ 《南史》卷八《梁纪下》。
⑦ 《通典·食货七》:"梁武之初,亦称为理,及精华耗竭,贪地邀功,侯景逆乱,竟以幽毙。元帝惨虐,骨肉相残,才及三年,便至覆灭,坟籍亦同灰烬。户口不能详究。"

历史文化传统的角度而言,既是传说中大禹的归葬之处又是越国的故地;从当世一般文化的角度而言,越地文化的创造力在东汉之时就赢得中原有识之士的褒扬,但由于地处"卑薄之域"而难以畅达和提高,东晋初期土著四大家族的文化基础既与东汉前后当地特异的文化创造传统相关,但更多的是远承中原儒学文化的结果;从外来强势文化的角度而言,侨民中的豪门士族,其文化形象是中原文化、强势文化和时代文化的结合体。经过汉晋之际的文化嬗变和社会动荡,代表中国文化传统的中原文化在东晋业已出现了异质成分和新的色彩,政治中心的迁移更使这一文化在影响迁移地的地域文化的同时也使其本身受到了迁移地的地域文化的影响。这些互为因果的文化因素之间的渗透所出现的结果,便是六朝时期越地文化的形成。

六朝时期的越地文化具有较多的士人文化色彩,这既根植于土著士族的文化背景,也来自于迁徙会稽的北方士族的影响。同时,越人的务实、隐忍和强悍的气质也进入到这种文化特征之中,它在渗透和影响着越地文化形成发展的同时,也渐渐地受到士人文化的熏陶,从而在历史的长远眼光看来,祛除了一些阴奸、尚武和淫祀的成分,最终为六朝整体性的越地文化所接受,也减少了与其他地域文化进行交流和沟通的障碍。在六朝时期,越地无疑是当时华夏大地上极为耀眼的舞台,胎孕了多姿多彩的六朝文化,越文化由此进入了一个新的突进时期。

二、士族的兴起与六朝社会经济的发展

东晋延续了东汉、西晋的门阀制度,士族(世族)执掌政治、经济特权,垄断文化,相对的寒族(庶族)地位与之相较判若云泥。士族为皇室所倚重,此时的政权呈现出皇族与士族共执的状态,尤以侨姓士族为重,一时形成"王与马,共天下"[①]的格局。所谓"中原冠带,随晋渡江者百家"[②],在"永嘉南渡"之后,中原士族大量南迁,是为侨姓士族,主要有王、谢等大姓。此时的越地,主要有三种成分的士族:一是由先秦传承下来的大族,如贺氏[③],不过这一成分显然很少;二是汉代迁居越地的,如孔氏等;再就是"永

---

① 《晋书》卷九八《王敦传》。
② 《北齐书》卷四五《颜之推传》。
③ 贺氏原为庆氏,避汉安帝父讳,改为贺氏,有一种说法是其先世要追溯到春秋时的庆忌。

嘉南渡"后新迁至越地的北方士族了。前两者为土著士族（吴姓士族）[1]，与侨姓士族一道构成六朝的士族阶层。由于东晋王朝倚赖侨姓士族，颁布了官品占田法和荫亲属制，继续给予他们尊贵待遇，使得他们的门望继续延续。同时东晋王朝又保护吴姓士族的权利，以赢得他们的支持。经过王导的努力，最终"吴会风靡，百姓归心"[2]。侨姓士族与吴姓士族虽有冲突，总体而言相安无事。相比之下，侨姓士族掌握了实权。

中原人口尤其是士族的大量南迁，为南方带来了充裕的人力与先进的文化，而六朝两大城市——建康与会稽是最主要的受益者。侨姓士族肩负着中原核心文化的传承，当时的儒学大家往往出自士族，士族多是儒学世家。士族的纷至沓来既是对中原核心文化火种的保存，也是对江南的一次文化播种。在黄河流域为游牧民族侵占之时，相对安定的长江流域容纳了中原核心文化的薪火，这也是中国文明卓异于世界民族之林而绵延不绝的重要原因。正是长江流域与黄河流域构成了中国文明的"大两河流域"，中国文明得以在两大流域间互动、互补。在世界最早的几个文明发源地相继凋亡之后，中国成为诸文明古国的仅存硕果。

六朝时期，由士族地主经济、庶族地主经济和寺院地主经济构成的地主经济，与自耕农经济、国有制经济等一道构成六朝的经济结构，而尤以士族地主的经济开发影响最为深远。当时越地士族如谢灵运、孔令符分别在始宁、永兴立墅，他们占山封泽，修筑庄园，如谢灵运"奴僮既众，义故门生数百，凿山浚湖，功役无已"[3]。这在某种程度上刺激了会稽土地的开发，也间接促成了六朝士人对山水的审美发现。

东晋会稽土地的开发，重心在于湖田开垦和山田改造，而这与侨民的流入尤其是北方豪门的移居密不可分。会稽的土著豪门士族，以著名的孔、魏、虞、谢四大家族为代表，其军事、经济实力仅次于吴兴士族，多集中在平原地带的山阴和余姚两县。山阴以孔氏最盛，一门有孔愉、孔安国、孔季恭出任会稽内史，有孔愉、孔坦、孔严、孔琳之、孔季恭等出任吴兴太守。余姚以虞氏最为兴旺，势力极盛。而剡溪—上虞江流域的剡、始宁、上虞诸县，因东汉末年孙氏进取江东时未支持孙氏，土著豪门士族势力遭遇毁灭

---

[1] 著名的吴中四姓：顾、陆、朱、张，会稽四姓：孔、魏、虞、谢，此外山阴贺氏亦为望族。
[2] 《晋书》卷六五《王导传》。
[3] 《宋书》卷六七《谢灵运传》。

性打击,从而使本区成为土著豪门士族势力薄弱地带;另一方面,这一地带又成为侨姓士族的重要开垦方向,如"永嘉南渡"后到来的北地泥阳傅氏、颍州鄢陵庾氏、高阳许氏、陈郡阳夏谢氏等,"苏峻之乱"后到来的陈留阮氏、太原晋阳王氏、琅邪王氏等,以及后来的太原中都孙氏、江夏李氏、高平金乡郗氏、谯国戴氏、乐安高氏等,均选择这一地带,"成为流寓会稽的北方士人的集聚地"①。

东晋时期侨姓四大家族王、谢、庾、桓,除桓姓之外,其余三大家族均有族人到会稽定居或寓居。他们既为避难而来,也慕会稽山水而来。为保证会稽的和平与稳定,东晋政权仅在此地不设"侨郡"(故也无后来的"土断"),土著和侨民之间的关系得以融洽,同时也在一定程度上控制了进入会稽一地的流民规模和人口数量。侨姓士族为越地社会经济及思想文化的发展作出了极大的贡献,尤以谢、王两氏最为典型。陈郡阳夏谢氏移居会稽的时间较早,据《上虞盖东谢氏族谱》,谢衡始渡江寓居始宁东山。此后的谢氏在会稽繁衍壮大,俊彦不断涌现,如谢安"东山再起"指挥淝水之战,谢灵运则是中国山水诗之鼻祖。谢氏在开发会稽方面贡献卓著,更为六朝文化的构建增添了几分亮色。至于琅邪王氏,同样贤才辈出,王羲之之父王旷是晋室南渡的首倡者之一,王羲之于永和六年(350)出任会稽内史,王献之与其父王羲之世称"二王",王徽之"雪夜访戴"的故事成为美谈。六朝时期人物传赞的大量涌现是本时期越地士族发展的一个侧面反映。如贺氏的《会稽先贤像赞》、虞预《会稽典录》、钟离岫的《会稽后贤传记》等。这显然是出于会稽豪门士族共同体的需要。

六朝时期,士族热心于庄园的修建,与此伴随的是农田的开垦。浙江境内庄园经济最为发达、开发程度最高者是会稽,而会稽的聚落与人口也最为密集。由于拥有较高农业生产技术和文化素质修养的北方豪门士族逐渐迁徙到会稽,会稽的水利灌溉事业进步显著。以鉴湖为水利枢纽,贺循又开辟了西兴运河,水利灌溉系统进一步完善,交通条件也得以改善。此外,会稽内史谢輶也为鉴湖水系的改造付出了努力。在此基础上,耕地面积和适于居住的范围大规模扩大。因土著士族对平原的垦殖已近饱和,侨姓士族的主要开发方向便是丘陵与湖泽。会稽在稳固水稻区的基础上

---

① 王志邦:《六朝江东史论》,中国青年出版社1989年版,第51页。

逐渐向稻麦区过渡,蚕桑业、果园业和采捕业等多种经营有效发展。经过土著居民与侨民的共同努力,会稽逐渐成为六朝谷仓。钟离牧"居永兴,躬自垦田,种稻二十余亩",得米60斛①,亩收不足3斛,折稻约6斛,与湖南长沙走马楼街所出三国孙吴纪年简牍推测出的数据亦相接近②。刘宋时越地"地广野丰,民勤本业,一岁或稔,则数郡忘饥。会土带海傍湖,良畴亦数十万顷,膏腴上地,亩直一金,鄠、杜之间,不能比也"③,当时越地的开发成就已令人瞩目,乃至"一岁或稔,则数郡忘饥"。"亩直一金"也说明了当时越地人口较多,地价上涨。正是因为"山阴县土境褊狭,民多田少","(孔)灵符表徙无赀之家于余姚、鄞、鄮三县界,垦起湖田"④。南梁会稽山阴人贺琛"琛家贫,常往还诸暨,贩粟以自给"⑤,可见当时粮食生产尚有节余,并用于交易。

在刘宋,会稽山阴人"(孔)觊弟道存,从弟徽,颇营产业。二弟请假东还,觊出渚迎之,辎重十余船,皆是绵绢纸席之属"⑥,丝织品、纸张等交易已较普遍。在南齐,"吴兴无秋,会稽丰登,商旅往来,倍多常岁。西陵牛埭税,官格日三千五百,元懿如即所见,日可一倍,盈缩相兼,略计年长百万。浦阳南北津及柳浦四埭,乞为官领摄,一年格外长四百许万。西陵戍前检税,无妨戍事,余三埭自举腹心"⑦,过路税之多,是商业进步的侧面反映。

六朝社会经济的重要特点是为隋唐时期的飞跃奠定基础。《新唐书·地理志》载越州所奉土贡包括橘、纺织品、瓷器、纸等,这些特产的优势在六朝时期已然确立。如橘树种植,高似孙《剡录》引任昉《述异记》云:"越多橘柚园,越人岁税,谓之橘户,亦曰橘籍。"⑧可见六朝橘树种植已较普遍。再如造纸业,越地造纸业在六朝已有基础,"王右军为会稽谢公乞笺纸,库中惟有九万枚,悉与之"⑨,当时纸张产量已经较大。此外,越地六朝时期的青瓷窑密布,铜镜生产得到进一步发展,丝织业有不小进步。当时越地的

---

① 《三国志》卷六〇《吴书·钟离牧传》。
② 张荣强:《孙吴"嘉禾吏民田家莂"中的几个问题》,《中国史研究》2001年第3期。
③ 《宋书》卷五四"史臣曰"。
④ 《宋书》卷五四《孔灵符传》。
⑤ 《梁书》卷三八《贺琛传》。
⑥ 《宋书》卷八四《孔觊传》。
⑦ 《南齐书》卷四六《顾宪之传》。
⑧ 嘉定《剡录》卷十《草木鸟兽诂下·果》。
⑨ 《太平御览》卷六〇五《文部·纸》引《语林》。

冶炼技术享誉国内,剡县三白山以铸造兵器闻名,齐代上虞人谢平更是创制刚(钢)朴,号称"绝手",是我国灌钢法炼钢的鼻祖。

六朝时期的越地总体而言发展较为迅速,其原因主要有三:其一,相对当时的北方而言,江南相对安定,有利于百姓蕃息,发展生产;其二,自然条件较为优越,发展潜力较大;其三,北方的移民潮以及南朝政权在江南的确立,为越文化的发展注入了活力。我们也应该看到,六朝各阶段越文化的发展是不平衡的,"永嘉南渡"之后越文化实现了突进,此后亦不乏祸乱。

梁武帝太清二年(548)爆发的"侯景之乱"无疑给南朝以重创。南梁是南朝社会经济发展的一个高峰,与此同时,文化昌盛,可以说是"永嘉南渡"以来的一个高潮阶段。不过高潮很快跌入波谷。梁武帝迷恋佛教,政治、军事亦趋于腐败,在此之际东魏降将侯景作乱,给南梁以重创。在攻下首都建康之后,侯景又遣诸将攻夺三吴,其中宋子仙攻打会稽,会稽守将梁南郡王萧大连弃城逃走,其司马留异率部降于宋子仙,并引宋军追俘萧大连。至此,三吴亦为侯景占领。"侯景之乱"给江南的社会经济造成了极大破坏,"时江南大饥,江、扬弥甚,旱蝗相系,年谷不登,百姓流亡,死者涂地。父子携手共入江湖,或弟兄相要俱缘山岳。芰实荇花,所在皆罄;草根木叶,为之凋残。虽假命须臾,亦终死山泽。其绝粒久者,鸟面鹄形,俯伏床帷,不出户牖者,莫不衣罗绮,怀金玉,交相枕藉,待命听终。于是千里绝烟,人迹罕见,白骨成聚如丘陇焉"①。此后南朝元气大伤,直到隋唐才逐渐恢复并进入到新的发展时期。要知道,直到隋大业五年(609),越地人口尚不足刘宋在籍人口的一半。从全国范围看,"侯景之乱"前后南朝的人口也是下降一半左右。

社会结构的变革与动荡对越地社会的冲击无疑是更深层次的。隆安三年(399),孙恩、卢循起义爆发,会稽几度沦陷,会稽内史王凝之、会稽太守谢琰等先后被杀,使东晋政权遭受重创。后来起义虽被镇压,但军政大权却从此落入庶族地主刘裕手中。"孙恩之乱"是一个重要的转折点,此后,庶族中的豪族崛起,士族尤其是侨姓士族的地位下降,趋于衰弱。庶族开始夺取军政大权,南朝时期开始出现士族、庶族共同执政的局面。此后的刘宋压抑士族,谢灵运即由公爵贬为侯爵,便是著例。

---

① 《南史》卷八〇《侯景传》。

六朝是士族文化的鼎盛时期,越地在此期间的发展成就令人瞩目。但我们也应该认识到,六朝越地的社会经济较黄河中下游地区而言仍是相对落后的。在农业、纺织业等领域,均存在不小的差距。直至隋唐,这些差距才逐渐消弭,越地逐步迎头赶上。至于南北朝时期南、北方的文化谁更正统,谁更发达,则取决于学者见仁见智。不过有一点可以肯定,南、北方文化的发展因各自融合的方向不同,旨趣愈加悬殊。这种差距,直到后来隋唐统一王朝的出现才逐渐缩减。

三、"鉴湖文化走廊"的初步繁兴

在多元文化的互摄与互动之下,六朝时期的越地文化呈现出繁兴的面貌。一些学者针对江南文化发展阶段的梳理,借鉴雅斯贝尔斯(K.T.Jaspers)的"轴心期"理论而提出的"江南轴心期"概念,认为处于中国历史动荡时期的魏晋南北朝尤其是"永嘉南渡"是江南轴心期的开端[①]。在此期间,越文化又实现了一次突进,"鉴湖文化走廊"的繁荣是直观体现。东汉筑鉴湖后,"鉴湖文化走廊"逐渐形成。在六朝尤其是"永嘉南渡"之后,"鉴湖文化走廊"初步繁兴。越中山水、佛道仙踪、隐逸情结、人文思想的多元汇聚以及本土居民与寓居者的共同创造是"鉴湖文化走廊"几个基本元素。六朝时期越地文化显现出多元互摄的特征,其背后自是六朝文化的多元性使然。伴随着不同文化系统的碰撞、融汇,越地文化也因此呈现出丰富多姿、多元互摄的文化面貌——这是"鉴湖文化走廊"在本阶段的重要特征。

(一)佛—道—儒—玄的互摄

由于没有定于一尊的理论,六朝处于一个缺乏思想权威的时代,价值观念有待进一步整合,新的思想学术也在孕育之中。"佛—道—儒—玄"的互摄共生成为一条重要线索,不同的思想在摩擦中相互渗透,在冲突中相互融合,开始形成中国思想学术多元激荡的基本格局。这在作为当时思想学术一大中心的会稽,表现尤为明显。东晋时期会稽宗教的发展,主要体现在佛、道两家。道教与越地本土重神信巫的传统信仰有所牵涉,早于东晋就已在越地扎根。而外来的佛教正经历"中国化"的关键阶段,其与北地

---

① 刘士林:《中国诗性文化》,江苏人民出版社1999年版,第64页;刘士林等:《江南文化与江南诗学笔谈》,《江苏大学学报》(社会科学版)2004年第1期;刘士林等:《江南文化诗学研究笔谈》,《江苏大学学报》(社会科学版)2005年第1期。

玄学相交融,并向越地渗透。至于两汉时期在越地逐渐壮大的儒学思想则受到了一定程度的冲击,由于越地儒学根柢不如中原地区深厚,其他思想也便有了更多的生长空间。

在东晋时期,会稽系南方三大佛学中心之一①。当时流行以"诸法空相"为主要义理的般若学,所谓的"六家七宗"②除道安的本无宗在北方外,其余六家、六宗均活动于江东,其中有六人在会稽,并以剡东为主要建寺之处。本无异宗的代表人物竺道潜,系琅邪王氏后代、东晋丞相王敦之弟,永嘉初南渡,于咸康六年(340)来剡,隐剡三十余年,一生受到晋室五位皇帝的敬重,其于会稽佛教中心地位之确立,影响甚巨;即色宗的创立人支遁,陈留人,以佛理注庄子《逍遥游》,群儒旧学无不叹服,与王羲之为莫逆之交,又曾与许询在山阴讲《维摩诘经》③,他曾短暂住山阴灵嘉寺,后往剡东沃洲小岭等处立寺行道;心无宗代表人物竺法蕴,为竺道潜之徒,亦活跃于剡中;识含宗的创立人于法开与缘会宗的创立人于道邃,均为剡山石城元化寺于法兰之徒,前者在先师殁后续修元化寺,后移居剡东西白山灵鹫寺,后者为会稽名士谢敷所推重,隐居石城;幻化宗创立人竺道壹,为简文帝深所见重,后名僧白道猷招其入会稽,会稽内史王荟创嘉祥寺奉为僧首,所作《神二谛论》与慧远的"神不灭论"遥相呼应,逐渐发展为中国佛教的正统观念。上述般若学诸家创立者,在白居易《沃洲山禅院记》所记剡东高僧18人中多有提及④,然该文之作已是400多年之后,内容多有疏漏。事实上,东晋时剡东高僧云集,据学者考证不少于24人⑤。哀帝即位,剡东高僧相继应召入京,竺道潜、支遁、于法开在京开讲大小品,获得赞誉。其后梁代的上虞人慧皎,则以十四卷《高僧传》著称于世,系"一部汉魏六朝之高隐传"⑥。六朝会稽佛学的兴盛,为隋唐时期天台宗、三论宗的开创奠定了基础。

---

① 其他两个中心分别在建康和庐山。
② 汤用彤:《汉魏两晋南北朝佛教史》(上),中华书局1983年版,第167页。
③ 《世说新语·文学》、《高僧传》等书记载支遁与王羲之、孙绰、许询等人过从甚密,究其根源,在于支遁之般若学与"三玄"有相通之处。此外,谢灵运服膺佛教亦众所周知,越中士人与僧人的互动情况值得重视。
④ 白居易《沃洲山禅院记》云:"晋宋以来,因山洞开,厥初有罗汉僧西天竺人白道猷居焉,次有高僧竺法潜、支道林居焉,次又有乾、兴、渊、支、遁、开、威、蕴、崇、实、光、识、裴、藏、济、度、逞、印凡十八僧居焉。"见《白氏长庆集》,收入《全唐文》卷六七六。
⑤ 陈百刚主编:《六朝剡东文化》,上海书店出版社1995年版,第93页。
⑥ 陈垣:《中国佛教史籍概论》,中华书局1962年版,第24页。

道家学说是玄学的主要来源，由道家衍生的道教在汉代已在江南地区流行。东汉会稽上虞人魏伯阳所著《周易参同契》作为中国最早的炼丹术经典，为后世道士所推崇并成为道教丹鼎派的理论基础。丹鼎派创立者葛洪在会稽的遗迹，至今可寻。创立于巴蜀地区的五斗米道自孙吴时传入会稽以后，风靡于东晋社会各阶层，王羲之的家族就世奉五斗米道[①]。而东晋末震动会稽的孙恩之乱，实际上是道教的一次大起义。此外，剡县马朗、马罕等人则在道经的传播方面贡献卓著。

　　六朝时期儒学虽不如两汉兴盛，但仍有所发展。当时儒学有南、北学之分。与北方儒学固守古文经学不同，南学虽然同样延续郑学，但更多地吸收了老庄思想的精髓。儒家经典的注疏在很大程度上受到了玄学的影响，贯彻玄学精神的注疏逐渐取代了旧注疏。东晋名士讲求以道释儒，徘徊于"名教"与"自然"之间，道家与儒家思想得到了高度的融合。不过传统的经学虽风光不再，但仍有所发展。三国时期越地的经学较两汉有长足进步，其中首推虞氏，代表人物有虞翻，家传《易》学，曾作《易注》九卷，与荀爽、郑玄并称"易学三家"，时贤孔融因而感叹"乃知东南之美，非徒会稽之竹箭也"[②]。另山阴人阚泽刊约《礼》文及诸注，为刘洪《乾象历》作注，亦为三国越地学人的代表。东晋以后，余姚虞氏、山阴贺氏（先世为庆氏）、山阴孔氏、山阴谢氏等儒学世家又有长足发展。贺循尤擅三礼之学，其后人如南朝的贺玚、贺革、贺琛、贺德基等亦以治《礼》著称于世；虞喜在研究天学的同时，也涉足《毛诗》、《孝经》；孔氏的孔金、孔子祛等于经学亦有所长。

　　"有晋中兴，玄风独振"[③]，六朝时代尤其是东晋，玄风劲吹。玄学发轫于中原，源自清谈，随着晋室南渡而向江南地区转移，会稽遂成为一大中心。刘宋时期，玄学与儒学、文学、史学一道被列为独立学科。玄学主要依照老庄之学以及《周易》，讨论"道"、"无""有"关系、"本""末"关系、"自然""名教"关系等论题。玄学大抵有如下几点特征：追求生命意识的自觉与思想的解放；执着于内在的超越以及对存在意义的本原性追索；呈现出思维的绵密精深。玄学上承道家学说，调和了儒道两家的正面价值，又援佛入

---

① 《晋书·王凝之传》："王氏世事张氏五斗米道，凝之弥笃。"
② 《三国志》卷五七《吴书·虞翻传》。
③ 《宋书》卷六七《谢灵运传》。

玄,使得佛理与玄言相参,有助于佛教的中国化①。东晋名士多与高僧交游,而支遁等越地高僧亦精研玄学。玄学与佛学理论上有相契之处,佛经初传多以玄学之术语翻译②,大有佛学玄学化之趋势,而佛理之思辨则进一步刺激了玄学的抽象思维。从某种意义上说,玄学是乱世背景下产生的哲学。正如宗白华先生在《论〈世说新语〉和晋人的美》中所指出的:"汉末魏晋六朝是中国政治上最混乱、社会上最苦痛的时代,然而却是精神史上极自由、极解放,最富于智能、最浓于热情的一个时代。"③但越地又是乱世的一片净土,会稽山水提供了游心太玄的背景。玄学本身是来自北方的思想学术,但在越地得以更加自如地绽放。它是对传统儒学的反拨,一方面在儒学相对薄弱的越地有更大的发展空间,另一方面越地自王充便已见其端倪的思想批判性与创造力在玄学身上得到了呼应。

(二)山水文化—名士文化—宗教文化的综融

在六朝时期,山水开始真正被赋予审美意涵,成为名士的精神家园,亦为佛教等宗教文化所栖居。越中山水与佛道仙踪一再成为名士心中与笔下的意象,而宗教则影响了山水的改造与名士的心境。

越地山川,钟灵毓秀。刚健如会稽山,婉丽如鉴湖,清奇如天台山,宛转如剡溪,奇崛如天姥山,隐秀如东山,均为中华胜境,吸引六朝名士络绎寻访。王羲之兰亭流觞,支遁剡中放鹤,王徽之雪夜访戴,皆成典故。所谓"会稽有佳山水,名士多居之"④,"山阴道上"为当时名士心之所系,顾恺之的名言"千岩竞秀,万壑争流,草木蒙茏其上,若云兴霞蔚"⑤,实为时人心声。

佛寺多栖名山,越地的佛教圣地亦多依附于秀美山川,如天台山、石城山、沃洲湖等即是。越地名胜新昌大佛寺,端坐于石城山的峡谷间,初创于东晋永和初年,高僧昙光为领略越地山川,慕名居此。而著名的沃洲,在东晋时期便有竺道潜、支遁等高僧和王羲之、戴逵等名士游憩、栖隐于此,

---

① 许辉、李天石编著:《六朝文化概论》,南京出版社2003年版,第130页。
② 玄学主张"以无为本",而佛教主"空",认为物无自性,全凭因缘而合。当时的佛经翻译就把"空"译为"本无",故佛学与玄学互相阐发,佛、玄趋于合流。不过,这种翻译严格说来并不准确。
③ 宗白华:《论〈世说新语〉和晋人的美》,《艺境》,北京大学出版社1997年版,第133页。
④ 《晋书》卷五〇《王羲之传》。
⑤ 《世说新语》卷二《言语》。

"或游焉,或止焉"①,为江东佛学中心。道教的目标是"得道成仙",故多寻觅名山大川。会稽境内诸多人迹罕至的大山,就附会有羽化成仙的传说,也创造出许多新的神仙,王羲之就曾为朋友许迈撰写过《仙人许远游传》。道教的这一特征,也为江南山水之美的发现作出贡献。东晋会稽宗教的兴盛以及众多高僧和道士活跃于越地,固然与民俗传统和玄学发展的需要有关系,但会稽山水之美的吸引也是众多因素中的重要一环,正所谓"夫有非常之境,然后有非常之人栖焉"②。反过来,宗教活动也推动了会稽灵山秀水的开发,如沿剡溪溯流自越入剡至台的一条路线,本为原始森林,经东晋六朝高僧名士的活动,被开辟为"仙源之路",后唐代诗人相继入会稽,终成"唐诗之旅"。

会稽的山水之美,不仅促成了宗教活动的兴盛和宗教义理的充实拓展,而且还渗透于东晋士人玄学人格的追求与新的山水自然观的建立。会稽在东晋的大规模开发和北方豪门士族陆续迁移至会稽,其实也是一个会稽的山水之美在东晋被历史性地发现与歌咏的过程。在这过程中,佛教和玄言诗兴盛,中国人的山水自然观有了进一步发展。兰亭诗与《兰亭序》因其对山水的神会、散怀于山水之中的神姿和面对山水之美的神伤,典型地代表了敏感的江南人士对自然山水的态度。越文化谱写和追求山水之美以及种种复杂心态,这一特征集中性地凝聚于兰亭聚会之中。尽管在东晋偏安江南的半壁江山中山水之美几乎无处可与会稽相攀比,但历史上北方豪门士族主要分三批迁移会稽,其初始动机,并非是欣慕会稽有佳山水而遁迹于此,而实际是出于逃难、顾命和保家的需要。在往土著豪族势力薄弱的剡溪—上虞江流域一带迁移的过程中,在开发和整治丘陵、山地和溪河的同时,这些北方士族才渐渐发现和感受出殊异于北地特征的会稽山水之美,这为咸康、建元、永和年间一大批名士和佛道之士的游剡奠定了基础,如孙绰、李充、支遁、许询和戴逵等人。他们"出则渔弋山水,入则言咏属文"③,有的甚至筑室置别业,悦山乐水成为不可缺少的生活内容。越地的不少山水,留下了他们的足迹,若耶溪南旁葛仙翁钓矶据说因葛洪"尝投

---

① 白居易:《沃洲山禅院记》,《全唐文》卷六七六。
② 白居易:《沃洲山禅院记》,《全唐文》卷六七六。
③ 《晋书》卷七九《谢安传》。

竿坐憩于此,谢康乐兄弟皆尝游,每至此,酬唱忘归"①,嶀岘麻溪下的孤潭"上有一栎树,谢灵运与从弟惠连常游之,作连句,题刻树侧"②。他们所游历和寓居的地区,正是会稽山水最美之地,正所谓"从山阴道上行,山川自相映发,使人应接不暇"③。

(三)文学艺术—玄学—山水的会通

六朝是文学的自觉时代④,主要表现在文学开始从学术中分离、文学审美价值的发现、文体的细化、文学理论的丰富、文学创作与文学集团的活跃等方面。文学之外,其他艺术门类亦得到长足的发展,绘画、书法、雕塑等艺术也被赋予了独立的品格。伴随着六朝时期的思想解放,士人追求人格之独立,传统经学已无法满足他们的要求,而文学艺术成为他们释放玄想的对象。六朝文学艺术的发展,会稽即是重要的策源地。六朝士人对人生艺术化的追求,往往贯注于他们的创作之中,简约玄澹的精神使文学艺术进一步摆脱经学的束缚,确立了独立的品格。

魏晋玄学以老庄之学来解释和阐发儒家经学,从而来回应社会时势的变化以及个人如何处世的问题。从正始玄学、竹林玄学到元康年间的郭象玄学再进而到东晋初年,玄学的发展已经走过了80多年的历程。它们的社会理念与人文关怀虽未被采纳为统治思想,但是,对宽松的社会环境和思想环境的追求,对生命、个性和自然感情的重视,却被东晋一部分有才识的士人作为思想成果而接受,并被施之于玄学人格的构建之中,即"对魏晋人格中基于自然与名教之冲突的各种心理焦虑的消释、对一种融合了自然与名教之后的旷淡清远之玄学理想的描绘与追求"⑤。这一人格构建的基本特征在于:游心于淡,出处同归,寄情山水。在这里,玄思寄托于山水,山水承载着玄思,玄学人格对人生之道和自然之道的体悟,大多体现在对山水的观照、感触和思考之中。作为中国东南之隅的山水胜景,会稽的岩壑和草木承载起名士们那份化重为轻、化苦为乐的玄思。这种玄思发而为

---

① 嘉泰《会稽志》卷一一《石》。
② 《水经注》卷四〇《渐江水》。
③ 《世说新语》卷二《言语》。
④ 日本学者铃木虎雄于1920年提出"魏晋文学自觉说",随着鲁迅《魏晋风度及文章与药及酒之关系》一文的阐发而影响深远。当然,中国文学观念的净化及完全独立,实际上是一个长期的、渐变的过程。
⑤ 李建中:《玄学人格与东晋玄言诗》,《江海学刊》1999年第1期。

文,就是被文学史界评价过低的玄言诗①。玄风刺激了六朝人对山水的观照,而玄言诗正是玄学与山水相渗透、结合的产物。东晋诗坛以玄言诗为主导,而玄言诗的代表诗人王羲之、孙绰、许询皆寓居会稽。可以说,会稽正是东晋玄言诗的中心,永和兰亭之会产生的诗集更是玄言诗的一次大结集。兰亭诸诗或表现山水审美的情趣,或由山水而抒发玄理,预示着山水诗即将兴起。

由于玄学把纵情山水作为实现自由的一条途径,也由于江南美丽风光的吸引,因此东晋名士大多喜爱自然山水,并且整个社会流行隐逸的风气②。这种风尚使东晋士人与其他时代相较,更接近于自然世界,也使东晋的自然山水观比起前代来有了进一步的发展。这不仅体现在自然山水被当作"道"的外在表现和体悟"道"的手段和工具,也不仅体现在自然山水被当作与污浊的社会相对立的清净之地和人们的精神寄托之所在,更重要的是,"自然山水开始成为独立的审美对象,开始被视为美的象征"③,这是东晋山水自然观的重要特征,它影响了名士和高僧们的世界观,启迪了玄言诗的创作方向,并推动了山水诗的兴起。富庶秀丽的越地为东晋士人的山水审美提供了可能性,成为中国山水诗事实上的发源地。

山水情结使然,会稽涌现了孙绰《游天台山赋》、谢灵运《山居赋》、支遁《天台山铭序》、王籍《入若耶溪》等山水名篇。与越地结下不解之缘的谢氏为六朝重要的文学世家④,涌现出了谢安、谢灵运、谢道韫、谢惠连、谢朓等文学名流。尤其是谢灵运,成为山水诗的鼻祖。至此,山水开始成为文学作品中独立的审美对象。谢灵运《游名山志序》说"山水,性质所适",他对山水的审美很大程度上是建立在士族身份之上的,这与一般的隐士不同。谢灵运之《山居赋》系用韵文写作的会稽地方志。谢朓则进一步发展了山

---

① 刘勰《文心雕龙·时序》称之为"柱下之旨归"、"漆园之义疏",钟嵘《诗品序》斥为"理过其辞,淡乎寡味……平典似《道德论》",现行的评价多接近刘、钟之论。
② 山水文化、名士文化、宗教文化会通的一个结果是隐逸之风的盛行,论者以为六朝的隐士多放旷。谢安隐居东山,后又"东山再起",是六朝越地隐逸的重要个案。《晋书·谢安传》记载其"寓居会稽,与王羲之及高阳许询、桑门支遁游处,出则渔弋山水,入则言咏属文,无处世意",后有"仕进志",仕隐兼通的现象在当时并不鲜见。山阴人孔稚珪曾撰《北山移文》,即讽刺当时伪装隐士以干求利禄者。
③ 赵海岭:《〈兰亭诗〉与东晋文人的山水自然观》,《中国文化研究》2002 年秋之卷。
④ 丁福林先生有专著研究,参见氏著《东晋南朝的谢氏文学集团》,黑龙江教育出版社 1998 年版。

水诗,是继谢灵运以来最有影响力的山水诗人。谢惠连《泛南湖至石帆》对鉴湖的风光作了细致的描绘:

> 轨息陆途初,枻鼓川路始。
> 涟漪繁波漾,参差层峰峙。
> 萧疏野趣生,逶迤白云起。
> 登陟苦跋涉,䁿盻乐心耳。
> 即玩玩有竭,在兴兴无已。①

与唐宋文人以鉴湖为主题的诗篇相比,谢惠连的这首诗"字句清峭,兴象华妙,节短韵长,一往清绮"②,唐宋的"鉴湖诗"也有了上溯的依据。

中国山水画之独立,正在晋末之时。在山水审美意识逐渐加强的背景之下,山水画与理论亦不断成熟,名作、画论迭出。所谓"晋人向外发现了自然,向内发现了自己的深情。山水虚灵化了,也情致化了"③,越地灵秀的山水为山水诗与山水画的出现创造了条件,而玄风浸润之下,其时画风高古,追求风神。戴逵、戴颙父子世称"二戴",长期栖隐于会稽剡县,在书法、绘画、雕塑、音乐等方面皆负盛名,戴逵尤以佛教雕塑著称,《吴中溪山邑居图》系其山水名作。在士人心境转变的背景下,六朝书法得到长足的发展,士人多寄情翰墨,书法理论完善,名家辈出,会稽王羲之、王献之父子尤为典范。王羲之《兰亭序》被视作"天下第一行书",这幅书法的创作既体现出当时士人对山水的心仪,同时也透射出他们的复杂心境。名士寓性情于方块字,追求神韵风姿,此时的汉字已远远超越了实用价值,而升华为一门精深的艺术。"诗、书、画同属于一境层"④,这又是文学、艺术内部的互摄现象了。

四、兰亭雅集的背后

六朝时期在"鉴湖文化走廊"发生的兰亭雅集无疑是文化史上浓墨重彩的一笔,也是上述我们所说越地文化多元互摄的综合体现。然而,这次

---

① 《谢法曹集》,《汉魏六朝百三名家集》第三册。
② 方东树:《昭昧詹言》卷五。
③ 宗白华:《论〈世说新语〉和晋人的美》,《艺境》,北京大学出版社1997年版,第139页。
④ 宗白华:《论中西画法的渊源与基础》,《艺境》,北京大学出版社1997年版,第120页。

聚会的背后,有其独特的历史背景。在沉醉于越地绚丽文化风景的同时,我们也不能忽视越文化刚性的一面——否则我们看到的越文化容易流于片面。

距司马睿在建康称帝之后的37年即永和九年(353)的上巳节,时任右将军、会稽内史的王羲之"与同志宴集于会稽山阴之兰亭"①,修被禊之礼。诸人"因寄所托"留诗37首,羲之作《兰亭序》。永和兰亭之会历史上经常被称为文人雅集,但实际上,此一曲水诗会的历史大背景是中国历史上少见的乱世,也因此,《兰亭序》留有浓郁的悲凉之感②,一如秋风拂面。

永和九年的越中山水,未及开发,遍地都是"崇山峻岭,茂林修竹"、"清流激湍,映带左右"的地貌,而身为一地军政长官的王羲之之所以独独选中兰亭而修禊于此,原因之一,可能是出于沿袭自中原的"执秉兰草"习俗的需要③。兰亭原址,已成千古疑案,但最有可能"在天柱山附近的鉴湖湖口"④。湖中有小岛曰兰渚,万历《绍兴府志》载:"兰渚山有草焉,长叶白花,花有国馨,其名曰兰,勾践所树。"明代徐渭有诗云:"兰亭旧种越王兰,碧浪红香天下传。"⑤清人所编《越中杂识》也认为兰亭"昔勾践种兰于此"。故而,王羲之选中兰亭作为修禊之地,另一原因,亦或可溯及至其效法勾践励精图治而欲报仇复国的隐秘心理。

由于唐朝君臣的推崇,王羲之书艺的名望在后代远远超过了其作为东晋军政长官的名望。事实上,王羲之平生任过10个职位,分别是:秘书郎、会稽王友、临川内史、征西将军参军、征西将军长史、宁远将军兼江州刺史、护军将军、右将军、右将军兼会稽内史。其中,护军将军是中央禁卫军高级

---

① 《晋书》卷五〇《王羲之传》。
② 叶燮《原诗》评曰:"羲之此序,寥寥数语,托意于俯仰观察宇宙万汇,系之感慨,而极于死生之痛。"
③ 按古兰与今兰不同,古兰指兰草(即佩兰,或曰大泽兰)或近于兰草的泽兰,与今天所见到的兰科植物兰花差距甚大。《诗经·郑风·溱洧》云:"士与女,方秉蕳兮。"陆玑《毛诗草木鸟兽虫鱼疏》:"'蕳'即'兰',香草也。《春秋传》曰:'刈兰而卒。'《楚辞》曰:'纫秋兰。'子曰:'兰当为王者香草。'皆是也。其茎叶似药草泽兰,但广而长节,节中赤,高四五尺。汉诸池苑中及许昌宫中皆种之。可著粉中,故天子赐诸侯茝兰,藏衣著中,辟白鱼也。"吴应祥先生指出:"唐代以前的'兰''蕙'均不是今日兰科的植物,何时以今兰代替'古兰',尚不清楚,或以为在唐末或五代。"参见氏著《中国兰花》,中国林业出版社1993年版,第2页。如果今兰真的出现于唐末五代,魏晋时期的"兰"仍是古兰。
④ 陈桥驿:《兰亭及其历史文献》,《绍兴师专学报》(社会科学版)1985年第4期。
⑤ 徐渭:《兰谷歌》,《徐渭集》卷五。

将领,负责京师卫戍,有直属自己的达数千人的兵营;右将军则是主征伐的重号将军,负责京师要塞的防务。因此,王羲之不仅仅是"入相",更多的是"出将"。"历史上的王羲之,其本来面目是一个军人,故当世也好,后世也好,都以'王右军'称之。"①出京师以后,王羲之以右将军的身份暂代王述的会稽内史,都督的区域是浙东五郡:会稽、临海、永嘉、东阳、新安,基本覆盖了今浙江省和安徽省西南部,其工作职责是军、民并治且以军事为主,下设右将军府和郡国府,分理军事和民事。《晋书·王羲之传》录载了传主与当世朝中重要官员殷浩、司马昱(后为简文帝)、谢安诸人的4封书信,充分反映了羲之对时局和政务的关心、"清贵有鉴裁"的治世见解以及平生志向,从中可大致捉摸出王羲之汲汲于国家安危的政治情怀和不辞冗务的军政官员的本色。尤其值得注意的是,传主的政治态度有两点:一是朝廷应加固内政,整饬兵马,不可盲目北伐;二是作为殷浩的副手,竭力主张调停桓温与殷浩之间的矛盾,鼓动将相内外协和,和衷共济,所谓"若蒙驱使,关陇、巴蜀皆所不辞",用以"宣国家威德",便是此意。这里的"关陇、巴蜀"之地,时为桓温的势力范围。

就是出于这样的政治态度,在会稽为官三年之时的三月上巳节,王羲之牵头举办了兰亭聚会。据吴大新先生在《红月亮——〈兰亭序〉解读》一书中对到场42人②职位的分析,认为大部分是军政官员,而且来自京城甚至前线,故而千里迢迢奔会稽,不可能是来抒发雅兴的;同时,与历史上的三月上巳节不同的是,这次聚会少有真正的名士和隐士,也少地方乡贤和道士高僧。到场人员中,约为三派:一是桓温派,二是殷浩派,三是调停派;都分别有代表人物,王羲之本人则属于第三派。东晋政治的格局,是朝廷影响力不强之时,就由世家大族参与其间。考虑到王姓的影响力与王羲之本人在军政界的地位,他出面约各派调停共谋国家大事是绝有可能的。

兰亭聚会的这一立足于当世"俗务"的历史原相,在现存的37首兰亭诗作和2篇序文中有着隐约的体现。尽管这些发而为诗文的心声,由于受到文学语言的限制、玄言色彩的影响和上巳节题材的规约,故而离当世社

---

① 吴大新:《"王右军"考论——王羲之是"右将军"还是"右军将军"》,《绍兴文理学院学报》(哲学社会科学版)2006年第3期。

② 兰亭聚会的人数,历史上有41与42的不同说法,前者系由《世说新语》刘孝标注所出,后者则据宋代桑世昌《兰亭考》。本书从后。

会的苦难而不宁的状态较远。但是,通过绝大多数作品反复表达的"齐"与"和"的主题以及普遍所沾染的悲凉情调,还是可以体察到聚会诸人的隐情和心绪。不过,从事后桓温与殷浩相互之间所发生的历史事件来看,王羲之苦心居间调停的目的没有达到,可能这一结果在聚会结束之前已能看得清楚,因此,在《兰亭序》的结束部分,作者的情绪从哀伤一变而为悲慨,"固知一死生为虚诞,齐彭殇为妄作",斥责了不知死生、虚谈废务的倾向。

由于永和兰亭之会在会稽的举办以及王羲之《兰亭序》的魅力,更由于王羲之的人格情操在当世和以后所产生的影响,会稽一地长时期地进入了江南文化的核心地带,并进而使越文化的一些积极元素进入了江南文化的结构之中,在一定程度上使江南文化祛除了吴地的靡弱色彩,促进了江南文化雄健和激昂的一个侧面的成长。当然,这种变化,存在于东晋越地开发的历史过程之中。

王羲之的兰亭聚会和《兰亭序》的出现,在当世就有影响。《世说新语·企羡》载:"王右军得人以《兰亭集序》方《金谷诗序》,又以己敌石崇,甚有欣色。"又据说《兰亭序》书法之好以至于王羲之日后再无如此神笔。类似这些记载和附会性的传说,后世更多。这些从文章和书法角度所作的推崇,使得东晋越地文化的士人化色彩显得尤其明艳,也使越文化中心地稳固地扎根于江南文化的核心区域,越地文化成为江南文化的核心组成部分。然而,对王羲之文章和书法的推崇从历史原相的角度来看,却是片面的。书以载文,文为心声,王羲之倡议兰亭聚会的出发点以及蕴含在《兰亭序》中深沉的感慨忧伤和锋利的批判精神,却在后人流光溢彩式的推崇中被基本抹杀掉了,而这一些,连同王羲之务实和忧国的政治情怀,对东晋越地文化而言,其实更为重要和更为明显,它们才是东晋越地文化的真正代表,也是越国文化在后代历史的辽远而积极的回响。

滋生于东晋江南的越地文化的这些重要因素,体现于兰亭聚会和王羲之《兰亭序》中的文化创造力,绵远地影响着江南文化在历史过程中的逐渐成形和健康发展,也塑造着生活在越地的正人君子的精神情操。山河清净之时,越地多名士、商贾和劳工;但每逢国运桀途和历史多难之时,越地则累累不绝地涌现出大批拯时济难的国士和烈士,有的甚至以狂士的面目出现,这在历史上的朝代更替之际和多难的中国近现代史中,表现得尤为明显。或许正是由于越地文化的这一面,江南文化的色彩在历史上才不至于一味地风花雪月和柔弱迷离,才有它沉重的历史内涵和慷慨雄健的精神特征。剑气胆心与柔美灵秀,双重性地组合了江南文化。

无论是玄学人格的构建和山水自然观的确立,还是玄学诗的成熟和山水诗的初萌,都汇聚到了兰亭诸诗及其《序》之中。整个东晋文化界,其地缘的中心,在于兰亭聚会。东晋诗歌,以"兰亭诗"和"三月三日诗"为题的诗作数不胜数,这两个标题被东晋士人共用了半个多世纪,并且这种诗题取向一直绵延于后代。永和兰亭聚会,迫近了看,是一件忧国伤怀的现实事件,但从拉远了观察时间的后人来看,却是一个流觞行歌的文人雅集。兰亭诸诗和王羲之的《序》,固然"以生命之乐为体验,以散怀、畅心为直接目的,以玄理作为哲学背景"①,但这种分析的背景,却是文学的而不是历史的。

如果放眼于永和年间的天灾和时乱,关注于北人和建康名流迁徙会稽的真实原因,悉心于般若学、丹鼎派和玄学着意构筑遁世和"寄托"学说的现实背景,费神于王羲之召集兰亭聚会的初衷和苦心,那么就会发现,在整体以歌咏会稽山水之美和希望把自身烦扰不定的身心融化于会稽山水之美的兰亭诸诗及其《序》之中,掩藏着一份说破了就"俗"、说出来就"重"的时代性的焦灼之痛。

第二节 高峰与低谷:隋唐时期越文化的盈缩

隋唐是中国文化发展的一个高峰,也是一个空前统一的阶段。伴随着越地重新被纳入中原王朝的版图,越文化作为一支独特区域文化的地位愈加凸显。如何评价本时期越文化的地位,并非易事。首先我们需要分阶段看待,因为越文化在隋唐不同阶段的发展是不平衡的。一些学者认为"安史之乱"之前的阶段是越文化发展的低潮期。若从横向的比较角度看,越文化在此时为中原文化的光芒所掩盖而显得相对黯淡。而若从纵向的比较角度看,隋唐(不包括唐中后期)应当是越文化发展的一个高峰,无论是越地城市的建设、人口的增长还是文学艺术的成就,均异彩纷呈。至于"安

---

① 王德华:《兰亭诸诗的诗体特征及成因》,《浙江社会科学》2005年第2期。

史之乱"之后的越地,不少学者认为得到长足的发展,但事实是本阶段越地人口锐减,每多祸乱,文化陷于低潮;但作为一个重要的转折期,无论对于越文化还是中国文化整体,均有特殊意义。

一、低潮还是突进:隋唐越文化的地位

随着隋朝政治、军事、经济实力的增强,南北朝的南北均势被打破,并最终平定江南。然而,隋朝势力进入越地的道路并不平坦。在陈后主投降之后,越地却仍然在阻挡隋朝统一的步伐。最终,"萧岩、陈君范等以会稽请降","吴、会悉平"①。隋朝在江南推行的均田制和户籍法与江南的士族、豪强的利益相抵触,故引发了包括越州高智慧在内的叛乱。随着各武装力量的被击破,"江南大定"②。隋朝建立之后,改州、郡、县三级地方行政制度为州、县两级,以精简机构,但也招致"矫枉过正"之讥③。如会稽郡一开始改称作吴州,设总管府④,大业初改称越州(苏州则改称吴州),将陈朝时的山阴、永兴、上虞、始宁四县并入会稽县,陈朝的余姚、鄞、鄮三县并入句章,加上剡、诸暨二县,共领县四。自此,越文化中心地开始有了"越州"的名字,"越"的徽记再一次得到凸显。此后一度改回"会稽郡",乾元元年(758)以后才正式固定下来。可以说,越文化中心地在隋朝以后进入了"越州时期",标志着越文化中心地的历史翻开了新的篇章,这一时期直至宋高宗升越州为绍兴府才结束。乾元元年发生的另一件大事是唐肃宗于江南东道以浙江为界,分置浙江东道节度使与浙江西道节度使,自此两浙有了"浙江"的称名——这实际上可能是古越语的地名。

隋朝国祚短暂,但对越地影响深刻。在此期间,越国故地上最重要的两件事是建杭州城与修越州城。杭州州城始建于隋开皇十一年(591),由杨素所创。作为一个新兴城市,杭州在有隋一代规模大于越州,且日益崛起为两浙经济中心,最终在吴越国时期成为两浙政治、文化中心,越文化中

---

① 《隋书》卷六一《宇文述传》。
② 《资治通鉴》卷一七七《隋纪一》。
③ 谭其骧:《浙江各地区的开发过程与省界、地区界的形成》,《历史地理研究》第1辑,复旦大学出版社1986年版,第6页。
④ 大业初废。总管府继承自北周,是管理地方军事、民政的机构。

心地的地位逐渐下降,这对越文化的格局影响深远。另外就是越州城的修建。杨素筑越州城,罗城24里250步,子城10里。杭州等城市在"安史之乱"后方建罗城,越州在隋代便已建筑罗城,保卫一城百姓。杨素筑城是越文化再次突进的标志性事件,过去学者对此关注无多。从中国全局看,隋代开通大运河也为中国经济重心的转移作好铺垫,东南地区与中原的联系更加密切了。

一方面是杭州在隋代以后崛起,另一方面本来属于越州的宁波地区在唐开元二十六年(738)设置以鄞县为中心的明州,从越州独立出来,这是宁波地区经济地位日益凸显的必然结果。许多论者认为明州的独立是对越州地位的威胁,如果我们换一个角度看,明州的独立实际上是旧越州人口膨胀的一个结果,是越地社会经济发展的见证,唐代萧山、山阴县的设置也说明了这一点。明州的崛起,同时是越文化"面向海洋"的特征在新时代的凸显,明州自此成为中国对外交流的重要门户。在整个两浙地区,一些相对不发达的县市发展迅速,而越文化中心地发展潜力却相对不足,隋唐两代亦缺乏新兴建的县城。虽然越文化中心地所统辖的政区进一步缩小,其经济、文化地位受到威胁,但隋唐两代越州仍然作为浙东的政治、经济、文化中心存在。武德四年(621)唐朝设越州总管,管十一州,七年改为都督,"越州号为中府,连帅治所,监六郡,督诸军"①,一直延续到唐睿宗时期。唐后期浙东观察使于越州,辖越、婺、衢、明、温、台、处等七州,越州刺史兼任浙东观察使,所谓"浙右称雄镇,山阴委重臣"②,"会稽旁带六诸侯"③。在政治地位上,越州在隋唐时期仍具有举足轻重的地位,号为"雄剧之藩"④。孙逖谓"越会稽郡者,海之西镇,国之东门,都会蓄育,膏腴兼倍。故女有余布,而农有余粟,以方志之所宜,供天府之博敛"⑤。杜牧称越州"西界浙河,东奄左海,机杼耕稼,提封七州,其间茧税鱼盐,衣食半天下"⑥,这尚是晚唐的情况。

---

① 崔元翰:《判曹食堂壁记》,《全唐文》卷五二三。
② 白居易:《早春西湖闲游怅然兴怀忆与微之同赏因思在越官重事殷镜湖之游或恐未暇偶成十八韵寄微之》,《白居易集》卷二三。
③ 元稹:《初除浙东,妻有阻色,因以四韵晓之》,《全唐诗》卷四一七。
④ 白居易:《答薛苹〈谢授浙东观察使表〉》,《白居易集》卷五七。
⑤ 孙逖:《送裴参军充大税使序》,《全唐文》卷三一二。
⑥ 杜牧:《李讷除浙东观察使兼御史大夫制》,《全唐文》卷七四八。

有学者认为,越州的时代,不仅辖境逐渐缩小,在全国和全省的地位也开始削弱,是一个从发展的顶峰逐渐下降的时代①。对于越文化中心地而言,此言固然不差。但对于越文化而言,隋唐以后越文化实际上进入了一个新的发展时期,并逐渐开始新的转型。新的时代赋予了越文化新的历史使命,本时期越文化的突进表现在如下几个方面:

首先是人口的增加。隋唐时期,越文化中心地的人口大幅增长。在古代农业社会中,人口往往是衡量一个特定区域开发能力和经济水平的重要指标。据隋代的数据,会稽郡有20271户,较《宋书·州郡志》所载会稽郡的52228户相比缩减迅速。有学者怀疑隋代户口统计的可信度,认为数值偏小②。隋代黄河中下游人口密度很高,南方的著籍户口较之六朝虽有所增长,却十分有限,有学者认为江东士族豪强"挟藏户口,以为私附"的现象未能改变③。会稽郡相比江南其他地方,不但没有增加反而减少,这就更加令人疑惑了。这里的原因可能比较复杂,既有改朝换代战乱的因素——这一点不可低估,毕竟隋朝进入浙东还是颇费周折的;也有挟藏户口、民户逃亡等原因。不过若论隐匿户口的现象,南朝更甚;若说户籍管理制度,隋朝时期"大索貌阅"当更为严格。更为重要的原因是,经过南梁时期的"侯景之乱",包括越地在内的江南生灵涂炭,元气大伤,长期未得恢复,进入了一个文化发展的低潮期。从全国来看,"侯景之乱"前后南朝的人口下降近乎一半,这是与越地的下降比率一致的。事实上《隋书·地理志》所载宣城郡、吴郡、东阳郡等郡数据与会稽郡相近,会稽郡贞观十三年的数据亦与大业五年相近④,我们实在难以轻易质疑大业五年的会稽郡人口数据。

---

① 陈桥驿、颜越虎:《绍兴简史》,中华书局2004年版,第43页。
② 陈桥驿、颜越虎:《绍兴简史》,中华书局2004年版,第86页。
③ 冻国栋:《唐代人口问题研究》,武汉大学出版社1993年版,第83页。
④ 唐初黄河中下游的户口与大业五年相比急速下降,关内道贞观十三年户数为大业五年的44%,河南道为11%,河北道为16%,河东道为30%,陇右道为34%,此外的南方地区则基本平稳或大有增加,江南道为128%。参见翁俊雄《唐初政区与人口》,北京师范学院出版社1990年版,第59页。唐初人口数量的下降,是与隋末暴政以及隋唐之交的战乱有直接关系,北方人口锐减,一大批人口南移。而江南相对稳定,会稽郡的数据是合乎实际的。不过江南其他地方唐初人口增长迅速,这与移民潮、隐匿户口现象减少以及赋敛相对较轻有关。总之,从全国人口变化趋势看,会稽郡大业五年与贞观十五年的人口数据均是基本可信的。

第四章　中古时期越文化的历史发展

隋唐越州（会稽郡）户口变化一览表

时期	大业五年（609）①	贞观十三年（639）②	约开元二十年（732）③	约开元二十九年（741）④	约天宝十一载（752）⑤	元和年间（806~820）⑥
户数	20271	25890	107645	88337	90279	20685⑦
口数		124010		529674	529589	

随着户籍管理的增强，更重要的是社会经济的发展，盛唐时期越地人口增长迅速。"贞观之治"以至"开元盛世"，越州人口的增长速度可以说是十分惊人的，达5倍之巨，绝对数居浙东之首——这与盛唐气象是相应的。萧山县"唐开元户部帐，户凡二万五千八十有六"⑧，这尚是一县的户数。贞观十三年至天宝年间户数增长百分比为248.7%，口数增长百分比为327.0%。全国范围看，从初唐至天宝年间，户数增长200%，人口增长

---

① 《隋书》卷三一《地理志》。
② 见《旧唐书》卷四十《地理志》"旧领"。参见岑仲勉《旧唐书地理志"旧领县"之表解》，《历史语言研究所集刊》第20册上册，1948年6月，第131—157页；[日]日野开三郎：《唐贞观十三年户口统计的地域考察》，《东洋史学》总第24期，1961年9月。
③ 《元和郡县图志》卷二六《江南道二》"开元户"。该书所载数据年份的考证参见翁俊雄《各地志所载唐开元、天宝户口数字的源流、系年和校勘》，《北京师院学报》（社会科学版）1987年第3期。或定于开元十八年（730）。有学者据唐写本《沙州、伊州地志》得出《元和郡县图志》"开元户"据开元二十八年（740）的计帐，参见[日]羽田亨《唐光启元年写本沙州伊州地志残卷考》，《唐代文献丛考》，商务印书馆1957年版，第84页。冻国栋先生推测所载为开元十七年或十八年的数据，参见氏著《唐代人口问题研究》，武汉大学出版社1993年版，第12页。
④ 据《通典·州郡门》"开元户"的数据，该书所载数据年份的考证参见翁俊雄《〈通典·州郡门〉所载唐代州县建置与户口数字系年考》，《历史研究》1986年第4期。刘海峰先生则认为数据采自天宝元年（742）的计帐，参见氏著《两〈唐书·地理志〉户口资料系年——兼考〈通典·州郡典〉户口之年代》，《厦门大学学报》（哲学社会科学版）1987年第3期。
⑤ 见《旧唐书》卷四〇《地理志》"天宝领"，《新唐书》卷四一《地理志》撮录旧志，系年于天宝元年。梁方仲、胡道静、青山定雄等先生均认为是天宝元年。或定于天宝十一载（752），王鸣盛《十七史商榷》倡此说，平冈武夫、刘海峰、冻国栋等先生从此说。或系之于开元二十八年（740），严耕望等先生持此说。翁俊雄先生定于天宝十二载，参见氏著《各地志所载唐开元、天宝户口数字的源流、系年和校勘》，《北京师院学报》（社会科学版）1987年第3期。按天宝三年正月朔改"年"作"载"。
⑥ 《元和郡县图志》卷二六《江南道二》"元和户"。或定于元和八年（813）。
⑦ 朱祖德先生指出越州有4个望县，紧县2个，上县仅1个，如望县、紧县均以上县的标准6000户计（实际上应不止此数），则越州至少应有42000户以上的人口，参见氏著《唐代越州经济发展探析》，台湾《淡江史学》第18期，2007年6月。当时人口统计数值偏小的情况的确存在。
⑧ 嘉靖《萧山县志》卷三《户口》。

312%①。越州的增幅高于全国平均水平,但却不及河南道诸道增长迅速。在此期间,越州人口密度由每平方公里8人发展到57人,为全国少有的人口密集州②。越州人口繁盛,可见一斑。这与本时期越地的社会经济发展密不可分。这一阶段越文化中心地的人口高速增长并非孤例,诸如东阳郡、永嘉郡增幅甚至在10倍以上。至于北方地区,经过盛唐的发展只是恢复到隋代的水平。与此形成鲜明对比的是,"安史之乱"之后越州的人口急剧下降,甚至倒退到隋朝的水平。"安史之乱"前越地人口的高速增长,实际上为此后中国人口重心的转移奠定了基础。

其次是经济的发展,为中国经济重心的转移奠定基础。我国的经济重心原来在北方的黄河中下游流域,南方的长江中下游地区则相对比较落后,但到了唐宋时期,这一基本格局开始发生变化。一般认为,中国经济中心的转移是自"安史之乱"后开始的。"安史之乱"以后,北方长期处于战乱之中,社会经济遭到了毁灭性的破坏,人口大量减少,生产日益凋敝,所谓"天宝之后,中原释耒"③;与其相反,南方在相对稳定的社会政治环境中发展了生产,经济地位渐渐地超过了北方,成了全国的经济重心所在。施和金先生认为江南广袤土地的开发、众多水利工程的兴修、人口的增加、气候的优越、物产的丰富、交通的发达等各种地理因素在经济重心南移过程中都发挥了一定的作用④。郑学檬等先生也认为南北方气候、水文、植被、土壤等方面自然环境的变迁,对经济重心南移产生了一定的影响⑤。我们不应当以"安史之乱"为界限作一刀切的处理,由于江南在隋唐已经奠定了良好的经济基础(甚或要追溯到六朝),为之后经济重心的转移提供了一个借以腾飞的平台。

再就是教育、文学、艺术等方面的发展,为中国文化重心的转移铺平道路。有了六朝的基础,越地"其人君子尚礼,庸庶敦庞,故风俗澄清,而道教隆洽,亦其风气所尚也"⑥,早非化外之域,已是文化之邦。唐代越地兴建

---

① 翁俊雄:《唐鼎盛时政区与人口》,首都师范大学出版社1995年版,第38页。
② 翁俊雄:《唐鼎盛时政区与人口》,首都师范大学出版社1995年版,第50页。
③ 吕温:《韦府君神道碑》,《全唐文》卷六三〇。
④ 施和金:《唐宋时期经济重心南移的地理基础》,《南京师范大学报》(社会科学版)1991年第3期。
⑤ 郑学檬、陈衍德:《略论唐宋时期自然环境的变化对经济重心南移的影响》,《厦门大学学报》(哲学社会科学版)1991年第4期。
⑥ 《隋书》卷三一《地理志》。

的学校有越州州学、诸暨县学、余姚县学、剡县县学等。元稹在《白氏长庆集序》中说"予于平水市中,见村校诸童竞习诗,召而问之",当时鉴湖畔的平水市尚有村校。隋唐开创科举制度,唐代臻于完善,其时科举名目繁多,"其常贡之科,有秀才,有明经,有进士,有明法,有书,有算"①,此外还有不定期的制科。在"唐众科之目,进士为尤贵,而得人亦最为盛"②。可以说,进士科考试代表了唐代全国范围最高水平的考试。根据雍正《浙江通志》以及新编《绍兴市志》,越州在唐玄宗天宝十五载(756)以前中进士的仅有永兴人贺知章、山阴人崔国辅、新昌人梁瀚三人,而据《唐登科记总目》③统计,唐代共取进士6776名,其中天宝十五载以前有2838名,越州3名,仅占1.05‰。此时越文化中心地在全国范围内并无优势,但为后来的飞跃奠定了基础。据史念海先生《两〈唐书〉列传人物本贯的地理分布》④的考证,唐前期(756年之前),江南道共入传61人,其中越州入传7人(贺朝、万齐融、康子元、贺德仁、虞世南、贺知章、许伯会),次于该道苏州(15人)、润州(8人)、常州(8人),位于第四位。唐后期(756年之后)江南道入传的共86人,越州入传8人(徐浩、罗珦、罗让、秦系、王叔文、孔述睿、孔敏行、吴融),跃居该道仅次于苏州(26人)的第二位。在今天浙江省境范围来说,两数据均居第一。陈尚君先生考证出唐五代时期浙东7州共有诗人75人,按年代划分,属唐前期的诗人却仅有14人,其中8人就分布在越州⑤。我们认为经济重心的转移滞后于人口重心的转移,文化重心的转移又滞后于经济重心的转移,从越文化的发展情况看也可以说明这一点。唐代虽然人口重心已经向南转移,经济重心也开始向东南倾斜,但文化重心的转移只是初现端倪。通过了解隋唐时期越地教育、文学、艺术的发展,也便不难理解中国文化重心向东南地区转移的必然性了。

总之,隋唐时期越文化实现了又一次突进,本次突进以杨素筑城为肇端,至"安史之乱"告一段落。隋唐时期越文化中心地在东南地区的地位虽

---

① 《通典》卷一五《选举三》。
② 《通典》卷一五《选举三》。
③ 《文献通考》卷二九《选举考二》。
④ 史念海:《两〈唐书〉列传人物本贯的地理分布》,《唐代历史地理研究》,中国社会科学出版社1998年版,第373—467页。
⑤ 陈尚君:《唐代诗人占籍考证》,《唐代文学丛考》,中国社会科学出版社1997年版,第138—170页。

然有所下降,但越文化总体而言进入了一个新的发展阶段。一些学者将"安史之乱"视作越文化发展的机遇,"安史之乱"虽然加速了中国人口、经济、文化重心向东南转移,但此后的越文化毕竟也遭遇了重创。而且,通过认识隋唐时期越文化的发展,可以更清晰地认识到中国人口、经济、文化重心向东南转移的连续性——它并非纯偶然的事件所致。

二、隋唐时期越地社会经济的繁兴

中古的士族文化发展到隋唐时期遭遇了空前的挑战。南北统一的铁轮碾碎了不少旧士族千秋万世的清梦,在政治格局洗牌的同时,社会各阶层的势力酝酿着新的洗牌。一方面,旧士族的势力受到冲击,贞观年间所修《氏族志》,将皇室列为天下之首,而排挤传统的山东士族;另一方面,新兴地主阶层在政治舞台的影响愈加强大,农民阶层也因均田制和租庸调制的推行从士族的阴影下解放出来,唐末的农民起义更是最终将士族制度埋葬。隋唐肇端的科举取士制度取代了此前的九品中正制,下层知识分子得以鱼跃龙门,士、庶的分野逐渐消弭,这无疑是一场影响深远的变革。隋朝在江南推行的均田制和户籍法与江南的士族、豪强的利益相抵触,故引发了包括越州高智慧在内的叛乱,这便反映了新旧交替之际的矛盾激化。但我们也应该看到,终唐一代,士族的幽灵并没有彻底消亡,隋唐是个新旧交替的历史过渡阶段。不少士族子弟凭借良好的家学背景,在科举制度的背景下继续扩张势力。敦煌石室所出《唐贞观八年条举氏族事件》残卷(藏中国国家博物馆)[①]列会稽郡七姓,分别为虞、孔、贺、荣、盛、钟离、谢。敦煌石室发现的《新集天下姓望士族谱》(S.2052)撰于大历十四年以后、元和元年以前[②],列越州会稽郡十四姓,分别为夏、谢、贺、康、孔、虞、盛、贸、钟离、骆、兹、俞、荣、汜。既有旧的士族,也有新兴的势力。本时期越文化的发展,说完全脱离旧士族也是不适宜的。

---

① 唐耕耦先生认为残卷不是官文书,残卷郡姓部分的底本编撰年代在唐武德五年以后、武周长安以前或开元天宝时期。残卷不是《贞观氏族志》,而是有关天下姓望的常识性著作。所载郡姓辑自前人著作,主要是唐朝以前的郡姓。参见氏著《敦煌唐写本天下姓望氏族谱残卷的若干问题》,《魏晋隋唐史论集》第2辑,中国社会科学出版社1983年版,第313页。

② 王仲荦:《隋唐五代史》(上),上海人民出版社2003年版,第513页。

第四章　中古时期越文化的历史发展

由于隋唐两代的越地缺乏地方志书,正史对其社会经济亦缺乏具体的记录,故材料相对匮乏,为我们探究本时期越文化的发展带来一定的阻碍。此前孟文镛、朱祖德、张剑光等先生就唐代越州的发展作过专门的考述[①],唐代越州的轮廓愈益清晰。但目前的研究仍多是粗线条的,如"安史之乱"前后的情况需要区别,而在目前的条件下全面做到这一点却是极不现实的。"安史之乱"后,越地的社会经济在全国的地位上升,但从人口等因素看,本时期的越文化应当是陷入了低潮——它同样受到了历史大气候的干扰。以下暂不区分"安史之乱"前后两个阶段,只是就隋唐越地的社会经济作一概述。总体而言,隋唐时期越地社会经济进入一个空前繁荣的阶段。所谓"会稽天下本无俦,任取苏杭作辈流"[②],说的便是越地的情形。

作为农业社会,农业始终是古代中国的根本,是传统社会中最重要、最基础的经济部门。在隋代唐初,江南的农业生产尚没有达到后来"天下粮仓"的地步,正如《隋书·地理志》所说:"江南之俗,火耕水耨,食鱼与稻,以渔猎为业,虽无积蓄之资,然而亦无饥馁。"[③]隋朝政府恃为食粮供给的地区主要是在黄河中下游各地,还不是长江的下游[④]。进入盛唐,江南农业发展迅速,"安史之乱"以后遂成为"东南财赋地",越地更是"茧税鱼盐,衣食半天下"[⑤]。隋唐与六朝相比,越地生产技术有了较大的革新,曲辕犁(江东犁)的使用、牛耕的普及以及筒车、立井水车等生产工具均提高了生产效率,稻麦复种制[⑥]的推行有助于提高土地使用率,粮食亩产可达到4石左右[⑦],农业生产集约程度大大提高。盛唐越地人口的膨胀可以认为是农

---

① 孟文镛:《唐代越州经济的发展》,《绍兴师专学报》(社会科学版)1985年第4期;朱祖德:《唐五代两浙地区经济发展之研究》,台湾中国文化大学史学研究所博士学位论文,2005年6月;朱祖德:《唐代越州经济发展探析》,台湾《淡江史学》第18期,2007年6月;朱祖德:《唐五代两浙地区经济发展之研究》,台湾花木兰文化出版社2009年版。

② 元稹:《再酬复言和夸州宅》,《元稹集·外集》卷七。

③ 说本《史记·货殖列传》。

④ 史念海:《隋唐时期长江下游农业的发展》,《唐代历史地理研究》,中国社会科学出版社1998年版,第132页。

⑤ 杜牧:《李讷除浙东观察使兼御史大夫制》,《全唐文》卷七四八。

⑥ 这一点尚存争议,参见张泽咸《试论汉唐间的水稻生产》,《文史》第18辑,中华书局1983年版;李伯重:《唐代江南农业的发展》,农业出版社1990年版;郑学檬:《中国古代经济重心南移和唐宋江南经济研究》,岳麓书社2003年版。

⑦ 李伯重:《唐代江南地区粮食亩产量与农户耕田数》,《中国社会经济史研究》1982年第2期。

业进步的侧面反映,同时,急剧增长的人口反过来促进了农业的生产。从唐诗也可以看出,当时江浙地区的水稻种植跨州连县,其景象可谓蔚为大观,而其中又以苏杭一带的种植为甚①。江南的苏湖地区为中国的大粮仓,这一地位在唐代已然奠定。《新唐书·地理志》所列有水稻贡品的8个州,即京兆府、绛州、常州、苏州、婺州、湖州、扬州和鄂州。越文化中心地虽是重要的水稻产区,但向来不是粮食的主要输出地,这一点我们也要充分认识。

农业是经济的命脉,水利则是命脉的命脉。有唐一代尤其是"安史之乱"以降,越州水利工程建设的步伐从未止步。据《新唐书·地理志》,开元十年(722)李俊之主修防海塘;贞元元年(785),皇甫政主修越王山堰;元和十年(815),皇甫政主修朱储斗门,孟简主修新河(塘)与运道塘;大和七年(833),陆旦主修新泾斗门。上述工程,尚是限于会稽、山阴二县。至于诸暨的湖塘、永丰陂,上虞的任屿湖、夏盖湖、西溪湖、梨湖、铜山湖、皂李湖等,均是重要的水利工程。上述工程,大多修建于"安史之乱"以后(东南其他地区概莫能外)。由于黄河中下游的经济生产遭受战乱的严重破坏,东南地区逐渐成为粮食的主要输出地,政府对包括越州在内的东南地区的农业生产给予了更大的投入。此前的鉴湖等水利工程仍扮演着重要角色,新旧工程相辅相成,保障了越地农业生产的顺利进行。其中防海塘是唐代越州规模最大的水利工程,《新唐书·地理志》载:"会稽东北四十里有防海塘,自上虞江抵山阴百余里,以蓄水溉田,开元十年令李俊之增修。"因其大部分位于曹娥江江口沿岸,故又称东江塘。防海塘绵延百余里,是一道抵御海潮的巨大的屏障。而杨德裔任越州都督府长史时"在会稽引陂水溉田数千顷,人获其利,于今称之焉"②,确实是一项庞大的工程。白居易《元稹墓志铭》便记载元稹在越州时"命吏课七郡人各筑陂塘,春贮雨水,夏溉旱苗,农人赖之,无凶年,无饿殍"③。越地的水利建设,与历代良吏的努力是分不开的。

越州地处亚热带季风气候区,唐代气候温暖湿润,有利于农业生产。在优越的自然条件下,再加上人口的增长、先进生产技术的推广和水利工

---

① 胡安徽:《从〈全唐诗〉看唐代的水稻品种及分布》,《古今农业》2006年第1期。
② 杨炯:《杨公墓志铭》,《全唐文》卷一九五。
③ 白居易:《元稹墓志铭》,《全唐文》卷六七九。

程的修建,越地早已是"万顷湖田又斩新"①,且"农有余粟"②。贞元二十年(804)韦瓘所撰《修汉太守马君庙记》中说鉴湖"横合三百余里,决灌稻田,动盈亿计"。可见,当时在鉴湖以北的广大土地上所种的仍然是高产粮食作物水稻。也正因为如此,越州人朱庆余于宝历二年(826)进士及第归越时,诗人张籍才会在送行诗中以"湖声莲叶雨,野气稻花风"③之句来描绘越州。白居易笔下写到"绿科秧早稻,紫笋折新芦"④,当时越地已经种植早晚稻。"偶斟药酒欺梅雨,却著寒衣过麦秋"⑤,越地彼时已较普遍种麦。

越地的其他农产品亦颇具特色。越地种橘由来已久,《尚书·禹贡》便提到扬州的橘,越地一片"有园多种橘,无水不生莲"⑥的景象。《河东薛公神道碑文铭》载"旧制包橘之贡取于人,未三贡鹥者,罪且死。公命市贡之鹥者无所禁,旬月之内,越俗无余弊,朝廷宜之"⑦,可见越地橘产量之大,且已大量进入市场流通。浙北其时橘树繁盛,与唐代温暖湿润的气候密不可分。"庭草佣工薙,园蔬稚子掊"、"绿柚勤勤数,红榴个个抄"⑧,除了橘树,其他果树亦多栽培,且专门化、集约化、商品化加速。"笋成稽岭岸,莲发镜湖香"⑨,可见越地笋与莲种植的普遍。在陆羽的《茶经》中,产茶之地便有越州余姚。中晚唐以降,越地的茶树种植也逐渐兴旺,并已进行苗圃化种植,孟郊有诗云:"菱湖有余翠,茗圃无荒畴。"⑩章孝标则写道:"藕折莲芽脆,茶挑茗眼鲜。"⑪附属于农业的家畜饲养,越地亦有发展,并已商品化。

除了农业,越地的手工业也得到长足发展。越地的纺织业、造纸业、制瓷业等产业为世人所重。

---

① 章孝标:《上浙东元相》,《全唐诗》卷五〇六。
② 孙逖:《送裴参军充大税使序》,《全唐文》卷三一二。
③ 张籍:《送朱庆余及第归越》,《全唐诗》卷三八四。
④ 白居易:《和微之春日投简阳明洞天五十韵》,《全唐诗》卷四四九。
⑤ 方干:《鉴湖西岛言事》,《全唐诗》卷六五〇。
⑥ 杜荀鹤:《送友游吴越》,《全唐诗》卷六九一。
⑦ 元稹:《河东薛公神道碑文铭》,《全唐文》卷六五四。
⑧ 元稹:《江边四十韵》,《全唐诗》卷四〇八。
⑨ 喻凫:《送越州高录事》,《全唐诗》卷五四三。
⑩ 孟郊:《越中山水》,《全唐诗》卷三七五。
⑪ 章孝标:《思越州山水寄朱庆余》,《全唐诗》卷五〇六。

越地的纺织业历史悠久,在隋唐两代进入了新的时期。先看丝织业。唐代越地的桑树种植甚为普遍,"田舍多桑园"①,"逶迤桑柘林"②。丝织业在越地亦为特色产业,所谓"金钏越溪女,罗衣胡粉香。织缣春卷幔,采蕨暝提筐"③,即描绘越女"越妇支机"④的场景。六朝江南的丝织品虽有发展,但中原仍"大优于江东"⑤。唐代前期江南地区一般丝织品少,越州产特殊丝织品5种,分别为白编绫、交梭、罗、吴绫、绛纱,这实际上是南朝民间丝织业不发达、官方丝织品较奢华的延续⑥。唐代前期的丝纺织品以河北道的定州为冠,无论是一般丝织品还是特殊丝织品,中原地区均远远超过江南。唐代后期的越州丝织品有罗、吴绫、绛纱、缭绫、异文吴绫、花鼓歇单丝吴绫、吴朱纱、宝花、花纹等罗,白编、交梭、十样花纹等绫,轻容、生縠、花纱、吴绢等,特殊丝织品种类达数十种,品类大大提升,已超越定州成为当时之最,江南道也超越中原地区成为当时丝纺织业的中心。这种格局的变化,反映了"安史之乱"前后南北方的经济差异与中国经济重心南移的趋势,即所谓天宝之后"辇越而衣"⑦。据《唐国史补》卷下,"初,越人不工机杼,薛兼训为江东节制,乃募军中未有室者,厚给货币,密令北地娶织妇以归,岁得数百人,由是越俗大化,竞添花样,绫纱妙称江左矣"。所叙在大历年间(766～779),将越地丝织业的进步近乎全部归功于薛兼训,事实上在唐前期越地丝织业已有不小的成就。此外,唐人何延之《兰亭始末记》载萧翼为诓取辩才手中的《兰亭序》,去往山阴时携带了一些北方蚕种,如果这个传说可信,无疑是北方蚕种输入越地的实例。

唐代的"越罗"甚得时人推重,唐人有不少诗句:

  越罗与楚练,照耀舆台躯。⑧

  酒法众传吴米好,舞衣偏尚越罗轻。⑨

---

① 寒山:《诗三百三首》,《全唐诗》卷八〇六。
② 耿湋:《送王秘书归江东》,《全唐诗》卷二六八。
③ 徐延寿:《南州行》,《全唐诗》卷一一四。
④ 李贺:《春昼》,《全唐诗》卷三九二。
⑤ 《颜氏家训》卷一《治家》。
⑥ 王永兴:《试论唐代丝纺织业的地区分布》,《魏晋隋唐史论集》第2辑,中国社会科学出版社1983年版,第281页。
⑦ 吕温:《韦府君神道碑》,《全唐文》卷六三〇。
⑧ 杜甫:《横吹曲辞·后出塞五首》,《全唐诗》卷一八。
⑨ 刘禹锡:《酬乐天衫酒见寄》,《全唐诗》卷三六〇。

越罗衫袂迎春风，玉刻麒麟腰带红。①

越州所产贡品缭绫更是以精美而贵重闻名于世：

越縠缭绫织一端，十匹素缣功未到。②

缭绫织成费功绩，莫比寻常缯与帛。③

白居易的名作《缭绫》极言缭绫精美绝伦的同时，也备述工序之费、织工之辛劳，缭绫系"当时丝织品之最新最佳者，故费工耗力远过其他丝织品"④。贡奉之物加重了百姓的负担，但也是该地区经济发展的体现。

再看麻布纺织业。越州布开元时列第四等，属中等品，唐后期麻布纺织反而衰退，这与丝织业的兴起密不可分⑤。秦系笔下"空山岁计是胡麻"⑥当指剡县的景象，而剡县正以麻布闻名。

唐代是中国造纸业的第一个高峰，越州则是唐代造纸业的重镇。韩愈曾说"颖与会稽楮先生友善"⑦，或谓"楮先生"即越地出产的楮纸。嘉定《剡录·纸》载越地的纸有剡藤、剡硾、剡溪玉叶纸、澄心堂纸、玉版纸、敲冰纸等。其中"越之剡藤苔笺"⑧是唐代纸之妙者。据《元和郡县图志》、《新唐书·地理志》、《通典·州郡》等的记载统计，唐代全国生产贡纸的州郡有11个，其中吴越地区即有杭州、越州、婺州、衢州等4个，占了全国4/11强。《唐六典》列举"杭、婺、衢、越等州之上细黄、白状纸"⑨。越州是当时全国著名的造纸基地，越州的藤纸也是当时名纸。东晋南朝时期越州地区已开始制造藤纸，其造纸中心是剡溪，"剡淡上绵四五百里，多古藤"⑩，其产剡藤纸质地极佳，至唐仍负盛名，颇得时人赞美。时人以越地纸之精美得地之宜："凡物由水土，故江东宜纱绫、宜纸者，镜水之故也。"⑪唐诗之中，有

---

① 李贺：《秦宫诗》，《全唐诗》卷三九二。
② 元稹：《和李校书新题乐府十二首·阴山道》，《全唐诗》卷四一九。
③ 白居易：《缭绫》，《全唐诗》卷四二七。
④ 陈寅恪：《元白诗笺证稿》，生活·读书·新知三联书店2001年版，第254页。
⑤ 张剑光：《唐五代江南麻布纺织的地理分布》，《中国社会经济史研究》2002年第2期。
⑥ 秦系：《山中奉寄钱起员外兼简苗发员外》，《全唐诗》卷二六〇。
⑦ 韩愈：《毛颖传》，《韩昌黎全集》卷三六《杂文》。
⑧ 《唐国史补》卷下。
⑨ 《唐六典》卷二〇《太府寺·右藏署》。
⑩ 舒元舆：《悲剡溪古藤文》，《全唐文》卷七二七。
⑪ 《唐国史补》卷下。

不少赞颂剡纸的诗篇,如:

> 剡溪剡纸生剡藤,喷水捣后为蕉叶。①
>
> 符彩添隃墨,波澜起剡藤。②
>
> 越台随厚俸,剡硾得尤名。③
>
> 宣毫利若风,剡纸光与月。④

由于纸张质地好,所谓"剡藤莹滑如玻璃"⑤,越州的剡纸在全国消费市场上极其畅销,舒元舆在《悲剡溪古藤文》中说:"异日过数十百郡,洎东雒西雍,历见书文者,皆以剡纸相夸。"这使得全国对剡纸的需求量很大,"虽举天下为剡溪,犹不足给",以至于作者产生"恐后之日不复有藤生于剡矣"的担忧⑥。因剡溪纸工的过量采伐导致剡溪古藤生态失衡,足见剡纸的产量之大。

越窑在唐代与邢窑齐名,所谓"南青北白",越窑以青瓷著名。唐代的越窑主要分布在宁绍平原,而以余姚上林湖(今属慈溪)为中心,今上虞、余姚、绍兴等地发现了大量唐代窑址,出土了许多越窑青瓷。唐人陆羽的《茶经》记载:"碗,越州上,鼎州次,婺州次,岳州次,寿州、洪州次","或以邢州处越州上,殊为不然。若邢瓷类银,越瓷类玉,邢不如越,一也。若邢瓷类雪,则越瓷类冰,邢不如越,二也。邢瓷白而茶色丹,越瓷青而茶色绿,邢不如越,三也"⑦。陆羽对越瓷甚为推崇,认为是茶具佳品。越窑所出秘色瓷甚得时人推许:

> 九秋风露越窑开,夺得千峰翠色来。
> 好向中宵盛沆瀣,共嵇中散斗遗杯。⑧
>
> 捩翠融青瑞色新,陶成先得贡吾君。
> 功剜明月染春水,轻旋薄冰盛绿云。⑨

---

① 顾况:《剡纸歌》,《全唐诗》卷二六五。
② 刘禹锡:《牛相公见示新什,谨依本韵次用以抒下情》,《全唐诗》卷三六二。
③ 薛能:《送浙东王大夫》,《全唐诗》卷五五九。
④ 皮日休:《二游诗·徐诗》,《全唐诗》卷六〇九。
⑤ 欧阳修:《再和圣俞见答》,《欧阳修集》卷五。
⑥ 舒元舆:《悲剡溪古藤文》,《全唐文》卷七二七。
⑦ 陆羽:《茶经》卷中《四之器·碗》。
⑧ 陆龟蒙:《秘色越器》,《全唐诗》卷六二九。
⑨ 徐夤:《贡余秘色茶盏》,《全唐诗》卷七一〇。

可见"秘色"瓷最初是指唐代越窑青瓷中的精品,"秘色"似应指稀见的颜色,是当时赞誉越窑瓷器釉色之美而演变成越窑釉色的专有名称。据文献记载,相传五代时吴越国王钱镠命令烧造瓷器专供钱氏宫廷所用,并入贡中原朝廷,庶民不得使用,故称越窑瓷为"秘色瓷"。周煇《清波杂志》云:"越上秘色器,钱氏有国日供奉之物,不得臣下用,故曰秘色。"①对此,赵德麟《侯鲭录》、赵彦卫《云麓漫钞》、曾慥《高斋漫录》以及嘉泰《会稽志》等书都提出异议,认为"秘色"唐代已有而非始于吴越钱氏。关于"秘色"具体所指,此前人们对此众说纷纭。1987年4月,陕西省考古工作者在扶风县法门寺塔唐代地宫发掘出16件越窑青瓷器,在记录法门寺皇室供奉器物的物账上,这批瓷器的确记载为"瓷秘色",从而使人们进一步认识了"秘色瓷"②。这批"秘色瓷"除两件为青黄色外,其余釉面青碧,晶莹润泽,有如湖面一般清澈碧绿。法门寺"秘色瓷"的出土,解决了陶瓷界长期以来议论不休的问题,同时有力地说明了"秘色瓷"唐代已有烧造,五代时达到高峰。

据《新唐书·地理志》,越州所奉土贡即包括上述橘、纺织品、瓷器、纸,可见均为越地特产。这些传统产业的优势,在六朝时期已经奠定。《地理志》的越州贡物尚有石蜜、笔等。蔗糖也是越地特产,尤其是"石蜜"这种蔗糖制品,享誉当时。据《元和郡县图志》,甘蔗即是越州贡物。越州是《地理志》中4个贡笔之州之一,"越管"③著称于世。

唐代越州(会稽郡)贡赋表

《新唐书·地理志》	《通典·食货》	《元和郡县图志·江南道二》	《唐六典·尚书户部》	《新唐书·韦坚传》
土贡:宝花、花纹等罗,白编、交梭、十样花纹等绫,轻容、生谷、花纱,吴绢,丹沙,石蜜,橘,葛粉,瓷器,纸,笔。	贡朱砂十两,白编绫十䟆,交梭十䟆,轻调十䟆。	开元贡:柑橘、甘蔗、葛根、石蜜、交梭白绫。自贞元以后,凡贡之外,别进异文绫,及花皷歇单丝吴绫、吴朱纱等纤丽之物,凡数十品。	杭、越二州白编,睦、越二州交梭,衢、婺二州藤纸、绵,越州吴绫。	会稽则罗、吴绫、绛纱。

---

① 周煇:《清波杂志》卷五《定器》。
② 李辉柄:《略谈法门寺出土的越窑青瓷》,《文物》1988年第10期。
③ 薛涛:《十离诗·笔离手》,《全唐诗》卷八〇三。

唐代越地的造船业继续发挥优势。唐太宗贞观二十一年(647)九月，"敕宋州刺史王波利等发江南十二州工人造大船数百艘，欲以征高丽"①。据胡三省注，"十二州"指宣、润、常、苏、湖、杭、越、台、婺、括(处)、江、洪等州。贞观二十二年(648)八月，"敕越州都督府及婺、洪等州造海船及双舫千一百艘"②。均可见越地造船业的兴盛。贞元(785～805)初年，韩滉出任浙东道观察使，即打造楼船30艘。越地打造的海船，满载青瓷等货物扬帆远航，乃是唐代中国东海岸的常见景象。

制盐业也是越地的传统手工业。"安史之乱"后，唐代实行盐专卖制。据《新唐书·食货志》，唐宝应(782)年间，盐铁使刘晏领东南盐事，设立了四场十监，四场为涟水、湖州、越州、杭州，十监有越州的兰亭监。《新唐书·地理志》云："越州有兰亭监盐官。"嘉泰《会稽志·课利》载兰亭监每年配课食盐406074石1斗，唐代兰亭监与苏州嘉兴监及杭州临平监二监年产量合计达100万石以上③，产值不菲。

农业和手工业的发展刺激了商业的发展，由于"女有余布，而农有余粟"④，更多的农产品和手工业品进入市场流通——这是隋唐相比六朝的一个重要特点。越地纺织业、造纸业、制瓷业、制盐业等行业较为发达，使得越地的丝织品、藤纸、青瓷、食盐等受到人们的青睐，并作为商品流通于世。时人谓越地"川泽沃衍，有海陆之饶，珍异所聚，故商贾并凑"⑤。"铜盐材竹之货殖，舟车包篚之委输，固已被四方而盈二都矣。"⑥越地的丝织品俨然是当时的奢侈品，为士大夫所心仪，所谓"卿卿买得越人丝，贪弄金梭懒画眉"⑦，罗隐则说"蜀锦漫夸声自贵，越绫虚说价功高"⑧。"西邻贩缯日已贵"⑨，即使是在农村丝织品交易亦甚普遍。越地著名的越瓷，先是为中原人士所推重，"安史之乱"后远销日本、朝鲜半岛的货物则愈加增多。由越州析出的明州，更是成为名重一时的国际贸易港口。1973年，在宁波

---

① 《资治通鉴》卷一九八。
② 《资治通鉴》卷一九九。
③ 陈衍德、杨权：《唐代盐政》，三秦出版社1999年版，第16页。
④ 孙逖：《送裴参军充大税使序》，《全唐文》卷三一二。
⑤ 《隋书》卷三一《地理志下》。
⑥ 崔元翰：《判曹食堂壁记》，《全唐文》卷五二三。
⑦ 施肩吾：《江南织绫词》，《全唐诗》卷四九四。
⑧ 罗隐：《绣》，《全唐诗》六五六。
⑨ 丁仙芝：《赠朱中书》，《全唐诗》卷一一四。

和义路唐代海运码头发掘出了700多件待装出海的唐代瓷器①,其中最多的是越瓷。越地商业的发展,自然也要以"安史之乱"为界限。"安史之乱"后的丝绸之路受到一定限制,在一定程度上也刺激了海上贸易的发展,明州是海上丝绸之路的重要一环。除了海上交通与陆路交通,江河也是越地沟通四方的生命线。所谓"凡东南郡邑,无不通水,故天下货利,舟楫居多。转运使岁运米二百万石输关中,皆自通济渠入河而至也"②,越地的浙东运河亦属南北大运河系统③,越地的商品自可通过大运河北上。越州至四周各州、县都有顺畅的水陆交通,进而北可以至中原和关中,西南可以至江西和岭南,东可以至海外,这为越州的商品往来提供了便利条件。

商业的发展使得越州城市的经济功能日益增强。六朝以来江南城市经济功能的增强逐渐明显,至唐五代时期,城市经济色彩更加浓重,个别城市中唐以后经济色彩甚至盖过了政治色彩,城市的经济意义超过了政治意义。当时浙东地区城市经济功能最强的是越州④,即所谓"越中蔼蔼繁华地"⑤。中唐以后苏州、杭州的经济地位迅速崛起,但越州在江南仍然"除却余杭尽不如"⑥,杭州最终在五代时期彻底超过越州。越州的经济功能主要表现在以下几个方面:

其一,城市布局的经济意义日益凸显。唐朝的城市坊、市区分严格,是一种城市封闭结构,宋代的城市则突破了坊、市的限制。市区别于居住区坊(里),是商业区,政府对其控制较为严格,越州的市便设有"市胥吏"⑦。不过江南的市相对灵活,甚至已经突破"夜禁",存在夜间交易。果其如此,无疑是中国古代城市变革的先声。"夜市桥边火,春风寺外船"⑧,越地已有所谓"夜市"。当时的江南城市酒肆密布,饮食摊点盛行,裁衣肆服务性行业亦相当完备,作为浙东第一都会的越州当已具备较完善的经济职能。

---

① 林士民:《浙江宁波市出土一批唐代瓷器》,《文物》1976年第7期。
② 《唐国史补》卷下。
③ 潘承玉:《浙东运河属南北大运河系统的新证明》,《浙学、秋瑾、绍兴师爷研究》,人民出版社2008年版,第232—243页。
④ 张剑光:《略论唐五代江南城市的经济功能》,《上海师范大学学报》(社会科学版)2001年第3期。
⑤ 刘禹锡:《酬浙东李侍郎越州春晚即事长句》,《全唐诗》卷三六一。
⑥ 白居易:《答微之夸越州州宅》,《全唐诗》卷四四六。
⑦ 《太平广记》卷三三三《季攸》。
⑧ 杜荀鹤:《送友游吴越》,《全唐诗》卷六九一。

其二，市镇经济的繁荣。越州其时有平水市、五夫市、梅市、临浦市等草市，"鱼虾集橘市，鹤鹳起亭皋"、"渔艇宜孤棹，楼船称万艘"①，可谓兴旺。一江之隔的杭州，也是"鱼盐聚为市"②。鉴湖流域有不少市镇兴起，所谓"长干迎客闹，小市隔烟迷"③。"沙边贾客喧鱼市，岛上潜夫醉笋庄"④，"鱼市酒村相识遍，短船歌月醉方归"⑤，是为"鱼市"，渔业的商品化已有相当程度。"暮雪连峰近，春江海市长"⑥，则是所谓"海市"。

其三，商品的多样化。除了瓷器、丝织品、藤纸等越地具有区域特色的产品，市面上流通的商品品类齐全，呈现出多样化的特征。诸如花卉种植、茶叶种植等行业的兴盛，也说明了市民生活的丰富。徐夤诗中便写到从越地移植的牡丹花："娇含嫩脸春妆薄，红蘸香绡艳色轻。"⑦牡丹花的种植原来集中在中原，而"此花南地知难种"⑧。唐代后期牡丹种植向江南渗透，或与移民潮有关。从徐夤的诗篇看，当时越地不但种植牡丹，而且已有较大的种植面积。

其四，商贾阶层的崛起。《太平广记》载浙东观察使皇甫政曾于宝林寺设斋，一时"富商来集"⑨。"唐贞观中，有会稽人金林数往台州买贩，每经过庙（祚圣庙）下，祈祷牲醴如法，获利数倍。"⑩可见唐代越州的商人数量不少，且不乏富商巨贾。其时越商已"以其孥行，骆驿渐至大江之涯。于是乎宏舸巨鹢，舳接舻隘"⑪，可谓一时之盛。越地当时不乏外商的身影，至如詹景全、刘仕献等越商则曾东渡日本。钱塘江对岸的杭州，也是"万商所聚，百货所殖"⑫。

其五，市民阶层的扩大。张剑光先生认为越州城内人数可能少则

---

① 元稹：《奉和浙西大夫李德裕述梦四十韵大夫本题言赠于梦中诗赋以寄一二僚友故今所和者亦止述翰苑旧游而已次本韵》，《全唐诗》卷四二三。
② 白居易：《东楼南望八韵》，《全唐诗》卷四四三。
③ 元稹：《送王协律游杭越十韵》，《全唐诗》卷四〇六。
④ 方干：《越中言事二首》，《全唐诗》卷六五一。
⑤ 罗邺：《南行》，《全唐诗》卷六五四。
⑥ 韩翃：《送张渚赴越州》，《全唐诗》卷二四四。
⑦ 徐夤：《尚书座上赋牡丹花得轻字韵其花自越中移植》，《全唐诗》卷七〇八。
⑧ 徐凝：《题开元寺牡丹》，《全唐诗》卷四七四。
⑨ 《太平广记》卷四一《黑叟》。
⑩ 张津：《乾道四明图经》卷六《祠庙》。
⑪ 独孤及：《上元二年豫章冠盖盛集记》，《毗陵集》卷一七。
⑫ 李华：《杭州刺史厅壁记》，《全唐文》卷三一六。

14～15万人左右,多时或许可达16～17万人①,如此庞大的城市居民队伍,无疑是前所未有的盛况。元稹任浙东观察使时"乃有俳优周季南、季崇及妻刘采春自淮甸而来,善弄《陆参军》,歌声彻云"②。这是士大夫的生活侧面之一。元稹笔下的越州"章甫官人戴,莼丝姹女提。长干迎客闹,小市隔烟迷。纸乱红蓝压,瓯凝碧玉泥。荆南无抵物,来日为侬携"③,生动的市民生活跃然纸上。

上述方面,伴随着"安史之乱"后移民潮的影响以及中国经济重心的转移,实际上更趋强化了。

三、"鉴湖文化走廊"的兴盛期

就人文成就而言,隋唐越地最为绚丽的风景莫过于诗歌的繁荣。在越地绽放的诗篇,是唐诗这一庞大山系中引人注目的峰峦。此前已有不少学者重视"浙东唐诗之路"的现象④,我们则认为唐代越地的文化现象与六朝存在一定的呼应,在两宋有一定的延续,殊难将它们割裂开来。我们在前文提出"鉴湖文化走廊"的概念,并强调其有如下几个基本元素:其一,越中山水(以鉴湖为核心);其二,佛道仙踪;其三,隐逸情结;其四,人文思想的多元汇聚;其五,越地人士与寓居越地者的共同创造。唐代"鉴湖文化走廊"的继续演绎,同样合乎上述特点,并臻于鼎盛。以下试作阐论。

首先是越中山水这一载体。自东晋士人"发现越地"以来,"会稽山水,自古绝胜"⑤,"越郡佳山水"⑥早已享誉神州。在东汉鉴湖筑就之后,越地"稽山鉴水"的基本自然景观格局确立。会稽山相传是夏禹大会诸侯之地,

---

① 张剑光:《唐代越州城市商品经济研究》,《绍兴文理学院学报》(哲学社会科学)2010年第5期。
② 范摅:《云溪友议》卷下。
③ 元稹:《送王协律游杭越十韵》,《全唐诗》卷四〇六。
④ 参见竺岳兵《剡溪——唐诗之路》,《唐代文学研究》第6辑,广西师范大学出版社1996年版,第864—880页。所谓的"浙东唐诗之路"指的是一条始自萧山西陵(今西兴),经浙东运河、古纤道、鉴湖,转入曹娥江、溯剡溪,到天台山华顶峰,经国清寺至新昌为主要路线的唐代诗人往来比较集中的古浙东旅游路线。按竺岳兵等人的考证,唐代诗人李白、杜甫、白居易等451人,都曾走过这条诗路,占《全唐诗》收载诗人总数2200位的18%多,诗人们所写并留存至今的浙东唐诗有1500多首,参见竺岳兵《唐诗之路唐代诗人行迹考》,中国文史出版社2004年版。
⑤ 权德舆:《送灵澈上人庐山回归沃洲序》,《全唐文》卷四九三。
⑥ 权德舆:《送上虞丞》,《全唐诗》卷三二四。

而鉴湖则如硕大的明镜辉映越地风物。所谓"百里油盆镜湖水,千峰钿朵会稽山"①,一刚一柔,动静相宜。尤其是鉴湖,经过六朝人的经营,风光愈加秀丽,成为世人心向往之的圣地。"天下风光数会稽"②,以稽山鉴水为中心,越中山水如无以复制的山水长卷铺展在古越大地。所谓"东南山水,越为首,剡为面,沃洲、天姥为眉目"③,越中山水多姿而灵动。在东晋士人善于发现美的眼光的烛照下,这方水土被赋予了灵动的生命,号为"山水州"④。越中吸引文人骚客的,除了秀甲天下的山水,也有与山水相缠的人文意蕴。在这里,杜甫"枕戈忆勾践,渡浙想秦皇"⑤,孟浩然"将探夏禹穴,稍背越王城"⑥,李白感慨勾践灭吴之后"宫女如花满春殿,只今惟有鹧鸪飞"⑦。越地深厚的人文积淀,与越中山水实际上已经合而为一。正如王勃所说:"许玄度之清风朗月,时慰相思;王逸少之修竹茂林,屡陪欢宴。加以惠而好我,携手同行,或登吴会而听越吟,或下宛委而观禹穴。"⑧李商隐亦云:"越水稽峰,乃天下之胜概……思逸少之兰亭,敢厌桓公之竹马。况去思遗爱,遒布歌谣,酒兴诗情,深留景物。"⑨在唐人的眼中,越中山水是厚重的,也是神秘的,孟浩然在渡钱塘江时发出"何处青山是越中"⑩的疑问,不无倾心与迷惑。

对于唐代诗人而言,很大程度上是沿着前贤的足迹。回望魏晋的同时,追寻心中的越中山水——这是唐代文人的一种情结。永和九年的那次雅集令唐人心向往之,"遥想兰亭下,清风满竹林"⑪,"永和春色千年在,曲水乡心万里赊"⑫。"谢公宿处今尚在,渌水荡漾清猿啼"⑬,"入剡寻王许"⑭,谢灵运等前贤的足迹也为唐人所追寻。可以说,在"鉴湖文化走廊"

---

① 元稹:《送王十一郎游剡中》,《全唐诗》卷四一三。
② 元稹:《寄乐天》,《全唐诗》卷四一七。
③ 白居易:《沃洲山禅院记》,《全唐文》卷六七六。
④ 孟郊:《越中山水》,《全唐诗》卷三七五。
⑤ 杜甫:《壮游》,《全唐诗》卷二二二。
⑥ 孟浩然:《与崔二十一游镜湖,寄包、贺二公》,《全唐诗》卷一六〇。
⑦ 李白:《越中览古》,《全唐诗》卷一八一。
⑧ 王勃:《越州永兴李明府宅送萧三还齐州序》,《全唐文》卷一八一。
⑨ 李商隐:《为荥阳公与浙东大夫启》,《全唐文》卷七七六。
⑩ 孟浩然:《渡浙江问舟中人》,《全唐诗》卷一六〇。
⑪ 崔峒:《送薛良史往越州谒从叔》,《全唐诗》卷二九四。
⑫ 刘长卿:《上巳日越中与鲍侍郎泛舟耶溪》,《全唐诗》卷一五一。
⑬ 李白:《梦游天姥吟留别》,《全唐诗》卷一七四。
⑭ 李白:《送王屋山人魏万还王屋》,《全唐诗》卷一七五。

的背景下,唐人是六朝人的隔代知音。

越中山水如巨大的磁场,令唐代文人流连忘返。杜甫"壮游"越中的经历,使其"欲罢不能忘":

> 越女天下白,鉴湖五月凉。
> 剡溪蕴秀异,欲罢不能忘。①

李白对越中山水也是情有独钟,"遥闻会稽美,且度耶溪水。万壑与千岩,峥嵘镜湖里"②,越中山水一再入诗人的梦境:"我欲因之梦吴越,一夜飞度镜湖月。湖月照我影,送我至剡溪。"③在送友人往越中时,李白对越中山水可谓如数家珍,俨然是资深的导游:

> 闻道稽山去,偏宜谢客才。
> 千岩泉洒落,万壑树萦回。
> 东海横秦望,西陵绕越台。
> 湖清霜镜晓,涛白雪山来。
> 八月枚乘笔,三吴张翰杯。
> 此中多逸兴,早晚向天台。④

面对越中的秋色,李白动情地写下"越水绕碧山,周回数千里。乃是天镜中,分明画相似"⑤,在寄情山水的逸兴中,也隐隐透露出消极的意绪。会稽山、鉴湖、剡溪、天姥山、天台山、若耶溪、越台、禹穴等是诗人们笔下的常见意象,也是他们寄托的对象。越中山水是立体的,六朝的世人可以说是最早"发现越地",令越中山水声名大显。从某种程度上说,唐代则是诗人团体集体性地"感受越地"。

虽然"鉴湖文化走廊"在六朝已经形成,但与鉴湖相关联的文化内涵,在唐代才成熟定型⑥。无论是越地的本土诗人还是入越中游历的骚客,鉴湖始终是人们最热衷描绘的对象:

---

① 杜甫:《壮游》,《全唐诗》卷二二二。
② 李白:《送王屋山人魏万还王屋》,《全唐诗》卷一七五。
③ 李白:《梦游天姥吟留别》,《全唐诗》卷一七四。
④ 李白:《送友人寻越中山水》,《全唐诗》卷一七五。
⑤ 李白:《越中秋怀》,《全唐诗》卷一八三。
⑥ 刘亮:《唐代诗人与镜湖》,《陆游与鉴湖》,人民出版社2011年版,第362页。

镜湖三百里，菡萏发荷花。①

镜湖水如月，耶溪女似雪。②

三百里鉴湖频频成为诗人们笔下的意象，而唐宋的"鉴湖诗"实际上要追溯到六朝。"犹闻可怜处，更在若邪溪"③，由鉴湖延伸出的若耶溪等水域同样是人们心仪的风光。这片水域由马臻奠定，诗人在留恋鉴湖风月的同时，也不忘感念马臻的开创之功。"广水遥堤利物功，因思太守惠无穷"，在马臻筑鉴湖之后，越地"长与耕耘致岁丰"④，不但山水趋于灵秀，社会经济亦得到长足发展。

其次是佛道仙踪，与六朝一样，其仍然是与越中山水相交的维度。

有唐一代，佛教与道教极为繁盛，儒释道三教并行，互渗共生。就唐代佛学而言，当时的越地流行着禅、律、天台、华严、净土、三论、涅槃、摄论等八宗佛学流派，占南方之首。其中天台宗、三论宗、华严宗、禅宗与越地关系最为密切，尤其是天台宗与三论宗，与南朝时期越地诸种师说的传播密不可分。作为中国第一个大乘佛教宗派，也是佛教真正中国化的标志，天台宗由智者大师智𫖮所创。智𫖮作为南北朝以来中国佛学的集大成者，于天台山开宗立派，最终圆寂于石城寺（即今天的新昌大佛寺），与越地结下了不解之缘。其后日本天台宗开创者最澄亦尝于越州龙兴寺从顺晓学习密教，五代时期天台宗大家螺溪羲寂初学南山律，对复兴天台宗有巨大贡献。至于三论宗，实际创立者嘉祥大师吉藏在陈朝灭亡之后东游会稽，在嘉祥寺居住15年之久，在越地广弘三论学说。可以说，三论宗成熟于越地，并最终成就于长安。华严宗第四祖澄观便是越地人士，他对华严宗学说的体系化贡献极大。禅宗在唐代盛极一时，值得注意的是禅宗六祖门下高足慧宗为诸暨人，曹洞宗开创者洞山良价亦为诸暨人，至于云门宗天衣义怀、法眼宗清凉文益等重要僧人均与越地有不解之缘。

"越中多有前朝寺"⑤，唐代越地佛寺众多⑥，"云藏古殿暗，石护小房

---

① 李白：《子夜吴歌·夏歌》，《全唐诗》卷一六五。
② 李白：《越女词五首》，《全唐诗》卷一八三。
③ 宋之问：《泛镜湖南溪》，《全唐诗》卷五二。
④ 李频：《镜湖夜泊有怀》，《全唐诗》卷五八七。
⑤ 姚合：《送文著上人游越》，《全唐诗》卷四九六。
⑥ 尤其是在五代，与中原佛教衰落不同，吴越时更是兴盛，蔚为"东南佛国"，越州"凡梁开平以后，称造某寺赐某额，皆钱氏割据时为之"，参见嘉泰《会稽志》卷七《宫观寺院》。

深"①、"野桥连寺月,高竹半楼风"②的清幽古寺成为诗人的题咏对象。与六朝时的诗人一样,唐代文人多与僧人交往,灵澈、清江等人即为著名诗僧。如刘长卿送别灵澈上人时不禁感慨"那堪别后长相忆,云木苍苍但闭关"③,赵嘏则有"自晒诗书经雨后,别留门户为僧开"④之句,诸如会稽戒珠寺、云门寺等名寺则是文人习业之所。

唐代道教得到长足发展,唐代文人与道教亦有不解之缘。如孟浩然在越州遇到太乙子时写下"仙穴逢羽人,停舻向前拜"⑤,心已神游越中的洞天福地。像越中名士贺知章,晚年归隐乡里时便请为道士。《唐才子传》卷二载:"天宝三年,因病梦游帝居,及寤,表请为道士,求还乡里,即舍住宅为千秋观。"李白也曾写道:"狂客归四明,山阴道士迎。"⑥不过总体而言,越文化中心地的道教并不及佛教兴盛,且缺乏代表人物。

再看隐逸情结。一方面是越中山水的吸引,一方面是宗教思想的感召⑦,不少人流连于越地而生归隐之志,"无名甘老买臣乡"⑧,《太平广记》卷二〇四便记述了鉴湖畔隐士独孤生的故事。其中最著名者,莫过于贺知章、秦系与方干。

越州永兴人贺知章晚年辞官,唐玄宗"诏赐镜湖剡溪一曲,以给渔樵"⑨。贺知章辞官归乡后,写下《回乡偶书二首》,第一首"儿童相见不相识,笑问客从何处来"之句大家已经耳熟能详,第二首同样抒写物是人非的感慨,惟有鉴湖水给他慰藉:

---

① 吴融:《题越州法华寺》,《全唐诗》卷六八四。
② 赵嘏:《越中寺居》,《全唐诗》卷五四九。
③ 刘长卿:《送灵澈上人还越中》,《全唐诗》卷一五一。
④ 赵嘏:《越中寺居寄上主人》,《全唐诗》卷五四九。
⑤ 孟浩然:《越中逢天台太乙子》,《全唐诗》卷一五九。
⑥ 李白:《对酒忆贺监二首》,《全唐诗》卷一八二。
⑦ 从思想文化方面看,带有传统隐士色彩的隐居习道风气的盛行使唐代道教徒式的隐士大大增加;佛家遁迹山林的修行方式、清静超脱的人生境界也吸引着唐代文人奔趋山林,参见李红霞《唐代隐逸兴盛成因的社会学阐释》,《史学月刊》2005年第2期。神仙道教深刻影响着古代文士们隐逸山林的思想和情趣,佛禅思想对诗人们具有以道统的意义来支撑其精神,并帮助他们获得身心的自由超越与心灵之止泊安定的功能,参见卢晓河《求仙与隐逸——神仙道教文化对山林隐逸之士的影响》,《宁夏社会科学》2010年第4期;胡遂、肖圣陶:《论佛教对于隐逸的超越意义——以晚唐诗人为例》,《湖湘论坛》2010年第5期。此外,战乱与隐逸的关系也需要重视,"永嘉之乱"和"安史之乱"的两次动乱与越地隐逸之风有微妙的联系。
⑧ 李频:《越中言事二首》,《全唐诗》卷六五一。
⑨ 辛文房:《唐才子传》卷三《贺知章传》。

> 离别家乡岁月多,近来人事半销磨。
> 唯有门前镜湖水,春风不改旧时波。①

在另一首诗中,贺知章同样沉醉于鉴湖的风波:

> 稽山罢雾郁嵯峨,镜水无风也自波。
> 莫言春度芳菲尽,别有中流采芰荷。②

"镜湖流水漾清波,狂客归舟逸兴多。"③鉴湖是贺知章的精神故园,这里有他钟爱的"钑镂银盘盛蛤蜊,镜湖莼菜乱如丝"④,也有他精神栖息之所。至今越地有贺秘监祠,寄寓了越地人民对贺知章的敬爱。

秦系也是越州人,"安史之乱"后隐居剡中,《新唐书·隐逸》谓其"北都留守薛兼训奏为右卫率府仓曹参军,不就"。有一首《题镜湖野老所居》(《全唐诗》卷二六〇)被视作秦系的作品:

> 湖里寻君去,樵风往返吹。
> 树喧巢鸟出,路细莳田移。
> 沤苎成鱼网,枯根是酒卮。
> 老年唯自适,生事任群儿。

或云系马戴作品。根据"路细莳田移"的说法,当时鉴湖流域的围垦或已发生,两宋鉴湖堙废的历史或当追溯到唐代。秦系在剡中隐居二十余年,"越部山水,佐其清机,圆冠野服,翛然自放"⑤,后又隐居福建泉州。

《唐才子传》卷七载方干"幼有清才,散拙无营务。大中中,举进士不第,隐居镜湖中,湖北有茅斋,湖西有松岛,每风清月明,携稚子邻叟,轻棹往返,甚惬素心。所住水木幽闃,一草一花,俱能留客。家贫,蓄古琴,行吟醉卧以自娱"。方干虽非越州人,但长期隐居在鉴湖之畔,其所隐居的鉴湖西岛,因此得名"方干岛"。方干与贺知章可谓隔代知音,齐己有诗云:"贺监旧山川,空来近百年。闻君与琴鹤,终日在渔船。"⑥鉴湖畔有其别业,

---

① 贺知章:《回乡偶书二首》,《全唐诗》卷一一二。
② 贺知章:《采莲曲》,《全唐诗》卷一一二。
③ 李白:《送贺宾客归越》,《全唐诗》卷一七六。
④ 贺知章:《答朝士》,《全唐诗》卷一一二。
⑤ 权德舆:《秦征君校书与刘随州唱和诗序》,《全唐文》卷四九〇。
⑥ 齐己:《寄镜湖方干处士》,《全唐诗》卷八三八。

"云连平地起,月向白波沈。犹自闻钟角,栖身可在深"①。鉴湖给予了方干无穷的诗情,方干的诗篇则赋予鉴湖以生命。方干或泛舟鉴湖,"去去凌晨回见星,木兰舟稳画桡轻"②,"生涯一半在渔舟"③。除了自己隐居,方干也劝友人"明年莫便还家去,镜里云山且共看"④。贯休来看望方干时,说"莫讶频来此,伊余亦隐沦"⑤。方干最终老死越中,别人缅怀他时说"先生在世日,只向镜湖居"⑥,方干的人生与鉴湖始终紧密相连。

初唐承继魏晋隐逸遗风,盛唐在隐逸中贯注入世因素,中唐淡化了士人的担当精神,晚唐以隐居避祸全身⑦。秦系"天宝末,避乱剡溪"⑧,而在"未必圣明代"⑨,方干的隐居自有其苦衷。

其四,与六朝时一样,唐代"鉴湖文化走廊"同样表现出多元立体的文化格局。绘画方面,如陈宏、孙位等,书法方面,如虞世南、徐浩等,在继承前人的基础上续有开拓。以贺知章为例,他既是著名的诗人,也是著名的书法家。《新唐书·贺知章传》说他:"晚节尤诞放,遨嬉里巷,自号'四明狂客'及'秘书外监'。每醉,辄属辞,笔不停书,咸有可观,未始刊饬。善草隶,好事者具笔研从之,意有所惬,不复拒,然纸才十数字,世传以为宝。"《旧唐书·贺知章传》所记殆同。有唐一代,越地的文学、艺术趋于繁荣,且呈现出多元交融的面貌。

最后是越地人士与寓居越地者的共同创造。在六朝时期,"鉴湖文化走廊"的主角可以说是迁入越地的北方人士。在唐代"江浙名士如林"⑩,虽然"鉴湖文化走廊"与六朝一样是本土人士与外来人士的共同创造,但本时期本土人士的贡献亦较为抢眼。明人胡应麟指出:"唐诗人千数,而吾越不能百人。初唐虞永兴、骆临海,中唐钱起、秦系、严维、顾况,晚唐孟郊、项

---

① 方干:《镜中别业二首》,《全唐诗》卷六四八。
② 方干:《陪王大夫泛湖》,《全唐诗》卷六五〇。
③ 方干:《鉴湖西岛言事》,《全唐诗》卷六五〇。
④ 方干:《赠会稽张少府》,《全唐诗》卷六五〇。
⑤ 贯休:《春晚访镜湖方干》,《全唐诗》卷八三四。
⑥ 虚中:《悼方干处士》,《全唐诗》卷八四八。
⑦ 李红霞:《唐代士人的社会心态与隐逸的嬗变》,《北京大学学报》(哲学社会科学版)2004年第3期。
⑧ 《新唐书》卷一九六《秦系传》。
⑨ 方干:《镜湖西岛言事寄陶校书》,《全唐诗》卷六五三。
⑩ 辛文房:《唐才子传》卷五《朱放传》。

斯、罗隐、李频辈,今俱有集行世。一时巨擘,概得十二三,似不在他方下。"①但在初唐,越地的诗人并不多,此后有逐步增长的趋势。就全国的走势而言,初、盛唐时期北方诗作者数及诗作量远高于南方,中唐时期南北差距已经缩小不少,晚唐则是南方占有优势地位②。据叶持跃先生的分析,越州的主要诗人有初唐的贺知章(甲等)、虞世南(乙等)、万齐融(丁等)、贺朝(丁等),盛唐的严维(乙等)、秦系(丙等)、释清江(丙等),中唐的释灵澈(丙等),晚唐的吴融(甲等)、朱庆余(乙等)③。越地本土人士不但在文坛发挥影响,来自越地的王叔文等也一度进入政坛导演"永贞革新"。在唐代以后,随着中国文化重心向东南倾斜,越地人士对于全局的影响无疑更大了。

我们也不能忽视外来人士的影响。在唐诗历史上影响较大、与"浙东唐诗之路"关系较为密切的客居文人有百余位。其中元稹与白居易隔(钱塘)江的酬唱较为典型,"会稽山水奇秀,稹所辟幕职,皆当时文士,而镜湖、秦望之游,月三四焉。而讽咏诗什,动盈卷帙。副使窦巩,海内诗名,与稹酬唱最多,至今称兰亭绝唱"④。在大历年间,还有所谓"浙东唱和"。唐时严维、鲍防所结集的《大历年浙东联唱集》,以当时浙东联唱集会为基础,收录了一批浙东客居诗人的作品。鲍防是湖北襄阳人,与谢良弼合称"鲍谢",当时在越州做浙东观察使薛兼训幕府。据记载,他是当时浙东实际决策人物。但这位在唐代诗坛中并无多少影响的诗人,在客居浙东时,却与当地文人严维举办了一次对浙东文化发展有着历史性影响的盛会。而且,

---

① 胡应麟:《诗薮》外编卷三《唐上》。
② 尚永亮:《唐五代诗作者之地域分布与北南变化的定量分析》,《唐代诗歌的多元观照》,湖北人民出版社 2005 年版,第 335—351 页。另据景遐东先生的统计,唐代越州共出有 30 位诗人,存诗 808 首 51 句,其中会稽 8 人,共 117 首 30 句,包括孔德绍 12 首 2 句、陈允初 11 首、康造 1 首、秦系 42 首、清江 21 首 2 句、灵澈 17 首 26 句、罗珦 1 首、罗让 2 首;山阴 5 人,共 391 首 14 句,包括孔绍安 7 首、贺敱 1 首、严维 78 首 12 句、澄观 1 首、吴融 304 首 2 句;诸暨 3 人,共 40 首,包括陈寡言 3 首、良价 36 首、周镛 1 首;余姚有虞世南 32 首;剡县 2 人 6 首,包括徐浩 2 首、叶简 4 首;永兴有贺知章 21 首 3 句;此外籍贯不详的有 10 人,共 201 首 4 句,包括万齐融 4 首、贺朝 8 首、朱庆余 177 首、朱可名 1 首、庄南杰 6 首、范氏子 4 首、若耶溪女子 1 首、诸葛觉 1 首、遇臻 1 首、越溪杨女 2 首。其中较明确的初唐 4 人,盛唐 4 人,中唐 12 人,晚唐 8 人。初盛唐的江南诗人多出身于江南世家大族,中晚唐大幅减少,普通家族崛起。参见氏著《江南文化与唐代文学研究》,人民文学出版社 2005 年版,第 107—108、118、133 页。
③ 叶持跃:《论浙江唐五代时期诗人的籍贯分布》,《宁波大学学报》(人文科学版)1999 年第 1 期。
④ 《旧唐书》卷一六六《元稹传》。

还可以发现,浙东联唱中留有姓名的36人中①,除了严维外,全都不是浙东人。可见,客居文人已经对当时浙东文化发展产生了相当大的影响。

需要指出的是,在六朝,"鉴湖文化走廊"也是思想交锋的场所,在唐代则似乎少了思想方面的成就。这并不限于越地,就全国而言,唐代在思想上都似乎是乏善可陈的。六朝作为乱世,唐代作为大一统的王朝,不可同日而语。再者,虽然精英层面的思想相对平静,但一般的思想并非一片贫瘠,对此,葛兆光先生《中国思想史》已经有所论述②。

第三节 唐代中后期至北宋越文化的转向

以内藤湖南、宫崎市定为代表的日本京都学派有一个著名的观点,即"唐宋变革论"或"宋代近世论"③。他们认为唐代是中世的结束,宋代则是近世的开始,主要表现在:贵族政治衰微,君主权力的确定与加强;人民与君主之关系,变得更为直接;官吏任用主要通过科举制度;宋改用铜钱与纸币,货币经济兴盛;贵族式文学变而为庶民式文学,其他音乐艺术等均是如此。从社会结构、政治体制、经济形态、文化性质、权力关系、政府组织等方面的变化看,这一看法尽管存在争议,但不无道理④,中唐以降无论是中国文化重心还是社会风尚均发生了重大改变。只不过我们更倾向于认为"近世化"是一个长期的过程,在西方文化入侵之前都没有真正实现。宋代是中国文化的一个高峰,同时也是一个重要的转型阶段,陈寅恪、李约瑟等学者从不同角度肯定了这一阶段的特殊意义。对于越文化而言,宋代也开始

---

① 贾晋华:《〈大历年浙东联唱集〉考述》,《文学遗产》增刊第18辑,1989年。
② 葛兆光:《中国思想史》第2卷(七世纪至十九世纪中国的知识、思想与信仰),复旦大学出版社2013年版,第9页。
③ 参见钱婉约《内藤湖南研究》,中华书局2004年版,第96—122页。
④ 陈来先生在《宋明理学》(辽宁教育出版社1992年版)一书的引言中指出"中唐开始而在北宋稳定确立的文化转向正是这个'近世化'过程的一部分。这个近世化的文化形态可以被认为是中世纪精神与近代工业文明的一个中间形态,其基本精神是突出世俗性、合理性、平民性"。在《中国近世思想史研究》(商务印书馆2003年版)一书中进一步强调了这一点。在不少论著中,学者已径直将"近世"等同于宋元明清。杨志刚先生认为,逆向地回溯历史,可以找到宋明文化中的"近代"因素,但若顺着历史的发展走向看,传统文化自身并不能独立地走向近现代,这中间有一个历史发展的"转向",它产生于中西文化的碰撞和交融;近代中国的变迁,一方面是受了西方的影响,吸纳了大量新事物,另一方面又是在对宋明文化进行解构和改造基础上的再发展。参见氏著《宋明文化与近代化关系析论》,《复旦学报》(社会科学版)1994年第3期。

进入"近世化"的阶段,并在"靖康之难"后逐步加强。而这一渐变的过程,还是得追溯到唐代中后期。唐代中后期至北宋,实际上可以视作一个连续的过程。在唐代中后期,转型的趋势愈加明显;迨至五代,吴越国的存在事实上是唐末藩镇的延续;而北宋时期的发展,又是吴越国的继续。有鉴于此,本节将这三个阶段一并予以讨论。

一、"安史之乱"之后越文化的低潮与转型的发生

分裂与统一都是历史的必然,"安史之乱"无疑是唐代历史的一个分水岭。中唐时期,土地兼并导致了阶级矛盾激化,更瓦解了建立在均田制之上的府兵制,而取而代之的募兵制则使节度使拥兵自重,为"安史之乱"埋下了伏笔。唐玄宗天宝十四年(755),身兼范阳、河东、平卢三镇节度使的安禄山拥兵15万,在范阳发动叛乱,年底即攻克洛阳,嗣后叛军一路势如破竹,攻陷首都长安。在郭子仪等大将以及回纥兵的平叛下,763年,叛乱乃息。但这次持续8年的战乱使唐王朝元气大伤,尤其是黄河流域,社会生产遭到大破坏,全国人口由战前的890万锐减至190多万。而本次战乱的后遗症——藩镇割据的现象则将唐王朝拖入万劫不复的深渊,并影响到907年唐朝灭亡之后的五代时期的格局,从此进入到政权割据、战乱频仍的状态。

"安史之乱"对唐王朝的冲击无疑是巨大的,一个庞大帝国自此逐渐衰落。另一方面,它给中国南方带来了新的发展机遇,越文化也深受其益。学术界一般认为"安史之乱"之后中国经济重心开始向南方转移,人口重心也开始向南方转移。张家驹先生指出,"安史之乱""一方面是唐帝国衰败和崩溃的起点,同时又是我国经济发展南盛北衰的一个转折"[①]。事实上,中国经济重心的转移至少要追溯到隋代至盛唐东南地区所奠定的基础,远的更要追溯到六朝;而在"安史之乱"之前,中国南方人口比重与北方差距无多甚至已经超过了北方,我们不应当忽略南方发展的连续性。而"安史之乱"作为一个标志性的事件,在一定程度上加速了北方人口的转移。"安史之乱"以后黄河中下游的人口下降明显,虽然在唐朝后期有暂时的回升,但中国人口重心的南移已经势不可挡。中国经济重心的转移,则是更深层次的变化。而且人口、经济重心的转移很大程度上是相对的。由于北方社会生产遭遇严重破坏,加

---

① 张家驹:《两宋经济重心的南移》,湖北人民出版社1957年版,第4页。

之北方的人口与财富南流,南方的人口与经济在全国的比重上升。

"安史之乱"的一个重要结果是引发了新一轮的移民潮。安史叛军因在南阳(今河南邓州市)和睢阳(今河南商丘市南)等地遭到唐军的顽强抵抗,在淮河以南的活动相当有限,更未进入江南。除了永王璘、刘展两次叛乱产生过时间较短的局部战争,江南大体保持着和平的局面。此外,自六朝以来江南有较好的经济基础与居住环境,能够吸引一部分移民前来定居。基于这两种原因,安史之乱后玄宗率部分臣僚逃入蜀中,士大夫则多奔东南[①]。"当是时,中国新去乱,士多避处江淮间。尝为显官得名声以老故自任者,以千百数"[②],"两京蹂于胡骑,士君子多以家渡江东"[③],故肃宗诏云:"又缘顷经逆乱,中夏不宁,士子之流,多投江外。"[④]顾况谓"天宝末,安禄山反,天子去蜀,多士奔吴为人海"[⑤],李白亦云"天下衣冠士庶,避地东吴,永嘉南迁,未盛于此"[⑥]、"三川北虏乱如麻,四海南奔似永嘉"[⑦]。在离乱中,当时的一些士大夫,如独孤及"避地于越"[⑧],齐抗"违难于越"[⑨],梁肃"族于吴越"[⑩],"鲁中儒士"[⑪]吴筠"登会稽,浮浙河,息天柱"[⑫],陆羽曾辗转至越中[⑬],白居易曾避难越中,便有"旅愁春入越,乡梦夜归秦"[⑭]的诗句,此外尚有李萼、包佶、张继、朱放等人——所谓"自中原多故,贤士大夫以三江五湖为家,登会稽者如鳞介之集渊薮"[⑮]。越地正是移民潮的主要目的地之一。据《唐国史补》卷下,"薛兼训为江东节制,乃募军中未有室者,厚给货币,密令北地娶织妇以归,岁得数百人",这批军人和织妇便是其中一批移民。武装移民与平民在量上无疑占优势,而士大夫阶层的移民则在质

---

① 吴松弟:《唐后期五代江南地区的北方移民》,《中国历史地理论丛》1996年第3期。
② 韩愈:《考功员外卢君墓铭》,《全唐文》卷五六六。
③ 《旧唐书》卷一四八《权德舆传》。
④ 唐肃宗:《加恩处分流贬官员诏》,《全唐文》卷四三。
⑤ 顾况:《送宣歙李衙推八郎使东都序》,《全唐文》卷五二九。
⑥ 李白:《为宋中丞请都金陵表》,《全唐文》卷三四八。
⑦ 李白:《永王东巡歌》,《全唐诗》卷一六七。
⑧ 崔祐甫:《独孤公神道碑铭》,《全唐文》卷四〇九。
⑨ 权德舆:《齐成公神道碑铭》,《全唐文》卷四〇五;《新唐书》卷一二八《齐抗传》。
⑩ 梁肃:《过旧园赋序》,《全唐文》卷五一七。
⑪ 权德舆:《吴尊师传》,《全唐文》卷五〇七。
⑫ 权德舆:《中岳宗元先生吴尊师集序》,《全唐文》卷四八九。
⑬ 陆羽:《陆文学自传》,《全唐文》卷四三三。
⑭ 白居易:《江楼望归》,《全唐诗》卷四三六。
⑮ 穆员:《鲍防碑》,《全唐文》卷七八三。

的方面提升了越地的人口结构。我们也应该认识到,移民潮是连续的,直至唐末五代,进入东南的移民仍有不少。如唐宗室李洎孙唐末避居上虞、嵊、会稽三县交界山区①,杜氏"南渡至会稽,乐其风土,因居焉"②,韦庄曾"避世移家远",避地越中③,襄阳人皮日休和其子光业也在此期间迁入越州。

这股移民潮对越文化的影响如何,实际上并不能作过度乐观的估计。董楚平先生强调"安史之乱"是吴越文化发展的机遇④。我们应当承认,"安史之乱"后的移民潮作为一针强心剂,的确刺激了越地的发展。贞元年间(785~804),越州增置上虞县,会昌五年(845)越州升为望州,有学者据此认为越地人口激增。唐代越州的水利建设除部分兴建时间不详外,大部分在"安史之乱"后兴建,江南其他地区也有此种情形⑤。"安史之乱"后中央显然加大了对越地社会生产的投入。但我们也应该认识到,目前的材料并不能说明此次移民潮使越地发生了如"永嘉之乱"、"靖康之难"后的突进。"安史之乱"给越地带来的利好有限,甚至令越文化走向了低谷。

根据《旧唐书》与《新唐书》的《地理志》,天宝年间(742~756)会稽郡有90279户,529589口。根据《元和郡县图志》的数据,元和年间(806~820)越州有20685户⑥,越文化中心地户口下降的速度是惊人的。不独越州,就全浙江省境内而言,天宝元年全省有754661户,元和年间有250018户,可见当时两浙的人口下降是普遍现象。就下降比率而言,两浙以越州、睦州人口下降最为迅速,达到80%以上,杭州下降较少,在40%左右,其他诸州除了湖州等个别例子,均在40%以上。需要注意的是,这里指的是政府所掌握的户口,实际户口与登记户口尚存差距。唐末对户籍的控制力减弱,一些州县不呈报户口,一些州县存在隐漏情况。所隐漏的户口,在著籍户口的一半以上。尽管如此,上述数据仍有参考价值。"安史之乱"前后的越地著籍户口下降显著,乃至经过吴越国的经营都未能恢复元气。只不过由于北方人口削减更甚,越地人口在全国人口的比重不降反升。

---

① 黄缙:《李先生铭》,《文献集》卷八上。
② 李光:《杜府君墓志铭》,《庄简集》卷一八。
③ 韦庄:《避地越中作》,《全唐诗》卷六九八。
④ 董楚平:《吴越文化的三次发展机遇》,《浙江社会科学》2001年第5期。
⑤ 朱祖德:《唐代越州经济发展探析》,台湾《淡江史学》第18期,2007年6月。
⑥ 《元和郡县图志》卷二六《江南道二》。

在唐代中后期人口如此大幅度缩减的情况下,越地很难说有很大的发展。"安史之乱"的战火虽然没有直接延烧到越地,但由此引发的苛征重赋、藩镇割据、军阀混战、自然灾害以及农民起义均造成了越地人口的极大消耗与外流,也加重了隐匿户口与逃户的现象①。天灾与人祸,共同抑制了越地文化的发展。北方经济的破坏,使得东南地区赋役负担更为繁重。"安史之乱"后移民潮的一个重要组成是武装移民,一些武装势力进入江南激化了当地的矛盾。继而爆发的刘汉宏、董昌、钱镠等军阀的混战,将越地当成争权夺利的舞台,越地愈加动荡。袁晁起义、裘甫起义、王郢起义、黄巢起义均给越地以冲击。尤其是越州人士裘甫,将战火直接引到越文化中心地。轰轰烈烈的黄巢起义军也一度攻占越州。刘长卿曾写到"贼"撤退后的景象:"越州初罢战,江上送归桡。南渡无来客,西陵自落潮。空城垂故柳,旧业废春苗。闾里相逢少,莺花共寂寥。"②永泰末年,越州"妖贼杀郡将以叛"③。层出不穷的起义,正是阶级矛盾激化的一个结果。这些战祸的负面影响都是显而易见的,越地人口的急剧下降也便不难理解了。

总之,"安史之乱"之后越地人口下降迅速,制约越文化的进一步发展。越文化遇到了一个低潮期,而不像一些学者所说的经历了一次飞跃。自"安史之乱"以迄唐朝灭亡前夕,越地处于被严重剥削的境地,加上军阀之间的混战、农民起义的战火,越地的社会生产遭遇了一次大破坏。但相对

---

① 冻国栋先生认为唐末南方人口仍是普遍上升的,但对于江南一些州县著籍人口下降的情况,冻先生只是以"莫名其妙地减损数倍,十分可疑"带过,参见氏著《唐代人口问题研究》,武汉大学出版社1993年版,第215页。事实上这一问题很值得深究。朱祖德先生也意识到了越州在"安史之乱"前后人口数量的巨大反差,指出越州在元和时人口不但大量减少,且减幅高于两浙其他州郡,但越州在安史之乱时并无太大损失,刘展之乱的影响亦限于浙西数州,故其人口仅余2万余户十分可疑。针对这一疑惑,朱先生提出三个可能的原因:其一是户口统计及登录不实,影响到越州户口的著籍数字;其二,越州在元和时人口的大量减少,极有可能和逃户、客户过多有关,此点可从明州是为安辑逃户而设,及元和时期邻近的杭州户口减幅较小,来观察杭、越、明地区人口的流动;其三是因大量的劳动人口从事运输业、手工业或经商造成流动人口数量的增量,即"人口转移"现象的产生,而相当影响了著籍户口的数字。此外,越人习于贩卖儿女的风俗亦可能与人口的减少有关。朱先生还推断元和年间越州的真实户数当在42000左右。参见氏著《唐代越州经济发展探析》,台湾《淡江史学》第18期,2007年6月。我们的认识与朱先生不同。我们以为,虽然元和年间的越州人口数据可能存在误差,但朱先生所提供的几个原因很难解释如此大的降幅,何况两浙地区的人口普遍下降,越州的高降幅亦非孤例;虽然"安史之乱"没有直接波及越州,但所带来的一系列负面影响却极大地抑制了越州人口的增长。李志庭先生有类似看法,参见氏著《浙江通史·隋唐五代卷》,浙江人民出版社2005年版,第97页。
② 刘长卿:《送朱山人放越州,贼退后归山阴别业》,《全唐诗》卷一四七。
③ 梁肃:《越州长史李公墓志铭》,《全唐文》卷五二。

来说,越地遭遇的困难比黄河流域小得多,在全国的地位实际上是提高了。东南地区在全国人口的比重逐渐上升,其经济地位也愈加凸显,加上黄河流域经济的破坏、人口的消耗,中国经济版图的重心逐渐向东南地区倾斜,这一过程最终在两宋完成。韩愈便说"当今赋出于天下,江南居十九"[1],当时江南的经济地位已经关系全局。即便是在董昌与钱镠大战之后,越州府库仍有"积粮三百万斛,金币大抵五百余帑"[2],越州的经济实力不可小觑。与此相应,中国文化的重心也开始呈现出向东南转移的势头。上述南奔越地的移民,有一些是士大夫阶层,这对优化越地人口结构有益,也为越文化的下一次突进埋下了伏笔。

唐代中后期也是越文化中心地地位变化的一个转折点。虽然终唐一代,越州仍然是浙东地区的政治中心,但随着越州所辖地域的缩减,周边城市杭州、明州的崛起,越文化中心地在两浙的经济中心地位不再,杭州迅速发展成为一个超过越州的都会,在经济、文化领域的势头逐渐掩盖过越州,并最终在吴越国时期成为两浙的政治中心。从这个角度看,唐代中后期也是越文化中心地逐渐走下坡路的阶段。

唐代中后期实际上也在酝酿一次新的转型,是"近世化"序幕逐渐揭启的关键阶段。元稹在任越州刺史时曾发出"会稽天下本无俦"[3]的感慨,以赞叹当时越州的繁华。陈寅恪先生在《论韩愈》一文结尾处总结说:"综括言之,唐代之史可分前后两期,前期结束南北朝相承之旧局面,后期开启赵宋以降之新局面。关于政治、社会、经济者如此,关于文化学术者亦莫不如此。"[4]两宋以降,中国的"近世化"趋势加强。对于越文化而言,这一点与全国的发展趋势是一致的。

就纵向而言,越文化在唐代中后期陷入了低潮期;就横向而言,虽然越地在全国的经济、人口的比重趋大,但越文化中心地的地位却日渐沦降。唐代中后期是一个重要的转折点,"近世化"生动的画卷逐渐展开,时代的车轮推动越文化走向下一个历史转角。

---

[1] 韩愈:《送陆歙州诗序》,《全唐文》卷五五五。
[2] 《新唐书》卷二二五《董昌传》。
[3] 元稹:《重夸州宅景色》,《元氏长庆集》卷二二。
[4] 陈寅恪:《论韩愈》,《历史研究》1954年第2期。

二、乱世下的安晏:吴越国与越文化的过渡阶段

在藩镇割据、农民起义、朋党纷争等暗流的裹挟下,唐末的局势愈加诡谲,大厦将倾,一个新的乱世——五代的大幕逐渐揭启。在东南地区,刘汉宏、董昌、钱镠等人之间连年争战。先是刘汉宏被授为义胜军节度使,领浙东七州,坐镇越州。光启二年(886),历经5年的争战,杭州的董昌、钱镠势力灭刘汉宏,董昌徙镇越州,自称知越州军府事。乾宁二年(895),身为浙东观察使的董昌据越州起兵反唐,并自践大越罗平国帝位。钱镠因而起兵讨伐董昌,并于次年剿灭董昌势力。乾宁四年(897),钱镠特赴越州受镇东军节钺。乾宁年间钱镠曾重修越州城。天复二年(902),唐昭宗封钱镠为越王。天祐四年(907),朱全忠废唐自立后终于满足钱镠的心愿,封钱镠为吴越王,自此"吴越双封,一王理事"①,吴越大地自此进入吴越国的时期。

上述纷争,无疑将越地拖入了灾难的深渊。董昌与刘汉宏之间的战争,持续了5年之久,战火持续燃烧越州一带。与董昌伐刘汉宏一样,钱镠伐董昌的战争也是以攻占越州而结束。这一系列的争战,对越文化中心地的负面影响是直接而长久的。越文化中心地的人口持续下降,虽经吴越国的经营,仍与盛唐时期的情况相去甚远。一方面,越文化中心地受到重创,地位下降;另一方面,一江之隔的杭州在唐代中后期的基础上进一步崛起为越地的政治中心。越地的政治、经济、文化格局遭遇了一次新的洗牌。

吴越国升杭州、越州为大都督府,以杭州为国都,称西都、西府,以越州为陪都,称东都、东府、会稽府②。吴越国王镇杭州,安抚、观察、节度副使治越州,实际上延续了浙东、浙西分道而治,越州仍为浙东首脑。越州虽然退居其次,但仍然是东南重镇。只不过杭州成为政治中心,越州进一步丧失其固有的优势,正如宋人王明清所说:"杭州在唐,繁雄不及姑苏、会稽二郡,因钱氏建国始盛。"③

虽然在唐末越地一度陷于混战,但在吴越国建立之后,越地成为当时乱世格局中少有的"世外桃源",乃至"其民至于老死不识兵革,四时嬉游歌

---

① 钱镠:《镇东军墙隍神庙记》,《全唐文》卷一三〇。
② 钱弘倧被废后便徙居东府。
③ 王明清:《玉照新志》卷五。

鼓之声相闻"①。五代乱局之下,吴越钱氏立足两浙,尊奉中原,务求保境安民②。在吴越国存在期间(907～978),越地社会相对安定,鲜有祸乱,社会经济得到长足发展。与唐末的战祸频仍相比,吴越时期国内较为稳定。尤其文献中没有一例吴越时期农民起义的记载,显然与唐末迥异。最明显的是人口的恢复增长。前面提到唐元和年间越州有20685户,与盛唐相比下降显著。而宋初太平兴国年间(976～983)越州主客户为56491户③,基本反映吴越国时期的状况。就两浙地区而言,同样保持相近的增长率。经过吴越时期的发展生息,越地的人口有较大回升,为北宋的继续增长奠定了基础。

但我们也应该注意,不少文献称吴越国赋役甚烦,"自钱镠世常重敛其民"④,乃至于"赋敛苛暴,鸡鱼卵菜,纤悉收取"⑤。除了要满足统治者的需求,还需要适应不断贡奉中原王朝的需要,吴越国的子民负担较重是可以相信的。诸如身丁钱会导致户籍隐匿情况的严重,北宋延续了这一点,同样造成了户籍统计的失实。所以吴越国的人口,可能比我们想象的要多。

吴越国极其重视社会经济的恢复。为发展农业,鼓励垦荒,发展圩田,兴修水利。鉴于鉴湖淤塞加剧,钱镠亲自主持了鉴湖的疏浚,并且订立了每年疏浚的规章制度,"故强水土之政,以力本利农,亦皆有数,而钱镠之法最详,至今尚多传于人者,则其利之不废有以也"⑥。钱氏捍海塘的修筑,有助于加速钱塘江畔土地淡化,利于农业生产。吴越时期的制瓷业达到一个高峰,尤其是越窑系窑场,密布于曹娥江沿岸、慈溪上林湖与鄞州东钱湖一带,官窑置于上虞窑前寺与慈溪上林湖,所制秘色瓷甚至超越了唐代的成就。此外,越地的丝织业、造船业、煮盐业、制茶业、酿酒业、渔业等进一步发展。吴越的海外贸易(主要对日本和朝鲜半岛)在唐代的基础上进一步发展,明州是主要的对外贸易窗口,吴越蔚为当时的航海大国。

---

① 苏轼:《表忠观碑》,《苏轼文集》卷一七。
② 李志庭先生对吴越国的"保境安民"国策说提出过质疑,参见氏著《也谈钱镠"保境安民"国策》,《中国史研究》1997年第3期。
③ 《太平寰宇记》卷九六。
④ 《新五代史》卷六七《吴越世家》。
⑤ 《续资治通鉴长编》卷一九。
⑥ 曾巩:《越州鉴湖图序》,《元丰类稿》卷一三。

三、北宋时期越文化的发展

五代分裂的乱局随着北宋势力的扩张而逐步收场。荆南、后蜀、南汉、南唐等小国依次被收入北宋王朝的囊中,偏处东南一隅的吴越国成为北宋的下一个目标。自北宋立国以来,吴越便继续奉行钱镠"子孙善事中国,勿以易姓废事之大礼"①的遗训,奉表称臣,竭尽辖下十三州的物力来讨好北宋王庭,通过大量贡奉来换取一时的苟安。吴越的末代统治者钱俶(原名钱弘俶)甚至去掉其名字中的"弘"字,以避免犯宋太祖之父赵弘殷的名讳。其协助北宋征伐南唐,所奉财物更是不可胜计。尽管如此,北宋王朝并不容许卧榻之侧有他人鼾睡,宋太宗对吴越这块肥肉垂涎已久,因长期征战而国力耗损的北宋需要得到当时天下最富庶之地的给养。"安史之乱"之后逐渐崛起的江南,业已是统一王朝不可错过的粮仓。另一方面,统一的天下大势已经不可逆转,吴越被裹挟入北宋的疆域似乎是迟早的事情。要么作困兽之斗,要么赢得晚年的荣华,也赢得境内百姓的安宁。迫于压力,钱俶最终于太平兴国三年(978)以13州、1军、86县、户550680、兵115036归宋,纳土受降。至此,越文化中心地也划入了北宋的版图。

历来论述越文化或绍兴历史的论著,大多一笔带过北宋的阶段。究其缘由,想必这一阶段没有过多可以大书特书的篇章,近乎是为人所忽略的盲区。事实上,北宋一代作为过渡阶段,上承吴越开发经营的成果,下启南宋越地的繁兴,是值得我们重视的阶段,而且中国经济重心的南移至迟在北宋一朝完成。基于此,我们并没有理由轻易掠过这一页。

北宋一代,越文化中心地在江南虽已不再拥有绝对的主导地位,但仍然是东南重镇。从元丰时期的情况看,北宋两浙路州县中,级、格为大都督府的唯有杭州与越州。越州望县(4000户以上)有6个,为两浙路之最。越州另外两个县为紧县(3000户~4000户),无上县(2000户~3000户)、中县(1000户~2000户)、下县(不满1000户)。从人口情况看,越州在当时的两浙路占有绝对优势。而从经济发展情况看,当时的经济重心已经转移到东南,但越州并非经济中心,苏湖一带才是当时的主要粮仓,在其他经济领域越州也并无特别出彩之处。杭州在这一时期的地位继续上升,业已

---

① 《十国春秋》卷七八《吴越二·武肃王世家下》。

成为"东南第一州"①。从文艺、科技等领域看,北宋时期的越州很少可圈可点之处。所以总体而言,虽然越文化中心地在北宋时期持续发展,并且在区域范围内仍有一定的影响力,但其政治、经济、文化地位在江南并不占主导。

有鉴于吴越税赋较烦的事实,北宋政府向两浙路派出的第一任大员范旻(首任宰相范质之子)便首先奏请蠲免吴越遗留的部分繁重税赋,"悉条奏,请蠲除之,诏从其请"②。两年后左拾遗张齐贤也提出当改易江南诸地的苛重赋敛,"改而正之,因而利之,使赋税课利通济,可经久而行,为圣朝定法,除其旧弊"③。除吴越苛税之弊,显然有助于促进越地的发展,但我们也不能忽视,吴越时期最为繁重的身丁钱仍然为北宋政府所继承(直到大中祥符四年才部分蠲免),作为盘剥的手段,在一定程度上限制了人口的增长;北宋晚期对江南掠夺尤甚,人民的负担并无实质性的减轻。

北宋时期加强了中央集权,政治保持长期的相对稳定,同时通过奖劝农桑、兴修水利、旌赏垦荒等措施大力发展经济。在此背景下,越地进一步持续发展,在较长时间的安定环境下,越文化中心地的人口持续增长。据《太平寰宇记》卷九六,宋初太平兴国年间(976~983)越州主客户为56491户,而大中祥符四年(1011),越州户口已快速增加到187180户,共成丁人口329348人④。据《元丰九域志》的数据,越州为152962户,《元丰九域志》的成书年代上距大中祥符四年74年。迨至徽宗崇宁年间(1102~1106),越州的户数增加到270306户,人口增加到367390人⑤。有学者指出:"和大中祥符年间相比,人口固然有了增加,而户数的增加显得尤快。这就说明,在当时的民户中间,出现了大批丁口很少的新兴户。这些丁口很少的新兴户,显然与北方移民有密切关系。"⑥事实上,情况未必如此。宋代户口统计中存在一个突出的现象,便是户数与口数极不相称⑦。李心传便曾

---

① 宋仁宗:《赐梅挚知杭州》,《全宋诗》卷三五四。
② 《续资治通鉴长编》卷一九。
③ 《续资治通鉴长编》卷二一。
④ 嘉泰《会稽志》卷五《户口》。《会稽志》记载当年会稽有34076户,山阴有2171户,山阴的户数明显有误。嘉泰年间会稽户数有35406,较大中祥符增长无多。
⑤ 《宋史》卷八八《地理志四》。
⑥ 陈桥驿、颜越虎:《绍兴简史》,中华书局2004年版,第87页。
⑦ 胡焕庸、张善余:《中国人口地理》(上),华东师范大学出版社1984年版,第38页。

指出:"西汉户口至盛之时,率以十户为四十八口有奇,东汉户口率以十户为五十二口,可准周之下农夫。唐人户口至盛之时,率以十户为五十八口有奇,可准周之中次。自本朝元丰至绍兴户口,率以十户为二十一口,以一家止于两口,则无是理,盖诡名子户漏口者众也。"①反观越州,更显反常。嘉泰《会稽志·户口》大中祥符四年的数据,越州十户不足十八口;崇宁年间的数据,越州十户则不足十三口。这究竟是北方移民的原因,还是另有缘由呢?李心传敏锐地指出当时"诡名子户漏口者众"的现象。有宋一代赋役甚烦,逃避赋役是造成宋代户口比例失调的重要原因②。繁重的赋役迫使一些农民不得不"匿比舍而称逃亡,挟他名而冒耕垦"③,乃至冒充儿童以逃避赋役,加之户口化整为零的情况较为普遍,以及江南沿承自吴越的身丁钱导致隐匿户口的现象更加严重,由此越州户口的异常现象也便不难理解了④。尽管户口统计存在误差,但当时人口较为快速的增长是毋庸置疑的事实。如果以每户4口的保守估计⑤,大中祥符四年越州人口达到748720之多,崇宁年间已经超过百万之数,显然是繁盛的大都会。从人口密度看,越州的人口密度也相当高,是北宋人口密度最高的十个州、府之一⑥。

有了人力资源的保障,越地得到进一步的开发。在北宋,越州的海塘堤防进行过多次修筑,萧山湘湖在政和三年(1113)也最终围成,发挥着重要的水利作用。在低温的气候大背景下,自然灾害频仍,但越地精耕细作的水稻生产并未遭遇过多的冲击,粮食产量仍然稳步提升。越州"习俗务农桑"⑦,农业生产奠定了重要的经济基础。江南地区的稻种优良,越州当时有水稻品种56种,多于明州(25种)、台州(30种)、昆山(33种)等地。越州日铸茶(又名日注茶)⑧更是享誉当时,欧阳修谓"草茶盛于两浙,两浙

---

① 《建炎以来朝野杂记》甲集卷一七。
② [日]加藤繁:《中国经济史证》下册,商务印书馆1963年版,第261页。
③ 《文献通考》卷一《田赋考·历代田赋之制》。
④ 我们也应该看到,繁重的赋役和严重的土地兼并使农民负担较重,杀婴的现象也较为严重。
⑤ 要知道,天宝年间越州户均口数接近一户6口。
⑥ 胡焕庸、张善余:《中国人口地理》(上),华东师范大学出版社1984年版,第42页。
⑦ 沈立:《越州图序》,《会稽掇英总集》卷二〇。
⑧ 嘉泰《会稽志》卷一七《日铸茶》载:"日铸岭在会稽县东南五十五里,岭下有僧寺名资寿,其阳坡名油车,朝暮常有日,产茶绝奇,故谓之日铸……日铸芽纤白而长,其绝品长至三二寸,不过十数株,余虽不逮,亦非他产所可望,味甘软而永,多啜宜人,无停滞酸噎之患。"

之品,日注第一"①。越地传统的蚕桑养殖业和纺织业造就了闻名天下的越罗,越罗的声望从唐代沿承下来。越地的丝织品种类繁多,产量巨大,"纱绫缯帛岁出不啻百万缣",诸如名品寺绫,"越州尼皆善织,谓之寺绫者,乃北方隔织耳,名著天下"②。造纸业继续保持优势地位,时人称"今越之竹纸甲于他处"③。此外,盐业、酿酒业、制瓷业等传统手工业继续发挥作用,是越地特色产业。

事实上,至迟在北宋中期,在粮食、纺织等基础产业的生产总量方面,东南地区已经超过北方地区,全国的经济重心已经转移到了东南地区④。越文化中心地是当时经济重心的重要一环。然而,由于杭州、明州等州的兴起,越州作为越文化中心地所在,在越地不复有绝对的主导地位。在许多方面,越州并不占优势。

北宋时期庆历、熙丰、崇宁等数次兴学运动使东南地区在赢得经济重心地位的同时,也使得东南地区教育、科技、文艺的水平上升到新的高度,为全国文化重心的转移奠定了基础。北宋初年,江浙官学荒疏,至宋神宗时期杭州、越州等地的官学才逐步创办或恢复,教育事业逐渐受到重视。尤其是庆历(1041~1048)之后,两浙官学全面发展,步入正轨。越州州学自景祐年间(1034~1038)开始兴办,历经二十载方毕其功。在范仲淹于康定元年(1040)离任越州知州之际,亲自写信延请著名学者李觏到越州州学开设讲席,心系越地教育事业。同时,越地的民间教育亦甚发达。官学与私学一道,为越文化的再次腾飞奠定了基础。越文化的每次突进自有其外部的动因,而如果忽略了其内部积蓄的力量,则显然是不全面的。北宋时期教育事业的发展,为越地人才的培养作出巨大贡献,同时也奠定了之后越文化的基调。值得注意是,北宋时期的官学与私学均重视结合实际,这与越文化尚实致用的精神密不可分。

在北宋时期,越文化中心地在科技、文学、艺术等领域几乎没有突出的成就,但就越文化整体而言,它仍是在持续发展的,酝酿着下一次突进。"靖康之难"这一历史机遇,最终将导火索点燃。

---

① 欧阳修:《归田录》卷一。
② 庄绰:《鸡肋编》卷上。
③ 苏轼:《东坡志林》卷九。
④ 沈东梅、范立舟:《浙江通史·宋代卷》,浙江人民出版社2005年版,第66页。

第五章　近古至近代越文化的历史发展

第一节　"靖康之难"与越文化的突进

北宋的社会经济达到中国历史上一高峰,然而周遭列强环伺,宋王朝疲于应对北方游牧民族的侵袭。北宋一度与辽国相颉颃,而崛起于白山黑水之间的女真族建立了金朝,并于1125年灭辽。宋钦宗靖康元年(1126),金兵分东、西两路大举南下,破宋都东京(开封),并于次年掳宋徽宗、宋钦宗二帝等3000余人北去,是为"靖康之难"。此次变故,于北宋王朝而言是灭顶之灾,于北方人群而言意味着屠戮与奴役,而对于江南而言,则是历史发展的新机遇。越文化在此后迎来了一次突进的契机,这主要表现在南宋朝廷的短暂设都与移民潮的刺激作用。同时借助这一契机,在北宋时期所呈现的发展趋势的基础上,中国文化的重心逐步向东南地区转移,在此大背景下越地渐成人文渊薮。

一、"靖康之难":越文化发展的新机遇

在金兵北撤不久,康王赵构于应天府(今河南商丘)即位,是为高宗,南宋的篇章自此揭开。但南宋朝廷一开始便面临四处奔逃的窘境。不久金兵南下,一路穷追不舍,试图一举灭亡南宋。建炎三年(1129)二月,南宋朝廷迁至杭州,改州治为行宫。七月,经历兵变之后复位的赵构升杭州为临安府。十月,赵构自临安府渡江至越州,驻跸州廨,越州作为"行在",实际上是当时南宋的临时首都[①]。闻知金兵渡江之后,赵构又自越州东奔明州等地。十一月,越州为金兵所破,安抚使李邺降金,更与金将咠八共同把持越州。

建炎四年(1130)四月,随着金人引兵北去,南宋朝廷于当年四月再度

---

① 《宋史纪事本末》卷六三。

来到越州,以州治为行在(行都),并改次年年号为"绍兴"。越州第二次成为南宋的临时首都,为期达一年零八个月①。在这一年多的时间里,越州一跃成为南宋的政治中心。历史的聚光灯,又重新照在了越文化中心地。绍兴元年(1131)十月,升越州为绍兴府。自此,越文化中心地有了"绍兴"的徽记,其政区和范围也正式定型。陆游在为嘉泰《会稽志》作序时指出:"定中兴之业,群盗削平,强房退遁,于是用唐幸梁州故事,升州为府,冠以纪元。"所谓"群盗削平,强房退遁",正是高宗改元的背景。在一路仓皇逃遁后,南宋朝廷终于有了喘息的机会。赵构因而改元,以昭示美好的愿景。所谓"绍兴",向来被解释作"绍祚中兴"。而据《三朝北盟会编》卷一四四,当时的改元诏书谓"绍奕世之宏休,兴百年之丕绪",是为"绍兴"的始源。无论是绍兴府的设立还是绍兴年号的由来,均是赵构所勾勒的中兴蓝图的表达。只不过这幅蓝图很大程度上并未付诸实际。所谓"中兴",更多的是讽刺。同时我们也应该看到,虽然南宋在政治、军事上难有作为,但在经济、文化方面则取得了值得骄傲的成就。

然而,虽说"夫越乃报仇雪耻之国"②,绍兴府毕竟难以容纳宋朝庞大的国家机器,不但物资供给不便,相对褊狭的地理环境也不利于定都。加之宋高宗至少需要在表面上显示恢复中原的决心,而定都绍兴则远离抗金前线,不符合当时朝野的抗金要求。正如中书舍人洪拟指出的:"舍四通八达之郡,而趋偏方下邑,道里僻远,非所以示恢复。形势卑陋,不足以坚守御。水道壅隔,非漕挽之便。轻弃二浙,失煮海之利。"③由于绍兴府在当时不再是江南经济、文化的绝对中心,相反,杭州在北宋时期便已经成为两浙领袖,故在绍兴元年(1131)十一月,赵构以"会稽漕运不济"为由下诏"移跸临安"④。绍兴二年(1132)正月,南宋朝廷移至临安府。绍兴七年(1137)又移跸建康府(今南京),次年(绍兴八年)正月返回临安府,这是赵构第三次驾临临安,并宣布临安府为"行在所",南宋朝野关于定都的争论也告一段落。实际上,临安府作为"行在",也是临时首都的角色,宋人仍尊东京为首善之都。尽管如此,南宋的政治中心最终在钱塘江畔落脚,东南

---

① 《建炎以来系年要录》卷三二。
② 明人王思任语,见张岱《王谑庵先生传》,《琅嬛文集》卷四。
③ 《建炎以来系年要录》卷四。
④ 《建炎以来系年要录》卷四九。

第五章 近古至近代越文化的历史发展

地区再度成为汉族政权的政治中心之所在。

南宋定都临安,已经属于越地的范围。至于越文化中心地,虽然作为南宋朝廷所在的时间并不长,但同样深受影响。越文化中心地自此有了"绍兴"的称名,同时由于独特的政治、经济、文化地位,吸引了更多的俊彦之士,社会经济得到进一步的开发。甚至有人认为,"越今为陪都……要非余郡可比"①。绍兴府在当时很难说是"陪都",毕竟临安府都不是正式的都城。但从当时的形势看,绍兴府与临安府仅有一江之隔,甚至南宋的王陵都安置在绍兴府②,说其有"陪都"之实大抵不差。陆游为嘉泰《会稽志》所作序言说道:"大驾既西幸,而府遂为股肱近藩,称东诸侯之首地望。"号称三辅之地。又云:"今天下钜镇,惟金陵与会稽耳,荆、杨、梁、益、潭、广皆莫敢望也。"金陵与会稽,是仅次于临安府的重镇,地位在诸州府之上。而绍兴府拱卫京畿,地位尤其特殊。绍兴六年(1136),朝廷规定山阴等40处为全国大邑,山阴名列其首。此外,绍兴也是两浙东路的政治中心,延续了此前的政治地位。

高宗南渡带来的另一个影响是大量北方人向南迁移。当时"中原士民,扶携南渡,不知其几千万人"③。赵构率内侍及亲军渡过长江时,"渡江之民,溢于道路"④,"是时西北衣冠与百姓奔赴东南者,络绎道路"⑤。百官、白姓从而渡江者数万人,所谓"高宗南渡,民之从者如归市"⑥,"四方之民云集二浙,百倍常时"⑦。移民遍及南宋各路,人满为患。"建炎之后,江、浙、湖、湘、闽、广,西北流寓之人遍满"⑧,江南、江西、福建是移民主要分布区,其中以江南最为集中。在北宋时期,南方人口已经占全国一半以

---

① 《宋绍兴府进士题名一》,参见杜春生《越中金石记》卷四。
② 宋六陵位于绍兴城东南18公里处的攒宫村,六陵分别为高宗永思陵、孝宗永阜陵、光宗永崇陵、宁宗永茂陵、理宗永穆陵、度宗永绍陵,此外尚有北宋徽宗陵、宋哲宗后陵、宋徽宗后陵、宋高宗后陵,是江南唯一一个大型的皇家陵园。高宗陵尚能遵循宋代有关礼制,随着国力衰落,自理宗时陵寝制度几乎尽弃不用,呈现出衰败而趋于敷衍的境地。参见王海雷《南宋六陵的兴废》,浙江大学硕士学位论文,2006年3月。所谓"攒宫",指的是临时王陵,但长眠于此的主人却再也回不到祖陵。在元代,宋六陵遭受了灭顶之灾。
③ 《建炎以来系年要录》卷八六。
④ 《宋会要辑稿》第一五〇册《食货五九》。
⑤ 《三朝北盟会编》卷一三四《炎兴下帙三四》。
⑥ 《宋史》卷一七八《食货志》。
⑦ 《建炎以来系年要录》卷一五八。
⑧ 庄绰:《鸡肋编》卷上。

上,而源源不断的移民更给南方注入了新的活力。另一方面,南宋政府也积极招徕与安抚北方移民。此后,南宋朝廷与金、蒙古对峙期间,北人续有南渡。对于两浙路而言,以高宗南渡至绍兴议和这段时期为高峰①。入浙的移民,以临安府为最多。绍兴府一度作为南宋政治中心,且正值高宗东逃,故吸引了一部分来自河南和北方其他地区的移民。陆游尝言"予少时犹见赵、魏、秦、晋、齐、鲁士大夫渡江者"②,足见移民来源之广、持续时间之长。除了"士大夫",尚有军人以及平民,建炎四年(1130)四月下诏"诸处流移百姓所在孤苦无依者,并仰越州安泊赈济,务在生活"③。兹在吴松弟先生所编《移民档案》④提供材料的基础上示列绍兴府移民情况如次⑤:

迁入时间	迁入者	迁出地	今省	迁入地
靖康	宋绍恭之父	开封	河南	绍兴府
靖康	吕亿	青州	山东	新昌
靖康	程迥	宁陵	河南	余姚
建炎	王衣	济南	山东	绍兴府
建炎	王俣	宛丘	河南	余姚
建炎	王彦国	招信	安徽	余姚
建炎	李旸	扬州	江苏	嵊县
建炎	吴垌	开封	河南	绍兴府
建炎	马纯	单州	山东	绍兴府
建炎	杨渐	开封	河南	上虞
建炎	赵不晦		河南	绍兴府
建炎	赵令誯		河南	诸暨
建炎	赵伯述		河南	余姚

---

① 参见张家驹《靖康之乱与北方人口的南迁》,《文史杂志》第2卷3期,1942年;张家驹:《两宋经济重心的转移》,湖北人民出版社1957年版;吴松弟:《宋代靖康之乱以后北方人民的南迁》,《中华文史论丛》第51辑,上海古籍出版社1993年版;吴松弟:《北方移民与南宋社会变迁》,台湾文津出版社1993年版。
② 陆游:《杨夫人墓志铭》,《陆游集·渭南文集》卷三四。
③ 《宋会要辑稿》第一六〇册《食货六八》。
④ 吴松弟:《北方移民与南宋社会变迁》,台湾文津出版社1993年版,第276—278页。
⑤ 排除移民后裔。

续表

迁入时间	迁入者	迁出地	今省	迁入地
建炎	赵浚	密州	山东	绍兴府
建炎	赵粹中	密州	山东	绍兴府
建炎	韩肖胄	安阳	河南	绍兴府
建炎	韩膺胄	安阳	河南	绍兴府
建绍间	王铚	汝阳	安徽	嵊县
建绍间	司马遵	夏县	山西	绍兴府
建绍间	宋驹之父	赵州	河北	绍兴府
建绍间	邢佐	开封	河南	绍兴府
建绍间	邢世才之父	青州	山东	绍兴府
建绍间	邢世才	青州	山东	绍兴府
建绍间	邢邦杰	青州	山东	绍兴府
建绍间	姚公烈祖先	潍州	山东	新昌
建绍间	孙镐	开封	河南	绍兴府
建绍间	嵇琬	应天府	河南	上虞
建绍间	嵇居易	应天府	河南	上虞
建绍间	赵子潾		河南	诸暨
绍兴	王速	宛丘	河南	余姚
绍兴	王远	宛丘	河南	余姚
绍兴	薛安靖	海州	江苏	绍兴府

上表所列人物显然不能代表当时移民的全部情况,不过是冰山一角而已,但我们也可以借此窥一斑而知全豹:进入越文化中心地的移民潮,在建炎年间已经基本完成;上述32人,迁入绍兴府的有17人,新昌2人,余姚6人,嵊县2人,诸暨2人,上虞3人,各县市均有分布,而以府城最多;来自河南有17人,山东有9人,为其荦荦大者。

然而,我们不能过度夸大移民潮对越地人口数量的影响。根据嘉泰元年(1201)的记载,绍兴府共有主客户273343户,计成丁人口334012人,老幼残废及不成丁人口107072人①。而徽宗崇宁前后越州的户数增加到270306户,人口计367390人②。在人口统计上,两宋均存在较大的误差,原因已如前述。而从户数看,崇宁年间至嘉泰年间变化并不是很大,增长

---

① 嘉泰《会稽志》卷五《户口》。
② 陈桥驿等编:《浙江地理简志》,浙江人民出版社1985年版,第367页。

有限。从绝对数看,越文化中心地在经历"靖康之难"后人口没有太大变化。这一点,可能与过去的认识不同①。事实上,从整个南宋统治区来看,"靖康之难"之前凡1146万户,之后的1187年只达到1248万户,这已经是接纳北方移民情况下的数据,人口增长基本上处于停滞状态②。从两浙范围看,若以南宋嘉定十六年与北宋崇宁元年各路人口密度作一对比,北宋为100%,则南宋时两浙路为107%,既不像北方地区大幅降低,也不像江南西路、福建路等处人口激增。这些现象,都是与越文化中心地的人口变化基本相应的。战争、自然灾害对人口的消耗是很重要的原因,"民人死于兵革水火疾饥坠压寒暑力役者,盖已不可胜计"③。此外,较北宋更甚的赋敛与土地兼并也在一定程度上抑制了人口的增长④。我们还需要注意,"移民"与"流民"的概念不同,当时北方涌入南方的流民很多,但与真正在越地扎根落脚的移民需要区别对待。

既然"靖康之难"之后越文化中心地人口数量变化不大,那么此次移民潮果真对越文化没有产生影响么?答案是否定的。一方面,北方的移民带来了劳动力以及生产技术,开垦荒地,扩大种植面积,优化种植结构(如麦作农业的扩展),有利于越地的农业生产与经济发展;另一方面,移民中的精英阶层进一步优化了越地的人才结构,有利于教育、文艺等事业的开展。此次移民潮带来的影响,后一点显然更为重要。因为"靖康之难"之前,东南地区已经成为中国的经济重心所在。南宋越地经济的发展,是在之前基

---

① 不少学者在讨论越地"靖康之难"之后人口变化时认为移民潮之后人口激增,如《绍兴简史》认为绍兴城的户口在这段时期有了迅速的增加,参见陈桥驿、颜越虎《绍兴简史》,中华书局2004年版,第88页。我们在分析越地人口变化情况后发现,"靖康之难"之后越地人口并无过多增长,基本维持之前的状态。吴松弟先生之前便批判过认为"靖康之难"后长江以南各类城市骤然膨胀的笼统看法,指出靖康和绍兴初年长江以南的城市人口不是膨胀而是因战争骤减,至绍兴中后期一些城市的人口才有所增加,北方移民的进入不是使当地人口激增而是弥补了当地损失的部分人口,参见氏著《北方移民与南宋社会变迁》,台湾文津出版社1993年版,第4页。我们对越地人口变化的考察验证了这一点。对于过去认识的误区,有必要引起重视。
② 胡焕庸、张善余:《中国人口地理》(上),华东师范大学出版社1984年版,第48页。
③ 庄绰:《鸡肋编》卷中。
④ 据吴松弟先生估算,建炎四年两浙路户数减少约45万,乱后土著约有167万户,绍兴末土著人口约174万户,该年总人口224.3万户,扣除此数约余50.3万户当是北方移民及其后裔。参见氏著《北方移民与南宋社会变迁》,台湾文津出版社1993年版,第135页。可见,两浙路人口的消耗与补充大体相当。这也造成了在越文化中心地"靖康之难"前后的人口总数变化不大。当时包括绍兴府在内的府州移民都在1万至数万,参见吴松弟《宋代靖康之乱以后北方人民的南迁》,《中华文史论丛》第51辑,上海古籍出版社1993年版,第54页。

础上的继续发展。"靖康之难"之后的战乱与土地政策,在某种程度上制约了越地的经济增长。相对于"永嘉南渡"、"安史之乱"等移民潮对越地的开发,此次移民潮对越地经济的发展并不能夸大。但此次移民潮的精英阶层对越文化的影响不能忽视,这种影响,一直延续到明清两代。由于越文化中心地一度成为南宋政治中心,故在移民潮发生之初,便吸引了大批上层人物入住绍兴府。"建炎末,士大夫皆避地……衣冠奔踣于道者相继"①,"士君子多以家渡江东"②,"平江、常、润、湖、杭、明、越号为士大夫薮,天下贤俊多避地于此"③,其中便包括越文化中心地。如著名的女词人李清照,便南渡流寓于越州等地。上文所引陆游之语,说明渡江的大多是"士大夫"。当时"凡空第皆给百官寓止"④,诸如能仁寺、禹迹寺等寺庙亦为之占用⑤。不少皇亲贵胄和士大夫寓居于绍兴府,提高了当地的精英阶层比重。高宗东逃时由于随行的"皇族百司官吏兵卫家小甚众",接受吕颐浩的建议,"于是郎官以下,或留越,或径归者多矣"⑥。此后一部分宗室更是居住于此,并置绍兴府宗正司辖之,直到乾道七年(1171)以后才撤销⑦。朝廷也优待南来的王公贵族与官僚地主,加官进秩,如绍兴五年(1135)二月"帝至临安,进扈从官吏秩一等"⑧。有学者据《移民档案》临安府的材料指出迟至绍兴年间流入的移民,绝大多数是皇亲国戚和文武百官,即所谓士大夫阶层⑨。但由于古代典籍叙写的具名人物主要属于士大夫阶层,我们不能因为没有掌握太多平民移民的信息而忽略他们的存在。无论如何,士大夫阶层的移民是"靖康之难"后移民潮的重要组成。精英的涌入,带来的重要结果是主流文化继续向东南地区汇聚。越文化也得益于文化重心的转移,经历了一次突进。

由于北宋时期中国的经济重心已经转移到东南,但因与政治中心存在偏差,导致了朝野南人、北人的冲突。到北宋末年,南方人已经逐渐在政坛

---

① 《宋史》卷四五三《赵浚传》。
② 《旧唐书》卷一四八《权德舆传》。
③ 《建炎以来系年要录》卷二〇。
④ 宝庆《会稽续志》卷七《杂纪》。
⑤ 周密:《癸辛杂识》后集。
⑥ 《建炎以来系年要录》卷二九。
⑦ 《宋史》卷一六四《职官志》。
⑧ 《宋史》卷二八《高宗纪》。
⑨ 沈东梅、范立舟:《浙江通史·宋代卷》,浙江人民出版社2005年版,第233页。

压倒北方人。南宋定都之后,政治中心与经济中心得以叠合,文官主要由南方人担任,而在北宋时期南方人任文官尤其是重要文官,尚且是存在重大争议的事情。一场更深层次的革命悄然发生,中国文化重心向东南转移的序幕在北宋已然揭启,在南宋基本成为定局。自南宋以迄明清,中国的经济、文化重心始终在东南,越地是其中重要一环。"宋南渡后,学徒益盛"①,稽山书院、高节书院、月林书院(朱熹曾讲学)、渊源堂(王十朋曾任教席)、鹿门书院等书院成为文教播化的窗口,经过一段时期的蓄势,越地"逮我国朝尤号多士,二百年间不可胜纪"②。譬如宋代的代表性文学体裁——宋词,杭越词人群亦有重要地位③。"靖康之难"之后越文化在近古阶段的突进,实际上是一个长期、渐变的过程。政治形势的剧变导致了各种文化因素的洗牌与重新整合,由此催生出新的文化因素。这一变革的过程,直到明清时期才有了集中的收获。如婺学、永嘉之学、永康之学以及象山心学,均在明清时期的越文化中心地得到回应,并激发出更为热烈的思想浪潮。

二、"鉴湖文化走廊"的衰落与回光

南宋时期鉴湖渐趋堙废,鉴湖文化走廊也逐步衰落。这不仅是自然景观的改变,更多的是社会背景的转向,越文化的"近世化"的趋势加强了。如果说"鉴湖文化走廊"更多的是外来人士与越地土著的共同创造,那么"靖康之难"之后越文化则更加依赖于本土人士,且被赋予了更多的自信力与创造力,逐渐走向成熟。

东汉开创的水利工程——鉴湖给越地带来的惠利,王十朋《鉴湖说·上》曾作如下总结:

> 故会稽、山阴无荒废之田,无水旱之患者以此。自汉永和以来,更六朝之有江东,西晋隋唐之有天下,与夫五代钱氏之为国,有而治之,莫敢废也。千有余年之间,民受其利博矣久矣。④

---

① 乾隆《绍兴府志》卷一八《风俗》引明司马相《越郡志略》。
② 王十朋:《风俗赋》,《重刻会稽三赋》卷三。
③ 参见陶然《金元词通论》,上海古籍出版社2001年版,第341页。
④ 王十朋:《鉴湖说》,《王十朋全集·文集》卷二三。

然而随着越地人口的增长以及土地兼并现象的加剧[①],与湖争利的现象愈加严重,鉴湖水域渐为淤塞。宋代以来盗湖为田的现象愈演愈烈,曾巩《序越州鉴湖图》载:

> 宋兴,民始有盗湖为田者:祥符之间二十七户,庆历之间二户,为田四顷。当是时,三司转运司犹下书切责州县,使复田为湖。然自此吏益慢法,而奸民浸起,至于治平之间,盗湖为田者凡八千余户,为田七百余顷,而湖废几尽矣。[②]

盗湖者达八千余户,为田七百余顷,乃至"湖废几尽"——这尚是北宋治平年间(1064~1067)的情况。根据曾巩的记述,当时鉴湖仅存"其东为漕渠,自州至于东城六十里。南通若耶溪,自樵风泾至于桐坞,十里皆水,广不能十余丈,每岁少雨,田未病而湖盖已先涸矣"。在此之后,盗湖为田的现象益加严重。《越州图经志》载:"岁月浸远,浚治不时,日久湮废,濒湖之民侵耕为田。熙宁中,盗为田九百余顷。尝遣庐州观察推官江衎经度其宜,凡为湖田者两存之,立碑石为界,内者为田,外者为湖。"[③]江衎立碑石,实际上是默认现状的权宜之计。《越州图经志》又载:"政和末,为郡守者务为进奉之计,遂废湖为田,赋输京师。自时奸民私占为田益众,湖之存者亡几矣! 绍兴二十九年十月,帝谕枢密院事王纶曰:'往年宰执常欲尽干鉴湖,云可得十万斛米。朕谓若遇岁旱,无湖水引灌,则所损未必不过之,凡事须远虑可也。'"废湖造田的行为,不但是"奸民"垂涎田地的结果,更成为当地政府增加赋税的公开行径[④],宋高宗也已开始忧虑废鉴湖的后果。王十朋《鉴湖说·上》也记载,"政和末,有小人为州内交权幸,专务为应奉之计,遂建议废湖为田,而岁输其所入于京师。自是奸民豪族公侵强据,无复忌惮,所谓鉴湖者,仅存其名,而水旱灾伤之患无岁无之矣"。针对这一短视行为,王十朋一针见血地指出,"今占湖为田盖二千三百余顷,岁得租米六万

---

① 淳熙九年(1182)朱熹奉旨赴绍兴府赈灾时估计全府除上虞、余姚之外的会稽、山阴、诸暨、嵊县、新昌、萧山6县人口约140万人,耕田约200万亩,参见朱熹《奏救荒事宜状》,《晦庵集》卷一六。人均耕地约1.4亩,要知道大中祥符年间越州田地面积6122952亩,据推算人均有6.5亩。

② 曾巩:《序越州鉴湖图》,《元丰类稿》卷一三。

③ 《越州图经志》的内容参见马蓉等点校《永乐大典方志辑佚》第2册,中华书局2004版,第873—875页。

④ 《宋史·吴芾传》载"会稽赋重而折色尤甚"。

余石。为官吏者徒见夫六万石之利于公家也,而不知九千顷之被其害也。知九千顷之岁被其害而已,而不知废湖为田其害不止于九千顷而已也",鉴湖一旦被废"今则无岁无灾伤,盖天之大水旱不常有也,至若小水旱何岁无之。自废湖而为田,每岁雨稍多,则田已淹没,晴未久而湖已枯竭矣"。《宋史·吴芾传》载"鉴湖久废,会岁大饥,出常平米募饥民浚治"①,吴芾离任之后马上"大姓利于田,湖复废"。在反复的疏浚与填湖的拉锯之中,废湖的势力最终占了上风。乾隆《绍兴府志》存录张惟中的一首《镜湖》诗,作者不但感慨"今日烟波太半无",还讽刺"唯有一天秋夜月,不随田亩入官租"。正如沈遘《鉴湖》所言:

> 鉴湖千顷山四连,昔为大泽今平田。
> 庸夫况可与虑始,万年之利一朝毁。②

沈遘尚生活在北宋,南宋时期的陆游也因目睹鉴湖堙废所带来的恶果而痛心疾首:

> 躬耕蕲一饱,闵闵望有年。
> 水旱适继作,斗米几千钱!
> 镜湖浃已久,造祸初非天。
> 孰能求其故?遗迹犹隐然。
> 增卑以为高,培薄使之坚。
> 坐复千载利,名托亡穷传。
> 民愚不能知,仕者苟目前。
> 吾言固应弃?悄怆夜不眠。③

"镜湖浃已久,造祸初非天"已经明确指出之所以"水旱适继作,斗米几千

---

① 吴芾治理鉴湖一事,《宋史》一笔带过,《越州图经志》则有详细记载:"隆兴元年,绍兴府守臣吴芾言鉴湖自江衍所立碑石之外,今为民田者又一百六十五顷,湖尽堙废。今欲发四百九十万工,于农隙接续开凿,又移壮城百人,以备撩漉浚治,差强干使臣一人,以巡辖鉴湖堤岸为名。二年,芾又言修鉴湖,全籍斗门堰牐蓄水,都泗堰牐尤为要害。凡遇纲运及监司使命舟舡经过,堰兵避免车曳,必欲开牐通放,以致启闭无时,失泄湖水。且都泗堰因高丽使往来,宣和间,方置牐,今乞废罢。其后芾为刑部侍郎,复奏自开鉴溉废田二百七十顷,复旧之旧,又修治斗门堰牐十二,此夏秋以来,时雨虽多,亦无泛滥之患,民田九千余顷,悉获倍收,其为利较然可见,乞将江衍元立禁碑别宜界至,则堤岸自然牢固,永无盗决之虞。"
② 沈遘:《鉴湖》,《西溪集》卷三。
③ 陆游:《镜湖》,《剑南诗稿》卷三二。

钱",除了天灾,更多的是人祸。无奈"民愚不能知,仕者苟目前",一部分官吏和民众目光短浅,只顾眼前利益,千年水利工程毁于一旦,心系百姓疾苦与家乡风物的放翁"悄怆夜不眠"。陆游在《老学庵笔记》卷二中又说:"陂泽惟近时最多废。吾乡镜湖三百里,为人侵耕几尽。"除了鉴湖,陆游还历数其他被埋废的湖泽——这在当时可以说是普遍现象。南宋时期越地灾害频仍,我们在前面的章节中指出这与本阶段气候转凉有关。但鉴湖埋废所带来的调节作用的减弱,也可能加剧了天灾的危害①。像"积雨仍愁麦不支"②、"城南积潦入车箱"③的场景,一再上演。陆游在《稽山行》中说"镜湖滀众水,自汉无旱蝗"④,但这一切在陆游的时代却已不复再现。

一方面是鉴湖的萎缩乃至消亡,越地原有自然生态遭到破坏,一方面是世风丕变,我们所说的"鉴湖文化走廊"也逐渐走到了尽头。南宋越地文化的标志性人物——陆游,正是"鉴湖文化走廊"的绝响。论者多重视陆游诗词的文学史地位,而从越地文化发展的角度看,它又是越文化转型的见证。陆游作品不止于描绘越地近世风貌的风情画,更是寄托放翁山水情结、隐逸情结的风景画,其既反映了时代转向的新现象,也赓续了"鉴湖文化走廊"的旧精神。

人们提及陆游的文学创作,每贴以"爱国诗人"的标签。梁启超便曾说陆游"集中十九从军乐,亘古男儿一放翁"⑤。世人多重放翁慷慨激昂的一面,却忽视了占陆游作品百分之七八十写景诗⑥。钱锺书先生便曾指出陆游"高明之性,不耐沉潜,故作诗工于写景叙事"⑦。陆游晚年"早曾寄傲风烟表,晚尚钟情山水间"⑧,最令放翁念念不忘的莫过于巴山蜀水与稽山鉴水。陆游对故乡的山水始终怀有深情:"吾州清绝冠三吴,天写云山万幅

---

① 据《越州图经志》,宋高宗对越地水利多有整治。南宋以降鉴湖虽然逐渐埋废,但随着江河水利系统以及海塘的完善,已不再像此前过度依赖鉴湖。
② 陆游:《浃饥之余复苦久雨感叹而作》,《剑南诗稿》卷一四。
③ 陆游:《丙午五月大雨五日不止镜湖渺然想见湖未废时有感而赋》,《剑南诗稿》卷八三。
④ 陆游:《稽山行》,《剑南诗稿》卷六五。
⑤ 梁启超:《读陆放翁集》之一,《饮冰室文集》卷四五下。
⑥ 莫砺锋:《论陆游写景诗的人文色彩》,《陆游与鉴湖》,人民出版社2011年版,第1页。
⑦ 钱锺书:《谈艺录》,中华书局1984年版,第130页。
⑧ 陆游:《闲适》,《剑南诗稿》卷七一。

图。"①陆游钟情故乡的会稽山,"平生爱山心,于此可无悔"②,在《稽山行》这一著名诗篇中,陆游在赞美"稽山何巍巍"的同时,也动情地描绘了越地的风土人情。会稽山的大禹陵是越地的标志性景观,陆游曾写下"会稽多名山,开迹自往古;岂惟颂刻秦,乃有庙祀禹"③这样的诗句。在《禹祠》中,陆游不但追忆前贤,更联系当下:"念昔平水土,棋布画九区。岂知千岁后,戎羯居中都。"④中州沦陷,始终是陆游心痛之处,无奈恢复中原只能一厢情愿地呐喊。

在陆游的笔下,不乏对前贤在"鉴湖文化走廊"所留下的足迹的向往。如其《兰亭》所云:

> 兰亭绝境擅吾州,病起身闲得纵游。
> 曲水流觞千古胜,小山丛桂一年秋。
> 酒酣起舞风前袖,兴尽回桡月下舟。
> 江左诸贤嗟未远,感今怀昔使人愁。⑤

东晋时期的永和兰亭之会乃是"千古胜","江左诸贤"的风骨引后人神往。陆游所处的时代,与彼时相比已然是另一番世局,不由"感今怀昔"。

陆家自七世祖以来傍鉴水而居,陆游的三山别业、会稽石帆别业均在鉴湖之滨。嘉泰《会稽志·山》载:"三山,在(山阴)县西九里,地理家以为与卧龙冈势相连,今陆氏居之。"陆游曾说"山园三亩镜湖旁"⑥、"吾庐镜湖上,傍水开云扃"⑦,鉴湖不但是他祖居之地,亦是其精神故乡。陆游自述"五十年来住镜湖"⑧,其86年的生涯大约有50年生活在鉴湖之畔⑨。正因为此,鉴湖的意象在他笔下一再出现:

---

① 陆游:《小雨泛镜湖》,《剑南诗稿》卷一七。
② 陆游:《稽山》,《剑南诗稿》卷八一。
③ 陆游:《会稽行》,《剑南诗稿》卷七五。
④ 陆游:《禹祠》,《剑南诗稿》卷七〇。
⑤ 陆游:《兰亭》,《剑南诗稿》卷二七。
⑥ 陆游:《春晴自云门归三山》,《剑南诗稿》卷三九。
⑦ 陆游:《吾庐》,《剑南诗稿》卷一〇。
⑧ 陆游:《秋兴》,《剑南诗稿》卷八三。
⑨ 邹志方:《陆游的镜湖情缘》,《浙学、秋瑾、绍兴师爷研究》,人民出版社2008年版,第267页。

五更欹枕一凄然，梦里扁舟水接天。

红蓼绿芰梅山下，白塔朱楼禹庙边。①

我摇画楫镜湖中，碧水青天两绝奇。②

"重楼与曲槛，潋滟浮湖光"③的鉴湖令陆游魂牵梦萦，即使身在他乡，故乡的鉴湖也一再入梦："我家山阴道，湖山淡空蒙。小屋如舴艋，出没烟波中。"④陆游55岁在建安提举福建常平茶事任上追忆"千金不须买画图，听我长歌歌镜湖。湖山奇丽说不尽，且复为子陈吾庐"⑤，在夔州任上，陆游写下了《初夏怀故山》："镜湖四月正清和，白塔红桥小艇过。梅雨晴时插秧鼓，蘋风生处采菱歌。"⑥陆游所寄怀的，不惟鉴湖的风景，亦在于故土的风情。

"鉴湖文化走廊"的一个重要维度是隐逸的情怀，陆游最终未能成为一个纯粹的隐士，但国仇家恨的压力也令他心生纵情山水的念想。他在《烟艇记》表达了"得一叶之舟，伐荻钓鱼，而卖芰茨，入松陵，上严濑，历石门沃洲，而还泊于玉笥之下，醉则散发扣舷为吴歌"⑦的愿望，《思故山》也说"船头一束书，船后一壶酒。新钓紫鳜鱼，旋洗白莲藕"，这实际上是对"鉴湖文化走廊"的神往。陆游笔下一再出现的"隐君子"，有学者便认为可能是陆游对自己的另一个形象的设计⑧，表现了陆游对隐逸山林的向往。

鉴湖虽在宋代已近堙废，但诗人笔下的鉴湖依然秀丽多姿⑨。除了陆游的诗文，还有其他文人墨客的足迹。王十朋在《会稽风俗赋》中极力描绘鉴湖的壮阔与明净："其水则浩渺泓澄，散漫迂潆。涨焉而天，风焉而波。净焉如练，莹焉如磨。"⑩在《鉴湖行》中，他又沉醉于"鉴湖春色三百里"，"回首湖山何处是，欸乃声中画图里"⑪。诸如"贺家千顷水云乡，六月荷花

---

① 陆游：《上巳临川道中》，《剑南诗稿》卷一。
② 陆游：《雨晴游香山》，《剑南诗稿》卷一七。
③ 陆游：《稽山行》，《剑南诗稿》卷六五。
④ 陆游：《病中怀故庐》，《剑南诗稿》卷一一。
⑤ 陆游：《思故山》，《剑南诗稿》卷一一。
⑥ 陆游：《初夏怀故山》，《剑南诗稿》卷二。
⑦ 陆游：《烟艇记》，《陆游集·渭南文集》卷一七。
⑧ 李建英：《陆游的镜湖诗简论》，《陆游与鉴湖》，人民出版社2011年版，第444页。
⑨ 渠晓云：《试析宋代诗人笔下的鉴湖》，《陆游与鉴湖》，人民出版社2011年版，第381页。
⑩ 王十朋：《会稽风俗赋》，《重刻会稽三赋》卷一。
⑪ 王十朋：《鉴湖行》，《王十朋全集·诗集》卷一二。

风最凉"①这样的诗句,南宋不减唐代,似乎鉴湖景观虽然不复当年但并不影响文人对鉴湖的欣赏。但说不曾影响很难合乎实际,日渐萎缩的鉴湖已经成为人们精神避难的港湾,"鉴湖文化走廊"在经历最后一抹亮色后也逐渐走向尽头。在此之后,"鉴湖文化走廊"所体现出的理想主义不再是主流,而伴随"近世化"而来的务实市民风尚则成为越地的主色调。我们再也难以看到六朝的雅集、唐朝的诗路了。

三、越文化中心地的初步"近世化"

越文化中心地在南宋以降"近世化"的趋势加强,主要表现为如下数端:

其一,商品经济兴起;

其二,市镇繁荣;

其三,城市加速发展;

其四,社会风尚转变。

其中商品经济的繁荣具有根本意义,商品经济的发展促进城市的变革,坊市制度彻底突破,市镇也得以繁荣,进而影响到上层建筑。以上变化,并不是说在宋代甚至南宋一代一蹴而就的,而是唐以来发展的必然结果。在唐中后期坊市制度已有瓦解的倾向,商品经济趋于繁荣。而两宋时期,中国古代城市的发展呈现出如下几个特点:一是城市发展重心全面南移;二是区域性城市群带的出现;三是传统坊市制的全面瓦解和城市形态的多样化;四是乡村市镇的广泛兴起和农村城市化现象的出现②。越地本时期的发展亦可体现上述现象。

商品经济繁荣的一个表现是,大量的农副产品进入市场流通③。由于农村经济结构和形态发生了内在的变革,由原本封闭的自给自足的小农经济越来越多地走向开放,开始走向市场化和商业化的道路。本时期越

---

① 张孝祥:《鉴湖纳凉》,《于湖集》卷二。
② 陈国灿、奚建华:《浙江古代城镇史》,安徽大学出版社2003年版,第7—8页。
③ 人口增加、土地兼并盛行和商业逐渐发达,是南宋经济的三个基本趋势。这三个趋势,都不始于南宋,而是继承北宋而来,只是到南宋时期,这些趋势对乡村社会的影响更形显著。人口增加造成农村耕地的不足,土地兼并盛行助长乡村财富的集中,而商业逐渐发达则使农家家计和市场经济的关系日深。参见王海雷《由陆游作品看南宋的乡村经济》,《陆游与鉴湖》,人民出版社2011年版,第471页。商品经济的影响不限于城市,更引起了乡村的深刻变革。

地的农业得到进一步的发展,陆游《稽山行》便描绘了当时越地的农业生产的景象:"春雨桑柘绿,秋风杭稻香。村村作蟹椴,处处起鱼梁。陂放万头鸭,园覆千畦姜。春碓声如雷,私债逾官仓。"其《兰亭道上》写道:"陌上行歌日正长,吴蚕促绩麦登场。兰亭美酒逢人醉,花坞茶新满寺香。"[1]陆游笔下,活跃着一幅幅越地风情画——同样的农业生产却酝酿着异样的忙碌。

唐代越地当已存在稻麦复种制,而南宋由于大批北方人南迁,加上气候转凉南方有利于种麦,麦作农业在越地得到进一步的推广。当时越地使用粟、麦等北方传统谷物的人增多,陆游曾提到"斋厨新粟午炊香"[2]、"新炊麦饭满村香"[3],南北饮食文化碰撞相融,乃至"无南北之分"[4],正是南北文化交融的反映。陆游有诗云"有山皆种麦,有水皆种粳"[5],说明麦主要在山地种植,而且相当普遍,所谓"压车麦穗黄云重"[6]、"山垄离离大麦黄"[7];同时也说明了越地当时地少人多、人地矛盾加剧。《鸡肋编》载:"绍兴初,麦一斛至万二千钱,农获其利,倍于种稻,而佃户输租,只有秋课。而种麦之利,独归客户。于是竞种春稼,极目不减淮北。"[8]因种麦有利可图,甚于种稻,故刺激了麦作农业的发展。出于需要的扩大,南宋越地酒的产量大增,用于酿酒的糯米价钱也迅速上升,"糯米一斗为钱八百,粳米为钱四百"[9],糯米价格为粳米的两倍。受此影响,越地糯米种植面积扩大,甚至在稻谷总种植面积的一半以上。这实际上也说明了市场的导向已经在左右农业生产的布局,一大批农作物也进入了市场。

越地的杨梅种植颇有特色。陆游《稽山行》写道:"项里杨梅熟,采摘日夜忙。翠篮满山路,不数荔枝筐。星驰入侯家,那惜黄金偿。"项里的杨梅采摘在当时是引人注目的大事,乃至于"绿阴翳翳连山市,丹实累累照路

---

[1] 陆游:《兰亭道上》,《剑南诗稿》卷八一。
[2] 陆游:《云门感旧》,《剑南诗稿》卷二〇。
[3] 陆游:《初夏》,《剑南诗稿》卷三二。
[4] 吴自牧:《梦粱录》卷一六《面食店》。
[5] 陆游:《农家叹》,《剑南诗稿》卷三二。
[6] 陆游:《四月一日作》,《剑南诗稿》卷二九。
[7] 陆游:《三月十一日郊行》,《剑南诗稿》卷三二。
[8] 庄绰:《鸡肋编》卷上。
[9] 《宋会要辑稿》第一六二册《食货七〇》。

隅"、"斜簪宝髻看游舫,细织筠笼入上都"①,引包括陆游在内的居民前来目睹盛况。杨梅产量很大,乃至于"翠篮满山路",而它们的去向,很大一部分是"火齐千担装杨梅"②流向了市场。此外,也有一部分作为贡品进贡,所谓"小伞轻舆不辞远,年年来及贡梅时"③。日铸岭的日铸茶在北宋时期已经久负盛名,南宋时期生产愈加专门。"会稽山茶,以日铸名天下。"④对茶情有独钟的陆游曾说:"嫩白半瓯尝日铸。"⑤越中除了日铸茶,尚有其他优良茶种。嘉泰《会稽志·日铸茶》云"今会稽产茶极多佳品,惟卧龙一种得名亦盛,几与日铸相亚",当时绍兴府八县每岁茶的批发、住卖情况是:会稽批发23320斤,住卖920斤;山阴批发7700斤,住卖6410斤;嵊县批发200斤,住卖5040斤;诸暨批发无,住卖6130斤;萧山批发100斤,住卖6850斤;余姚批发14600斤,住卖300斤;上虞批发600斤,住卖600斤;新昌批发无,住卖450斤⑥。《宋会要辑稿》载绍兴三十二年(1162)绍兴府产茶总计38.5万余斤。在唐代,越地的茶叶质量尚是一般,而随着市场的需要和技术的优化,茶这种经济作物在越地的种植越加普遍。湘湖的莼菜成为市场的宠儿,陆游《稽山行》曾写道:"湘湖莼菜出,卖者环三乡。"至于造纸业,南宋时期进一步发展,"今独竹纸名天下","民间或以致饶"⑦。当时的绍兴府诸暨县枫桥镇、会稽县三界镇等地均设有官营的造纸作坊,剡县所出敲冰纸等品种著称于世。随着竹纸质量的提高、成本的下降和生产量的扩大,还极大地促进了越地印刷业生产的发展。可见,越地当时已经形成农副业产品生产的专业分工,如项里杨梅、日铸草茶、湘湖莼菜、剡县藤纸,均为当时越地的代表性产品。

在商品经济盛行的背景下,品类繁多的农副产品纷纷涌上市场。"早笋渐上市,青韭初出园"⑧,"白苣黄瓜上市稀"⑨,"朱樱上市伴青梅"⑩,

---

① 陆游:《六峰顶里看采杨梅连日留山中》,《剑南诗稿》卷一七。
② 陆游:《戏咏乡里食物示邻曲》,《剑南诗稿》卷四四。
③ 陆游:《项里观杨梅》,《剑南诗稿》卷四三。
④ 嘉定《剡录》卷十《草木禽兽诂下·茶品》。
⑤ 陆游:《山居戏题》,《剑南诗稿》卷一七。
⑥ 嘉泰《会稽志》卷五《课利》。
⑦ 嘉泰《会稽志》卷一七《纸》。
⑧ 陆游:《春晚书斋壁》,《剑南诗稿》卷三二。
⑨ 陆游:《种菜》,《剑南诗稿》卷八二。
⑩ 陆游:《小雨云门溪上》,《剑南诗稿》卷二二。

第五章　近古至近代越文化的历史发展

"樱桃满市灿朝晖"①,"莼菜鲎鱼初满市"②,"小裹荷香初卖鲊"③,"白蟹鲞鱼初上市"④,市场上交易的农副产品种类繁多,反映了农业与商业的密切挂钩。此外,葡萄、樱桃等水果也成为越地名品。为适应市场需要的交易内容增多,如"蟛蟀雕笼卖已多"⑤,反映了商品经济以市场为导向的特点。

除了农副产品,不少手工业品也流入市场。南宋时期越地传统的纺织业也得到进一步发展,纺织技术得以改进,如唐代的宝花罗当时为尼院中宝街罗,据嘉泰《会稽志·布帛》,"近时翻出新制,如万寿藤、七宝火齐珠、双凤绶带,纹皆隐起,而肤理尤莹洁精致";再如强口布"以麻为之,出于剡,机织殊粗,而商人贩妇往往竞取以与吴人为市。强口者,去剡十里",也成为抢手的贸易产品。同书还记载了诸暨所出绢"曰花山,曰同山,曰板桥,其轻匀最宜春服,邦人珍之,或贩鬻,颇至杭而止,以故声价亦不远也"。

当时在城内和乡下,每每有流动摊贩走街串巷兜售各色货物,陆游曾记下"担头菰脆正烹"⑥、"湖堤轻担卖鱼归"⑦等场景,陆游自己也曾"卖药会稽市"⑧、"卖药以代耕"⑨。茶叶当时除了作为大宗批发,亦有零售,如陆游写道"溪姑负笼卖秋茶"⑩、"人卖山茶先谷雨"⑪。总之,商品交易在当时十分活跃。

不少产品远销他处,如嘉泰《会稽志·兽部》记载了"贩羊临安",紫石英等药材也销往杭州等地。出于市场需要,诸如芡实的农产品种植面积大为扩大,乃至"有一户种及十八里者"⑫,它们销往各地,"明珠百斛载茨

---

① 陈与义:《樱桃》,《陈与义集》卷三〇。
② 陆游:《春游》,《剑南诗稿》卷六五。
③ 陆游:《江村初夏》,《剑南诗稿》卷二二。
④ 陆游:《秋日杂咏》,《剑南诗稿》卷四七。
⑤ 陆游:《新秋》,《剑南诗稿》卷四三。
⑥ 陆游:《系舟平水步》,《剑南诗稿》卷二〇。
⑦ 陆游:《晚饭后步至门外并溪而归》,《剑南诗稿》卷六四。
⑧ 陆游:《赠道流》,《剑南诗稿》卷四六。
⑨ 陆游:《卖药翁》,《剑南诗稿》卷七二。
⑩ 陆游:《秋兴》,《剑南诗稿》卷八三。
⑪ 陆游:《春晴自云门归三山》,《剑南诗稿》卷三九。
⑫ 嘉泰《会稽志》卷一七《草部》。

实"①。陆游在谈到浙东运河商品运输的繁忙景象时说:"富商大贾,捩柂挂席,夹以大舻……重载而往者,无虚日也。"②可见当时商贸的盛况,乃至有"过埭船争明旦市,蹋车人废彻宵眠"的景象③。据嘉泰《会稽志》,浙东运河萧山、上虞段可行200石舟,山阴、余姚段可行500石舟。

诸如酒肆、茶肆这样的专业店铺在本时期大量涌现。当时越地酒肆林立,有"城中酒垆千百家"之称。陆游的笔下写到"沿溪得茅店,酒旗出紫荆"④,"人沽村市酒"⑤,"湖桥小市酒如油"⑥。越地出产的名酒有竹叶青、瑞露酒、蓬莱春等,尤以"绍兴新造蓬莱春酒甚佳"⑦,绍兴酒的优势在那时已然奠定。

为适应市场的需要,针对大量流入市场的农副产品,越地兴起了一些专业性的市场。如"兰亭之北是茶市"⑧,"兰亭步口水为天,茶市纷纷趁雨前"⑨,是为茶市。还有鱼市,陆游的《思故山》写道:"柳姑庙前鱼作市。"《出行湖山间杂赋》提到"鱼市樵风口"⑩。《稽山行》也写道:"何以共烹煮,鲈鱼三尺长。芳鲜初上市,羊酪何足当。"除了捕捞业,当时鱼池养殖亦甚普遍。前面说到项里出产杨梅,尚有杨梅市:"山前五月杨梅市。"⑪此外,还有笋市:"笋市连山坞。"⑫当时的各色专业草市兴起,刺激了商品的流通与交易。陆游所记"小市奴归得早蔬"⑬的场景,也是市民生活的一个侧面。

宋代市镇趋于兴盛,两浙地区堪称最繁荣的地带,其中鉴湖草市镇群是宋代草市的典型⑭,以下示列其分布:

---

① 陆游:《戏咏乡里食物示邻曲》,《剑南诗稿》卷四四。
② 陆游:《法云寺观音殿记》,《陆游集·渭南文集》卷一九。
③ 陆游:《露坐》,《剑南诗稿》卷五八。
④ 陆游:《峨眉村旅店作》,《剑南诗稿》卷一四。
⑤ 陆游:《书逆旅壁》,《剑南诗稿》卷三一。
⑥ 陆游:《鸟鸣》,《剑南诗稿》卷二九。
⑦ 张端义:《贵耳集》卷上。
⑧ 陆游:《湖上作》,《剑南诗稿》卷四二。
⑨ 陆游:《兰亭道上》,《剑南诗稿》卷八一。
⑩ 陆游:《出行湖山间杂赋》,《剑南诗稿》卷五七。
⑪ 陆游:《项里观杨梅》,《剑南诗稿》卷四三。
⑫ 陆游:《记梦》,《剑南诗稿》卷五三。
⑬ 陆游:《幽怀》,《剑南诗稿》卷二七。
⑭ 傅宗文:《宋代草市镇研究》,福建人民出版社1989年版,第232—236页。

宋代越州(绍兴府)草市镇一览表①

所属县市	草市镇名	具体位置
城内	古废市	都亭桥南礼逊坊
	南市	第三厢南市坊
	北市	第四厢北市坊
	瓦市	第四厢瓦市坊
会稽县	照水坊市	城东南200步
	大云桥东市	城南2里
	龙兴寺前市	城北2里
	江桥市	城北5里
	斜桥市	城东北郭外
	小江市	东北40里
	樊江堰市	东22里
	东关市	东60里
	禹庙东市	东南12里
	平水市	东南25里
	樵风市	东南25里
	沉酿市	东南,里数不详
	若耶市	东南25里
	西路口市	东南,里数不详
	云门市	南30里
	曹娥镇	东南72里
	三界镇	
	纂风镇	
	东城镇	
山阴县	大云桥西市	城北郭外
	驿地市	城北2里

---

① 据嘉泰《会稽志》、宝庆《会稽续志》诸书以及傅宗文《宋代草市镇研究》下卷《宋代草市镇名录》(福建人民出版社1989年版,第462—465页)。

续表

所属县市	草市镇名	具体位置
山阴县	梅市	城西 15 里
	清道桥市	城西 1 里
	柯桥市	西北 25 里
	禹会桥市	西北 50 里
	清道桥市	西 1 里
	西跨湖桥市	西 6 里
	虹桥市	西 7 里
	桑湖堰市	西 11 里
	东跨湖桥市	西南郭外
	三山东市	西南 9 里
	三山西市	西南 9 里
	三山南市	西南 9 里
	蜻蜓浦市	西南 9 里
	亭山市	西南 12 里
	兰渚市	西南 25 里
	项里市	南 15 里
	金家畯市	南,里数不详
	虹桥市	
	钱清镇	西北 50 里
嵊县	柳市	
	剡镇	
	蛟井镇	
诸暨县	牌头市	
	枫桥镇	
	南安镇	
	桑溪	
	邵家湾	
	马秀才店	

续表

所属县市	草市镇名	具体位置
诸暨县	新店湾	
	余店	
	何店	
	夏店	
	于店	
萧山县	西兴镇	
	渔浦镇	
	厉市	
	临浦市	
	傅店	
上虞县	五大夫镇	

随着商品经济和市镇的发展,近古城市也进入了一个新的发展时期。一个重要的表现是,唐末以来渐趋瓦解的坊市制度已然崩溃。而为配合新阶段的发展,绍兴府城的布局在南宋时期也作了进一步的调整。据《越州图经》,北宋大中祥符年间(1008～1016)绍兴城内总计有32坊,其中属于会稽县的有20坊,属于山阴县的有12坊。在南宋嘉泰年间(1201～1204),绍兴城的厢坊数量"视旧三倍不可胜记"[1]。迨至嘉定十七年(1224),绍兴知府汪纲"始新其华表,重揭扁榜,凡九十六所"[2]。虽然此时距嘉泰年间不过20余年,但汪纲重修罗城并对城市进行新的规划,使得绍兴城的建置得以固定下来。这一格局,基本延续到明清时期。汪纲所定96坊,正是大中祥符年间的3倍,可见南宋绍兴城较北宋时期的发展有了很大突破,城市建设跨上了一个新台阶。不但规模变大,而且建置更趋完善。据宝庆《会稽续志·坊巷》,汪纲划定之后的绍兴府城厢坊如下表所示:

[1] 嘉泰《会稽志》卷四《衢巷》。
[2] 宝庆《会稽续志》卷一《坊巷》。

南宋绍兴府城厢坊一览表

所属县	厢	坊
会稽县	第一厢	21坊：外竹园坊、里竹园坊、晋昌坊、元真坊、外钟离坊、里钟离坊、静林坊、甘露坊、外梧柏坊、里梧柏坊、杏花坊、亲仁坊、目连坊、季童坊、义井坊、新路坊、小新坊、都亭坊、法济坊、孝义坊、礼禋坊
会稽县	第二厢	19坊：棚楼坊、花行坊、日池坊、月池坊、照水坊、小德政坊、宝幢坊、广陵坊、石灰坊、朴木坊、乐义坊、永福坊、押队坊、诸善坊、上党坊、义井坊、祥符坊、詹状元坊、莫状元坊
山阴县	第三厢	31坊：西河坊、小驿坊、南市、富民坊、华严坊、铁钉坊、蕙兰坊、德惠坊、大市门坊、治平坊、甲子坊、开元坊、南观仁坊、狮子坊、云西坊、菩提坊、耀灵坊、植利坊、采家坊、柴场坊、京兆坊、天井坊、水沟坊、大新坊、河南坊、施水坊、船场坊、府桥坊、桐木坊、槿木坊、爱民坊
山阴县	第四厢	20坊：贤良坊、火珠坊、少微坊、板桥坊、北市、瓦市、双桥坊、水澄坊、新河坊、大路坊、石灰坊、锦麟坊、武勋坊、书锦坊、迎恩坊、草貌坊、笔飞坊、斜桥坊、戒珠坊、王状元坊
山阴县	第五厢	5坊：教德坊、卧龙坊、车水坊、显应坊、秦望坊

南宋时期新设立的一些坊名也反映了本时期的新变化。南宋时期出现了诸如詹状元坊、莫状元坊、王状元坊的坊名，这实际上反映了中国文化重心向东南地区转移之后越地的新变。嘉泰《会稽志·衢巷》载："淳熙乙未郡人詹君（骙）既冠多士，德政始更名状元坊。后二十一年而莫君（子纯）继之，于是复立状元坊矣。"嘉泰《会稽志》仅提及詹状元坊、莫状元坊，另据宝庆《会稽续志·坊巷》，王状元坊荒废已久，绍兴知府汪纲"访问得其旧址鼎新再建"。本时期重视文教的风气可见一斑。

汪纲不但划定了绍兴府城的厢坊，还进行了一系列惠民的城市建设。宝庆《会稽续志·坊巷》载："斜桥坊路乃台明往来之冲也，每遇雨，苦于泥泞。纲复命伐石甃砌，二州往来者甚便。"当时城内的桥梁便有100座左右，汪纲时期主修的桥梁包括府桥，"旧以砖甃，不能坚久。守汪纲乃命更造，尽易以石阑干，华表加饰护焉。桥既宽广，翕然成市，遂为雄观"[①]。汪纲所留下的诸多城建设施，在宝庆《会稽续志》及后续的方志中出现频繁，可见其举措影响之深。

据嘉泰《会稽志·户口》，在嘉泰元年（1201），绍兴府共有主客户273343

---

① 宝庆《会稽续志》卷四《桥梁》。

第五章　近古至近代越文化的历史发展

户。其中会稽县有35406户,丁41781,不成丁14378;山阴县有36652户,丁46227,不成丁15767。宋代人口统计存在较大误差,从会稽、山阴两县看,户数的总和为72058户,以每户5口算,凡360290人,远大于嘉泰《会稽志》所记丁口数。事实上,实际数量还要大于此。此外,当时城内驻军尚超过6000人。我们推测当时绍兴城内及周边有大约三四十万的人口,王十朋《会稽三赋》所说"周览城闉,鳞鳞万户"①并非虚言。所谓"钟鸣鼎食,邸第相望,舟车往来,烟水相接"②、"栋宇峥嵘,舟车旁午。壮百雉之巍垣,镇六州而开府"③,当时的绍兴城已然成为一个人口繁盛且城市建设完备的都会。虽然此时越文化中心地的经济地位下降,不及钱塘江对岸的杭州,但仍是东南富庶之地。

社会经济的发展,也促使社会风尚发生转变。宋代的"坊郭户"指称所有城市居民,是市民阶层出现的重要标志。南宋时期市民阶层的力量愈加庞大,市民的世俗生活也愈加丰富,成为近古中国的一道风景线。陆游作为时代的亲历者,用大量诗篇记录下越地市民的生活百态,成为一组诗性的历史。

南宋时期出游踏青成为风尚,陆游《春游》写道:"镜湖春游甲吴越,莺花如海城南陌。十里笙歌声不绝,不待清明寒食节。青丝玉瓶挈新酿,细柳穿鱼初出浪。花外金羁络雪驹,桥边翠幕围螭舫。"④"鉴湖文化走廊"所依托的越中山水,原本是士大夫放逐心性的场所,而此时更多的市民将亲近自然作为一种生活方式。越中山水有了更多的知音,但我们所说的"鉴湖文化走廊"却已渐行渐远。南宋时期,越地的园林成为市民游玩的重要场所,"二月二日始开西园,众郡人游观,谓之开龙口","春欲尽数日,游者益众,千秋观前一曲亭,亦竞渡不减西园,至立夏日止"⑤。《西塘集耆旧续闻》记载:"南渡初,南班宗子,寓居会稽为近属,士子最盛,园亭甲于浙东,一时坐客皆骚人墨客。"⑥陆游祖父陆佃在会稽陶山有修竹院,父亲陆宰在山阴侯山有小隐山园,均为私家园林。陆游与唐婉的哀婉故事,相传便发

---

① 王十朋:《蓬莱阁赋》,《重刻会稽三赋》卷四。
② 阮元:《两浙金石志》卷一八《元左丞潘元明政绩碑》。
③ 王十朋:《蓬莱阁赋》,《重刻会稽三赋》卷四。
④ 陆游:《春游》,《剑南诗稿》卷二七。
⑤ 嘉泰《会稽志》卷一三《节序》。
⑥ 陈鹄:《西塘集耆旧续闻》卷一〇。

生于沈园,缘自游园的邂逅[①]。游园往往与节日有关,每逢佳节,越城分外热闹。如上元节,"今年上元灯满城,曲巷深坊闹歌舞"[②],"十里东风度丝竹"[③],处处洋溢着喜庆的气氛。嘉泰《会稽志·宫观》记述了开元寺灯市的盛况:"岁正月几望为灯市,傍十数郡及海外商估皆集,玉帛、珠犀、名香、珍药、组绣、髹藤之器山积云委,眩耀人目;法书、名画、钟鼎、彝器、玩好奇物亦间出焉。士大夫以为可配成都药市。"

越地的民间信仰具有强大的生命力,在近世则被赋予更多娱乐的因素。当时的人们不但"市哄朝沽酒",还"巫歌夜乐神"[④]。陆游《稽山行》写道:"禹庙争奉牲,兰亭共流觞。空巷看竞渡,倒社观戏场。"禹庙祭祀是越地千百年来延续的传统,兰亭流觞是复古的回望;龙船竞渡,所谓"鼍龙船共赛神"[⑤],"到家更约西邻女,明日湖桥看赛神"[⑥]在当时为寻常事;至于"观戏场",更是成了越地人民生活的一部分。当时"太平处处是优场,社日儿童喜欲狂。且看参军唤苍鹘,京都新禁舞斋郎"[⑦],"白羊绿酒争下担,长笛腰鼓纷如织。迢迢梅市过鲁墟,观者所至空巷陌"[⑧],"东巷西巷新月明,南村北村戏鼓声"[⑨],"高城薄暮闻吹角,小市丰年有戏场"[⑩],"斜阳古柳赵家庄,负鼓盲翁正作场"[⑪],笙歌不绝,戏场不辍——这正是孕育绍剧与越剧的土壤。

不唯如是,市民将生活的触角延伸至更广的空间,或"荒郊观雉斗,大泽见鱼腾"[⑫],或"长歌穿小市,短帽插幽花"[⑬],可谓多姿多彩。人们不但

---

① 《钗头凤》的本事素有争议,参见夏承焘、盛静霞《唐宋词选》,中国青年出版社1959年版;周本淳:《陆游〈钗头凤〉主题辨析》,《江海学刊》1985年第6期;吴熊和:《〈钗头凤〉词本事质疑》,《陆游论集》,吉林文史出版社1987年版;高利华:《陆游〈钗头凤〉词研究综述》,《文学遗产》1989年第2期。
② 陆游:《上元雨》,《剑南诗稿》卷四二。
③ 陆游:《上元夜作》,《剑南诗稿》卷三五。
④ 陆游:《初夏杂兴》,《剑南诗稿》卷八二。
⑤ 陆游:《丰岁》,《剑南诗稿》卷三七。
⑥ 陆游:《镜湖女》,《剑南诗稿》卷二八。
⑦ 陆游:《春社》,《剑南诗稿》卷二七。
⑧ 陆游:《书怀示子遹》,《剑南诗稿》卷七五。
⑨ 陆游:《书村落间事》,《剑南诗稿》卷七〇。
⑩ 陆游:《初夏闲居》,《剑南诗稿》卷六六。
⑪ 陆游:《小舟游近村舍舟步归》,《剑南诗稿》卷三三。
⑫ 陆游:《冬日出游十韵》,《剑南诗稿》卷三八。
⑬ 陆游:《新秋》,《剑南诗稿》卷四〇。

"旋篝新火试新茶"①,也"家家有新酿"②、"芳瓮旋开新压酒"③。茶、酒的普遍,反映了人们的生活情趣。"花如上苑常城市"④,花也是市民生活的重要点缀。当时的首都临安伎艺百戏、瓦子勾栏甚为发达,绍兴当也有类似的游乐场所,如陆游《乌夜啼》写道"投壶声断弹棋罢"⑤。这一切都说明,越地的市民生活趋于丰富且逐渐定型,这也是"近世化"的表现之一。

第二节 成熟与新变:明清越文化的新发展

"靖康之难"作为近古时期越文化突进的机遇,在事实上揭启了越地"近世化"的序幕。中国"近世化"的历程曲折而漫长,在越文化的发展过程中便得到充分体现。明清无疑是"近世化"的关键阶段,尤其是在明代中后期,大有呼应两宋并持续突进的势头。但伴随着明清易代,政治与军事行为最终阻遏了这一进程,使得越文化乃至中国文化整体错失了自主进入近代社会的历史机缘。另一方面,在明清时期东南地区作为中国经济与文化重心的地位进一步巩固,越文化在此背景下得到长足的发展。越文化在逐步成熟的同时,也孕育着新的变化,而这又是与越地"近世化"的历程密不可分的。

一、"近世化"的机遇与阻力

元祚短暂,然而元朝在中国"近世化"历程中的地位不容忽视。一方面,蒙古人一度激化民族矛盾并破坏汉民族的农业生产;另一方面,元朝时期对外开放与民族融合趋于深化,东南地区的经济、文化中心地位并没有受到削弱,反而愈加巩固,越文化半农耕半海洋的特点亦得以进一步凸显。杭州作为当时国内乃至国际的大都会,延续着南宋时期的辉煌。庆元(今宁波)继续发挥其港口优势,成为对外交流的重要窗口。越文化中心地因周边杭州、宁波的崛起而相对黯淡,但经济仍有长足发展,人口也持续繁

---

① 陆游:《云门道中》,《剑南诗稿》卷四五。
② 陆游:《喜晴》,《剑南诗稿》卷七八。
③ 陆游:《早春对酒感怀》,《剑南诗稿》卷一四。
④ 陆游:《故乡》,《剑南诗稿》卷二一。
⑤ 陆游:《乌夜啼》,《陆游集·渭南文集》卷四九。

荣。据万历《绍兴府志·户口》,元至正年间绍兴路有300248户,高于南宋与明代的著籍户数。元至正二十二年(1285),江南释教总统杨琏真伽盗掘位于今绍兴的南宋王陵是一个重要的插曲,山阴义士唐珏等人收骨以葬,成为清人蒋士铨著名传奇《冬青树》的创作题材。

总体而言,元朝统治时期作为一个过渡阶段,相对安定的越地持续发展,"近世化"的步伐并未放缓。明清时期是中国封建社会的末期,也是文化总结并转向的时期。在本阶段,越文化愈趋成熟,并酝酿着新变。从某种程度上说,明清时期越文化的发展,实际上是中国文化在曲折中前进、在瓶颈中寻求突破的心路历程的缩影。

宋元以降,东南地区成为中国经济的重心所在。其时有"苏湖熟,天下足"之谚,江南成为全国的大粮仓。有明一代,已经转变为"湖广熟,天下足",中国的主要粮仓转移,江南反而成为粮食的进口地。陈剩勇先生指出,这一现象正揭示了如下一个事实:明代特别是明代中叶以后,江南地区的社会经济全面超越宋元时期而创造出了高度发达的农业和手工业文明,这一文明的特征是:在农业生产领域一举突破宋元时期单一的粮食生产,发展出以蚕、桑、棉、麻等经济作物为主的商品化种植业,形成了以农副产品加工为主导产业的商品化的手工业,从而带动、促进了一大批工商业市镇的兴起和遍布江南的商品市场网络的形成,城乡之间商品流通空前活跃[1]。祁彪佳在《寓山注·圃圃》中指出"以五之三种桑,其二种梨、橘、桃、李、杏、栗之属",可反映越地的情况。番薯、玉米等作物首先从东南沿海引进并传播到全国各地,《寓山注》、万历《山阴县志》等书有越地种植这些新作物的记载。经济作物种植面积的增加、农业商品经济的发展以及作物的多元化,使越地实现了对传统农业生产结构的超越,而这正是明清越文化持续发展的保障。

明清越地的市镇在宋代的基础上进一步发展。绍兴府的府城绍兴城区范围有4个集市,即会稽县的越大市,山阴县的清道桥市、酒务桥市、江桥市,而绍兴府所辖8个县的市镇已成规模。根据万历《绍兴府志》等志书,明代绍兴府所辖8县的市镇具体情况如下(清代情况基本相同):

---

[1] 陈剩勇:《浙江通史·明代卷》,浙江人民出版社2005年版,第3页。

第五章 近古至近代越文化的历史发展

县名	市镇分布
山阴县	乡村集市有钱清镇、漓渚市、柯桥市、夏履桥市、钱清市、安昌市、玉山陡门市。
会稽县	县城以外的乡村集镇有三界镇、三界市、马山市、樊江市、道墟市、仓塘市、白米堰市、曹娥市。
上虞县	县城内仅有的1个集市在县东丰惠桥边；乡村集镇有纂风镇、梁湖市、五夫市、小越市、百官市等。
嵊　县	县城内的集市在直街上，城外有蛟井镇，此外有华堂市、上岗市、长乐市、三界市、崇仁市。
新昌县	境内有王泽市、长潭市、胡卜市、棠墅市、坑西市、蔡岙市。
诸暨县	乡间集镇有枫桥市、黄润街市。
萧山县	境内有西兴镇、梦笔桥市，城外有临浦市、长山市。
余姚县	县城南门外有江桥市；城外有渔浦镇、临山市、浒山市、姚家店市、新坝市、梁同市、马渚市、周巷市、天华市、店桥市、黄清堰市、埋马市、匡堰市、石人山市。

绍兴府在嘉庆二十五年(1820)时的人口密度已达每平方公里579人，而据雍正《浙江通志·户口》，绍兴府的城镇人口占总人口10%以上的有山阴(12.13％)、会稽(12.53％)、上虞(13.29％)、余姚(10.57％)、萧山(29.32％)，城镇人口正是市镇繁荣的基础。在明清时期，越地市镇呈专业化、区域化、规模化的趋势发展。如下方桥市是丝绸手工业专业市镇，柯桥市是产酒专业市镇，余姚县的市镇主要负责棉业，系当时浙东最大的棉产集散中心。平水是著名茶市，茶叶广泛外销，京城牙行"越所贩茶，每岁盖计三万金也"①。此外，安昌、华舍也是越地重要的市镇。新昌、嵊县、诸暨三县因地处山区，市镇相对落后。在此期间，本区市镇的开市时间表现出定期化、常态化的特点。绍兴府的市镇规模"府城内外最为盛，次余姚，次萧山、上虞"②，得到较快发展。工商业市镇兴起与商品经济发展的意义不言而喻，不过相比于杭嘉湖三府，绍兴府的市镇发展相对落后，商品经济大多没有脱离农家副业的阶段，市镇贸易也基本处于定期集市的阶段。就局部的横向比较而言，越文化中心地是相对黯淡的。而就越文化整体而言，工商业市镇与商品经济的发展无疑是领先全国的。

经过元末"疫疠更兼烽火燃"③的动荡，明朝在战乱后的废墟上大力发

---

① 万历《绍兴府志》卷一〇《物产志》。
② 万历《绍兴府志》卷一《疆域志》。
③ 王冕:《东南民》,《竹斋集》卷二。

展小农经济,缓和社会矛盾,打击官僚地主,经过近百年的发展,越地的社会经济得以恢复并有新的突破。由于突破了宋代以来的单一粮食生产,以经济作物为主导的商品化种植得到发展;在此基础上的以农副产品加工为主导产业的手工业生产得到发展,商品化加强,内部分工愈加细密,增强了产品对市场的依赖性;白银普遍使用促进了商品交换;同时工商业市镇进入繁荣时期,市民群体扩大,商人地位提高——商品经济浪潮悄然兴起。我们通常所说的"资本主义萌芽"在越地亦有表现。绍兴的手工工场主要是酒作坊、锡箔作坊与机坊。酒作坊在东浦最为兴盛,锡箔作坊多集中于城区南门一带,机坊则集中于齐贤、华舍,一般雇佣3~5人。

在士大夫乃至市民思想层面的变化则是更为深层次的。从越地走出的阳明心学对明代社会思潮的影响巨大,它虽是对传统儒学的重新阐释,却在事实上与逐步兴起的商品经济相互辉映。《明史·儒林传序》云:"宗守仁者曰姚江之学,别立宗旨,显与朱子背驰,门徒遍天下,流传逾百年,其教大行,其弊滋甚。嘉、隆而后,笃信程、朱,不迁异说者,无复几人矣。"王学对程朱理学的冲击显而易见,它对明代中后期社会思想的影响甚为深远,它之所以能够"门徒遍天下,流传逾百年"与社会经济的发展情况也是密不可分的。尤其是以王艮、李贽为代表的王学左派(泰州学派)肯定人的基本物质需要与欲求,呼应了市民阶层个性解放的需求。徐渭作为越地杰出的天才,深受心学影响,其狂狷的人格、洋溢的才华为后人所推重。明末清初的黄宗羲则提出富有民主启蒙色彩的主张,对心学既有继承也有发展,引领了清代思想学术崇实的风气。

在商品经济发展以及王学盛行的背景下,重商、重利乃至享乐的风气盛行,个性化与自由化的需求愈加彰显。如张岱早年的生活"极爱繁华,好精舍,好美婢,好娈童,好鲜衣,好美食,好骏马,好华灯,好烟火,好梨园,好鼓吹,好古董,好花鸟,兼以茶淫橘虐,书蠹诗魔"①,张家与祁彪佳等家族均热衷于蓄养私家戏班,且每每炫耀风雅与豪奢。当时有说法称"民不力本业,而博塞以为生","丝布不服,鱼蛤蔬菜不食,而务穷四方绮丽,极水陆珍味,妇女皆竞豪华",总之"嗜货利,崇富而贱贫"②。无怪乎《明史》称王

---

① 张岱:《自为墓志铭》,《琅嬛文集》卷五。
② 万历《绍兴府志》卷一二《风俗志》。

学"其弊滋甚",不少学者认为王学要为明朝的灭亡负主要责任。事实上,明末已有人开始反思王学的负面效应,黄宗羲等人经世致用的倾向既是反拨阳明后学流弊的需要,也是国家危亡之际的自觉反思。从明代历史的发展看,王学的崛起确乎是一大转折点,王学对明代中后期的社会思潮乃至社会演变都影响甚巨。在世风的转向方面,从越地走出的王阳明、徐渭、黄宗羲等人为中国的"近世化"贡献了珍贵的思想财富。

明代商品经济的发展、市镇的繁荣、市民阶层的活跃、资本主义"萌芽"乃至重商主义、个人主义的滋长,都似乎在说明"近世化"趋势的加强。这是当时整个中国社会正在经历的变化,江南作为经济最为繁荣、思想最为活跃的区域显然更为典型。明清易代,这一趋势实际上被打断了。明代的所谓资本主义"萌芽",似乎与欧洲是同步的,不少学者相信若非清人入关的遏止,中国的历史进程可能已是另一局面[1]。但我们需要注意的是,在封建社会专制统治愈加巩固的明清,资本主义"萌芽"被扼杀其实是必然的。马克斯·韦伯(M.Weber)承认古代中国也存在过资本主义,但却是缺乏"资本主义精神"的[2]。从政治的民主化角度讲,明清较两宋退步,这也注定明清"近世化"的进程是片面的甚至是背离了合理的路径。在中国文化根深蒂固的小农经济、儒家思想、科举制度等因素的制约下,明代中后期的重商思想难以像欧洲那样得到封建君主的支持与推广。

西欧的资本主义之所以能够率先发展壮大,除了"工业革命"所释放出来的巨大生产力以及工商等阶层与世俗君主共同分享治权而奠定下来的民主制度之外,还与西欧民族的"面向海洋"的特征分不开[3]。正是仰赖新航线的开拓,西欧在大航海时代迎来了原始资本积累的高峰。中国文化总体来说是农耕文化,但越文化却是具有半农耕半海洋色彩的。尤其是先越

---

[1] 如著名明史学者顾诚先生强调"满洲贵族推行的民族歧视政策引起国内政局大动荡,打断了中国社会发展的正常进程",也正是在所谓的"康雍乾盛世",中国与西方社会的差距拉得越来越大。参见氏著《南明史》,中国青年出版社1997年版,第3页。

[2] [德]马克斯·韦伯著,于晓、陈维纲等译:《新教伦理与资本主义精神》,陕西师范大学出版社2006年版,第14页。

[3] 这种变化,需要追溯到中世纪后期,参见李建丽、刘树君《中世纪欧洲科学技术浅析》,《天津大学学报》(社科版)2009年第1期;何平:《中世纪后期欧洲科学发展及其再评价》,《史学理论研究》2010年第4期。

文化与越国文化阶段,越文化可以说是世界上最富海洋性与外向性特征的文化之一。即便是在经历了民族主体的更迭之后,越文化仍然部分延续着其海洋性的特征。自唐开元年间从越州独立出来的明州(今宁波)在宋元时期成为著名的港口,是沟通中外的重要纽带。然而,在明初朱元璋惮于东南沿海地区的敌对残余势力与来自日本的海盗相勾结,遂于洪武七年(1374)颁行海禁政策,撤销负责海外贸易的福建泉州、浙江明州、广东广州三地市舶司,在沿海各地筑城造船设置卫所,同时强制将沿海居民迁入内地,禁止私人出海贸易。此后,明朝的海禁政策时松时紧,基本上贯穿有明一代。海禁政策虽在元代也曾短期实行,但并没有影响中国的对外开放,而明代的海禁政策已经在很大程度上阻碍了中国与其他国家的正常政治、经济、文化交流。隆庆后海禁一度解除,东南沿海的商品经济亦得到相应刺激,对外经济的重要性由此可见一斑。事实上,在倭寇渐息之后[①],明朝的海禁政策实际上已向官方有序引导对外贸易转变,清政府的闭关锁国政策则是变本加厉[②]。明朝时绍兴府设市舶分司,与东、南洋各国的传统贸易仍有发展。正德、嘉靖年间,日本商船到宁波、绍兴互市,向日本输出的商品以书籍、文具、绫罗、丝、茶、陶瓷为主。绍兴府会稽县人马欢在郑和第四次(1413)、第六次(1421)和第七次(1431)出使西洋时先后三次随船队航行海外,留下了名著《瀛涯胜览》。余姚人朱舜水则在明末东渡日本,讲学传道,深刻影响了日本的思想学术。晚明以利玛窦为代表的传教士为中国士大夫带来了异域的新技术与新思想,最早以宽容的态度接受并推广这一切的是上海人徐光启以及杭州人李之藻、杨廷筠。若无开放的视野与交流的心态,一种文化很难有持续发展并突破的空间。越文化的历次突进,便往往得益于外界因素的刺激与碰撞。遗憾的是,明清两代,帝国在封闭的状态中自矜、内耗而难以自拔,以越文化为代表的具有海洋色彩的地域文化受到了空前的束缚,中国文化也在徘徊中错失了一次又一次真正实现"近世化"的机遇。

---

① 《明史·日本传》载:"大抵真倭十之三,从倭者十之七。"在嘉靖三十二年(1553)、嘉靖三十三年(1554)、嘉靖三十四年(1555)、嘉靖三十五年(1556)等年份越地均遭倭寇袭扰。

② 顺治十三年(1656),清政府发布《申严海禁敕谕》,严禁浙江、福建、广东、江南、天津等沿海"商民船只私自出海",并强迫沿海居民迁往内地,实行残酷的迁海政策,乾隆后期甚至封禁海岛。

二、文教的推广与深化

董楚平先生曾指出,三次移民潮带来中原先进文化,经长期融合,明清时期的吴越文化呈现出纯正、成熟、鼎盛的状态①,成为中国汉族文化中最先进的区域文化②。就越文化而言,经过"靖康之难"以降的铺垫,渐成人文之渊薮、文物之大邦。随着中国经济、文化重心向东南地区转移过程的完成,越地作为中国经济、文化重心之重镇的地位愈加凸显。而这一地位的实现,除了"近世化"进程所带来的社会经济的量变乃至质变,也与本时期文教的推广与深化息息相关。张岱《夜航船序》说道:"余因想吾八越,惟余姚风俗,后生小子无不读书,及至二十无成,然后习为手艺。故凡百工贱业,其性理纲鉴,皆全部烂熟。"袁宏道则感慨绍兴"士比鲫鱼多"③。如果了解越文化中心地知识传习的深厚底蕴,也便不难理解明清两代名士辈出的盛况了。

越地兴办书院,经过明初的沉寂,至正德、嘉靖年间而渐成风气。王阳明于 31 岁这年从京师返回山阴,筑室于会稽山阳明洞,始归于孔孟圣学。在嘉靖初年辞官家居期间,王阳明先后在绍兴建立了稽山书院和阳明书院,并讲学于余姚龙泉寺。创稽山书院期间,从者如云,知府南大吉亦称门生受学,越地成为当时风动天下的学术中心。又于绍兴西郭门内光相坊之东建立阳明书院,前后在山阴讲学 5 年余。在王阳明去世之后,心学分为浙中、江右、南中、楚中、北方、粤闽、泰州 7 个支派,其中浙中、泰州和浙东三派影响最大④。所谓"王学门下独蕺山一派独盛"⑤,刘宗周讲学 20 年,历东林、首善、证人三书院,门下 376 人,形成所谓"蕺山学派"。在明代,书院是传播思想学术的重要平台,尤其是阳明心学滋长壮大的见证。康熙六年(1667),黄宗羲恢复了已中断 20 多年的证人书院,与此同时在浙东讲学

---

① 董楚平:《吴越文化概述》,《杭州师范学院学报》(人文社会科学版)2000 年第 2 期。
② 董楚平:《吴越文化的三次发展机遇》,《浙江社会科学》2001 年第 5 期。
③ 袁宏道:《初至绍兴》,《袁宏道集》卷八。
④ 浙中一派以山阴人王畿、余姚人钱德洪为代表,两者在王阳明门下资格最高,具有否定封建道德教条与修养方法的倾向,主要在上层人士中传播;泰州一派又称王学左派,以王艮为代表,具有离经叛道的倾向,多在社会下层人士中传播;浙东一派具有近代启蒙思想倾向,多在市民阶层中传播,以刘宗周、黄宗羲为代表。
⑤ 梁启超:《中国近三百年学术史》,中国社会科学出版社 2008 年版,第 43 页。

的还有邵廷采等人,承王阳明、刘宗周之学,续作开拓。相对而言,清代书院与明代书院相比少了指点江山的锐气与思想交锋的盛况。除了上述著名书院,明代绍兴书院尚有蕺山书院、证人书院、陆太傅书院、念斋书院、康洲书院、道南书院、紫山书院、姚江书院、古灵书院、泳泽书院、中峰书院、水东精舍、二戴书院、五云馆、慈湖书院、鹿山书院、石鼓书院等,遍布绍兴府城及下辖各县;清代绍兴书院则有龙山书院、辅仁书院、鹿鸣书院、剡山书院、毓秀书院、听雨楼、松林书院、承泽书院等。面向平民是明代书院出现的一个重要特点①,明清越地书院的繁兴实际上是文教推广的重要保障。

　　越地多出文化世家,它实际上是一定区域内文化连续性的个案体现。明清越地文化世家以陶氏与祁氏最具代表性。绍兴县陶家堰村是一个看似不起眼的村落,但在明清两代出进士42人、举人111人、贡生83人,以及学者、官宦多人。祁彪佳的家族亦是书香世家,一门数代,包括家中女眷,多晓文章诗赋。在明清易代之际,祁家更是前赴后继,或殉国,或起兵抗争,堪称一门忠烈。文化世家的承传往往伴随着书籍的累积,祁氏澹生堂便是越中著名藏书楼。澹生堂位处绍兴山阴,始建于万历末年,由祁承㸁、祁彪佳父子累积而成,藏书达10万卷,是当时有名的藏书楼,其中戏曲作品达800余种。澹生堂多抄本,被称为"祁抄"。钮纬(号石溪)也是明代著名藏书家,其世学楼在绍兴会稽,藏书数千函,10万卷,其中有大量笔记、小说、野史之书。徐渭曾为之作《世学楼赋》,黄宗羲在《天一阁藏书记》中称:"越中藏书家,钮石溪世学楼其著也。"②澹生堂与世学楼的藏书均逾10万卷,须知宁波天一阁的藏书也才7万余卷。遗憾的是,这两座藏书楼最终书散楼空,不复存在。清代藏书楼数量剧增,其中章学诚的瀓云山房、沈复粲的鸣野山房、李慈铭的越缦堂最为著名③。此外,商浚撰《稗海》便得益于世学楼,藏书楼嘉惠学林可见一斑。更重要的是,藏书楼体现了一

---

① 邓洪波:《儒学诠释的平民化:明代书院讲学的新特点》,《湖南大学学报》(社会科学版)2005年第3期。
② 黄宗羲:《南雷诗文集·记类》,《黄宗羲文集》第一〇册。
③ 值得一提的是,清光绪二十六年(1900)徐树兰集议创办古越藏书楼,殁后,其子徐尔谷仰承遗命,认捐常年经费银洋1000元,成为中国近代图书馆的嚆矢。由私人藏书楼向公共图书馆转变,越地开其先河。

地的尚文风气,与文化世家耕读传家的传统亦相辅相成①。

越地读书人甚多。科举考试虽不能说明一切,但可作为衡量知识分子数量与质量的一个重要依据。明清两代绍兴共出进士1475人,以明代为例,当时全国单个县出进士100人以上的县有33个,浙江省占了8个,其中绍兴府独占3个,分别是山阴、会稽、余姚。单说状元,自嘉靖三十五年至隆庆五年6次科举考试绍兴籍的状元即占3名,可见其盛况②。以上是科举考试的得意者,未能中第的读书人毕竟是大多数。由于明清两代越文化中心地文风鼎盛,读书人基数大,而仕途毕竟逼仄,许多人功名未就便转而做师爷,并因地域连带关系,相袭为职业风尚,遂出现了"绍兴师爷"的群体。《今古奇观·蔡小姐忍辱报仇》云:"天下衙官,大半多出绍兴。"顾炎武指出:"户部十三司胥算皆绍兴人。"③绍兴师爷地域性、专业性极强④,他们并非国家官吏,与幕主的关系是平等的宾主关系,合则留,不合则去,活跃于中国政坛三四百年。关于绍兴为何出产师爷,汪辉祖在《佐治药言·勿轻令人习幕》中道出了其中一个原因:"吾辈以图名未就,转而治生,惟习幕一途,与读书为近,故从事者多。"不少学者将绍兴师爷的历史追溯到徐渭,他曾辅佐胡宗宪抗击倭寇,"宗宪擒徐海,诱汪直,皆预其谋"⑤。到了清代,绍兴师爷的输出已蔚为大观,遂有"无绍不成衙"之谚。值得注意的是,徐渭、章学诚、汪辉祖等人既曾从事师爷之职,同时也对中国文化作出卓著贡献。世人对绍兴师爷亦多有误解,将其视作狡狯奸诈的代名词。绍兴师爷实际上是越地知识分子过剩的产物,在一定程度上反映了越地文教的普及。

越地文教推广并深化的一个结果是文囿艺苑的全面繁兴。明清两代越地文人辈出,且多有结社吟唱的风气。明代的文社或诗社有鉴湖吟社

---

① 据吴晗先生统计,明清两代绍兴府的藏书家有55人,参见氏著《江浙藏书家史略》,《吴晗史学论著选集》第1卷,人民出版社1984年版,第119页。其他学者有不同统计,参见赵任飞、蔡彦《明清以来绍兴藏书家和藏书楼研究》,《绍兴文理学院学报》(哲学社会科学版)2009年第4期。
② 参见多洛肯《明代浙江进士研究》,上海古籍出版社2004年版;吴宣德:《明代进士的地理分布》,香港中文大学出版社2009年版;多洛肯:《清代浙江进士群体研究》,中国社会科学出版社2010年版。
③ 《日知录》卷八《胥吏》。
④ 按其职能可以分为折奏师爷、刑名师爷、钱谷师爷、书启师爷、征比师爷、挂号师爷等。
⑤ 《明史》卷二八八《徐渭传》。

(或称鉴湖诗社)、山阴四皓社、枫社(其中王思任、孟称舜、倪元璐、张岱等皆一时名士)、文昌社(祁彪佳兄弟倡办)、云门十子社(包括祁彪佳、陈洪绶等在内)等,清代的文社或诗社有蓬莱社、越三子社、龙山诗巢①、西园吟社、越中七子社、泊鸥吟社等。越地文人或切磋诗文,或参与政治②,亦有附庸风雅者。无论如何,文人群体的出现有助于文学艺术的拓展与文人精神的砥砺。元末明初以刘基、宋濂为中心的"越诗派"有经世济民的倾向,王冕以其写实风格的诗歌著称,至于后来的"越中十子",沈炼刚直不屈,徐渭桀骜不驯同时又富于政治进取的精神,均与越地尚实致用的地域性格有关。

明嘉靖至万历时期可以说是明清越地文化一个"黄金时期"。若说王阳明是明清越地乃至全国思想学术转向的关键,同处嘉靖前后的徐渭则是越地乃至全国文学艺术嬗变的枢机。他身上既有地域性格的体现,全面体现了越地的文化风尚,同时也有时代精神的反映,在中国文艺史上留下浓重的印迹。述略徐渭杰出的文艺才华,可见其时越文化中心地风云际会的文艺概观。

徐渭师从王阳明弟子季本③,又与王门重要人物王畿为姑表兄弟,与唐顺之、薛应旂、钱德洪等心学人物亦有交往④,受阳明之学影响颇深⑤,《四库全书总目》说他"传姚江纵恣之派"。他不媚权贵,坚守独立人格,其作品尚情贵真,注重自我意识的抒发。在此之前,元代的杨维桢、王冕也有相近的气质,但徐渭身上所展露的,更多的是与社会思潮同调的时代精神。他服膺王学而推崇"真我",贯彻到美学旨趣上,便是对本色纯真之美的追求。

---

① 龙山诗巢为元末杨维桢"拟放翁诗巢"所建,又名廉夫诗巢。诗巢坐落卧龙山原宋西园故址,故亦称西园诗巢。清康熙年间,李登瀛等20人重建诗巢于偏门壶觞村,后迁至龙山西园东维(维桢)旧址。诗巢设越中先贤贺知章、秦系、方干、陆游、杨维桢、徐渭六君子祀位。每年二月初四徐渭诞辰与十月十七放翁诞辰之时,聚会设祭,饮酒赋诗。
② 在明清之际这一现象尤其凸显,参见谢国桢《明清之际党社运动考》,中华书局1982年版,第193页。实际上清末民初越地结社亦有政治倾向。
③ 徐渭《畸谱·纪师》载:"嘉靖廿六年丁未,渭始师事季先生。"时徐渭27岁。
④ 宋克夫《徐渭与阳明心学》,《文艺研究》2009年第9期。
⑤ 从其师友情况看,应属于王学浙中一派后学,但其思想倾向又似乎接近王学左派。与徐渭一样在戏曲史留下浓墨重彩的汤显祖受王学左派(如罗汝芳)影响更为明显,汤显祖的"至情"与徐渭的"真我"实际上是殊途同归的,他们都是援心学入文学的先驱。

徐渭多才多艺,才情卓绝,尝自言"吾书第一,诗二,文三,画四"①。徐渭最看重自己的书法,他推崇王阳明"翩翩然凤翥龙蟠"②的书风,与杨维桢、王阳明一样,徐渭也长于行草,晚年似米芾而更为恣肆,袁宏道则称其"笔意奔放如其诗,苍劲中姿媚跃出",为"字林之侠客"③。徐渭在绘画史上的影响显然更为深远。较之王冕的文人画,徐渭的画作潇洒恣肆,不拘成法,将水墨写意花鸟画推进到新的高度,成为"青藤画派"的鼻祖。后来的石涛、八大山人、郑板桥、赵之谦、吴昌硕、齐白石、潘天寿等画家莫不受其影响,郑板桥甚至自称"青藤门下牛马走"④。明末的诸暨人陈洪绶则以人物画擅长,其画风怪诞,与徐渭一样率性自然且富于创新精神。

在文学方面,徐渭最自负的是其诗歌创作。他的诗纵横奇恣,一扫凡俗之气,与元代诗坛领袖、诸暨枫桥人杨维桢的"铁崖体"相呼应。实际上,文学方面徐渭最为人所推重的是其在戏曲方面的贡献。杂剧合集《四声猿》(包括《玉禅师》、《雌木兰》、《狂鼓史》、《女状元》)援南曲入杂剧,王骥德在其《曲律》中称"徐天池先生《四声猿》,故是天地间一种奇绝文字",澄道人《四声猿引》则谓徐渭的戏剧"为明曲之第一"。徐渭另有戏曲理论著作《南词叙录》,是第一部研究宋元南戏和明初戏文的专著。在徐渭的影响下,越地出现了一个被学者称作"越中曲派"的戏曲流派⑤。据佘德余先生研究,越中曲派有曲家37人,作品187种,现存57种,其中杂剧27种,传奇30种,戏曲论著6部⑥。越中曲派的关键人物自然是徐渭,其创作与理论为越中曲派奠定了基础,诸如王骥德、史槃、王澹、陈汝元等人均是徐门弟子。越中曲派既有优秀的创作,涌现出了孟称舜《娇红记》等杰作;也有卓越的理论总结,这方面的贡献可以说胜过其他曲派,诸如王骥德《曲律》、吕天成《曲品》、祁彪佳《远山堂曲品》等均为不朽名著。戏曲创作的繁荣,

---

① 陶望龄:《徐文长传》,《歇庵集》卷一二。
② 徐渭:《书马君所藏王新建公墨迹》,《徐渭集》卷二〇。
③ 袁宏道:《徐文长传》,《袁宏道集》卷一九。
④ 见清人徐兆丰《风月谈余录》所收郑燮自辑《板桥先生印册》。袁枚《随园诗话》则载:"郑板桥爱徐青藤诗,尝刻一印云'徐青藤门下走狗郑燮'。"
⑤ 王骥德《曲律》卷四《杂论》第八一则云:"吾越故有词派。"越中曲派的由来,大抵追溯于此。过去关于明代戏曲流派的认识,大多只分为吴江、昆山、临川三派,事实上,越中曲派作为一个较统一的戏曲流派从地缘、学缘及创作倾向、理论主张看都是可以成立的。
⑥ 佘德余:《越中曲派研究》,中国文联出版社2000年版,第22页。

与城镇经济以及市民文化的发展是密不可分的。在个性解放的时代潮流之下,越中曲派的创作者大多自觉追求本色纯真的旨趣。另一方面,如果追溯到陆游笔下"观戏场"的诸多记述,再看清末至今越剧、绍剧等戏曲的繁荣,便不难理解越地戏曲连续性的群众基础和浓厚的创作氛围了。祁氏家族是一个典型个案,祁彪佳兄弟数人多涉足戏曲创作,祁彪佳本人既究心戏曲创作与品评,也注重临台教习演剧与观赏演出。单从祁彪佳的日记等材料,可以寻绎出他曾看过的 104 个剧目[①]。祁彪佳交游广泛,通过他观戏品剧的线索亦可窥及越地戏曲创作与演出的繁盛。

徐渭散文现存 800 余篇,与王阳明散文的俊爽畅达、雄深雅健不同,其创作更显恣肆本色,主张独创而反对摹拟,更贴近市民生活。徐渭以降,诸如张岱、王思任、陶望龄、祁彪佳、陈洪绶等人的小品文创作,以清新自然的笔触描绘个人世界与市民生活,已然引领时代风气,成为晚明文学的最后一抹亮色。尤其是张岱作为小品文的集大成者,作品隽永清丽,其《琅嬛文集》、《陶庵梦忆》、《西湖梦寻》、《夜航船》等文集是其由纨绔子弟到明末遗民心路历程的忠实记录。

徐渭之所以能在嘉靖前后出现并引领文艺的新潮流,从时代的新变看可以说是必然的。他生性"豪荡不羁"[②],"疏纵不为儒缚"[③],其狂狷的性情受心学浸染甚深。然而他一生命途多舛,正是这么一位命运悲凄又才华横溢的一世怪杰,创造出了后世难以企及的文学、艺术经典。他生时"名不出越"[④],死后因袁宏道、陶望龄等人的宣扬才声名远播。徐渭也曾数度希望"走出越地"证明自己,但最终以失败告终。在越地远离政治中心的背景下,需要通过"走出越地"来证明自身的价值,这不免是一种尴尬。但同时,作为文化输出的一种方式,越文化能够更深入地参与中国文化的构建,也是越文化影响力扩大的体现。事实上,随着明清时期越文化的逐步成熟,尤其是嘉靖之后,越地人士源源不断"走出越地",并深刻地影响了全国思想学术以及文学艺术的走向。科举及第者"走出越地"直接参与政治,如吴兑、商为正、朱南雍、罗万化、张元忭、朱赓等人即是。此外,更多的师爷与

---

① 钱亚新:《浙东三祁藏书和学术研究》第 1 辑,江苏省图书馆学会 1981 年版,第 47 页。
② 袁宏道:《徐文长传》,《袁宏道集》卷一九。
③ 徐渭:《自为墓志铭》,《徐渭集》卷二六。
④ 袁宏道:《徐文长传》,《袁宏道集》卷一九。

商人通过"走出越地"以另一种形式扩大了越文化的影响力。王士性《广志绎》云:"宁、绍盛科名逢掖,其戚里善借为外营,又佣书舞文,竞贾贩锥刀之利,人大半食于外。"又云:"绍兴、金华二郡,人多壮游在外,如山阴、会稽、余姚生齿繁多,本处室庐田土,半不足供,其儇巧敏捷者如都为胥办,自九卿至闲曹细局,无非越人。次者兴贩为商贾,故都门西南一隅,三邑人盖栉而比矣。"①说的正是越地人士广泛外出从事师爷、商贾等职业的情形,至迟在明嘉靖年间,宁绍商帮已经初步形成②。王阳明是"走出越地"并影响全国的成功者,而徐渭虽然在某种程度上来说失败了,却也通过他的才华影响并征服了后来者。

三、"越学"的继承与发展

明清时期越地所涌起的思想浪潮,无疑是治思想史与哲学史的学者无法轻易绕过的现象。本时期出现的思想巨子,如王阳明开创阳明心学,刘宗周讲学蕺山,黄宗羲经史并重,章学诚纵论文史,虽旨趣各有侧重,但追溯其思想基础与地域背景,仍有脉络可寻。而寻绎出的发展线索与基本精神,或可构成"越学"之传统。

南宋是浙江学术的一个高峰,宋室南渡所带来的政治与经济格局之动荡,亦波及学术领域。这种情形,颇类似于"永嘉南渡",东晋时期越地一跃成为当时中国境内思想学术最为活跃的区域之一,不得不归功于此次汉族政权之迁移及人口流动所导致的文化突进。不过南宋一代浙江学术最闪耀的区域在于今浙江省境内的温州、宁波与金华,其中尤以金华境内的学者群最为引人注目。永嘉学术自薛季宣、陈傅良以至叶适,逐步向经制事功之学转变;永康陈亮的旨趣亦与此相近,但偏于王霸大略;至于东莱先生吕祖谦则崛起于金华,开创"婺学",经史并重,开拓历史哲学之区宇,以历史的眼光观照现实,同样归于事功;宁波"甬上四先生"(杨简、袁燮、舒璘、沈焕)则承续陆象山心学。上述学说均与程朱理学大异其趣,可视作对程朱理学的反拨。宋代理学思潮之兴起,隋唐佛教与道教对传统儒学的冲击以及三教之融合是关键因素,而浙江学术则表现出不同的旨趣,是为否定

---

① 王士性:《广志绎》卷四《江南诸省·浙江》。
② 范金民:《明代地域商帮的兴起》,《中国经济史研究》2006年第3期。

之否定。此外,温州、宁波与金华的程朱理学亦有所发展,涌现出了诸如"婺中四先生"的代表。无论是宁波还是金华,都可以归入越地,而温州亦为古瓯越之地,属于广义的越地。相形之下,越文化中心地的表现却极为尴尬,既没有程朱理学的重要学者,也没有新学说的代表人物。在周边区域思想碰撞极为激烈的背景下,越文化中心地却乏善可陈,如风暴中心般沉寂。而在此之前,两汉至魏晋,越文化中心地则无疑是东南地区的一大学术中心。虽然朱熹、吕祖谦也曾讲学于嵊县的鹿门书院,但越文化中心地毕竟不是思想学术的中心。虽然宋室对其多有眷顾,但有宋一代越文化中心地除了陆游这样的伟大存在,鲜有思想学术、文学艺术等领域的高光亮相。这一现象的背后有着复杂的因由,唐宋以降越文化中心地周边地区的崛起是重要的因素,此外有一点值得重视,即作为南宋政治中心的杭州亦无甚作为。在特定的历史背景下,若非精英的直接转移,思想学术的成果不易在政治、军事因素趋于密集的地域孕育,相对安定的环境往往更有利于思想家的思考①。

到了明清时期情况有了很大的改观,越文化中心地重新成为一大学术中心。"靖康之难"所带来的越文化突进是长期而非短期的过程,明清越地的思想狂飙实际上是经过一段时期的孕育与整合后的必然结果。同时,这也是越文化进入成熟期的一个表现,本时期所涌现的学说及背后的基本精神,几乎都是对南宋乃至此前思想学术的隔代呼应,故有集大成与成熟化的特点。陈祖武先生认为明清时期浙东学术有如下历史特质:实事求是、学以经世的为学精神,转移风气、领异立新的学术品格,兼容并蓄、历久弥新的强大生命力②。陈先生的概括基本合乎实际,但若将视野放宽,明清时期越地思想学术呈现出的特征便有了连续性的线索。

鲜明的批判性与趋新求变的精神,是明清"越学"的重要方面。而这一传统,显然要追溯到更早的时期。关于越国时期的思想学术,学者关注无多。从文献记载的越国大臣计然、范蠡的学统与学术思想看,实际上是《老子》、《文子》一脉,系道家学派的支流。而道家学说本身便是对三代传统的

---

① 越文化的思想学术氛围与中国文化的整体大气候也是密不可分的,在隋唐时期越地在思想学术方面没有突出表现,然放眼当时中国全境,实际上亦如此。当然,隋唐并非思想学术的低潮阶段,只不过佛教、道教的表现更为抢眼。

② 陈祖武:《明清时期浙东学术的历史地位》,《明清浙东学术文化研究》,中国社会科学出版社、宁波出版社2004年版,第5页。

礼乐文化的解构,就儒学而言,也是作为对立面存在的。此外,计然、范蠡的思想多有农末俱利、重视商业的倾向,这对于传统的农本思想而言,也是一大反拨。汉代儒学兴盛,但一度笼罩神学迷信色彩,天人感应、谶纬图符之说甚嚣尘上,越地的王充则以巨著《论衡》嗤黜"虚妄之言"①,实为穿透虚妄迷雾的惊雷。而其回声,则在南宋与明清得到了响应。"永嘉南渡"之后越地兴盛的玄学呈现出与两汉经学迥异的面目,越文化中心地也一跃成为当时一大学术中心。然而南宋一代越文化中心地的思想学术却寂静无声,至于周边的金华、宁波及温州则新说迭起,吕祖谦、叶适、陈亮等人呈现出与程朱理学不同的理路,诸如"鹅湖之会"的历次思想交锋凸显了他们的批判精神。到了明清时期,越文化中心地则重新成为思想学术的中心。越中奇才徐渭的思想富于批判的锋芒,是人文主义思潮的代表。王阳明发展陆象山心学,力倡"致良知"、"知行合一",针对程朱理学所预设的先验的"理",强调"心即理",探求主观世界(心本体)与客观世界的同一性。在理学已然成为主流学说的时代,王阳明的异军突起则显然是以理学为解构对象的。其后在越地崛起的刘宗周、黄宗羲等人,有对程朱理学的反思,也不无对阳明心学的继承与批判②。总体而言,明清时期越地的思想学术,既有对前代的继承,也有在新时代的新变;既有对外来思想的改造,也有内源性的生发;既有思想的敏锐性,也有可贵的批判精神。这种批判性与求新求变的精神,在越地渊源有自。这固然与越地偏居一隅、较少正统思想干扰有关,而追溯到民族心理层面,古越人在创造半农耕半海洋文化过程中所展现出的开拓创新精神,或许可以给我们更深层次的启示。

  尚实致用,关注现实,也是"越学"的一个倾向,是对传统儒学经世倾向的强化。范蠡、计然关注民生,本末并重,已发其端。而王充"疾虚妄",求真尚实,譬如在论"文"方面,以为"文岂徒调墨弄笔,为美丽之观哉",发扬美刺之说,强调文章要"劝善惩恶"③,以"为世用"④。越地经学兴于东汉,

---

① 《论衡》卷二九《对作》。
② 如刘宗周以孔孟为宗,远承阳明心学,又有损益。刘宗周既不同意朱熹的"理"为宇宙本体说,亦不同意王阳明"心"为宇宙本体说,而是继承张载的观点,以"气"为宇宙本体,道乃后起,认为"天地之间一气而已,非有理而后有气,乃气立而理因之寓也"(《圣学宗要·图说》,《刘子全书》卷五)。
③ 《论衡》卷二〇《佚文》。
④ 《论衡》卷三〇《自纪》。

三国以后继续发展,然重视典章制度与实证研究系其重要特点①,如余姚虞氏治《易》以"当于实用"为宗旨,可以看出其旨趣。南宋叶适、陈亮等人以事功之学为旨归,不无功利主义色彩,而吕祖谦亦以历史眼光照进现实,这一倾向最终在明清"越学"身上得到更为鲜明的绽露。阳明心学后来虽有虚蹈空疏的一面,但重视实体践履,关注于人心教化,言性命而切于人事,仍不失现实关怀。黄宗羲崇尚经世致用,其《明夷待访录》所呈现的政治思想极具思想的锋芒。经世致用的倾向,在邵廷采、章学诚等越地学人身上均有体现。章学诚便认为"史学所以经世,固非空言著述也"②,治史需"有裨风教","使观者有所兴起"③,这些言论对于扭转乾嘉朴学脱离现实的一面有补偏救弊之效。

明清"越学"还表现出深切的历史关怀。越地虽偏居一隅,但自汉代《越绝书》、《吴越春秋》以至东晋虞预、谢沈,一直到张岱的《石匮书》,"国可灭,史不可灭"④,均表现出强烈的治史热情。虽然越文化中心地在南宋并非思想学术的中心,但明清"越学"的旨趣,却是与吕祖谦等人的历史哲学相呼应的。在朱熹等人追索道德性命的思想维度之际,吕祖谦则更多地将视野拓展至历史演进的轨迹与自我生命意识的具体实践。黄宗羲经史并重,而以史为归。至如汪辉祖、章学诚等人,均以史学著称。章学诚最为著名的观点是"六经皆史"说,这位梁启超眼中的"历史哲学家"、"清代唯一之史学大师"认为"六经皆史也。古人不著书,古人未尝离事而言理,六经皆先王之政典也"⑤。实际上,王阳明在《传习录·上》中已经指出"《春秋》亦经,五经亦史"⑥。梁启超在《中国近三百年学术史》中指出:"浙东学风,从梨洲、季野、谢山起以至于章实斋,厘然自成一系统,而其贡献最大者实在史学。"⑦博学通览是越地学人的重要特点,其中又于史学最为关切。越地学人虽偏居一隅,却不能忘情于历史的风云与政治的兴衰,对历史发展的

---

① 沈善洪主编,费君清执行主编:《浙江文化史》上册,浙江大学出版社2009年版,第27页。
② 《文史通义》卷五《内篇五·浙东学术》。
③ 《文史通义》卷八《外篇三·答甄秀才论修志第一书》。再如《文史通义补遗续·与史余村》:"文章经世之业,立言亦期有补于世。"
④ 黄宗羲:《次公董公墓志铭》,《黄宗羲全集》第一〇册。
⑤ 《文史通义》卷一《内篇一·易教上》。
⑥ 当然,类似的看法再往前则要追溯到王通等人。
⑦ 梁启超:《中国近三百年学术史》,中国社会科学出版社2008年版,第98页。

关切实际上是"越学"尚实致用精神的一个体现。

这里还需要讨论的是乾嘉朴学的问题。在一般的叙说中,乾嘉朴学主要有吴派、皖派之别,越文化中心地似乎与其无缘。但不少著作都强调了黄宗羲、汪辉祖、章学诚、余姚邵氏祖孙等越文化中心地人士的地位①,至于全祖望、万斯同等活跃于宁波地区的学人,亦可归入越地。经史并重而尤其关注史学无疑是他们的一个重要特点。过去有不少著作批评乾嘉朴学脱离现实,但"越学"则从其学术传统出发观照历史与现实,与主要研究训诂校雠的"小学"有所不同,在一定程度上是对乾嘉朴学的补充与拨正。上述越地学人,论者多归入"浙东学派"来研究。"浙东学派"的提出,要追溯到黄宗羲的初步提出以及章学诚《浙东学术》的梳理。这一概念由原来指称王学,逐渐演变为一个指称一定学统谱系的学派。一般认为浙东学派由黄宗羲开山,经万斯同、邵廷采传承,全祖望、邵晋涵发扬光大,最后由章学诚集大成②。但总体而言,"浙东学派"并不是一个严格的学术团体,而是对一定地域治学倾向的统称③。已有学者注意到所谓"浙东学派"发展的连续性,将其追溯到宋代④。实际上,从批判精神、尚史致用倾向以及历史关怀看,显然要追溯到更早的时期。故我们并不强调"浙东学派"这一概念,而是希望以"越学"来表述一种思想学术传统的存在⑤。它已经不是某一地域的团体,而是一种连续性的思想资源。正是在继承、因袭中不断发展求变,才有了越地思想学术的无限生命力。

以下示列明清时期越文化中心地的重要学人情况(主要分布于山阴、

---

① 参见陈祖武等《乾嘉学派研究》(人民出版社2011年版)、支伟成《清代朴学大师列传》(岳麓书社1998年版)等书的概述。

② 叶建华:《浙东史学流派简史》,《浙江学刊》1990年第1期。

③ 金毓黼、钱穆、余英时、何佑森等先生对"浙东学派"是否成立有或隐或显的质疑,郑吉雄先生《浙东学术名义检讨——兼论浙东学术与东亚儒学》(载《明清浙东学术文化研究》,中国社会科学出版社、宁波出版社2004年版)一文对此问题有深入的辨析。

④ 事实上,章学诚在《校雠通义·外篇·与胡雏君论校胡稚威集二简》中已经指出:"浙东史学,自宋元数百年来,历有渊源。"

⑤ 此前学者对"浙学"的概念有所探讨,这与朱熹所说的"浙学"不同,而是一种广义的概念。吴光先生对"浙学"有一系列论述,主要参见氏著《简论"浙学"的内涵及其基本精神》,《浙江社会科学》2004年第6期;《再论"浙学"的内涵——兼论当代浙江精神》《与时俱进的浙江精神》,浙江人民出版社2005年版;《三论"浙学"的内涵及其基本精神》,《浙学、秋瑾、绍兴师爷研究》,人民出版社2008年版。此外,朱晓鹏先生《浙学刍议——浙学传统与浙江精神研究之一》(《中国哲学史》2006年第1期)、钱明先生《"浙学"涵义的历史衍变》(《浙江社会科学》2006年第2期)等对此亦有讨论。

会稽与余姚）：

学人	字号	生卒年	籍贯	代表著作
王阳明	初名云,后名守仁,字伯安,因曾筑室于会稽山下阳明洞,自号阳明子,世称阳明先生。	1472～1529	余姚①	生平著作由门人编辑成《王文成公全书》,共38卷。其中《传习录》与《大学问》是其主要哲学著作。
徐　爱	字曰仁,号横山。	1487～1517	余姚	《横山集》等。
钱德洪	本名宽,字德洪,更字洪甫,号绪山。	1496～1574	余姚	《绪山会语》等。
王　畿	字汝中,号龙溪。	1498～1583	山阴	《王龙溪全书》等。
刘宗周	初名宪章,字启东（一作起东）,号念台,人称蕺山先生。	1578～1645	山阴	所著辑为《刘子全书》40卷、《刘子全书补遗》24卷。
朱舜水	名之瑜,字鲁屿,号舜水。	1600～1682	余姚	1912年日本稻叶君山编辑《朱舜水全集》。
黄宗羲	字太冲,号南雷,世称梨洲先生。	1610～1695	余姚	一生著述丰硕,有目可查的约100余种,包括《明夷待访录》、《宋元学案》、《明儒学案》、《南雷文定》等。
邵廷采	字念鲁,又字允斯。	1648～1711	余姚	《思复堂文集》等。
汪辉祖	字焕曾,号龙庄。	1730～1807	萧山	《元史证证》等。
邵晋涵	字与桐,又字二云,号南江。	1743～1796	余姚	《尔雅正义》、《孟子述义》等。
章学诚	字实斋,号少岩。	1738～1801	会稽	其代表作有《文史通义》、《校雠通义》,有《章氏遗书》传世。

"越学"连续性的存在,自有其地域文化的背景。此外,如王充等思想巨子对后世的感召力与影响力,实际上引导了"越学"的方向。我们同样不能忽视或隐或现的学统承传,虽然从王阳明到黄宗羲治学旨趣已有不同,但仍可窥及发展的脉络。正是由于这些思想巨子的不懈追求,才有明清越地思想学术的繁荣局面。

我们强调"越学"的连续性,并不意味着混同阶段性的差异。事实上,

---

① 王阳明先世世居山阴,后徙余姚,生于余姚龙山后寿山堂,幼年全家复自余姚迁回山阴。其故宅原在绍兴城区光相桥侧,后在王衙弄新建府第,人称"伯府"。王阳明葬于绍兴西南花街鲜虾山。

明清易代之际思想学术的变化一点也不比政治局势的动荡来得小。阳明心学在晚明已显露其弊,在民族兴亡面前,士人们对历史以及现实的关注空前高涨。在这过程中,以黄宗羲为代表的大学者成为承上启下的人物。黄宗羲承王学余绪,但最终将刘宗周以来渐趋健实的学风发扬光大,走上了更为稳健的集大成之路。而这一转变,以及此前阳明心学的传播,已然不仅仅是越文化的重大事件,于中国历史文化的变迁更有深刻的影响。王学之兴起、尚实学风之确立,对越文化乃至中国文化而言都是历史性的转捩。至于王阳明、朱舜水的学说远播域外,影响已不限于国内。虽然越地学术在与乾嘉朴学的主流相比表现出不同的特点,但它终归无法改变思想界的总体走向。在龚自珍等人身上,我们则可以窥及"越学"的影子,这已经是清王朝晚期的事了。在近代化的进程中,无论是中国文化还是越文化,都经历着兴衰起伏乃至转型的阵痛,在思想学术方面亦是如此。从某种程度上讲,这既是衰亡的前奏,也是新时代来临的序曲[①]。

第三节 近代的转向:西方文化的侵入与越文化的转型

两宋以来缓慢的"近世化"进程并没有真正完成,相反,由于明清时期政治专制主义愈加巩固,中国与欧洲之间的差距越来越大。明代中晚期兴起的资本主义"萌芽"与个性解放的浪潮,伴随着明王朝的天灾人祸、内忧外患而中断。闭关锁国的政策使中国文化缺乏外界因素的刺激与必要的对外交流,"盛世"的表面之下如一潭死水,潜流暗涌却不知危机将至,清王朝最终为自己的固步自封付出代价。1840年鸦片战争的爆发使中华民族面临千年未有之变局,当逐渐膨胀的西方资本主义文明与东方文明发生交集且碰撞时,落后的一方不可避免被强势的一方所裹挟,中国跨入到近代实际上是被动地接受而非主动地选择。在此背景下,越文化经历着又一次转型。事实上,与此前的转型不同,此次转型并不局限于越文化,而是就中国文化整体而言的。而越文化所面对的,已经不是来自中国其他地域文化

---

① [美]艾尔曼:《从理学到朴学:中华帝国晚期思想与社会变化面面观》,江苏人民出版社2011年版,第1页。

的冲击,而是来自中华民族之外的异质文化的强势侵入。由此带来的阵痛,已不独为越文化所经历,而是中华民族集体面对的挑战。从某种程度上说,这一转型一直延续到今日。而从越文化中心地这一局部入手探讨急剧变化背后物质文化、制度文化以及精神文化的嬗替,对于反思一个多世纪以来中华民族曲折的前进道路亦有启迪意义。

一、变局之下的挑战与转机

西方文化侵入所带来的转型,与此前越地由越族文化向汉族文化转变一样,都是全方面的深层次剧变。此次转型,越文化与中国文化可以说是同步的,董楚平先生将其分为三个阶段:第一阶段为1840年至1895年,主要表现为物质文化的变化;第二阶段为1895年至辛亥革命前后,主要表现为制度文化的变化;第三阶段为"五四"前后,主要表现为精神文化的变化[①]。事实上,这三方面的变化并非截然区分的,物质文化、制度文化与精神文化的嬗变交错为多重变奏,中与西、新与旧的因素相交织,由此勾勒出越文化乃至中国文化迅速进入近现代的图景。

伴随着西方坚船利炮而来的,首先是资本主义世界对社会经济的渗透与掠夺,而这正是上层建筑崩塌、重构的基础。在此之前,东南地区作为中国的经济、文化重心所在,农村商品经济与工商业市镇已经发展到了一定程度。但这些成就的取得主要依赖于农业与手工业,本质上仍是以自给自足的自然经济为主导。根深蒂固的农业文明一度顽强抵御西方工业文明的渗透,但第二次鸦片战争以来签订了一系列不平等条约,通商口岸日益增多,西方列强凭借所攫取的特权进一步倾销商品,中国的自然经济遭到空前的破坏。随着上海、宁波、温州、杭州在1843、1844、1877、1896年相继开埠,越文化开始直面西方文化的侵入,同时也迎来了新的机遇。明清两代受压抑的海洋性重新复归,敢为人先、勇于进取的越文化凭借这一优势继续扮演中国经济领跑者的角色。而越文化中心地也就是此时的绍兴八县并没有直接的港口,由于周边宁波、杭州的进一步强势崛起,其社会经济的发展情况与周边区域的差距实际上是增大了。

咸丰末年以来,中国的自然经济逐渐瓦解。一方面是土地兼并严重,

---

① 董楚平:《近代的吴越文化》,《杭州师范学院学报》(人文社会科学版)2001年第3期。

人地矛盾加剧①,另一方面是西方势力入侵,城乡农业与手工业遭到破坏。据宣统三年(1911)的《会稽县劝业所报告册》②,当年会稽县共产粮食217491100斤,此外仍需大量进口粮食。由于土地兼并严重、人多地少等原因,绍兴地区粮食难以自给,甚至"丰年不过十分之六,不敷粮食,均由金、衢、严等处采运接济"③。在这过程中,绍兴的市镇得到进一步发展,人口城镇化加强。伴随外国资本主义大肆掠夺农产品原料的是,一般经济作物种植面积扩大,商品生产率提高,农民与市场的联系日益紧密,农业生产专门区域逐渐形成。在绍兴地区,表现最为强烈的是棉花与茶的种植。宁绍平原是浙江主要的棉花产区,产有著名的"姚花",大量运销往上海。然而随着市场对细纱需求的增大,而"姚花仅能纺制十三枝之粗纱,于是姚花逐渐为纺织界所摒弃"④,改进工艺已势在必行。越地的平水珠茶亦享誉已久,曾大量出口美、英、法等国。光绪元年(1875),绍兴茶商在上海设茶行,与英商怡和洋行共营出口平水珠茶,由宁波船运上海出口,销往欧美各国。平水茶区年产量12万~13万担,最高出口量为20万担⑤。在1888年上海茶业出口额中,平水茶几乎构成了总产量的一半⑥。然而,由于工艺、经营等方面的缺陷,以及外商操作等原因,平水茶的生产与销售逐渐进入瓶颈阶段。有人指出,"不独绍属社会经济之舒困,全视茶业兴衰为转

---

① 明末绍兴地区的粮食产量已经不能自给,这与人多地少、大量种植糯稻满足酿酒业需求、其他经济作物的种植以及自然灾害等有关。而据乾隆《绍兴府志》,乾隆四十九年(1784)绍兴府田393.9万亩,地69.2万亩,虽较清初大为增多,但人口同样激增。相应地,越地人均占有粮食较明代更趋减少。尤其是清代晚期土地高度集中,佃租田赋繁重,社会矛盾加剧。如嘉庆、道光年间,嵊县竹溪财主钱万祥利用战乱灾荒,兼并各类土地1万余亩,后来的诸暨地主孙钦亮全盛时有田2.3万多亩,参见寿韶夫、秦永泰《清代至民国时期绍兴农村的封建土地关系》,《浙江学刊》1992年第1期。光绪以后土地兼并愈演愈烈,如山阴一许姓地主占有土地千亩,一周姓地主占有土地4千余亩,参见李文治编《中国近代农业史资料》第1辑(1840—1911),生活·读书·新知三联书店1957年版,第185—186页。这一切已经成为衰世的征兆,时代剧变已不可避免。
② 会稽县劝业所编:《会稽县劝业所报告册》,1911年手写本,收入《绍兴丛书》编辑委员会编《绍兴丛书》第2辑《史迹汇纂》第3册,中华书局2009年版。
③ 魏颂唐:《浙江经济纪略》,1929年铅印本,第204—205页;参见民国浙江史研究中心、杭州师范大学选编《民国浙江史料辑刊》第2辑,国家图书馆出版社2008年版,第228—229页。
④ 方君强:《浙江之棉业》,《浙江建设月刊》第4卷第8、9期,1931年3月;收入民国浙江史研究中心、杭州师范大学选编《民国浙江史料辑刊》第2辑第16册,国家图书馆出版社2009年版,第23页。
⑤ 卓贵德等:《绍兴农业史》,中华书局2004年版,第185页。
⑥ 英国总领事许士1888年度上海贸易报告,参见李必樟编译《上海近代贸易经济发展概况》,上海社会科学院出版社1993年版,第736页。

移,即本省之繁荣,亦奠基于此。是以茶业关系社会民生,至为深巨!近年平水茶业,亦随世界经济恐慌之潮流,日趋衰落;同时受新兴产茶国竞销之影响,销路渐短,对外贸易遂一蹶不振,农村经济亦濒于破产之境"①。在民国时期,对棉、茶等经济作物的改良及出路探寻,始终是整个浙江省经济建设的重要方面。

1901年9月,中国和11个国家达成了屈辱的《辛丑条约》,标志着中国彻底沦为半殖民地半封建社会。由此带来的庚子赔款,绍兴分摊的赔款折合白银564000两,占全省第4位。为承担赔款,当时绍兴的城镇要道厘局、税卡林立,巧立名目,仅粮、盐、酒、烟、茶、锡箔6项的税额就增加了12成,绍兴的经济更加雪上加霜。光绪二十九年(1903),法国侵略者强令浙江巡抚把绍兴五龙潭的大、小潭辟为商埠,进一步便利了资本主义商品的倾销。如西方机制棉纺织商品的倾销,导致中国农村家庭手工棉纺织业遭到破坏并逐渐与农业分离。先是洋纱代替土纱,继而洋布代替土布。南宋以来,随着棉花种植业的发展,绍兴的土纺土织业兴起,而欧风美雨的侵袭却给绍兴的手工棉纺织业带来灾难。据《会稽县劝业所报告册》,1911年山阴、会稽等6县进口洋棉纱1000箱,共11.2万元。此外,香皂、洋灯、洋钟、洋伞、卷烟、五金制品等货物,不断涌入农村集镇②。

19世纪末20世纪初,在各方面的压力与需要下,清政府对民族资本主义工商业的政策也开始由阻碍转为支持。光绪三十年(1904),浙江省建立了农工商矿局,这是浙江省第一个专门管理农工商实业的政府机构。清光绪三十二年(1906),创绍兴商务分会,入会商号数为420个,居浙江省前列。随着一系列保护工商的政策推出,越文化重商的特质重新被激发。在

---

① 傅宏镇:《平水茶业衰落原因及制造上缺点之检讨》,《浙江建设月刊》第10卷第8期,1937年2月;收入民国浙江史研究中心、杭州师范大学选编《民国浙江史料辑刊》第2辑第42册,国家图书馆出版社2009年版,第226页。
② 《绍兴公报》1909年5月30日刊登一则《俞源兴新到各货广告》:"汽油纱罩自来火灯,能比十盏灯光。手摇脚踏缝衣新机,家用极其快便。男女飞轮脚踏快车,一时能行百里。尺贰戏片大号机器,声音比前清爽。天字头号照相镜头,远近快慢能照。大中小号照相机器,传教照相方法。新到头等金银各表,坚固走准勿修。异样新式大小钟表,绍河初次运到。修整机器家伙作料,购买自己能修。脚踏车机器戏出赁,价照上海公道。套花胜家缝衣机器,照公司式出租。花色甚多,如蒙光顾,货真价实保用。"章开沅先生指出:"这则广告看来似乎平淡无奇,但它却包括了百货商店的货源、品种、运货路线以及经营项目、营业方式等方面的内容,反映了清末像绍兴这样的中小县城商业状况的一个侧面。"参见氏著《辛亥革命与现代社会》,天津人民出版社1985年版,第208页。

清末,越地的民族资产阶级逐渐壮大,民族资本主义得到了一定发展。就绍兴而言,最具代表性的是"三缸",即酒缸、酱缸、染缸,从越地外销的黄酒、酱等产品广受欢迎。此外,绍帮钱庄以上海为大本营,在金融领域扮演了举足轻重的角色。不过越文化中心地总体来说较为低迷,与迷信密切相关的锡箔业却得到畸型发展,绍兴城也因此有"锡半城"之称。据《会稽县劝业所报告册》,锡箔年出160万块,其中外运140万块,价值130万银圆。总体而言,绍兴地区近代工业数量虽不及杭州、宁波,但仍是领先于浙江其他城市的[①]。

以越地传统的纺织业为例。光绪二十一年(1895),宁波商人9人集股,在绍兴府会稽县曹娥镇的白米堰(今中塘乡),由政府司库拨款存放生息者两次拨银10000两,银元15000块,开设了浙江首家"开永源"(一说"开源永")机器缫丝厂,有缫丝车208台,日产丝百斤,为浙江省近代首批工业企业之一。与它同时建造的还有山阴县的"公豫源"以及萧山的几家丝厂[②]。此后,嵊县山口村于1900年建成机器缫丝厂,首家绸厂"益昌佩"在下方桥创建。然而,在西方资本主义的冲击下,它们先后倒闭。较早的绍兴临浦镇厚生纺织公司,"所出花布、毛巾与外洋无异,而以新出一种斗纹花木为尤善云"[③]。清宣统元年(1909),上虞崧厦镇益民布厂开业,也是境内早期近代棉织企业之一。同年,丁阿福在诸暨北门外开设丁福记纱厂,此后各地相继兴办一批纱厂。同时,一些绍兴商人到上海等地投资办厂,产品远销海外。

---

① 参见陈国灿先生《略论晚清时期浙江城市经济的演变》(载《浙江社会科学》2007年第5期)一文所列"清末浙江各地城市新办近代工业数量"的表格。

② 《申报》1895年5月13日载:"浙江绍兴府萧山县所属南沙地方,前有土人照西法招集股分,设立机器缫丝厂,……现又有周某亦在彼处另开一厂,生意颇为热闹,咸往各乡收买蚕茧。省城牙厘局已委王钦山太守总办茧捐,在绍设局也。"《中外日报》1900年1月15日载:"(萧山)西门外姑娘桥通益公(按应作"通惠公")机器纺纱厂,开创已及五载,颇能获利,虽本年花价腾贵,尚不致亏折。刻由总经理陈君伯蕴商诸各股东,准于明正添招股本,加增机锭一千只,并因监工洋人康克马克氏难兼新机之责,因赴申另行延请,且已发出招贴添雇女工数百名云。"1900年4月30日又载:"萧山姑娘桥通益公机器纺纱厂年来办理得宜,颇可获利,刻又由经理之陈某,向沪上添购汽锅三只,机椗十二箱,运载到萧,以便装用,并须添招女工以广利源。"可窥及当时纺织业的概况。按通惠公的资本有559400元,有纱锭10192枚,在同时期江浙沪同类工厂中处于中游地位,参见严中平等编《中国近代经济史统计资料选辑》,科学出版社1955年版,第98页。

③ 参见汪敬虞编《中国近代工业史资料》第2辑(1895—1914)下册,科学出版社1957年版,第798页。

1904～1907年是浙江民族资本主义的高涨阶段,清政府的新政逐渐明朗,民族资产阶级的热情高涨,绍兴也取得了一些成绩。如:清光绪三十年(1904),王子余等设立绍兴印刷局,承印《商业杂志》等5种期刊,开绍兴报纸印刷先河;道台徐尔谷创卫生制冰公司;詹绍周于诸暨创公兴(金矿)矿务公司。清光绪三十一年(1905),创厚生纺织公司;孙秉毅等创沪绍轮船公司,资本额为30万元,远远超过当时浙江境内的一般轮船航运企业。清光绪三十二年(1906),德昌生毛巾公司成立;秋瑾从日本回国,同王金发、寿伯阳等人在绍兴城区塔子桥创建越华女子织巾工场,生产手巾、茶巾等产品。清光绪三十三年(1907),董清于诸暨创大成樟脑公司。1908～1911年是清末与民初两个实业高潮中间的一个低谷,不过绍兴的民族资本主义仍然有一些进展。以1911年为例:是年,绍兴建成华光电灯厂;陶浚宣在诸暨创大成铅矿有限公司;郭庆藩创内河招商小轮船局;陈春澜、王佐在上虞创立春泽垦牧股份有限公司;俞襄周创越安轮船合资有限公司;会稽县的一批家庭毛巾生产作坊,年产毛巾4500打,岁值5400大洋;会稽县有民间染坊35家;府城有振兴公司等2家肥皂生产企业,年产各种肥皂16300箱,销售收入银洋40230元;绍兴城内有行栈290家,其中米行60家、棉花行27家、煤油行7家;有商店1719家,计74个行业,如米业、酒业、酱业、茶食业、南北货业、百货业、绸布业、钟表业、金银业、油烛业、茶漆业、铜锡业等[①]。

　　本时期绍兴的重工业明显不足,民族资本主义以轻工业为主,且大多规模小,资本少,受到各种条件的束缚,难以得到进一步的发展。《会稽县劝业所报告册》指出"近十年来世风日下,民生日蹙,谋食愈艰,而钻营愈急",究其缘由,在于"气运"、"习尚"、"时势"、"人为"诸方面的原因。绍兴虽然地处东南沿海,但由于不是通商口岸,与宁波等城市相比,仍存在诸多限制。而本时期的民族资产阶级既有由官僚、士绅转化而来的陶浚宣等人,也有原来的商人、手工业者,如俞襄周原为盐商。总之,清末绍兴的资本主义在本国封建主义与外国资本主义的压迫之下,在多重阻碍中曲折发展。民族资产阶级期待一场暴风雨来冲刷掉旧社会的桎梏。

　　新与旧的交织除了表现在社会经济方面的变化,还表现在意识形态的

---

① 主要参见《会稽县劝业所报告册》的记载。

纠结与嬗变。清代晚期,西方传教士纷至沓来。由于中国传统儒学在中国社会占有统治地位,而西方宗教具有强大的渗透性,两者的冲突是最为直接的碰撞。同治四年(1865),法国天主教传教士田某因契买绍兴石童坊居民商某的房地产,引发纠纷,总理衙门指示李鸿章办理,允许天主教会置买产业,这实际上是一次公开的妥协。1900年诸暨白旗党起义,主要便是反对教会。1904年法国人勾结绍兴官府欲拆除绍兴市中心的大善寺而建教堂,徐锡麟慷慨陈词,在市民抵制之下传教士最终放弃了强占大善寺的企图。保留佛寺还是兴建教堂,不但是权益之争,而且具有文化冲突的象征意义。在传统儒学遭遇尴尬之际,"越学"经世致用的理念重新焕发生机。从陈亮、叶适、黄宗羲到章学诚对"外王"路线的拓展不同于理学的"内圣"之路,而恰恰是这一"越学"传统,与近代中国进步思想有直接的关系[①],其经世致用的观念启发了龚自珍、魏源、梁启超、章太炎等近代思想的先驱。他们汲汲于强国之路的求索,不止息地向西方学习。这种学习从器物继而到制度,新式学堂和留学风气也因而肇兴,由此培养出一批新青年。

清末废科举,兴新式学堂,新学勃兴,教育风气为之一变。中国的人才结构与知识结构也逐渐改变,为新文化的开拓奠定了基础。绍兴的一批有识之士大力倡导新学,革新教育,越地的近代教育起步早,立足点颇高。绍郡中西学堂由徐树兰创于1897年春,是浙江省最早的普通中等学校。1898年冬,蔡元培接任绍郡中西学堂总理,实施新式教育,使该校成为新式学堂的佼佼者。徐锡麟、周树人、杜亚泉、陈去病、刘大白等人曾在该校任教,许寿裳、蒋梦麟、夏丏尊、陈建功、胡愈之、孙伏园等时代英杰曾在此就读。新式教育给当时的青年学子带来了知识方面的巨大冲击,以及思想方面的强烈刺激。后来成为北大校长的蒋梦麟坦言新观念极大地刺激了他的思维,遂"旧观念则弃之如敝屣"[②]。这其实是一代青年心路历程的写照。1898年,又出现新昌知新学堂、诸暨毓秀学堂、上虞算学堂等新式学堂。此外,徐锡麟创明道女子学堂,办大通师范学堂,与陶成章、秋瑾等推行新教育;姚麟、谢飞麟等在嵊县创办女子学堂,并于府城举办女子蚕业学

---

① 李泽厚:《中国古代思想史论》,天津社会科学出版社2003年版,第278页。
② 蒋梦麟:《西潮》,辽宁教育出版社1997年版,第43页。

堂;胡似杰、陈琳珊等女士发起创办成章女子学校。罗振玉、经元善、秋瑾等人关于女子教育的理念,至今仍是宝贵的思想财富。但上述成就仍是初步的,1916年孙中山曾感慨大中学生偏少①。后来的上虞春晖中学享誉当时,有"北有南开,南有春晖"之称,创办人是中等教育革新的先驱经亨颐。1922年9月10日,学校开学。根据经亨颐的意见,春晖中学不向政府立案,切实贯彻"反对旧势力,建立新学风"的主张。学校自订学则,在管理制度、教学内容、教学方法等方面都有不少创新。学校组织协治会,实施民主管理。在教学上,既重视文理各科的教学,也重视学生在体育、美育等方面的发展,一改当时不少学校中残存的科举余习。春晖中学延聘的教师,多系国内文教界负有盛名和热心教育事业的人士,如李叔同、夏丏尊、丰子恺、朱自清、朱光潜等。至如蔡元培、张闻天、刘大白、沈定一、杨之华、叶圣陶、胡愈之等名流也先后来校考察并指导。越地文风鼎盛,而如若不能在文教方面发挥传统的优势,难免为时代所淘汰。值得庆幸的是,诸如徐树兰、经亨颐、邵力子等有识之士均将兴办教育事业看作是百年树人的大计,在他们的努力下,从越地源源不断走出的人才成为推动中国近现代文化转型的中坚力量。

　　无论是物质文化还是精神文化,越文化在转型的过程中阻力重重,这与越文化中心地的保守性是分不开的,也是与其中国传统文化的发达与固守分不开的。这一局面的改变,显然需要更为彻底的革新与洗牌。

二、"革命"与"实业"

　　1916年8月20日,孙中山抵达绍兴,除了游览卧龙山、大禹陵、兰亭、东湖等名胜古迹,公祭徐锡麟、陶成章等革命义士,还应越地绅商的邀请在布业会馆觉民舞台发表了演说②。此次演说,大抵包括以下几个方面的内容:

　　其一,说明来意是"凭吊辛亥革命先烈遗迹,观览绍兴风光,欣赏稽山镜水";

---

① 沈季刚、陈于德:《回忆孙中山先生来绍兴》,《绍兴文史资料选辑》第1辑,中国人民政治协商会议浙江省绍兴县委员会文史资料研究委员会1983年编,第26页。
② 内容载《杭州民国日报》1916年8月23日。又见《孙中山先生越游记》,上海《民国日报》1916年8月23日。另《越铎日报》刊载了《欢迎中山先生》的社论,记录了孙中山的行程与言行。

其二,强调合众人之力,共建民主共和;

其三,称许越地的人文底蕴:"浙民较他省知识为优,西子湖畔之烈士墓、纪念碑,屹然倘存,绍兴之烈士祠、坊、碑、亭亦不少,此非表明浙人之有知识而何?"这一点实际上是越文化中心地在近代社会经济相对滞后的情形下却能在"五四"前后俊彦辈出的动力所在。

其四,建议加强体育教育,改善城市卫生:"如路边厕所急宜迁移,勿使臭气四溢;河道之水,宜使清洁;卫生之事,宜加讲求。"孙中山在进绍兴城的路上便已感慨绍兴石牌坊多、坟墓多、粪缸多,这实际上是相对保守的越文化中心地在近代城市建设方面滞后的表现①。

我们一般以"五四"作为中国近代与现代的界限,而孙中山的此番演说,实际上已经为越文化中心地的现代化张本②。

孙中山毕生所追求的是"革命"与"实业"(这也是当时的两大思潮),为实现民主共和而不懈求索。他在绍兴缅怀烈士的功绩,慰勉秋瑾、陶成章等人的亲属,指出徐锡麟、秋瑾、陶成章三烈士正是继承了越王勾践奋发图强的精神。三位烈士都是绍兴人,且都是光复会的骨干。光复会与兴中会、华兴会是最早出现的三大资产阶级革命团体,在推翻清政府、实现共和的过程中扮演着重要角色。但由于种种原因,光复会的历史一直被视作中国近代史的支流而被漠视。这是一个相对激进的革命团体,1904年冬成立于上海③,诸如蔡元培、章太炎、陶成章、徐锡麟、秋瑾、许寿裳、鲁迅等越地人士均为光复会成员④,地域色彩极为浓郁。光复会的入会誓词是"光复汉族,还我山河,以身许国,功成身退",与同盟会的纲领相比,同样富于

---

① 如有人指出:"绍兴城内人烟辐辏,房屋栉比,尤以中部一带河流,既已狭窄,两岸房屋复如前节所述,高耸过厌,骑楼交错,横盖河面,日光不进,俨同阴沟;加以沿岸厕所丛立,粪船往来如织,湫隘狼藉,莫此为甚。而居民复狃于习惯,助以垃圾及其他秽物遗弃河中,水质污浊,恶臭扬溢,卫生工程诚有不容或缓者。"参见饶洞九《疏浚绍兴城区河道之意见》,《浙江建设月刊》第7卷第10期,1934年4月;收入民国浙江史研究中心、杭州师范大学选编《民国浙江史料辑刊》第2辑第31册,国家图书馆出版社2009年版,第149—150页。

② 也是在同一年,蔡元培返乡发表演说时提的意见与孙中山的演讲极为相似。

③ 1905年,陶成章、徐锡麟等人于绍兴创办绍兴大通师范学堂,作为光复会浙江联络点,光复会本部之事权亦由上海移至绍兴。

④ 实际上光复会并无严密的组织系统,入会者有资产阶级、小资产阶级知识分子、会党分子、新军官兵等。中国同盟会成立后,一些光复会会员以个人身份加入同盟会,如秋瑾很早便加入同盟会,但光复会仍保持独立的组织,在长江中下游的苏、浙、皖、赣、闽等省以及海外的日本、南洋地区开展革命活动。

民族主义色彩,同样以推翻清政府的封建专制统治为首要任务。同时,光复会强调"通商惠工"、"广用机器",强调与列强展开贸易竞争。但光复会并没有明确提出创立共和国的奋斗目标,甚至太过理想主义地追求"功成身退",希望游离于核心权力之外。光复会的斗争相对决绝,一开始便抱着不妥协的态度。光复会曾主张实行与孙中山在沿海起义不同的"中央革命",在辛亥革命取得初步胜利后,光复会又反对偏安南京,要求乘胜追击消灭封建残余势力,今天仍不失为真知灼见[①]。1907年,徐锡麟、秋瑾组织光复军发动皖浙起义,虽以失败告终,但极大震慑了清政府。在武昌起义爆发之后,光复军在绍兴、上海、杭州、镇江、南京、汕头等地响应革命,为光复东南起到了积极作用[②]。在斗争策略方面,光复会不无冒进极端之处。与同盟会的相处过程中,也存在不少摩擦。实际上光复会留给后人最宝贵的财富,还是徐锡麟、秋瑾等人不畏牺牲、杀身成仁的精神,孙中山在杭州缅怀秋瑾,到绍兴公祭徐锡麟、陶成章,抚恤烈士后人,都是希望以他们的精神力量激励国人。在革命尚未成功的情况下,需要的正是无畏的热血与不懈的奋斗。在中华民国创建两个星期之后,光复会实际领袖陶成章在上海的病房里遇刺身亡,刺杀者是同样来自浙东的蒋介石[③]。光复会的擎天巨柱既折,再也不复曾经的辉煌。在追求共和的道路上,来自越地的一群仁人志士以自己的生命谱写了壮丽甚而悲壮的史诗。

"振兴实业"是孙中山的另一理想。孙中山在绍兴登府山望海亭时,曾感慨:"绍兴地大物阜,确系富饶之所,惜乎实业未曾讲求,使有用之地,而竟为废弃。譬彼高山,胡不载森林?譬彼旷地,胡不种桑茶棉果?"[④]在演说

[①] 参见谢一彪《光复会史稿》(人民出版社2009年版)"前言"。

[②] 1911年11月5日,杭州光复,浙江军政府成立。浙江军政府首任都督汤寿潜是山阴天乐乡(今属萧山)人,在任期间倡导实业,进行了一系列政治、社会、经济方面的改革。杭州光复之后,与杭州仅一江之隔的绍兴很快知悉。1911年11月6日,越社成员周树人(鲁迅)、周建人、范爱农等上街游行,散发传单,发表演说,宣传革命。在徐锡麟等人牺牲之后,绍兴光复会势力遭到清洗,故此时革命势力过于孱弱,绍兴知府程赞清摇身一变成为都督,宣布"光复"。直到11月10日,光复会会员王金发率领革命军进入绍兴,受到已在城外等候两天的鲁迅等人以及城内百姓的夹道欢迎。第二天成立绍兴军政分府,王金发自任都督。至此,绍兴正式光复。

[③] 杨天石:《蒋介石刺杀陶成章的自白》,《近代史研究》1987年第4期。

[④] 《孙中山先生越游记》,上海《民国日报》1916年8月23日;收入中国社会科学院近代史所等编《孙中山全集》第3卷,中华书局2011年版,第348页。创办于1919年的上虞春泽垦牧公司《任事约言》强调"必使野无旷土,地无遗利",可与孙中山的言论呼应,参见《春泽垦牧公司任事约言》,《绍兴文史资料》第8辑,浙江人民出版社1993年版,第138页。

时,孙中山指出了绍兴农业、工业以及交通方面的缺陷;在参加绍兴县商会的宴会时,孙中山勉励绅商发展民族资本主义,强调"商战"的意义①。数日之后孙中山又在宁波发表演说,强调"第一在振兴实业",强调"且凡吾国各埠,莫不有甬人事业,即欧洲各国,亦多甬商足迹,其能力之大,固可首屈一指者也"②。宁波地区很好地秉承了越文化开放性、海洋性的特点,故而发展迅速。相对周边的杭州、宁波,作为越文化中心地的绍兴实业发展较为缓慢。在政府得到民间的支持下,绍兴地区的民族实业亦有长足发展。以下结合《绍兴市志》、《浙江通史》等资料,试梳理1912~1933年绍兴地区实业发展的重要事件。

1912~1933年绍兴地区实业发展大事记

年份	大事记
1912	绍兴县商人张维岳创办绍兴华光电灯公司;王金发、孙德卿在绍兴城区下大路建立《越铎日报》印刷厂。
1914	新昌县创办平民习艺所;诸暨创办改良土丝传习所;嵊县创办5家模范丝厂。
1915	绍兴临浦镇乾元电气公司创立。
1916	绍兴孙端裕生棉织厂开业。
1917	诸暨电气公司、余姚电气公司创立;新昌吕钟杰等创办惠通木机缫丝厂,是新昌县最早缫丝作坊。
1918	福元兴针织厂创办;绍兴柯桥开设福元新兴记袜厂。
1919	嵊县开明电厂创立。
1920	诸暨纶华木机缫丝厂开业,有缫丝车百部。
1921	绍兴县农工银行创立(1935年停业);诸暨县城新合盛、恒记、老正兴、沈贵记、同孚、马春等6家米行合资兴办大有机器碾米厂,首开机器碾米之先河;绍兴便民火柴厂、上虞光明火柴厂、诸暨五纹岭火柴厂相继创办。
1922	博济轮船股份有限公司创立;张震昌袜厂在嵊县富润开业;华舍、齐贤两地机坊、机户开始采用日本产铁制拉机。
1923	绍兴丝绸银行创立(1924年停业);绍兴燧春、振兴、大有丰碾米厂相继开办。
1924	绍兴城区裕华毛巾厂开业;现代制革技术从上海传入,绍兴县洋渎皮坊率先用红矾、拷胶制革;便民火柴有限公司在绍兴城区半野塘投产,成为当时浙江省五大火柴厂之一。

---

① 沈季刚、陈于德:《回忆孙中山先生来绍兴》,《绍兴文史资料选辑》第1辑,中国人民政治协商会议浙江省绍兴县委员会文史资料研究委员会1983年编,第26—27页。
② 《孙中山先生发展宁波之演说》,上海《民国日报》1916年8月25日;中国社科院近代史所等编:《孙中山全集》第3卷,中华书局2011年版,第350页。

续表

年份	大事记
1925	绍兴漓渚镇振兴电气公司创立;恒茂祥毛巾厂开业,年产毛巾达1万打左右,规模居境内同行首位;徐淡人夫妇于诸暨城内开办缫丝厂;嵊县连太兴磨坊始用柴油机为动力磨粉。
1926	张茂德染厂、同德染坊先后在绍兴西郭门外和上虞丰惠开业;正大电灯碾米公司开设于上虞丰惠镇。
1927	绍兴县染司业职业大会成立,时有会员80余人;新昌金星电灯公司、诸暨枫桥电灯公司成立,兼营发电、碾米两业;嵊县相继开办的公和等7家磨粉厂,均采用机器磨粉。
1929	诸暨县开办"致和"等4家织袜厂;上虞百官镇开设四而染织厂;绍兴大明电气股份有限公司正式开张营业,到1937年,大明公司固定资产值150万元,发电量186万千瓦时,成为省内5家主要发电厂之一。
1931	天生永兴记和四达康记织造厂先后在绍兴开办。
1932	王和甫在绍兴昌安门外开设震旦恒记染练布厂。
1933	平水茶区有茶栈45家;绍兴县有四达织袜厂、福元新兴记袜厂、天生永兴记袜厂、祥丰裕袜厂、萃丰袜厂5家棉针织企业,其中四达织袜厂有织袜机360台,工人220人,资本1.5万元,在全省174家针织厂中,居袜机数第一、工人数第二和资本数第三。

本时期越地最具代表性的仍然是纺织业,这也是民族资本主义最主要的近代工业部门。民国初期,绍兴、上虞、新昌和诸暨县新办一批布厂,生产爱国布、土白布、自由布、丝光布、斜纹布、提花布等,规模以绍兴县安昌盛陵村吉生布厂为最大,有职工210人,织机230台。民国七至九年(1918~1920),绍兴华舍一带丝绸织户增至2800余户,织机达3000台,年产绸25万余匹;齐贤一带,有机户1020户,织机1400余台,年产缎30400匹。益昌佩绸厂有织机30台,为境内规模最大绸厂。民国十四年(1925),仅齐贤一地,就有宝泰、同茂、晋昌、漫泰、晋源等14家丝绸染坊,有染缸120余只,还有料房500多家。不过随着1929年资本主义世界发生了经济危机,绍兴纺织业遭遇了低潮①。

除纺织业外,绍兴的机器碾米厂亦值得重视。在20世纪20年代中后期,已出现几家规模较小的碾米厂,如昌安门外的五通、益丰。随后又出现了规模较大的碾米厂,如偏门的越明、西部的泰昌、五云的悦兴等。乡区集镇也纷纷创

---

① 陶士和:《民国浙江史研究》,陕西人民出版社2003年版,第220页。

设碾米厂,首先是东关镇钱湖观等集资 3600 银元购买发电机、碾米机,创办了一家发电厂兼碾米厂,白天碾米,晚上发电,供电至曹娥等地,后因经营不善,亏蚀停业。以后柯桥有锐昌、光明,安昌有同兴、大成,平水有天生等碾米厂。

旧中国有所谓华北、华南、华西、江浙四大财团,其中江浙财团以上海为基地,涉及银行资本、钱庄资本、工业资本、航运资本、商业资本等,绍兴人在江浙财团中扮演着重要角色。以证券信托业为例,民国十年(1921)"信交风潮"后,信托公司能不卷入旋涡得以独存者只有绍帮巨子田祁原、田时霖、宋汉章、王晓籁、严成德等 46 人发起成立的中央信托公司。1917 年绍兴人沈知方创办的世界书局,后来发展为全国最大的 3 家出版印刷企业,其中商务印书馆 30 年代初资本额达 500 万元,拥有全国分支馆、印刷厂 43 处,年营业额 1200 余万元,稳执全国之牛耳。绍兴商学会、山阴劝学所商学公会等公所、会馆的出现,则展现了绍兴资产阶级的凝聚力。

随着资本主义的发展,受封建主义、外国资本主义和本国资本主义三重压迫成长起来的中国无产阶级也逐渐登上历史舞台。1923 年 2 月,绍兴印刷业、箔业 300 多名工人为声援京汉铁路工人罢工,并要求增加工资,改善生活待遇,举行了示威游行。他们冲破军警的武装压制,捣毁了资本家创办的"越社",坚持罢工两天,取得了增加工资和承认有权组织工会的胜利。五卅运动期间,杭州、宁波、绍兴、温州、湖州、嘉兴等地的工人先后举行罢工、罢市。本时期绍兴地区成立的工会主要有绍兴印刷工人联合会(1923 年 5 月)、绍兴店员联合会(1924 年 6 月)、诸暨店员联合会(1924 年 10 月)等。

总体而言,越文化中心地取得了一系列重大的成就,较为顺利地完成了转型。然而"革命"与"实业"虽有大的突破,但仍是不彻底的,这仍有待变革的进一步深化。

三、走出越地:出路的探寻

在先越文化时期的良渚文化阶段,以及越国文化时期的越王勾践、朱句等阶段,越文化都保持着向外扩张的态势,崛起于东南并积极参与到中国文化整体的构建过程之中。在秦汉以后,随着越族文化向汉族文化转变,越地被纳入到中原王朝的统辖范围,成为边缘化的地域文化。此后的历次移民潮、政治中心的迁入以及"鉴湖文化走廊"的吸引,都使精英或平民源源不断涌入越地,在越文化的发展过程中扮演了重要角色。而随着明清时期的成熟,越文化已然从边缘化的支流再度成为中国文化的主流之一。所谓"宁、绍人什七在外"①,一方面是经济与文化的强势崛起,另一方面越地已然远离政治中心,包括王阳明在内的越地人物不断"走出越地"加入到全局性的文化对话中。而在进入近代之后,越文化所面对的是前所未有的新局面。随着国门被迫打开,越文化的开放性与海洋性重新被激活,"走出越地"还被赋予了突破疆域的界限参与全球文化进程的使命。具体到越文化中心地,与周边区域相比社会经济发展相对缓慢,城市建设相对保守与传统,这在很大程度上保持了传统文化的连续性,但同时也限制了进一步发展的空间。在此背景下,近代以后"走出越地"的浪潮与明清相比有过之而无不及,在某种程度上可说是后者在新时期的延续②。

一方面是自身教育体制的转变,继续保持越地在文教方面的优势,另一方面,走出国门接触域外的新思潮成了新的需求。同治十一年(1872),清政府开始派遣留学生赴美学习,陆续派出4批,每批30人,均有浙江人。其中1874年的一批中,即有上虞人袁长坤,时年12岁。此外1898年诸暨人何燮侯、1901年诸暨人蒋伯器、1902年会稽人周树人与山阴人许寿裳等人均官费留学日本。随着清朝政府废科举、兴学校、奖游学,办学堂和出国留学蔚然成风。1906年,嵊县人马寅初与上虞人顾孟余分别由官费派赴美国与德国留学。在1908年考取留学美国官费学生中,即有会稽人沈慕曾、山阴人丁紫芳、余姚人严鹤龄等人。

20世纪初开始出现了留日的热潮③,除了公派留学生,自费赴日游学者更是相望于道。"凡学生一到日本,就赴会馆,跑书店,往集会,听演讲。"④早在1902年,革命志士陶成章便赴日本留学,在日本接触到了先进

---

① 王士性:《广志绎》卷四《江南诸省·浙江》。

② 从越地走出的,有以"宁波帮"、"绍兴帮"为代表的实业家,也有在政治、学术、文学、艺术等领域的佼佼者。此外,由于种种原因,农村人口也不断往外迁徙,如萧山的农村人口离村率达到7.58%,高于全国绝大部分省区,参见章有义编《中国近代农业史资料》第2辑(1912—1927),生活·读书·新知三联书店1957年版,第736页。1933年3月上旬,邵力子回故乡绍兴时曾作过题为《从绍兴到世界》的演说,强调热爱故土,也要放眼世界,认识到自己的不足。这可以说是"走出越地"的真实写照。

③ 1898年,张之洞在《劝学篇》中提出"游学之国,西洋不如东洋",认为留学日本更为便捷也更切实际。

④ 鲁迅:《因太炎先生而想起的二三事》,《鲁迅全集》第6卷,人民文学出版社1973年版,第558页。

的西方思想,包括马克思主义。在日留学生深切体会到教育的重要性,1903年2月,陶成章、周树人、蒋智由等27人曾联名签发《绍兴同乡公函》寄回国内以动员绍兴同胞自主留学日本。这些留日学生,很多都成为革命事业以及新文化运动的中坚力量。辛亥革命以后,浙江的留学浪潮进一步高涨,但多赴欧美国家留学(如蔡元培在德国学习),学习时间也较清末留日学生长。

留学生在欧美及日本接触到科学与民主的思想,"求新声于异邦",极大开拓了他们的眼界。他们学成归国后,在各领域都发挥着重要作用,与中国新式学堂培养出的人才一道成为打破旧社会枷锁的先锋。"走出越地"的革命先行者们,诸如陶成章、秋瑾、鲁迅、范爱农等都曾留学日本,而蔡元培、鲁迅、周作人等人则成为新文化运动的中流砥柱。

越地作为自明清以来中国传统文化最为代表性的区域之一,在近代却遭遇了空前的挑战,传统文化在新的挑战面前如何顺利转型,成为必须要面对的问题。越地不缺乏学养深厚的大师,"罗王之学"的先驱罗振玉、一代儒宗马一浮、古文字学家陈梦家、史学家范文澜等近现代学术巨擘自不待言,即便是以革新著称的鲁迅在旧学方面也卓有成就,他们的共同特点是以新的学术范式延续旧学文脉。像大词人王鹏运、诗人蒋智由、任伯年等海上画派"三任"、书画家赵之谦等,他们的作品均体现了新旧的交织。另一方面,越文化素来有吸收并熔铸外部优势文化的传统,也从不缺乏对外交流的胸襟,在新的历史背景下,从越地走出的优秀儿女锐意进取,成为导夫先路的弄潮儿。1916年底,蔡元培出任北京大学校长[①]。早在1898年冬至1900年正月,蔡元培便怀着"志以教育挽彼沦胥"的理想出任绍郡中西学堂总理,延聘优秀教员,完善新式教育制度,可以视作他出任北大校长之前的牛刀小试。而在执掌北大期间,以"思想自由,兼容并包"的胸怀将旧北大改造成为新文化运动的前沿阵地,蔡元培也成为"五四"风潮的精神领袖。"五四"运动时唯一的印刷传单、喊出"外争国权,内除国贼"口号的《北京学界全体宣言》便出自绍兴柯桥人罗家伦之手。罗家伦曾与傅斯年等人主编《新潮》月刊,他在《每周评论》(1919年5月26日)所提出的"五四运动"一词沿用至今。孙越崎、邵力子等人分别在天津、上海支援北京的

---

① 曾任北京大学校长的越地人士,尚有诸暨人何燏时、余姚人蒋梦麟、嵊县人马寅初等。

学生运动,在他们的故乡,省立绍兴五中、五师、女师、越材等学校及各界人士1700余人于5月9日联合举行"五九"国耻纪念大游行,下午何景晖、董秋芳等爱国学生在布业会馆觉民舞台举行国耻纪念大会,在绍兴兴起的反日救国雪耻活动一直持续到年底。

  文学是新文化运动的主战场之一,越地不缺乏文学家,更不缺乏革新者。站在时代前沿的周氏兄弟、倡导新诗的刘大白,以及夏丏尊、孙伏园、许寿裳、胡愈之、陈梦家、孙福熙、魏金枝等人,均为中国现代文学的革新作出卓越贡献。1918年5月,《狂人日记》在《新青年》上发表。1921年冬,《阿Q正传》开始在北京《晨报》副刊连载。这两部作品是现代白话小说的里程碑,前者将批判的矛头对准了"吃人"的礼教与"仁义道德",后者则以越地为背景提炼出国民劣根性的典型化人物。在鲁迅身上,随处可见绍兴带给他的烙印,他用尖锐的笔锋所揭露的,恰恰正是他所生长的这座相对传统保守的古城所展露出的典型国民性。实际上,以周氏兄弟为代表的"走出越地"者,越文化赋予他们的与生俱来的特质从未割舍——譬如经世致用的信条,再如趋新求变的旨趣。受鲁迅影响,将笔触对准越地乡土的尚有许杰、许钦文等人,形成了"乡土小说"的流派。鲁迅对于故土的感情是复杂的,他钟情故土,投入许多精力整理乡邦文献,如辑录了《会稽郡故书杂集》与《嵇康集》。在《越铎日报》1912年1月3日创刊号上,鲁迅以"黄棘"的笔名发表了《〈越铎〉出世辞》一文,动情地回顾了越文化的地域性格与人文底蕴:

    於越故称无敌于天下,海岳精液,善生俊异,后先络驿,展其殊才;其民复存大禹卓苦勤劳之风,同勾践坚确慷慨之志,力作治生,绰然足以自理。①

  鲁迅希望能够绍继大禹、勾践坚忍慷慨的精神,在新的时代背景下"抒自由之言议,尽个人之天权,促共和之进行,尺政治之得失,发社会之蒙覆,振勇毅之精神,灌输真知,扬表方物"。在辛亥革命之后,启迪民智成为时代的需求。鲁迅后来在新文化运动中所实践的,正是这一理念。我们应该看到,新文化运动的先驱在探索中虽然有过曲折,但最终还是较好地处理了

---

① 鲁迅:《〈越铎〉出世辞》,《集外集拾遗补编》,人民文学出版社1993年版,第35页。

中国传统文化与西方文化、中国文化的整体与地域文化之间的关系,而由此产生的精神财富,仍是我们今天所需要借鉴的。

与此同时,马克思主义也开始进入国人的视野,越地的一些进步报刊也成为了最初的宣传阵地。五四运动期间,《越铎日报》、《越州公报》等媒体对绍兴的爱国学生运动以及工农支援行动做了客观报道。《越铎日报》1924年12月14日第5版刊登《国际歌》,并在轶事栏内介绍了列宁的生平。1926年5月,中共绍兴地方委员会曾对《越铎日报》作了这样的评价:"越铎开办年数较久,头论新闻批评,颇得社会之注意,对本党之种种新闻或宣传,则均肯披露。"《越州公报》1924年2月25日创办了该报的附刊《觉悟》半月刊,实际上是绍兴第一份公开宣传马克思主义的刊物。此外,《诸暨民报》等也是重要的进步报纸,它们一道在越地播下了最初的共产主义火种。更多的人则从越地走出投身到革命的洪流之中,如沈定一曾参与组建上海共产党组织以及起草《中国共产党党纲》,俞秀松、宣中华、叶天底、梁柏台等仁人志士则最终献身革命。"走出越地",已经被赋予了更为沉重的历史使命。种种迹象都预示着,一个新的时代即将到来。

第六章 越文化发展的规律、动力及启示

第一节 文化形态学视野中的越文化发展模式

前面各章将越文化的发展轨迹整体性地概括为先越文化、越国文化、越地文化这三个阶段,在每个阶段中,阐述了一些重要的文化现象,并对学术界相关观点进行讨论。这些工作,试图为提炼越文化的发展模式,奠定必要的基础。

我们所说的文化发展模式,即为一种文化在特定的历史场景中所形成的发展规律和发展方向,反映了动态的发展趋势而非固化的形态,属于文化形态学(cultural morphology)①的研究对象。过去学者的讨论多集中于越文化的总体特征,而忽略越文化的动态发展历程。总体而言,越文化的发展线索与演进轨迹是清晰的,阶段性特点也是鲜明的。在此,我们提出"点状突进"的文化发展模式,以描述越文化 10000 年来兴衰嬗替的轨辙,寻绎中国文化整体背景下越文化发展进程的共性与个性,并讨论其背后的动因及对中国文化发展规律的补充价值。

一、何种路径——文化形态学的发展及反思

文化形态学的研究重点主要在这两方面:一是文化的演进过程,有助于认识文化纵向的发展脉络,我们所讨论的文化发展模式即属于这方面的内容;二是文化的总体形态,研究的是文化自身特点的开掘及横向的比较,如我们认为越文化是一种半农耕半海洋的文化。归根结底,均是对文化发

---

① 文化形态学由斯宾格勒首先提出,是将生物学的形态学概念引入到文化学领域的结果,研究的是各种文化有机体所经历的整个生命历程,包括文化的发生、发展及其与其他文化的相互关系,进而分析人类社会总体以及不同区域文化的不同形态。斯宾格勒《西方的没落》一书出版之后影响极大,1936 年他虽死于孤独,且蒙受不良的政治声誉,但他的理论在第二次世界大战之后又重新获得了广泛认可。文化形态学在 20 世纪上半叶传入中国,并催生了"战国策派"。

展路径的探求。

黑格尔(G.W.F.Hegel)曾将世界历史的发展划分为东方世界、希腊世界、罗马世界与日耳曼世界四个阶段,并认为"世界历史从'东方'到'西方',因为欧洲绝对地是历史的终点,亚洲是起点","历史是有一个决定的'东方',就是亚细亚"①。在他眼中,世界的历史是以东方世界为起点,继而发展到希腊世界、罗马世界,并最终成熟于日耳曼世界。这种认识,实际上预设了以欧洲文化为中心并以欧洲文化为历史发展终点的线形发展规律。因为有较多的唯心论色彩,黑格尔的这种概括很难说合乎实际,但它在事实上将研究视线集中于文化形态学,为后来的研究奠定了基础。

斯宾格勒(O.Spengler)《西方的没落》一书在事实上确立了西方的文化形态学理论框架。如果说黑格尔的观点基于对欧洲文化的自信,那么斯宾格勒的写作宗旨则主要在于对西方走向没落的预言。他区分出8种自成体系的文化,并借鉴生物学的概念,提出"文化形态学",将文化作为有机体进行研究。在他眼中,文化有机体与生物有机体一样有生有死,有起点也有终结的一天,"每一种文化都把自己的影象印在它的材料即它的人类身上;每一种文化各有自己的观念,自己的情欲,自己的生活、愿望和感情,自己的死亡"②。他将文化有机体的发展过程概括为春、夏、秋、冬四季,任何文化都有由盛转衰并最终灭亡的一天。"文明"的出现意味着文化失去活力而趋于僵化,意味着最终走向衰亡。他事实上将黑格尔所画出的线路再往前延伸到他所认为的终点,不无宿命论的色彩,这与他对当时危机中的西方深感悲观是一致的。"斯宾格勒那里更有价值的和更有独到见解的是对于西方文明中的那些相互形成对照的完形的分析。"③他区分出8种文化,是在平等的前提下进行的,他认为西方文化与其他文化相比并没有显示出优越性。这意味着世界的文化是多元的,因此与欧洲中心论或欧洲优越论不同。这种倾向,也直接影响了汤因比(A.J.Toynbee)的研究。

---

① [德]黑格尔著、王造时译:《历史哲学》,生活·读书·新知三联书店1956年版,第148页。

② [德]奥斯瓦尔德·斯宾格勒著、齐世荣等译:《西方的没落:世界历史的透视》上册,商务印书馆1963年版,第39页。

③ [美]露斯·本尼迪克特著、王炜等译:《文化模式》,生活·读书·新知三联书店1988年版,第54页。

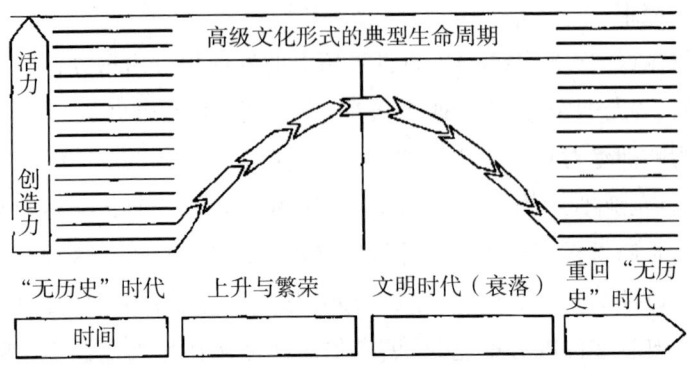

斯宾格勒眼中的高级文化生命周期[1]

汤因比受斯宾格勒的影响很深,他的巨著《历史研究》实际上是在斯宾格勒研究基础上进一步的拓展。斯宾格勒研究的是"文化",在他看来"文化"无所不包,"文明"则是文化衰败与僵化的产物。而汤因比主要研究的是"文明",但又与斯宾格勒的使用范围不同,是"社会"的同义语,可以涵盖斯宾格勒文化与文明的全部内涵[2]。他区分出21种文明(晚年又有所增加),进而讨论它们的起源、生长、衰落与解体的轨迹。汤因比实际上也是将它们当作有机体进行研究,但他同时又并不满足于宿命论式的终结,他所说的四阶段存在循环往复的现象,且并非简单的重复,而是在循环中发展,他本人也是反对循环论的。同样面对"西方的没落",他坚信"创造性的神火还在我们身上暗暗地燃烧,如果我们托天之福能够把它点燃起来,那么天上的所有星宿也不能阻挠我们实现我们人类努力的目标"[3]。他看到了历史的发展,也注意到了历史发展的灵活性与连续性。他比斯宾格勒更为推崇人类的主观能动性,在他看来,虽然上一代文明解体,但仍给下一代的文明创造提供力量。汤因比既受到《西方的没落》一书极大的震撼,同时也看到了斯宾格勒的不足:"对我来说,在这个观点上,斯宾格勒是最没有启发性的教条加宿命论者。按照他的观点,文明的产生、发展、衰落和衰败一成不变地与一张固定的时间表相一致,并且对此没有提供任何解

---

① 张广智、张广勇:《史学:文化中的文化》,上海社会科学院出版社2003年版,第293页。
② 程群:《斯宾格勒与汤因比文化形态学说异同论》,《华东理工大学学报》(社科版)2002年第4期。
③ [英]汤因比著、曹未风等译:《历史研究》中册,上海人民出版社1962年版,第15页。

释。"①一方面是过于机械化地解释文化有机体的发展过程,另一方面却并未揭示这一发展规律的内在机制。有鉴于此,汤因比以英国的经验主义来弥补德国先验方法之不足,并提出了著名的"冲突—反应"理论,认为文明的消长取决于自然环境或人文环境的挑战以及人类的应对,以此来解释文化或文明的发展动力。此外,汤因比将人类历史上的文明分为希腊模式、中国模式、犹太模式三种模式。其中希腊模式的统一与政治上的分裂之间存在着尖锐的对比,中国模式则存在着治理与混乱、统一与分裂的交替轮回,犹太模式以宗教作为精神支柱并固守本民族文化,善于理财、应变和交际。以上三种模式未必能概括希腊、中国、犹太文化的主要特点,更不一定适用于所有文化。

总体而言,汤因比将文化形态学的研究推进到新的高度。他与斯宾格勒一样,均将文化或文明看作有机体,这种跨学科的嫁接是否成立仍然是问题。生物体有自身的生老病死,而某种文化或社会是否也遵循同样的规律?是否必然有终结的一天?又是否一定按照四阶段之类的步骤演化?与黑格尔、斯宾格勒、汤因比不同,摩尔根《古代社会》等经典论著所表现出的社会进化论倾向既没有指明文化将最终衰亡或走向循环,也不认为欧洲文化是文化发展的顶点,而是强调文化按阶段不断进化与向前发展。然而,中国历史的发展却未必经历过母系社会、奴隶社会等阶段,诸如此类的问题,曾引起中国史学界的广泛争议。这实际上也是对生物学理论的借用。自然界的普遍规律是否适用于人类社会本身便是问题,更为重要的是,上述学者所着眼的主要是西方文化,对于东亚的中国文化或没有涉及,或研究不够深入,甚至于将西方文化的模式套用到中国文化身上。诸如此类的削足适履,很难得出放之四海而皆准的金科玉律。

斯宾格勒与汤因比的重要贡献,在于承认世界文化的多元性。也正因为如此,不同文化的文化形态是不同的,发展道路存在不同的特点。侯外庐先生在《中国古代社会史论》一书中,用亚细亚理论分析中国古代社会,得出了中国文明起源时所出现的"新陈纠葛"为特点的"维新式路线",而与西方古代文明起源以"新陈代谢"为特点的"革命式路线"相区别②。张光直先生则分析原始时代的巫术宗教观念到了文明时代成为统治者治理社

---

① [英]汤因比著、沈辉等译:《文明经受着考验》,浙江人民出版社1988年版,第11页。
② 侯外庐:《中国古代社会史论》,人民出版社1955年版,第2页。

会的重要政治手段这一现象,指出中国文明的起源是"连续性"的,而西方的文明的起源过程则是"破裂性"的①。张先生认为:"中国的型态很可能是全世界向文明转进的主要型态,而西方的型态实在是个例外。"②这实际上指出了西方文化与中国文化发展进程的重要差异,这种差异的背后有着极为复杂的历史背景与深层次的导因,需要在更广阔的时空背景下作更加深入的探讨。中国文明因其独异的姿态傲然于世,更为重要的是,中国文明是世界几大原生文明中唯一延续至今、未曾断绝的。如在距今3750年前后,盛极一时的印度河流域哈拉巴文化趋于消亡③。一般认为,雅利安人入主南亚次大陆,重启该地区的文明模式,只能追溯到距今3500年。这就意味着,其间存在约250年的断层。中国文明或者中国文化则没有出现这一情况,多元一体、两河共济的结构是其绵延不绝的重要原因。而包括越文化在内的地域文化同样具有连续性④,如良渚文化消亡之后,钱山漾文化同样继承了许多良渚文化的因素,越文化发展过程中的每个阶段,哪怕经历转型,都是在前一阶段基础上的新变⑤。因此,我们希望以研究中国地域文化的发展模式为突破口,进一步丰富我们对文化形态学的认识,同时也进一步丰富我们对中国文化发生及发展的认识。

二、越文化"点状突进"发展模式的提出

否定之否定规律是辩证法的三大规律之一,它揭示了事物发展的前进

---

① 张光直:《连续与破裂:一个文明起源新说的草稿》,《中国青铜时代》,生活·读书·新知三联书店1999年版,第484页。另参见徐苹芳、张光直《中国文明的形成及其在世界文明史上的地位》,《燕京学报》(新)1999年第6期。

② 张光直:《青铜挥麈》,上海文艺出版社2000年版,第370页。

③ 印度河流域哈拉巴文化兴起的时间是距今4300年,也是中国"龙山时代"的上限,亚洲两大文明古国几乎同时崛起。

④ 一些学者指出,黄河文明是连绵不断的,而长江文明是断而复续的。参见江林昌《中国上古文明考论》,上海教育出版社2005年版,第324页;高蒙河:《长江下游文明化初期的人地关系——多学科交叉的实践与探索》,《复旦学报》(社会科学版)2005年第2期。

⑤ 如果单从一种考古学文化,或者一个王朝,或者一个消逝的民族看,似乎的确如斯宾格勒所说存在必然的发生与灭亡。徐良高先生曾借汤因比的理论讨论过某些中国新石器时代考古文化的衰变,参见氏著《文明崩溃理论与中国古代文化衰变现象研究》,《中国历史文物》2009年第4期。西方包括中东的一些古代文明,一旦覆灭,往往意味着种族与文化的全面更迭,乃至于文字、语言等因素随之替换。故它们的断裂,是以一种文化或某一文明为单位的。但中国的情形又与西方有所不同,考古学文化或者王朝的更替,仍往往是延续、融合的过程。即便局部存在断裂的情形,中国文化整体仍然是生生不息的。

性与曲折性的统一,表明了事物的发展不是直线式前进而是波浪式前进与螺旋式上升的。文化的发展也是如此,任何一种文化都是在曲折中前进的,而不是直线式的进化或按照既定程式的消长。当我们回过头来审视黑格尔、斯宾格勒等人的意见,发现他们都过于强调文化发展的程式化,从而消解了文化发展规律的多样性。因为有社会性的因素存在,文化的发展远比生物体的发展复杂,不同的文化走过了不同的发展道路,它们具体的发展模式并不相同。因而,在尚未对不同时期、不同地域的文化作总体梳理的情况下,预设某种程式都是难以合乎实际的。中国文化的发展具有连续性,在未能预见其后续发展的情况下,斯宾格勒的理论是否适用便值得讨论了。所以我们并不将目光局限于此,所讨论的文化发展模式,是在尊重普遍性与特殊性的统一、前进性与曲折性的统一、阶段性与连续性的统一的前提下,侧重于对过去历史发展路径的描述。这种描述并非预测,而是从宏观的角度对既往的历史进行总结。这种总结,也未必适用于世界上的所有文化类型。

黄河中下游的文化,也就是本书所说的中原文化,作为地域文化,在共同体文化形成之后,逐渐成为中国文化的主流。也因为中国的政治中心长期在北方地区,使得中原文化成为人们眼中中国文化的正统,进而将中原文化的发展路径等同于中国文化的发展路径。这种做法,不免以偏概全。中原文化并不等同于中国文化,中国文化的重心不是一直在中原地区,中原文化的发展模式也同样不能概括中国文化的全部情况。

在安特生发现仰韶文化之初,中国文化或者中原文化"西来说"甚嚣尘上,中国文化的原生性相应地受到质疑。随着考古发掘的深入,尤其是仰韶文化之前的裴李岗文化、磁山文化等更早的考古学文化进入学界视野,中原文化的本土发生已无疑义。"仰韶时代"之后的庙底沟二期文化,周边的文化因素开始向中原地区渗透,并最终在"龙山时代"脱离文化的发生阶段,作为共同体文化的中国文化也在中原地区形成。三代以降,文化扩散成为中原文化的基调。从文献看,夏禹通过征伐三苗等手段来达到扩张的目的,反映在考古学上,二里头文化因素也逐步向长江流域广泛渗透。在商代,中原文化的扩张达到了新的高度,南至湖北盘龙城遗址,东抵山东济南大辛庄遗址,均有商王朝的军事重镇。周王朝时期中原文化继续扩散,通过封建使血缘政治网络空前膨胀。而秦汉以后,地缘政治网络更彻底地将相对于中原而言的边裔地区纳入北方王朝的政治版图与文化版图。一方面是政治一统,一方面是民族融合,再加上文化扩张,诸如越国文化这样的地域文化被北方王朝的文化强势介入,并加以同化与融合。但各地域文化的地域性仍然保留,它们并不能说已经成为中原文化的组成部分;同样,中国文化作为共同体文化在中原文化的扩散过程中愈加成熟,而中原文化的独立性仍然保留。

然而,中原文化在发展过程中因不断的内部损耗与外部破坏,文化发展的累积性与持续性不足。由于中原地区长期是中国的政治中心,政治色彩较浓,因此,政治和军事便成了干扰中原文化的最大因素。历次朝代更迭与外族入侵,对中原地区造成极大破坏,以至于陷入"破坏—恢复—再破坏"的恶性循环。诸如西汉末年的持续动荡、"永嘉南渡"、"安史之乱"、"靖康之难"等历史事件,不但严重破坏了北方地区的经济生产,而且造成人口锐减、社会凋敝。中原文化在这种恶性循环中难以做到持续性突破,以至于呈现出波浪式前进的发展特点。这一轨迹,可以用以下曲线表示:

浪式前进的发展模式

我们将中原文化的这种发展模式归结为"浪式前进",与此相近的则有齐鲁文化。任何事物的发展都是前进性与曲折性的统一,这是一个基本前提;而中原文化的发展模式,已然是否定之否定规律强化后的呈现。印度文化整体而言也类似于中原文化:哈拉巴文化消亡之后,雅利安人入主南亚次大陆;在列国时代,波斯帝国的大流士一度进入这一地区;摩揭陀时期,亚历山大大帝指挥的马其顿大军也到达了南亚次大陆;大月氏人于公元1世纪创建了贵霜王朝;1206年,突厥人入侵印度,建立了政教合一的德里苏丹国;1526年,带有突厥血统的蒙古人入主南亚次大陆,创立莫卧尔帝国;在近代,英国势力的渗透使印度再度为异族所奴役。南亚次大陆一次次经历着外族的冲击,尤其是德里苏丹国时期,伊斯兰文化强势渗透进南亚次大陆,造成了文化与信仰的动荡。我们在讨论文化发展模式时,是以连续性的文化为单位的。雅利安人入主前后,南亚次大陆的文化差异巨大。雅利安人入主至今的印度文化,总体来说前后相沿,可与中原文化相比较。

与中原文化的发展模式不同的是,由于缺乏外界因素的干扰,有些民族的文化发展较为缓慢,如中国东北、西南以及非洲、大洋洲、南美洲等地区的某些土著民族。这些民族长期以来保持较迟缓的发展节奏,故可将这种情况概括为"线形稳进":

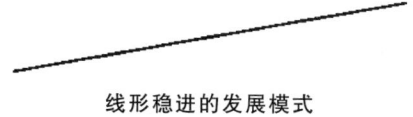

线形稳进的发展模式

理论上说,"线形稳进"还应包括持续发展并有较强上升趋势的情形。但这种情况比较少见,美利坚合众国两个多世纪以来的发展趋势与此大致接近。

有学者归纳了中原文化衰落的原因:其一,经济地位的衰落;其二,自然灾害频仍;其三,战火的破坏和夷族的摧残;其四,封建政治文化专制统治的束缚;其五,难以冲破思想的藩篱[①]。缺乏外部因素的干扰,容易丧失文化发展的活力;外部因素产生负面影响,则阻碍文化的发展。而如若外部因素主要产生正面影响,无疑能作用于内部因素,进而刺激文化的发展。越文化的发展即体现了这一点。越文化的发展具有持续性,并在内外因的共同作用下实现了多次文化突进。当中原文化遭遇困境之际,越文化相对而言负面影响较小,反而迎来突进的机遇。从先越文化到越地文化,越文化通过一次次跨越式的发展,最终使越地成为中国文化的重镇,因此,可将越文化的发展模式概括为"点状突进":

点状突进的发展模式

---

① 杨玉厚主编:《中原文化史》,文心出版社2000年版,第360—365页。

与越文化发展模式相近的是吴文化,两者又往往并称为"吴越文化"。在先越文化阶段,吴文化与越文化实际上是一体的,直到越国文化阶段才分化为两支相对独立的地域文化。秦置会稽郡,实际上又将吴、越故地合并为一体。此后的很长时期内,吴文化与越文化走过了相似的道路,并经历了大致相同的突进阶段。吴文化与越文化的发展模式均可概括为"点状突进"。

三、越文化"点状突进"发展模式的内容

"点状突进"是量变与质变、内因与外因相统一的结果。这种发展模式,保障了越文化的持续发展,也促进了越文化的数次飞跃。以下试分析这一发展模式的具体内容:

(一)越文化"点状突进"的前提

越文化"点状突进"发展模式的成立,尚存在一定前提,即发展进程中的三个阶段与三次转型。

1.越文化发展的三个阶段

嘉泰《会稽志》将越文化中心地的历史分为四个阶段,分别是越、会稽郡、越州、绍兴府。虽然该志成书于南宋嘉泰年间,但已经较清晰地梳理出基本的脉络。当然,当时人们尚未认识到越国文化出现之前的新石器时代文化,我们将其归入先越文化的范围。而会稽郡、越州、绍兴府所代表的,是我们所说的越地文化。从宏观角度看,本书将越文化的发展分为先越文化、越国文化与越地文化三个阶段。

(1)先越文化

先越文化的时间上起新石器时代的开端,目前来看即上山文化所出现的时间,即距今10000年左右,下至距今3900年左右,包括越国文化之前的新石器时代文化。从考古学文化的角度讲,先越文化又可以分为四个阶段:首先是新石器时代早中期文化,它们直至21世纪才不断被予以揭示,主要有上山文化与跨湖桥文化;其次是宁绍平原与环太湖流域平行发展的时期,宁绍平原的河姆渡文化创造出灿烂的文化,环太湖流域则沿着马家浜文化、崧泽文化的序列发展,最终融汇为良渚文化;再次是"良渚时代",我们以此来指称"仰韶时代"之后、"龙山时代"之前的阶段,良渚文化盛极一时,不但是先越文化的一个高峰,也是同时代中国境内最耀眼的考古学

文化；其四是"后良渚时期"的文化，也是近年才得以揭示，主要有钱山漾文化与广富林文化，它们处于"龙山时代"。在"龙山时代"之前，先越文化始终是中国境内最先进的地域文化之一。以特殊的文化生态为依托，越文化在肇始之初便站到了一个较高的起点，并展露出独异的地域性。在"良渚时代"，越地先民更是已经步入文明社会，并可能已经形成国家。良渚文化的文化因素对周边多有渗透，并影响了中国文明的构建过程。在先越文化时期，奠定了越文化的一些基本特质。钱山漾文化与广富林文化受到中原文化的强烈影响，并开始向越国文化过渡。

(2) 越国文化

越国文化也是狭义的"越文化"。这一阶段上自距今3900年左右，这是马桥文化的上限，同时也是无余封越的大致时间，终于公元前222年秦始皇兼并越地。在马桥文化时期，几何印纹陶、青铜文明等越国文化的主要内容已经确立。如果说良渚文化是玉器文明，那么越国文化已经是青铜文明。越国的青铜冶炼技术达到了相当高度，出土的越王剑至今熠熠生辉。在本时期，中国的文化重心已经在黄河流域确立，越文化作为一支地域文化业已被边缘化。由于存在社会经济发展的差距，越国文化与中原王朝文化的横向差距已经拉大。在这一阶段，越文化中心地正式确立，并立足于此凭借强大的武力优势向外扩张，一度在山东地区站稳脚跟，对齐国等国构成威胁。在武力扩张的同时，越国也善于吸收外来文化，包括楚文化、吴文化、邗文化以及中原文化，并最终熔铸为极具地域特色的地域文化。在本时期，越文化在武力扩张的同时，也注重文化的扩张，但事实证明越国的文化扩张是失败的。在先越文化阶段，虽然难以肯定武力扩张的实际情形，但在文化扩张方面则相当强势。

(3) 越地文化

秦设会稽郡至今，属于越地文化。这一阶段，已经是土著文化与汉文化相融合的文化。於越后裔仍在这片土地生活，但逐渐汉化。先越文化与越国文化确立的地域性格仍然延续，在多元融合中有了新的发展。尤其是东汉以后，在自身优势的发挥与外部机遇的作用下，越地文化经历多次突进，社会经济持续发展，文化成就令人瞩目。随着中国经济、文化重心向东南转移，越地文化也逐渐趋于成熟。而在西方文化入侵以后，越文化不得不面临新的转型。

2. 越文化的三次转型

董楚平先生曾指出,从战国时期越国为楚所败至秦汉时期,吴越文化发生了第一次转型,本次转型属于民族性转型;而鸦片战争之后至20世纪20年代,吴越文化完成了第二次转型,转型前的明清吴越文化是中国古代型文化的先进代表,而转型之后的吴越文化则是中国近代文化的先进代表[①]。我们认为,在这两次转型之前尚有另一次转型。

(1)由"野蛮"向"文明"的转型

摩尔根在《古代社会》一书中将人类历史的发展分为"蒙昧、野蛮、文明"三阶段,循此理论,"文明时代"之前可以称为"野蛮时代"。相对于人类的漫长历史,文明时代只不过是其中一瞬而已。由"野蛮"向"文明"的嬗变,无疑翻开了人类历史的崭新一页。

应该说,由"野蛮"至"文明",是量变到质变的过程。在进入文明时代之前,人类经历了漫长的发展。进入新石器时代之后,文化发生期开始,人类文化进入一个加速发展的时期。农业、定居、制陶、畜牧等因素均要追溯到新石器时代之初。在华夏大地,文化的火光星散于各地,酝酿着一个伟大时代的到来。最先擎起文明火炬的,应该是东南地区良渚文化的先民。由于标准不一,有关"文明"的界说及标志存在分歧。对于中国文明而言,"礼"应该是一个更符合实际也更为综合的标志。从良渚文化的各方面看,东南地区率先出现了较为成熟的礼制。此外,良渚文化出现了中国最早的城市和中国早期的文字,并孕育了灿烂的玉器文明。随着2007年底发现良渚古城,以及近来浙江平湖庄桥坟遗址早期文字的发现,学术界已经基本肯定良渚文化已经出现文明社会。而随着对良渚文化年代下限研究的深入,学术界纠正了良渚文化与"龙山时代"相重叠的认识,探明了"良渚时代"在"龙山时代"之前的事实。从种种迹象看,良渚文化应该是中国最早进入文明时代的考古学文化,并且可能已经形成国家。同时期的中原地区社会分化尚不明显,同时或稍早的红山文化、大汶口文化、凌家滩文化、崧泽文化等东部地区文化也是文明时代的先声,但总体来说仍未真正形成文明。此后的"龙山时代",伴随着人群的迁徙与文化的汇聚,中原地区也正式进入文明时代,作为共同体文化的中国文化也随之出现。

---

① 董楚平:《近代的吴越文化》,《杭州师范学院学报》(人文社会科学版)2001年第3期。

(2)由越族文化向汉族文化的转型

虽然先越文化的先民未必是於越的直接先祖,但总体而言先越文化到越国文化的创造主体均具有东南越人的遗传特征与体质特征。他们是百越的一支,是由广东地区迁往东南并创造出最先进文化的一个族群。他们经过长途跋涉到东南江海交会之地,并善于吸收、熔铸其他族群的文化因素,故与其他百越族群相比更具文化的创造力。於越拥有自己的语言,也有自身独特的习俗。在三代,中原王朝的礼乐制度以及文字等因素对越国"大传统"的影响是极大的。但越国的下层子民土著性较强,地域色彩浓郁。楚国败越之后,楚文化侵入越地。秦始皇于公元前222年兼并越地之后,在此设置会稽郡,立会稽刻石强调移风易俗,并大量迁出越文化中心地的土著,替换以戍卒,越文化中心地经历了民族的换血与融合。与此同时,越地土著渐为汉化,越族文化向汉族文化转型。董楚平先生认为此次转型开始于楚威王败越,剧变于秦皇、汉武时期①。当然,这种转型并不意味着彻底的替代,越国文化的创造主体仍然是这片土地的主人之一,地域性格仍然延续,只不过此后的越文化有了更多的多元混合意味。

(3)由传统农业社会向近现代社会的转型

越文化是一种半农耕半海洋的文化,而其经济基础仍主要是稻作农业,故社会性质主要是农业社会。这一历史,要追溯到越文化的开端,即上山文化的出现。宋代以来,中国开始出现"近世化"的趋势,但由于种种原因,中国并没能自主实现"近世化"。直到鸦片战争爆发,中国的近代史才真正开始。在西方异质文明的冲击下,越文化不得不面临新的转型。此次转型,是中国文化整体所面对的转型,可以概括为传统农业社会向近现代社会的转型。在此过程中,旧文化与新文化不断交锋,中国本位文化遭遇空前的挑战。

(二)越文化"点状突进"的特征

在越文化的发展进程中,经历了如下几次典型的突进:

(1)先越文化的良渚文化阶段,进入文明时代,文化确立优势,并向周边扩张;

(2)越国文化的勾践中兴至朱句称霸,越文化中心地确立,伴随着武力

---

① 董楚平:《广义吴越文化通论》,中国社会科学出版社2012年版,第195页。

扩张,越国文化再度开始走向扩张的道路;

(3)东汉时期,随着中原精英的迁入与开发的深入,迎来了越地文化阶段的第一次突进;

(4)"永嘉南渡",中原板荡,越地则被注入了新的活力,社会经济愈趋繁荣,"鉴湖文化走廊"形成;

(5)盛唐时期,是越文化全面发展的时期,也是一个突进的时期;

(6)"靖康之难"进一步影响了中国文化重心的转移,越文化此后趋于成熟。

越文化发展所表现出的"点状突进",是连续性的突进,表现为发展趋势的累积性、发展阶段的阶梯性以及发展节奏的跳跃性。

1.发展趋势的累积性

虽然越地经历了不同的文化阶段以及大的转型,但每个阶段之间,仍有连续性的线索,每个阶段的文化都是在上一阶段基础上的新发展。这一点汤因比也有所论及,对于中国文化以及中国各地域文化而言,显然更为适用[①]。但从先越文化看,马家浜文化到崧泽文化到良渚文化,脉络清晰,是量变到质变的结果。过去认为良渚文化之后越地的文化遭遇断裂,但近年来逐步揭露的钱山漾文化与广富林文化填补了缺环,它们虽深受中原文化影响,但仍继承了良渚文化的诸多文化因素。总体而言,越文化的发展是连续的,这是建立在历史地理环境的延续性与文化因素的累积性基础上的。

越地的人口发展表现出累积性。虽然越文化中心地在"安史之乱"之后等阶段人口暂时下降,宏观而言,人口可以说是持续增长的。不但绝对数持续增长,人口密度以及在全国人口总数的比重也是持续增长的。相形之下,北方地区在历次战乱中人口不断消耗,在盛世又有所回升,陷入了不断推倒重来的怪圈。这一结果,导致"安史之乱"后中国人口的重心由黄河中下游向南方转移。

越地的物质文化存在累积性。越地的稻作农业,可以追溯到近万年前的上山文化,这是越地社会经济的基础。像纺织业,越地至迟在跨湖桥文化时期出现织机,在良渚文化时期、越国时期纺织业均有较高成就。越地

---

① 连续性是中国文化的一大特征,同时也体现于各地域文化。

的丝织品在唐代更是成为世人争相追逐的奢侈品,作为贡品享誉当时。像制瓷业,良渚文化时期的黑陶已相当精美,钱山漾文化之后越地开始烧造几何印纹陶——它是原始青瓷的前身。到了唐代,越地的青瓷更是与北方的白瓷分庭抗礼。再如制盐业,越地由于临海,一直是海盐的重要产区。越地渔业和舟船制造业,也是历史悠久,与越地的地理环境息息相关。又如青铜冶炼业,越国文化时期已有较高成就,进入越地文化阶段仍继续发展。

越地的精神文化存在累积性。至迟在马家浜文化与河姆渡文化时期,越地已经流行鸟图腾崇拜。良渚文化的鸟图腾崇拜有许多例证,越国文化时期仍延续这一传统。即便进入越地文化阶段,越地仍世代传承着与鸟有关的传说。如大禹死后会稽"鸟田"的传说,再如越地流传麻雀为人类从天上盗来谷种,才使得大地上有了稻作生产的传说①。再如"越"的徽记,"越"的初文为"戉",在良渚文化的陶器上已经见到表示"戉"的刻划符号,实体的"戉"即钺亦为当时的礼仪重器。在越国文化阶段,"越"更是成为族称与国名。秦并江南,试图抹煞"越"的痕迹。隋唐以降,越文化中心地有了"越州"的称名。直至今日,绍兴的主城区仍称"越城"。而从地域性格及基本精神看,仍然是具有连续性的,主要表现为务实进取、开放包容、求新趋变、刚柔相济,在此基础上形成的"越学"传统同样具有连续性。越地方志往往将越地人民的一些优良品质追溯到越王勾践乃至"舜之遗风"、"禹之遗风",虽然舜、禹与越地的关系未能坐实,但特殊历史地理环境所雕刻出的民风民俗确有连续性的脉络可寻。

2.发展阶段的阶梯性

从上述几次突进情况看,越文化在几个历史时段中,经历了一次又一次跨越式、阶梯性的发展,从而表现出"点状"的特征。这几个历史时段起到了类似于春秋战国"轴心时代"之于中国共同体文化发展的奠基和推动作用,它们既像一个容纳器,容纳了在此之前处于渐变与量变阶段中的越文化发展的矢度与力度,也像一个释放器,释放出由于之前处于或低潮、或溯洄、或平稳阶段之中所蓄积的或腾空而起或冲决一切的力量,推动此后

---

① 顾希佳:《从鸟崇拜到鸟神话——史前时期浙江民间故事母题寻绎》,《浙江学刊》2003年第1期。

越文化的发展。

越文化发展的累积性可见其发展的持续状态,而阶梯性则可说明其"点状"发展的特征和上升的趋势。其中第四次与第六次突进所带来的影响持续时间相对较长,如"靖康之难"后的突进,一直持续到明清时期,促成了越文化的成熟。这几次突进,均与中国文化的发展大势息息相关,我们不能孤立地看待越文化发展的"点状突进"现象。同时,越文化的发展历程也并非一帆风顺,同样表现出在曲折中前进,只不过从宏观角度看上升的态势较为明显。

"点状"发展与持续发展之间的关系在于后者为前者铺筑了基础。没有一定时期的稳定发展或停滞与缓慢回升,越文化不可能在某些历史时段迎来超常、激增式的发展。同时承认越文化的"点状"发展与持续发展,是对认为长江下游地区文化属于"断续演变模式"①观点的一个必要的修正。

3.发展节奏的跳跃性

在每次突进的过程中,越文化的发展速度及整体发展水平都经历了大幅度的提高,因而在发展节奏上表现出一定的跳跃性,表现为生命力更为旺盛、文化活动更为活跃、名人涌现的机率更多,由此而积淀下来的文化影响力,也更为久远和深厚。

每次突进,都是量变到质变的结果,在质的方面发生了大的改变。而跳跃性的产生,又是内因与外因共同作用的结果。如良渚文化时期,实现了从"野蛮"向"文明"的质的转变,东汉时期的突进则使越文化在顺利转型的同时创造了引人注目的文化成就,在突进前后文化发展面貌均有较大的差异,每次突进都意味着进入一个新的繁荣阶段。而在某些发展阶段,如"安史之乱"之后,越文化的发展虽然也遇到了挫折,但从横向比较的角度看,黄河中下游遭遇了更大的破坏,推动了中国人口、经济、文化重心的南移,并使得越文化在中国文化全局的地位有了很大的提升,从这一角度看,仍然表现出跳跃性的特点。

近万年越文化的发展,其形态如同散布了点点沙洲的河流。当河水遇到沙洲之时,水势从舒缓一变而为激越,它冲击滞流,抬升河面。在越文化长河中,那些"点状"突进时段的形成,来自于各种因素的聚合,而在诸多因

---

① 高蒙河:《中国新石器时代考古新观察》,《历史教学问题》2003年第3期。

素中,越文化长久积淀下来的卓苦勤劳之风和坚确慷慨之志,引发了种种时代性巨变。

揭橥越文化发展"点状突进"的模式,既有助于我们认识越文化的发展规律,也有助于我们进一步把握中国文化的发生与发展。对于越文化而言,这是一种宏观的把握;而对于整个中国文化而言,则是一种微观的考察。过去对中国文化发展规律的认识,往往流于表面的粗线条把握。事实上,中国文化作为一个整体比我们想象的要复杂,越文化便提供了一种不同于我们以往认识的发展路径——它同样是中国文化发展进程的一部分。循此思路,越文化"点状突进"发展模式的提出,对于认识中国文化的发展规律无疑大有裨益,并且对于拨正中原文化中心论及由此引发的各种似是而非的论调也有帮助,同时还可作为有待深入论证与创造的一般文化发展理论的一个基础。

第二节 越文化发展的内因与外因

任何一种文化发生及发展路径的产生,都无法绕过对其背后或显明或潜隐的因由的探讨。而任何一种文化的推动力或者促成因素,都是复杂且相错的,正如我们难以给文化的发展模式作单纯化、机械性的表述。越文化作为中国文化的重要组成部分,既体现了中国文化发展的共性,也表现出其自身发展的一些特点。我们提出越文化的发展模式呈现出"点状突进"的特点,其背后的动因则有待我们进一步探讨。这些动因与中国文化的整体发展有共同点,也有其突出的个性。因此,分析越文化的发展动因,有助于我们进一步认识中国文化发展的动力问题。

一、文化发展的诱因及动力问题

学术界关于文化发展的诱因及动力的讨论,尚存在一定的分歧。究其原因,笼统而言在于看待问题角度的差异,深层次来讲则是对文化发展过程中主要矛盾与次要矛盾、外因与内因诸方面理解的歧异。

马克思主义哲学强调生产方式(包括生产力与生产关系)决定社会意识形态,认为生产力与生产关系、经济基础与上层建筑的矛盾是贯穿人类社会发展始终的最根本的动力,推动着人类社会由低级到高级、由简单到复杂的发展。由此出发,中国学者在探求古代社会的变迁发展时大多先考察当时的社会经济状况。诚然,生产方式是文化发展的基础,我们在分析越文化的发展历程时也将社会经济视作文化发展的物质基础,很难想象,若无"永嘉南渡"后越地的开发,若无明清时期越地社会经济的深入拓展,越文化会有迅速的发展。在这问题上,西方一些学者将文化的发展归诸科技与工艺的进步,如英国学者贝尔纳(J.D.Bernal)《科学的社会功能》、美国学者莱斯利·怀特(L.White)《文化的进化》中的看法,这实际上是马克思主义相关理论的另一种变调。而如若将生产方式视作文化发展的唯一因素,则显然将文化发展的具体过程简单化且程式化了。

与此相应的是将人类先天的欲求、本能等心理因素看作文化发展动力的观点。如美国学者沃德(L.F.Ward)《文明的心理因素》强调欲望是社会文化发展变迁的原始动力,英国学者麦独孤(Mc Dougall)将文化的发展归因于本能,法国学者塔尔德(G.Tarde)提出模仿心理说,美国学者罗斯(E.A.Ross)、爱尔伍德(C.A.Ell Wood)则从心理互动的角度出发解释文化的发展。诚然,文化的创造者——人的先天诉求在一定意义上刺激了文化的发展,如近代西方资本主义的扩张与人性暴露的贪欲密切相关。但我们也不能忽视,西方资本主义之所以能够兴起并迅猛扩张,主要还是建立在资本主义原始积累的需要以及欲望刺激下搜括而来的物质财富的基础上的。也就是说,物质因素相较于心理因素,显然是更为根本的。后者是前者的产物,而非相反。

但我们并不能否认人是文化的创造主体,有些学者从人的主观能动性出发提出了更全面的解释。人是文化系统的创造主体与最终载体[1],故而不少学者从马克思"人化自然"的说法出发,将"文化"看作"自然的人化"[2],或主张社会实践是文化发生发展的基础[3],有学者径直将"人化的内在自然的冲动(通过实践)"视为文化发展的机制与驱动力[4]。就越文化而言,其发展进程中的历次突进,多与特殊历史事件所引发的移民潮有直接

---

[1] 周洪宇等:《文化系统论纲——文化学系列研究之二》,《华中师范大学学报》(哲学社会科学版)1988年第6期。
[2] 汪澍白:《谈谈文化学研究中的两个问题》,《湖南社会科学》1990年第5期。
[3] 刘奔:《实践与文化——"哲学与文化"研究提纲》,《哲学研究》1989年第1期。
[4] 许苏民:《文化哲学》,上海人民出版社1990年版,第275页。

关联。外来移民的输入,对于提高越地的人口数量与质量有重大意义,文化的持续深入发展很大程度上依赖于越地土著与外来人口的共同创造。但若将人视作文化发展的根本动力或者唯一因素,则是不符合历史实际的。

有一种较为极端的看法,即将种族优劣看作决定文化发展变迁的动力,则是对人的主体作用的歪曲,法国戈比诺(A.Gobineau)《试论人类种族的不平等》等论著均有此倾向。渲染种族优劣决定论的做法为德国法西斯所践行,并最终为历史所唾弃。无论是西方的欧洲中心论,还是各国或隐或现的民族主义,都与人类文化多元发展且共生互促的事实相背离。文化或许有发展阶段高低的区别,但唯血统论的种族优劣偏见已然不合时宜。就中国文化或者越文化的发展而言,人群乃至文化的融汇正是其生生不已的一个重要保障。

从外部环境的角度讲,地理环境在形塑文化方面尤其是在文化发展的早期阶段有重要作用。马克思(K.H.Marx)、恩格斯(F.V.Engels)在《德意志意识形态》中指出任何人类历史,都要"深入研究各种自然条件——地质条件、地理条件、气候条件以及人们所遇到的其他条件。任何历史记载都应当从这些自然基础以及它们在历史进程中由于人们的活动而发生的变更出发"①。普列汉诺夫(Г.В.Плеханов)在《尼·加·车尔尼雪夫斯基》、《谈谈历史》等论著中也论及历史地理环境对人类的影响,并强调两者关系的动态变化。此外,德国拉采尔(F.Ratzel)《土地与生活》、英国伯克勒(H.T.Buckle)《英国文明史》均极强调地理环境因素对文化的作用。在 20 世纪上半叶,中国学者多在吸取孟德斯鸠(C.S.Montesquieu)、黑格尔、拉采尔等西方学者的思想后对中国历史上的有关问题进行反思,承认地理环境能通过经济生活影响社会关系和上层建筑,也强调地理环境对人类文明、人类思想和性格的直接影响。而从 20 世纪 50 年代到 80 年代初,在苏联的影响下,中国学术界对西方地理环境决定论进行了彻底的批判。中国学术界对人地关系的认识一度扭曲,甚至讳谈历史地理因素对人类历史的作用,唯恐陷入"地理决定论"的泥淖,这已然是另一个极端。葛剑雄先生指

---

① [德]马克思、恩格斯著,中共中央马克思、恩格斯、列宁、斯大林著作编译局译:《德意志意识形态》,《马克思恩格斯全集》第 3 卷,人民出版社 1960 年版,第 23—24 页。

出,从本质上和总体上讲,地理环境对人类社会起着决定性的作用,但同时为人类社会保留着相当广泛的自由,因为人类对地理环境的利用远远没有达到极限,丰富多彩的历史和文化就是人们对地理环境不同的利用程度和方式的助产物①。我们在看待文化发生及发展的过程中,尤其是考察其早期发生及其地域性特征,需要重视地理环境的因素,但显然不能过分夸大其作用,否则容易趋于"地理决定论"。

有些学者将目光放宽至不同文化间的互动关系。传播论在文化学领域一度占有很大市场,将文化的传播、外来文化的输入等因素看作文化发展动力的观点,为德国文化圈派、英国传播学派所信奉。文化间的交互作用确是文化发展的重要推动力,然而如若认为文化传播是唯一动力,乃至于将全世界诸文化的发生及发展看作一源扩散,必然抹煞了文化多元发生的事实及文化发展进程中内源特征所发挥的作用。

已经有学者注意到文化的系统性。有一种看法是将生物学的认识嫁接到文化系统上,前述斯宾格勒将文化的变迁看作一个受自然法则支配的生物有机体过程,再如德国利林弗尔德(P.Lilienfeld)《社会病理学》、法国沃姆斯(R.Worms)《有机体与社会》等均表现出这一倾向。然而人类社会的发展毕竟不等同于自然生物的生息,人类有其自然属性,更有其社会属性,后者显然不能完全套用自然法则。

有学者指出,文化的发展主要在于内外两种机制,外在机制包括文化系统对人的活动及社会进化的适应机制、交流和传播机制,内在机制则表现为求新求全机制、求熟求优机制、完备性和自治性机制②。虽然具体的分析还有待进一步讨论,但这种区分内外机制的做法是值得肯定的。尤其是外在机制,过去的学者大多理解不够全面。传播论者仅关注交流与传播的机制,至于适应机制,可以联系到汤因比《历史研究》所提出的"冲突一反应"理论。汤因比认为自然环境与人文环境所带来的挑战刺激了文明的诞生,但这种挑战需要适度,过弱过强都无法导致文明起源。人类如果能够成功应对外部挑战,文明便不会终结,"为了把运动变成一种重复的有节奏的运动,就必须有一种生命之流(且用柏格森的术语),以便于把挑战的对

---

① 葛剑雄:《全面地正确认识地理环境对历史和文化的影响》,《复旦学报》(社会科学版) 1992 年第 6 期。
② 崔建新:《文化系统论》,《江汉论坛》1990 年第 5 期。

象从平衡推动到不平衡,好让它再面对一种新的挑战,因此刺激它再产生一种新的平衡方式出现的新应战,以此方式不断前进,以至于无穷"①。越文化从发生到发展,所面对的地理环境与人文环境挑战往往接近汤因比所说的"最适度",这也是越文化"点状突进"发展的重要原因。

文化发展的动力理论主要有以上诸家说法,但是,文化发展是复杂、立体、综合性的过程,若忽略其整体面貌而研其一端,便难以真正把握其发展的缘由。如良渚文化的消亡问题,不少考古学家相信正是贵族的腐朽、迷信、奢靡促成了中国早期文明社会的崩溃,然而若不充分考虑到良渚文化因素向其他文化的渗透、原始宗教的维系作用、王权的掌控力、自然地理环境的变化、良渚文化先民对水灾的适应能力等方面的线索,都是难以得出令人信服的结论的。人是文化创造的主体,地理环境是这一主体所依托的活动舞台,人类在这一舞台上创造了丰富的物质文化与精神文化,不同文化间的互动则起到刺激的作用。唯物辩证法表明内因是事物变化发展的根据,外因是事物变化发展的条件,而外因通过内因起作用,考察文化发展的动力问题时在注意其内部条件的同时,也要关注其外部条件。我们对越文化发展的分析,主要基于这一考虑。

二、越文化发展的内部动因

从唯物辩证法的角度看,内因也就是内部条件是更为根本的条件,以下我们试就越文化发展的内部动因进行讨论。由于越文化的发展历程有过多次转型,故其内部条件也不是一成不变的,我们需要以发展、历史的眼光去看待其内部动因。同时,近万年来越文化的发展总体来说是连续的,而其内部动因同样具有延续性。

(一)开放的心态与主动的文化转型

中国文化的一个重要特点是具有很强的包容性,这是由中国文化发生过程的多源并起以及发展过程的多元一体决定的。在"龙山时代",作为共同体文化的中国文化最终在中原地区形成,一个主要的原因便是周边文化的汇聚与交融。但在此后的发展过程中,包容性虽然仍是中国文化的重要特点,但在某些时期,由于政治的原因以及农业文化的稳定性,也一度表现

---

① [英]汤因比著、曹未风等译:《历史研究》上册,上海人民出版社1962年版,第236—237页。

出封闭的一面。突出体现在明清时期的"海禁"政策,闭关锁国导致中国与欧洲的差距加大,最终使中国被动进入屈辱的近代史。而对于越文化而言,由于地处"面向海洋"的板块,具有半农耕半海洋文化的性质,开放性也便成为其重要特征。也正由于此,越文化通过不断吸收并熔铸外部先进文化因素,促成了历次突进,且在文化转型的过程中能够顺利实现过渡。

在先越文化阶段,越文化便开始与其他区域的文化进行一定的交流。如跨湖桥文化吸收了长江中游的文化因素,河姆渡文化受到淮河流域文化的一定影响。此外,先越文化与海岱地区的文化存在长期的交流现象。宁绍平原的河姆渡文化与环太湖流域的马家浜文化原本并行发展,在交融的过程中逐步融为一体。崧泽文化与凌家滩文化已经展现出较高的成熟度,良渚文化在此基础上出现,并最终实现了由"野蛮"向"文明"的转型。在"龙山时代",良渚文化的一些先进文化因素得到了中原地区的接纳,中原地区在周边文化因素的汇聚下实现了质的飞跃,反过来又强烈影响了良渚文化的后继者——钱山漾文化与广富林文化。在越国文化时期,越地不断吸收中原王朝以及楚国、吴国、邗国等周边区域的文化因素,并熔铸为具有鲜明特征的地域文化。

在越国文化向越地文化转变期间,越地本土的越族文化遭遇汉族文化的强势冲击。在民族结构变化、政治版图更迭的背景下,越文化在本土文化的基础上,融汇了大量外来的文化因素,实现了又一次转型。西汉末年、"永嘉南渡"、"安史之乱"以及"靖康之难"所带来的移民潮给越地带来了新的文化因素,越文化以开放的心态不断消化并使之融入自身的文化系统,从而实现了文化的突进。而近代西方文化的入侵再度激发了越文化的海洋性与开放性,由此引发的转型已是中国文化整体的转型。

越文化的三次转型,既有外部因素的推动,也有自身的主动选择。在由"野蛮"向"文明"转型的过程中,主要是量变到质变的结果,是自身文化序列的自然演化。在越族文化向汉文化转型的过程中,汉文化的强势介入是这次转型发生的直接原因。土著文化与汉文化得以交融,后者对前者并不是简单的替换,而是更深层次的多元融合。在向近现代文明转型的过程中,既有外部诱因,也有内在的自觉。上述转型,均与越文化的开放心态密不可分。至如明清"越学"的博采众长、近代蔡元培"思想自由,兼容并包"的思想,都是这一心态的具体体现。

(二)隐逸的风格与积极的文化创造

因为偏处东南一隅,随着中国文化的重心在中原地区确立,越文化也便逐渐游离于中原人士的视野之外。王充作《论衡》之后,并未得到社会的广泛承认,虽同乡谢夷吾力荐王充,认为其才过孟子、扬雄、司马迁,但百年之后,《论衡》才得以传入京城洛阳。徐渭也遭遇类似的情况,生时"名不出越"①,后经袁宏道等人宣扬才逐渐为世人所知。越文化中心地在越国、吴越、六朝、南宋等时期成为都城或近畿,但始终未能成为统一王朝的政治中心。这便决定了越文化与中原文化相比,政治色彩更加薄弱。即便中国的经济、文化重心依次转移到东南地区,北方仍然是政治中心所在。

由于偏离政治中心,越地得以远离政治斗争的漩涡。正由于此,越地在王朝更迭、异族入侵之际所遭受的破坏相对较小。西汉末年的动荡、"永嘉南渡"、"安史之乱"以及"靖康之难"于中原地区而言可谓创巨痛深,不但因兵燹洗劫人口锐减,社会经济倒退,而且文化发展也面临困境。相比之下,越地不但没有受到这些大变故的直接影响,反而因此得到发展的机遇。

也正是由于偏离政治中心,越地遂为逃离政治祸乱的人们提供了放逐心性的理想场所。东汉以来,以马臻筑鉴湖为标志,越地的社会经济渐入佳境,"稽山鉴水"的基本山水构架得以确立。迨至六朝,随着士族"发现越地",越中山水开始得到人们的关注,吸引众多名士在此流连。在六朝时期确立的"鉴湖文化走廊",隐逸情结系其重要维度。一些士人在厌倦政治斗争之后在越地的山水之间整理心绪,更有一部分人从此或栖隐于山林,或逃遁于佛道。即便是出自大族的谢安,也曾于东山隐居。唐代的"鉴湖文化走廊"有了新的发展,一些文人骚客追随先贤的足迹,在越中山水之间心生隐逸志趣的人亦有不少,如贺知章晚年隐居鉴湖之畔,秦系、方干等人亦隐居于此。

虽然越文化有隐逸的风格,但并不意味着它与政治和社会绝缘。事实上,越地人士从来不缺乏事功的情怀。一些人通过科举参与政治,还有的人则以实际行动践行社会理想。从陆游到徐渭,从黄宗羲到章学诚,从"越诗派"到"越中十子",从徐锡麟到鲁迅,乃至于数目庞大的"绍兴师爷",无不表现出经世致用、积极投身社会改造的热情。与此相呼应的是积极的文化创造。越地的自然环境有得天独厚之处,同时也有难以克服的不利因

---

① 袁宏道:《徐文长传》,《袁宏道集》卷一九。

素。先民通过持续优化自然环境,在江海交会之处不断开拓出新的发展空间。先越文化阶段,上山文化代表了越文化的高起点,此后良渚文化出现了文字、城市、礼制诸文明要素,在构建中国文明的过程中起到了重要作用。在进入越国文化阶段后,越地的文化相对落后,但在文化创造方面仍有新的拓展,精美绝伦的越国青铜剑便是其中代表。在进入越地文化阶段后,虽然文化格局大变,但在东汉以后,越地积极的文化创造精神愈加强化,不但社会经济空前发展,而且在学术、文学、艺术、教育等领域人才辈出,在明清时期日趋成熟并成为中国文化的重镇。

(三)务实的作风与文化的稳健推进

越文化是一种半农耕半海洋性质的文化。因其有海洋文化的一面,故包容开放且积极进取;因其有农耕文化的一面,故求真务实且稳步推进。越文化的发展历程,正是这两方面交织的过程。

越文化的每次突进,都是以社会经济的巨大进步为前提的。而社会经济的进步,除了外来因素的刺激,与越地关注民生的传统也是分不开的。上山文化的超前性,在于其为中国境内农业生产与定居生活的先驱,良渚文化的巨大成就仍是基于稻作农业的普及与水利工程、巨型石犁等技术的突破。越国文化时期,越王勾践着力于民生福祉的提升,鼓励生育,吊死扶伤,"令孤子、寡妇、疾疹、贫不必者,纳宦其子"[①]。这些措施的直接目的虽为灭吴复仇,但在客观上保证了越地民生,有利于社会经济的进步。在越地文化阶段,尤其是东汉以后,越地的社会经济得到全面的进步。马臻筑鉴湖,改善了越地的生产环境,此后的贺循、汤少恩等延续了兴修水利的传统,浙东运河、三江闸均泽被千载。越地的循吏以民生为重,以农业为根本,《会稽前志》所录《绍兴府重建贤牧堂记》认为越地"所以人稠土狭,而安于乡井者,仁政使然也"[②]。越文化的发展历程,很大程度上是越地人民(包括土著居民与历代涌入的移民)改造、优化越地环境的历程,也是不断发掘潜能、开拓新的发展空间的过程。社会经济的稳步提升,无疑是文化稳健推进的重要保障。

嘉泰《会稽志》谈到越地民风时说:

---

① 《国语》卷二〇《越语上》。
② 马蓉等点校《永乐大典方志辑佚》第 2 册,中华书局 2004 版,第 873—875 页。

> ……故其民至今勤于身,俭于家,奉祭祀,力沟洫,乃有禹之遗风焉……今之风俗好学笃志,尊师择友,弦诵之声比屋相闻,不以殖赀货习奢靡相高,士大夫之家占产者甚薄,尤务俭约,缩衣节食,以及伏腊,输赋以时,不扰官府,后生亦皆习于孝悌廉逊。①

这里说的是南宋的情形。作者认为越地"俭于家"、"尤务俭约,缩衣节食",这实际上正是务实的表现,也是合乎今天越地人民的市民气质的②。后来的志书《风俗》部分基本上都强调此方百姓不事浮靡,且崇文重教。越文化的务实稳健的进步,不但表现于社会经济的提高,也表现于文教的播化。尤其是宋代以来,科举昌盛,书院教育兴起,"东南儒风宏楙盛美,会稽为最"③,"尚风流而多翰墨之士"④。明清越文化趋于成熟,如嘉靖二年(1523)出任绍兴府知府的南大吉便是循吏的代表,他为政清明,锄奸兴利,秉承"亲民"乃为政根本⑤;同时注重民生,兴修水利;此外,他还注重文教播化。面对"巨奸元憝,窟据根盘,良牧相寻,未之能去;政积事隳,俗因隳靡",他坚信"民亦非无是非之心",并决心从讲学入手,"启之以身心之学",受到越地人民的广泛认可,称他为"严父"、"慈母","真吾师也"⑥。他整修稽山书院,又在书院后建"尊经阁",强调"经正,则庶民兴;庶民兴,斯无邪慝矣"⑦。南大吉对于阳明心学的弘扬⑧、越地文教的播化等方面均有突出贡献。正是在诸如南大吉这样的循吏努力下,越文化得以在越地文化时期能够延续此前的发展势头,在稳步提升中,一方面保证了发展成果的延续与累积,另一方面为文化的突进创造了条件。

三、越文化发展的外部机遇

在越文化的发展进程中,外部机遇同样起到了非常重要的作用。外因

---

① 嘉泰《会稽志》卷一《风俗》。
② 《隋书·地理志》云:"自平陈之后,其俗颇变,尚淳质,好俭约,丧纪婚姻,率渐于礼。"由南朝向隋唐过渡,世风有所转变。
③ 嘉泰《会稽志》卷三《进士》。
④ 王十朋:《风俗赋》,《重刻会稽三赋》卷三。
⑤ 王阳明:《亲民堂记》,《王阳明全集》卷七《文录四》。
⑥ 王阳明:《送南元善人觐序》,《王阳明全集》卷二二《外集四》。
⑦ 王阳明:《稽山书院尊经阁记》,《王阳明全集》卷七《文录四》。
⑧ 刘学智:《南大吉与王阳明——兼谈阳明心学对关学的影响》,《中国哲学史》2010年第3期。

通过内因起作用,我们下面所讨论的外部机遇,与越文化发展的内部动因是分不开的。其中至关重要的是"永嘉南渡"、"安史之乱"与"靖康之难"这三大历史事件,董楚平先生认为它们既是吴越地区三次加速发展的机遇,也是吴越地区对中华文明的三次拯救①。正是因为中国文化是长江、黄河"大两河"相济共生的结果,所以在中国文化遭遇大劫之时,才有了战略纵深与退居之所。可以说,在中国文化面临大劫的关头,以越文化为代表的南方文化数度拯救了中国文化。

(一)相对和平稳定的环境

杜佑《通典》云:"扬州人性轻扬,而尚鬼好祀。每王纲解纽,宇内分崩,江淮滨海,地非形势,得之与失,未必轻重,故不暇先争。然长淮、大江,皆可拒守。"由于有大江之隔,在中国历次乱世之中,江南不但受破坏小,而且文化渐为昌盛:"永嘉之后,帝室东迁,衣冠避难,多所萃止,艺文儒术,斯之为盛。今虽闾阎贱品,处力役之际,吟咏不辍,盖因颜、谢、徐、庾之风扇焉。"②以上说法落实到越文化,无疑是相当准确的。

一方面,越地的地理位置相对安全,另一方面,越地远离政治中心,往往成为乱世之际的安全地带。对于北方地区而言,民族融合的情况较越地更为复杂,政治、军事斗争亦颇为激烈。在北方的历次丧乱中,积累的人口不断消耗,社会经济也陷于"破坏－恢复－再破坏"的怪圈。"永嘉之乱"后,北方地区动荡,引发了移民潮,相对安全的越地聚集了一批社会精英,给越文化的发展也带来了机遇。至于北方地区,在北魏统一北方后,才开始进入一个相对安定的时期,社会经济有所发展,人口也逐步增长,到六世纪初达到3000万人以上。此后北方再度陷入动荡,"孝昌之际,乱离尤甚。恒代而北,尽为丘墟;崤潼已西,烟火断绝;齐方全赵,死如乱麻。于是生民耗减,且将大半"③,直至北周、北齐对峙的末期,才勉强恢复到6世纪初的水平。隋末动乱,"伊、洛以东,暨乎海岱,灌莽巨泽,苍茫千里,人烟断绝,鸡犬不闻,道路萧条,进退艰阻"④。经过盛唐的发展,北方人口得以恢复。《旧唐书·郭子仪传》载"安史之乱"后"东周之地,久陷贼中,宫室焚烧,十

---

① 董楚平:《吴越文化的三次发展机遇》,《浙江社会科学》2001年第5期。
② 《通典》卷一八二《州郡》。
③ 《魏书》卷一〇六《地形志》。
④ 《旧唐书》卷七一《魏徵传》。

不存一。百曹荒废,曾无尺椽,中间畿内,不满千户。井邑榛荆,豺狼站嗥,既乏军储,又鲜人力,东至郑、汴,达于徐方,北自覃怀,经于相土,人烟断绝,千里萧条",几乎包括整个黄河中下游,一片荒凉。"安史之乱"给北方带来重创,"记得街西邻舍否,投荒南去五千余"①,北方与南方的人口比率由 6∶4 倒转为 4∶6②,中国的人口重心南移,还进一步引发了中国经济重心与文化重心的南移。虽然越地在"安史之乱"后人口同样减少,但在全国人口的比重上升。五代时期,北方再次陷于乱离,但吴越国堪称"世外桃源"。"靖康之难"后,北方再次动乱,越文化则迎来了新的发展契机。

越地的这种安定,仍然是相对的。据学者研究,自秦代至鸦片战争,中国发生重要战役 721 起。其中北方 548 起,占 76%,南方 173 起,占 24%。河南共 120 起,高居首位。浙江共 20 起,秦汉至六朝无,隋唐五代 10 起,宋元 4 起,明清 6 起③。越地的战争虽然不多,但零星的祸乱仍有不少,明人郭钰订评、张培参汇的《武备志》对越地汉熹平元年至明洪武年间的战事有所概述。王朝更迭之际的阵痛自不待言,一些重要的农民起义和军事叛乱有:

朝代	时间	事件
东汉	建宁二年(169)	丹阳山越围会稽郡治山阴。
	熹平元年(172)	会稽许昌于句章起兵,号阳明皇帝。
吴	黄武五年(226)	会稽山民起义。
	太平二年(257)	会稽南部叛乱,杀都尉。
西晋	太安三年(304)	石冰叛乱,会稽内史贺循起兵镇压。
东晋	隆安三年(399)	孙恩起义,于山阴三江登陆,攻克会稽,杀会稽内史王凝之。
梁	太清二年(548)	侯景之乱,会稽亦沦陷。
隋	开皇十年(590)	会稽高智慧起兵,杨素平定。
唐	宝应元年(762)	袁晁起义,占领越州。
	咸通元年(860)	裘甫起义,王式占据越州。
	乾符元年(876)	王郢起义。
北宋	宣和三年(1121)	仇道人起义,攻占剡县、新昌等地。
南宋	嘉泰四年(1204)	铁弹子于东鉴湖起义。
清	咸丰十一年(1861)	太平天国起义军攻占绍兴。

---

① 吕融:《和峡州冯使君题所居》,《全唐诗》卷六八四。
② 胡焕庸、张善余:《中国人口地理》(上),华东师范大学出版社 1984 年版,第 36 页。
③ 参见胡兆量等《中国文化地理概述》,北京大学出版社 2001 年版,第 59—60 页。

其中给越地带来大破坏的农民起义主要是太平天国起义。咸丰十一年(1861)九月,太平军陆顺德、李士贵部攻占绍兴府,知府廖宗元被杀。此后又经过所谓的"绍兴保卫战",战争惨烈,给越地造成了严重的破坏,"民死于贼者可十万人,所丧衣饰计以白金五千万犹未止"①,而清政府军也是劣迹斑斑。其中包村一役,包村及附近乡村死难者多达8万余人②。不过总体而言,越地的战乱相对较少,这也是越文化"点状突进"发展的重要前提。

(二)建城、迁都与设国的刺激作用

建城、迁都及设国与政治相关,而越地恰恰是政治色彩相对薄弱的区域。但我们也不能否认,政治中心虽不一定是文化中心,却能够在一定程度上吸引文化精英并促成文化的飞跃。越地历史上的几次文化突进,便与越地乃至全国的政治变动息息相关。

在先越文化时期,良渚文化是一个文化发展的高峰,而良渚古城则是良渚文化进入文明社会的综合体现。良渚古城面积达300万平方米,城墙最厚达60米,同时代的新石器时代聚落无出其右者。直到稍后的"龙山时代",北方地区和西南地区才有了规模相当的石峁古城、陶寺古城与宝墩古城③。良渚古城的性质,是当时良渚聚落群的核心。良渚古城的范围内发现有王陵性质的大墓(反山遗址),在古城的中央有大型宫殿的遗迹(莫角山遗址),其性质可能已经是当时的都城。

在越国文化时期,在范蠡擘划之下,越国营建勾践小城和山阴大城,越文化中心地也由此趋于定型。在越国定都之后,经过勾践的苦心经营,越国崛起为当时的军事大国,逐鹿中原。在秦并越地之前,勾践所营建的都城始终是越国文化的汇聚之地。

在秦代与西汉,越文化中心地并没有设置行政中心,当时会稽郡的郡治在吴。"永嘉南渡",汉族的政治中心迁至东南,越文化中心地汇聚了当时的一些重要士族人物,成为六朝重镇。苏峻之乱以后,建康宫殿一片狼

---

① 《越州纪略》,清光绪间上海申报馆铅印《申报馆丛书》本,收入《绍兴丛书》编辑委员会编《绍兴丛书》第2辑《史迹汇纂》第1册,中华书局2009年版。该辑所收《洪杨祸越记事本末》、《洪杨逸事绍兴琐闻》、《太平天国绍兴遗事丛书》等对这一系列历史事件有详细记述。
② 陈昼卿:《蠡城被寇记》,《江浙皖豫太平天国史料选编》,江苏人民出版社1983年版,第260页。
③ 陈民镇:《不要把考古与传说轻易挂钩——也说石峁古城》,《光明日报》2013年4月15日,第15版。

藉,"三吴之豪,请都会稽",最终因王导力主保留建康才作罢①。隋开皇年间,杨素筑越州城,这是越文化中心地的又一件大事。五代时期,吴越国经营越地,越文化得以持续发展。在南宋时期,帝室南迁,越文化中心地两度成为临时首都。在吴越国和南宋,杭州成为首都,越文化中心地的地位受到影响,越文化整体则得到长足进步。在南宋时期,越文化中心地的建置得到进一步完善,奠定了明清的城市格局。以上变化,对于提高越地的政治地位以及吸引文化精英而言显然是意义深远的。

(三)历次移民潮对越文化的推进作用

在越地文化时期,移民潮是推进越文化发展的重要外部条件。秦代与西汉的行政移民只是暂时填充越地的人口空虚,第一次重要的移民潮是西汉末年,一批包括士族在内的移民来到越地。东汉建立之初,"时天下新定,道路未通,避乱江南者皆未还中土,会稽颇称多士"②。由于有上层精英的加盟,越地的人口结构得以优化,越地文化阶段的第一次突进亦悄然开始。

而从历史上来看,江南的发展与进步,总是与中原人口不断南迁相关,特别是在六朝时期尤其明显③——与这次北人南迁有关的历史事件正是两晋之交的"永嘉南渡"。"永嘉南渡"实现了汉族政治中心的南移,同时给越地带来了大量人口,给越地提供了源源不断的劳动力,促进了越地的开发。更多的北方士族来到越地,与土著士族携手开创了越文化的新局面,实现了又一次突进。在本时期的"鉴湖文化走廊",群贤荟萃,诸如永和兰亭之会,名士云集,盛极一时。

"安史之乱"是造成唐代由盛转衰的转折点,此次动乱严重破坏了黄河流域的社会经济。由此引发的移民潮,表面上看对越文化无甚影响,越地的人口同样因此锐减。但从全局看,"安史之乱"是中国人口布局的拐点,进而带动中国的经济、文化重心向东南地区倾斜。

"靖康之难"引发的移民潮促成了越文化的又一次突进。两宋之交的"靖康之难"带来了又一次北人南迁的高潮,这一阶段,上层精英在移民中

---

① 《资治通鉴》卷九四、《晋书》卷六五《王导传》。
② 《后汉书》卷七六《任延传》。
③ 姚培锋、齐陈骏、魏春初:《三国时期会稽郡的人口与社会经济》,《海峡两岸越文化研究》,人民出版社2005年版,第333页。

仍占不小比重。越地一度成为南宋的临时首都,东南地区成为当时的政治、经济、文化重心所在。此后政治中心虽又转移到北方,但东南地区作为中国的经济、文化重心所在已成事实。季羡林先生在《长江文化研究文库》的《总序》中指曾出:"'靖康之难'(1126年),南迁的人口在150万至200万人之间。我认为,这是继'永嘉之乱'以后的第二次'衣冠南渡',其意义是无比重大的。从那以后,800多年的时间内,朝代变了几个,虽然北京始终是首都,可以说是政治的中心,但是,经济和文化的中心或重心,始终在南方,主要是在长江流域。"①

章乃羹先生曾感叹道:"予推究两浙文化,由句践之摧强敌,会盟中国,中原文化始传播两浙。至晋室都江左,赵宋都临安,中原人物,翩然荟至,由流寓而著籍,吾浙人物所以殷盛,要由寓贤始。"②历次移民潮提高了越地的人口数量与质量。人口数量的提高有助于增加劳动力,促进社会经济的发展,而人口质量的优化有助于先进生产技术的推广,更有利于教育的普及和文化的提高。

(四)中国经济与文化重心转移的总体趋势

建城、迁都与设国属于政治重心的变动,移民潮属于人口重心的转移,伴随着人口重心转移的,则依次是经济重心与文化重心的转移。

"龙山时代"中原地区步入文明社会,随着周边文化因素的汇聚,无论是人口的增长、冶炼技术的飞跃还是麦作农业的兴起,都大大推动了中原地区社会经济的发展。在此期间,东部地带社会经济整体趋于衰落,中原地区自此奠定了经济重心的地位。"永嘉南渡"期间,包括越地在内的江南地区得到很大程度的开发。而"安史之乱"带来的移民潮加速了中国经济重心的南移,随着北方衰落,东南地区的优势地位愈加凸显,乃至于"赋出天下而江南居十九"③。"靖康之难"之后,又一次北人南迁高潮开始,在此期间,中国经济重心的南移已经完成,中国文化重心向东南转移亦成事实④。而在明清时期,江南工商业市镇兴起,农业商品经济繁荣,实现了经

---

① 季羡林:《总序》,《长江文化研究文库》,湖北教育出版社2005年版。
② 章乃羹:《自序》,《两浙人英传》,正中书局1942年版。
③ 韩愈:《送陆歙州诗序》,《韩昌黎集》卷一九。
④ 郑学檬先生指出,将中国古代经济重心南移的起始点确定为唐代安史之乱之后,是适宜的;其时间下限应确定在宋代,至北宋后期已接近完成,至南宋则全面实现了。参见氏著《中国古代经济重心南移和唐宋江南经济研究》,岳麓书社2003年版,第10—17页。

济结构的突破。越文化在中国经济重心转移的背景下,奠定了文化突进的物质基础。

日本学者内藤湖南曾就中国文化发展的趋势问题提出"文化中心移动说"①。就中国文化发展的动态过程而言,文化中心也与政治中心一样存在迁移的现象。然而,文化中心与经济中心未必是重叠的关系。政治中心能够吸引文化精英,但经济等方面的因素却有可能造成文化中心与政治中心的疏离。促成越文化突进的历次外部机遇中,"永嘉南渡"与"靖康之难"使得汉族政治中心向东南转移,"安史之乱"实际上也促使当时的政治中心短暂南移。由于"永嘉南渡"与"靖康之难"实现了汉族政治中心的转移,由此造成的移民潮便裹挟着掌握文化话语权的上层精英。这两次事件促成了两个"偏安"的朝廷,而"偏安"的政权又往往重视文化教育,重视人才②。在"永嘉南渡"之后,大批知识阶层(属于贵族阶层)来到越地,使越地一时人文荟萃,大大提升了越地的文化地位,"靖康之难"之后的情形与此相似。由于北人南迁的高潮伴随着文化精英的大批南移,南迁的政治中心也吸引了众多知识阶层,中国的文化重心逐渐向东南转移。大概在五代时期,中国文化重心的转移基本完成,以江南为主的中国南方地区在全国文化发展中已经处于绝对重心的地位③。范玉春先生通过对历代正史《儒林传》、《文苑传》的数据分析指出:中国文人分布的地理分布重心经历了一个从北到南的转移过程,以唐代为界,此前,中国文人分布的密集地区主要在山东、河南和陕西,南方地区文人的数量很少,分布相当稀疏;从宋代开始,江西、福建、江苏、浙江相继崛起,成为文人分布最密集的地区,北方地区文人的数量和在全国的影响急剧下降④。从政治中心人物的籍贯分布看,在"永嘉南渡"后,南朝的政治中心人物还是以北人为主,到两宋期间,南人显要者增多,逐渐盖过北人的锋芒。而从文学、艺术、学术的人才看,晚唐以降江南地区的人才更是不断涌现。自南宋以后,进士主要来源地已经发生了巨大变化,由北方转变为南方,浙江、福建、江苏、江西籍科举人才数量遥

---

① 我们既要认识到内藤湖南学说的合理性,也要注意其观点为日本侵华服务的前提。相关评价可参见曹星《略论内藤湖南的"文化中心移动说"》,《史学理论与史学史学刊》(2010年卷),社会科学文献出版社2010年版,第307—322页。
② 叶书宗等:《长江文明史》,上海教育出版社2001年版,第18页。
③ 陶懋炳:《论我国文化重心南移成于五代》,《湖南师范大学社会科学学报》1987年第4期。
④ 范玉春:《移民与中国文化》,广西师范大学出版社2005年版,第265页。

遥领先于其他地区。明清两代,江苏、浙江文人数量分列全国第一、第二位,进士人数占全国总数的20%以上。就越文化中心地而言(余姚与萧山除外),隋唐至清末的千余年间登文进士科者共1965人,其中唐12人,五代7人,宋618人,元24人,明560人,清744人;登武进士科者273人,其中五代2人,宋12人,明117人,清142人①。从历史发展看,宋代是一个转折点,而以宋、明、清三个朝代为高峰。需要注意的是,从唐代开始,南方的书院占全国的比重一直在70%以上②,崇文重教的现象不但体现于越文化,也体现于南方的其他地域文化,而这正是南方尤其是东南地区的文化具有强大且持续的生命力的一个重要原因。种种迹象表明,越文化已由接受中原文化为主,转变为反哺中原文化。而唯有以动态、发展的眼光看待中国文化的嬗变轨迹,才能更清晰地认识中国文化立体的形态与格局。

第三节 越文化发生、发展对中国文化认识的补充

过去人们对中国文化的认识,往往基于对中原地区文化的认识。中原文化在很长时期内都是中国文化的主流,但这种主流地位是相对的,而且并不是固定不变的。而由此衍生的"中原文化中心论",带来了关于中国文化发生及发展的种种片面认识,如认为中国文化的发生是一元的、一体的且中原文化从一开始就是优势文化,如认为中国文化的发展路径是单一的,进而造成对中国文化基本特征及精神的偏见。通过对越文化发生、发展过程的考察,我们则能更全面、客观地看待中国文化的演进历程。越文化的发生、发展规律,是对已有中国文化认识的补充。

一、对中国文化发生规律的补充

我们在绪论中已经强调文化的发生期上限在旧石器时代与新石器时代之交,而下限则是考古学所说的"龙山时代",即传说时代的虞夏之际,越文化的先越文化阶段也在此区间之内。在此期间,作为共同体文化的中国文化尚未形成,而中国境内包括越文化在内的各地域考古学文化已然按照

---

① 绍兴市地方志编纂委员会编、任桂全总纂:《绍兴市志》第5册,浙江人民出版社1996年版,第3266页。若加上萧山与余姚,显然要更多,如明代绍兴8县的进士共841人。

② 参见王炳照《中国古代书院》,商务印书馆1998年版,第202—203页。

各自的路径发生。它们之间并非没有相互影响的关系,但总体而言是散在的、独立的。而只有到了"龙山时代",不同地域所孕育的源泉开始向中原地区汇聚,伴随着不同地域的文化的模糊融汇,中国文化的长河开始有了奔腾不息的"主流"。

正因为"龙山时代"是共同体文化的开端,同时也是尧、舜、禹的时代——他们是今本《尚书》所追溯到的最早人物,也是战国诸子最津津乐道的古帝王。此后的历史话语权也一概掌握在中原王朝的手中,中原王朝无疑成了史书的主角。到了西汉,司马迁根据《世本》诸书构拟出从中原到边裔的各族群统治者出自黄帝的世系,其中便包括东南的越国、北方的匈奴。这种四海出自一元的谱系,随着上世纪 20 世纪以来"古史辨"派的兴起而趋于瓦解,大多数人已相信这是大一统政治背景下整合故事的想象,认为"在暖热的会稽山区'祝发文身'、'逐禽鹿而给食'的於越酋长和在寒冷的蒙古高原'韦鞲毳幕,膻肉酪浆'的匈奴单于,竟是一对兄弟,正是荒谬绝伦"①。这种谱系不免有可疑之处,但在无法证实也不易证伪的情形之下,一味斥其为谬说同样有失审慎。至少有几点需要注意:其一,《史记》说的是越国、匈奴的统治者出自黄帝,而非全国的民众;其二,至迟在"龙山时代",中原地区民族、政治与文化的扩张已经开始;其三,从目前分子人类学研究成果所提供的线索看,传说时代类似于黄帝的"超级祖先"确实是存在的。不论《史记》所记载的谱系是否可信,它的确在事实上催生了"中原文化中心论"。这是一种以中原文化为正统的优越感为基础,进而认为中国文化是中原文化一元发生并扩散的结果的论调。在文化的发生问题上,其主要表现为文化发生一元论、文化发生一体论以及文化发生优越论。

首先看文化发生一元论。这一观点认为中国文化是从中原地区起源的,其他地域的文化都是中原文化播化的结果。这种看法从古至今都有很大的市场,但伴随着中国现代考古学的兴起,中国境内新石器时代的考古学文化谱系基本得以厘清,已经很少有人赞同。我们将中国新石器时代的考古学文化归为主要的七大文化圈,分别为三晋文化圈、秦陇文化圈、齐鲁文化圈、吴越文化圈、荆楚文化圈、巴蜀文化圈和燕辽文化圈。在大致距今 10000~7000 年的阶段,黄河、长江、淮河、辽河等流域均已有初步发生的

---

① 车越乔、陈桥驿:《绍兴历史地理》,上海书店出版社 2001 年版,第 3 页。

文化,并体现出一定的地域性。如黄河流域"仰韶时代"之前主要有河南地区的裴李岗文化(距今约 8200～7500 年)、河北中南部的磁山文化(距今约 8100～7700 年)、山东地区的后李文化(距今约 8300～7400 年)等,而越文化则可以追溯到距今约 10000～8500 年的上山文化,在时间上并不比中原地区的文化迟,从文化面貌上看更非后者传播的结果。不独越地,其他地域的文化同样有独立起源的脉络可寻。当然,中国境内的文化发生还是要追溯到新、旧石器时代之交,目前发现的主要有华北的北京门头沟区东胡林、北京怀柔区转年、河北阳原县于家沟、河北徐水县南庄头等遗址,以及南方的湖南道县玉蟾岩、江西万年县仙人洞和吊桶环、广西邕宁县顶蛳山、广西桂林市甑皮岩和庙岩、广西临桂县大岩等遗址,中原地区同样不是最早的、唯一的文化源头。在气候变暖的大背景下,人类进入新石器时代并实现了一次跨越式的发展,农业、陶器、磨制石器、定居方式等新现象登上历史舞台。先民迅速拓展生活区域,并在不同的地理单元创造了各自个性鲜明的文化,同时也产生了各自的遗传结构与民族特征[①]。文化发生一元论与过去西方学者所提出的中国文化"西来说"有异曲同工之处,都是以机械的传播论来解释文化的发生,但都未能经受历史的检验。全球范围内现存的现代人类都同出一源,但那已是旧石器时代的"出非洲记",并非文化发生所讨论的对象了。

值得注意的是 20 世纪 30 年代吴越史地研究会所作的探索。在 1936 年 8 月,卫聚贤等人在上海发起成立了吴越史地研究会,蔡元培任会长,卫聚贤任总干事。他们一方面着手研究地域文化,另一方面对"中原文化中心论"提出了挑战,1937 年 7 月由江苏研究社出版的《吴越文化论丛》便是他们研究成果的一次结集。1930 年,卫聚贤在发掘南京栖霞山张家库的六朝墓葬时,无意中发现了新石器时代的遗址。此后他又在苏州越城、常州奄城、平湖乍浦、海盐澉浦、上海金山、湖州钱山漾、杭州的古荡及良渚等地采集和探掘到了一些石器和几何印纹陶。他据此写作了《中国文化起

---

① 徐旭生先生在《中国古史的传说时代》中将中国传说时代的部族分为华夏、东夷、苗蛮三集团,蒙文通先生在《古史甄微》中则将中国上古民族分为江汉民族、河洛民族与海岱民族三族,这实际上也是中国文化多元发生的反映。近年的分子人类学研究成果表明中国境内人群 Y 染色体单倍群以 O 为主,具体又分为 O1、O2、O3 及细分类型,百越、苗蛮、华夏、戎狄诸集团的产生及分化可从中寻绎线索。

源于东南发达于西北的探讨》一文,大胆提出了中国文化起源于东南的命题①。当时良渚文化刚发现不久,人们认识尚不充分,河姆渡文化等越地的考古学文化更是尚未揭露,学术界对东南地区的考古学文化知之甚少,甚至连东南地区是否存在新石器时代文化都是个争议的问题,卫先生提出的意见无疑是惊世骇俗的。卫先生是张光直先生敬重的师兄,但他对旧史观多有怀疑,乃至于持论往往偏激。在《吴越文化论丛》中,卫聚贤《殷民族由江浙迁于河南》、《中国古文化由东南传播于黄河流域》等文作了进一步阐论。《吴越文化论丛》还收录了最早发现钱山漾遗址的慎微之先生《湖州钱山漾石器之发现与中国文化之起源》②一文,亦认为"中国文化,起于东南江海之交"。吕思勉先生也作有《中国文化东南早于西北说》③一文,持类似的看法。上述观点并没有进入主流学术界,乃至于长期为一些学术史论著所忽视,但这些先行者的大胆假设却被后来的考古学研究部分验证——东南地区的考古学文化确实发生较早并有很多因素融入了中国文化的主体。他们的疏误也是显而易见的,当时的材料并不充分,而利用一些越国时期的器物来佐证东南的文化才是主流亦不可取;同时,将中原文化视作东南地区文化传播的结果,已经是另一种文化发生一元论了。《吴越文化论丛》所收胡行之《浙江果有新石器时代文化乎》一文,认为江浙出土的石器"时代亦只可推定到周末为止,而似不能冉为提高了",从而推定"江南一带新石器时代未必有人类居住之可能",其根据之一是这些石器的钻孔技术很高,"似用铁器旋转而入,这为金石并用时期的产物无疑"。这种说法当然也是片面的,但卫聚贤等人不能拿出有利的年代学证据也是事实。

卫聚贤等先生的研究虽然有一定的缺陷,但已经自觉对以中原为中心的文化发生一元论提出挑战,对后人无疑有启示意义。事实上,建国以后东南地区的考古发掘不断有新的突破,成为冲击中原中心论的最有力证据链。中国文化的发生是多元而非一元,已成为人所共知的事实。

---

① 卫聚贤:《中国文化起源于东南发达于西北的探讨》,《东方杂志》第34卷第7期,1937年4月。
② 原载《江苏研究》"吴文化专号"第3卷第5、6合期,1937年6月。
③ 该文为吕思勉先生在光华大学的演讲稿,刊于1936年《光华大学半月刊》第5卷第1期,后收入《吕思勉遗文集》、《吕思勉论学丛稿》、《吕思勉学术文集》诸书。吕先生这方面的认识,前后有多次变化。

其次是文化发生一体论。1989年夏,费孝通先生在香港中文大学所作题为《中华民族多元一体格局》的学术讲演使中华民族多元一体的观念深入人心,由此延伸的是中国文化多元一体的认识。此说至今为不易之论,近年来考古学界与历史学界对中国文明起源的探索进一步强调了这一结论。但我们希望补充的是,多元一体格局的形成是一个过程,考古学家偏重于对文明的探讨从而忽略了文化的发生过程;文明起源的进程及其后的发展确实是沿着多元一体的道路进行的,但在此之前的文化发生阶段,"一体"尚未形成。在"仰韶时代"(这种称呼本身便是立足于中原的视角)及之前,各地域的文化尚且是独立、各自发展的状态,仰韶文化与东方的大汶口文化、马家浜文化、河姆渡文化基本没有交集。情况到了庙底沟二期文化时期开始有了转机,来自东方、南方、东南的因素在中原地区出现并逐渐立足[1]。而到了"龙山时代",在北方地区普遍出现革命性的突进,考古学文化意义上的"以中原为中心"的态势形成[2],中原先民在此期间跨入文明社会,中原王朝已然奠定。中原地区因汇聚了来自不同方向的先进文化因素,最终重组、熔铸为新的强势文化,作为共同体文化的中国文化至此形成。这一局面的出现,实际上是东南"面向海洋"的板块与西北"面向大陆"的板块[3]碰撞的结果,同时也是南北方交融的结果,其背后则有可能是剧烈的部族冲突与人群迁徙。我们将"龙山时代"之前的时代称作"良渚时代",良渚文化的因素深刻影响了"龙山时代"及此后的三代文明,是中国文明起源进程中的重要一元。但在文化发生阶段,"多元一体"却是未必适用的。包括越文化在内的各地域文化,在一开始并非中原文化的"支流"。而在"龙山时代"以后中国文化的"主流"在中原地区形成,中国文化才逐渐由内聚而趋于外衍。

再看文化发生优越论。这一观点认为中原文化强于其他地域的文化,是一种优势文化。同样的,在共同体文化形成之前,很难说中国境内存在强势的文化。而如若非要比较孰强孰弱,至少在文化发生期内,先越文化是长期领先的,与中原文化相比完全有过之而无不及。早在距今6000~

---

[1] 魏兴涛:《中原与东方及东南——试从清凉寺墓地探讨外来因素在中原地区早期社会复杂化过程中的作用》,《中国社会科学院古代文明研究中心通讯》第22期,2012年1月。

[2] 赵辉:《中国的史前基础——再论以中原为中心的历史趋势》,《文物》2006年第8期。

[3] 苏秉琦:《略谈我国东南沿海地区的新石器时代考古》,《文物》1978年第3期。

5000年的时期内,东南地区的东山村、福泉山、凌家滩等遗址都已经发生社会分化①,就社会阶层的分化、社会结构的进步而言,崧泽文化与凌家滩文化是走在全国前列的,而它们为后来良渚文化的崛起奠定了基础。此外,大汶口文化与红山文化也表现出一定的成熟度。然而,包括中原在内的西、北部旱作农业区社会分化程度普遍较低,缺乏等级表征系统,与东方不同②。在社会的分化方面,东方尤其是东南的文化已经先行一步。

正因为"中原文化中心论"的存在,考古学界长期重视中原而忽略四裔,先越文化长期未能得到充分的认识。良渚文化虽然在1936年已由施昕更先生发现,但学术界长期将其作为龙山文化的一个地方类型看待,直至1959年才由夏鼐先生正式命名为"良渚文化"。而时至今日,学者们已经究明良渚文化不但不属于龙山文化的一个类型,反而是"龙山时代"之前的一种考古学文化。由此不难想见,过去认为良渚文化与北方诸龙山文化共见的文化因素或现象,都要重新考虑本末源流的问题。碳-14测年技术的引进无疑是一次革命③,1973年河姆渡文化的发现及测年数据的公布,使人们意识到与仰韶文化大致同时,东南地区已有不逊于中原文化的文化存在④。良渚文化考古工作的一系列突破,是从20世纪80年代开始的。而到了21世纪,上山文化、跨湖桥文化、钱山漾文化、广富林文化陆续为人们所知,先越文化的谱系得以构建并完善。但由于上山文化年代要早于裴李岗文化等北方早期文化,且表现出一定的超前性,使得学者们一度质疑

---

① 参见宋健先生在2012年12月2日在安徽含山县举办的"五千年文明曙光——中国凌家滩文化论坛"所作《从凌家滩墓地看古国的社会分化》发言,收入《中国社会科学院古代文明研究中心通讯》第24期。

② 赵辉:《中国的史前基础——再论以中原为中心的历史趋势》,《文物》2006年第8期。韩建业先生亦有论述,并提出"东方模式"、"北方模式"及"中原模式"进行解释,参见氏著《略论中国铜石并用时代社会发展的一般趋势和不同模式》,《古代文明》第2卷,文物出版社2003年版,第96页;收入氏著《先秦考古研究——聚落形态、人地关系与早期中国》,文物出版社2013年版。李伯谦先生则将红山文化与良渚文化归为神权国家模式,其中红山文化是神权国家,良渚文化是神权与王权和军权结合且神权为主的国家,而将仰韶文化归为王权与军权结合的王权国家,参见氏著《中国古代文明演进的两种模式——红山、良渚、仰韶大墓玉器观察随想》,《文物》2009年第3期。

③ 20世纪50年代前期,人们曾把东南地区新石器时代文化的下限定在吴王寿梦元年之前,后来又稍稍提前到殷周之际。由于在东南地区与石器伴随出土的玉器过于精致,有不少学者感到极其疑惑,进而将其定位在汉代。

④ 1977年,夏鼐先生针对浙江河姆渡文化的新发现指出:"这也使我们重新考虑我国新石器文化的起源是否一元的这个考古学上的重要问题。"参见氏著《碳-14测定年代和中国史前考古学》,《考古》1977年第4期。

其绝对年代①。包括对良渚古城的质疑,虽然考古学界普遍对其年代没有怀疑,但还是有一些学者因良渚古城的超前性而认为其并非良渚文化时期的产物②。在科学的证据面前,我们只能一步步接近历史的真实,人们对先越文化的认识过程亦是如此。

良渚文化之所以与同时期中国境内其他考古学文化相比有一定优势,不能不追溯到其前身马家浜文化、崧泽文化奠定的基础,再往前追溯,则是上山文化所展现出的超前性。先越文化的创造者,是从广东地区百越集团分化出的一支沿海族群③,他们长途跋涉来到越地,在"东南江海之会"④创造出先进的文化。这里气候适宜,稻作农业很早开始发轫,同时地理环境并非尽善尽美,先民需要克服沼泽、海潮与洪水的威胁。精耕细作的稻作农业与齐心协力的水利设施,在一定程度上刺激了生产技术的精细化(如良渚文化玉器的精雕细琢)、物质基础的积累与社会分工的强化。在文化的发生期,历史地理环境因素显然是极为重要的制约因素,同时也是地域性发生的基础。

如今看来,从"中原文化中心论"出发的文化发生一元论、文化发生一体论及文化发生优越论都难以成立。中国文化的发生是多元的,但并非一体,多元一体格局的形成要在"龙山时代"之后,中原文化的优势地位也在此期间确立。无论是中原中心论还是西方的欧洲中心论及各种文化传播论,都是限于视野的偏见。这也启示我们要以更宏阔的视野和更宽大的心胸去审视欧亚大陆的文化变迁乃至全球的历史发展,客观认识自身文化及其他文化的优劣之处。

---

① 在"中国第四届环境考古学大会暨上山遗址学术研讨会"上,王明达先生指出:"这里要对年代讨论中出现的'中原中心论'提点看法,为什么这里不能是 10000 年、为什么不相信 14C 测定数据? 为什么长江流域就不能比黄河流域早? 有什么理由? 当初河姆渡遗址发现的时候,质疑也很多,结果怎么样? 包括对跨湖桥遗址的争议。应该客观对待新的考古发现。"参见黄琦、蒋乐平整理《上山遗址与上山文化——中国第四届环境考古学大会暨上山遗址研讨会上专家谈"上山文化"》,《中国文物报》2006 年 12 月 29 日,第 7 版。

② 林华东:《良渚发现的并非古城——良渚文化"古城"献疑》,《观察与思考》2008 年第 3、4 期合刊;罗以民:《证伪"良渚古城"》,《观察与思考》2008 年第 5 期;林华东:《良渚文化"古城"再质疑》,《观察与思考》2010 年第 1 期。

③ 李辉:《侗台语与南岛语人群的遗传同源性》,《现代人类学通讯》2011 年第 5 卷。

④ 吕思勉:《中国文化东南早于西北说》,《吕思勉学术文集》,上海人民出版社 2011 年版,第 7 页。

二、对中国文化发展规律的补充

就文化发展所呈现出的宏观的、总体的走势而言,我们将中国各地域文化的发展模式总结为"浪式前进"、"点状突进"及"线形稳进"三种模式。中原文化呈现出"浪式前进"的特点,由于中原文化与中国文化总体走向尤其是在政治方面较为一致,故一般人径直将中原文化的发展规律套用到中国文化身上,这实际上是"中原文化中心论"在文化发展理论方面的表现。但事实上,中原文化并不能完全代表中国文化,更不等同于中国文化。就中国文化内部而言,尚有地域文化表现出其他的发展规律,在看待中国文化的发展时,我们显然要意识到问题的复杂性。

越文化是"点状突进"发展模式的代表。越文化的第一次突进即是"文明"的出现,基本上是在良渚文化时期。中国文化的发生期主要是在距今约10000~4300年,下限为"龙山时代"的出现;而中国文明的发生期则应是距今约5000~4000年,与文化发生期有所交集,实际上已经部分进入文化的发展阶段。在文化发生期内,中国境内诸文化总体来说差距不大,但在文明发生期内,则表现出地域间不平衡的现象。中原地区进入文明社会是在"龙山时代",而在此之前,其他地域的文化已经有可能先行一步进入文明社会,如良渚文化。但"龙山时代"的影响是全局性的,尤其是作为共同体文化的中国文化的出现,使得中原文化与中国文化开始有统一的步调。

前面提到文化发生一元论的问题,与文化发生一元论相关的是文明发生一元论。两者的出发点实则相同,但文化的发生与文明的发生毕竟是两回事,学术界则往往将两者混为一谈。在现代考古学逐渐扭转西来说的情况下,随着傅斯年发表著名论文《夷夏东西说》[1]以及考古学家对龙山文化研究的展开,东西二元对立即龙山文化自东向西、仰韶文化自西向东的观点产生了很大的影响。这种观点仍然是以中原地区为出发点的,并且由于对考古学文化相对年代认识不足,随着20世纪50年代仰韶文化、龙山文化的先后顺序得到澄清,东西二元对立的观点也被否定了。一方面是传统史学观念以中原为中心的观念根深蒂固,另一方面仰韶文化发现最早,研

---

[1] 傅斯年:《夷夏东西说》,《傅斯年选集》,天津人民出版社1996年版,第247—292页。原刊《中研院历史语言研究所集刊》外编第一种《庆祝蔡元培先生六十五岁论文集》,1933年1月。

究也最为深入,虽然良渚文化等长江流域的考古学文化在新中国成立前已经被发现,人们始终未能给予充分的关注。而自20世纪70年代以来,新中国的考古事业进入了蓬勃发展的时期,尤其是长江流域、辽河流域及华南地区一些重要遗址的发掘为中国考古学开辟了新的世界,传统的"中原文化中心论"开始动摇,多元论则开始逐渐形成体系[1]。尤其是苏秉琦先生在20世纪70年代末80年代初提出"区系类型理论",将中国新石器时代的考古学文化分为六个区系类型[2],人们逐渐意识到在中国文明起源的进程中,并非一枝独秀,而是如满天星斗,点点星光最终融聚为中国文明的庞大星系[3]。张光直先生一度坚持"中原文化中心论",但在层出不穷的新材料面前,在由耶鲁大学出版社出版的《古代中国考古学》第3版中他对观点有所修正,并最终在1986年出版的第4版中提出"相互作用圈"理论,认为不同的区域文化在一个相当长的时间内相互作用,奠定了最早的中国历史文明的地理舞台,每个区域的新石器时代文化在文化上和社会上都越来越复杂、分歧、分层,终于导致这些区域中产生文明的基础。

中国文明起源的进程是多元一体的,同时在空间与时间上都存在不平衡的现象。中国文明是在史前时期各个考古学文化的基础上形成的[4],是多源的,但有学者认为是有中心,中心在中原地区[5],严文明先生进而把中国新石器文化比喻成一朵重瓣花朵,认为中国史前文化发展成一种重瓣花朵式的多元一体结构[6]。有学者将这种观点看作"新中原中心论",实际上也是混淆了文化发生与文明发生的概念。文化的发生多元并非一体,但

---

[1] 多元论主要指各地史前文化是在适应当地自然条件的基础上发展起来的,它们通过直接或间接的关系相互促进、相互影响,或多或少都对中国古代文明的形成和发展作出了自己的贡献。参见陈星灿《从一元到多元:中国文明起源研究的心路历程》,《中原文物》2002年第2期。

[2] 苏秉琦、殷玮璋:《关于考古学的区系类型问题》,《文物》1981年第5期。

[3] 但多元论自出现以来,也受到了一些学者的质疑。安志敏先生认为持多元论者混淆了"文明"与"史前文化"的概念,中国文明的发祥地以黄河流域为中心,所谓"满天星斗"说缺乏依据,参见氏著《试论文明的起源》,《考古》1987年第5期;《中国文明起源始于二里头文化——兼议多源说》,《寻根》1995年第6期。一些考古学家混淆"文明"与"文化"是事实,但中国文明起源的进程是多元一体的存在应无疑义。蔡凤书先生则认为中国文明起源点"满天星斗"说是过分夸大了中国文明在各地区发生的独立性,是不符合实际的,参见氏著《中华文明起源"新说"驳议》,《文史哲》1988年第4期。各地域的文化是独立起源的,并有自身独立的发展脉络,现在看来也不是问题。

[4] 吴汝祚:《探讨中国文明起源的几个有关问题》,《华夏考古》1995年第2期。

[5] 陈旭:《中国文明起源多源论与有中心论》,《洛阳考古四十年》,科学出版社1996年版,第156—163页。

[6] 严文明:《中国文明起源的探索》,《中原文物》1996年第1期。

文明的发生具有多元一体的特点,并且主要在中原地区上演。

我们知道,"龙山时代"是中原王朝初步形成的时期,从考古学的材料看,这一时期中原地区开始出现强势的文化,它是不同地域的文化汇聚的结果,同时又呈现出强势扩张的态势,这是中国文化作为共同体文化的开端。从东部居民的思想和社会组织看,有学者认为东部沿海文化因素在后来中原青铜时代文明中是第一位的[①]。从"良渚时代"对"龙山时代"的影响看,这是有一定道理的。"龙山时代"的陶寺文化独树一帜,陶寺古城被视作尧、舜的都城,是"龙山时代"中原地区进入文明时代的实例。但它绝非庙底沟二期文化的自然发展,而是东方文化西渐的产物[②]。尤其是在"大传统"或者"王室文化"方面,受良渚文化影响甚深[③],这也是良渚文化对"龙山时代"及三代文明影响的主要表现。但陶寺文化也受到长城以北文化因素的强烈影响,它的出现,正是文化汇聚、融合的产物。

文明起源的进程是多元一体的,文明的发展也是多元一体的,这是中国文明的一个重要特征。进入文明社会,无疑是革命性的转型。然而越地的良渚文化虽然可能更早进入文明阶段,但随着"龙山时代"的到来,越地的文化由盛转衰,此后在越地出现的钱山漾文化、广富林文化已经带来北方龙山文化的色彩,这也是越文化逐步被纳入共同体文化的写照。在"龙山时代"确立了中原地区中心地位之后,经过夏、商、周三代的发展,奠定了中国文化的基本构架。随着秦帝国的统一,越地逐步被纳入到汉文化的体系之中,但在此之前的越国文化,何尝不是在逐步接受中原王朝的浸染与同化?中国的历史,即可概括为由"龙山时代"初步确立、在三代逐步成熟的共同体文化不断扩张并影响周边的过程。所以中国文化的空间范围并不是一开始就等同于今天的中国,而是不断发展的。正是文化认同的广泛存在,使得中国文化的创造主体是多民族的共同体而非单一的民族。中国文化是多元融合的包容性文化,是有强烈凝聚力与向心力的文化[④]。

[①] [英]吉德炜著、陈星灿译:《考古学与思想状态——中国的创建》,《华夏考古》1993年第1期。

[②] 韩建业:《略论中国铜石并用时代社会发展的一般趋势和不同模式》,《古代文明》第2卷,文物出版社2003年版,第95页。

[③] 朱乃诚:《再论陶寺彩绘龙源自良渚文化——兼论中原地区"王室文化"的形成》,《古代文明研究》第1辑,文物出版社2005年版,第79页。

[④] 近来研究中华民族凝聚力比较重要的成果有《中华民族凝聚力的形成与发展》课题组著《中华民族凝聚力的形成与发展》,江苏人民出版社2013年版。

由于"龙山时代"之后中国的政治中心长期在中原地区也就是黄河中下游一带,中国古代的史书又是重统治阶层而轻一般民众,重政治事件而轻日常生活,重政治中心而轻周边地区,中原文化自然也就成为史书的主要描写对象。由于中原地区政权更迭频繁,物质文化与精神文化随着政治、军事因素的干扰陷入"破坏—恢复—再破坏"的恶性循环,从而表现出"浪式前进"的特点。然而,政治中心并不是一直在中原地区,在"永嘉南渡"、"靖康之难"之后汉族的政治中心一度迁到东南地区。此外,中国古代的经济重心与文化重心亦先后转移到东南。尤其是中国文化的重心转移到东南地区之后,越文化实际上已经从边缘文化上升为主流文化,中国文化的格局因而大变。从这一层面而言,机械地以中原文化为中心去看待中国文化整体,显然是不全面的。

中原地区与越地之间,长期以来存在互动的关系,两者相互影响,又相互促进。中原地区之所以在"龙山时代"成为文化汇聚之地,一个很重要的原因是气候变暖、洪水泛滥等灾变现象驱使长城以北以及东部沿海的居民向相对安全的中原地区转移。而在此后的历史发展过程中,对于中原文化的不利因素,对中国文化整体而言未必是不利的,对越文化而言也是如此,有时反而是越文化突进的机遇。而越文化的突进,在一定程度上又推动了中国文化整体的发展。恰恰是以越文化为代表的长江流域文化,在历次中国文化遭受外部威胁之际容纳了中国文化的火种,使中国文化有了新发展的可能。两河共济,多元一体,正是中国文化绵延不绝、生生不息的主要原因。总体来看,越文化在内外因的共同促进下表现出"点状突进"的发展模式,并对中国文化的发展作出不容忽视的贡献,同时也是对中国文化发展的有力补充。因而,以中原文化"浪式前进"来概括中国文化的总体情况,显然是片面的。不同的地域文化表现出不同的发展模式,而不同的发展模式又是共存、互动乃至互补的,中国文化的发展正是在这一过程中不断前进与壮大。

越文化"点状突进"发展模式的提出,实际上修正了基于"中原文化中心论"的中国文化单一发展路径的偏颇认识。唯有把握中国文化的立体性与复杂性,才能对其发展有更为全面的认识。

三、对中国文化基本特征及精神的补充

一般认为中国文化的一个基本特征是以农业文化为基础而生发出务

实、重农等心理,这种说法自然是有其道理的,在一定程度上也是能概括中国文化的基本特征的。中国所处的地理环境实际上是半封闭的状态,苏秉琦先生区分出"面向海洋"与"面向内陆"两大板块,此外中国应还有"面向草原"的板块。这一格局在中国文化的发生期已经奠定,"面向海洋"的板块在一定程度上是早熟的,"面向内陆"则具有相当的稳定性,"面向草原"的板块则不同程度吸收了长城以南及欧亚草原的文化因素,"龙山时代"中原地区出现的文明实体正是三大板块的文化共同汇聚的结果①。中国文化也由此表现出多元的特点,既非单纯的农耕文化,也非游牧文化,更不是纯粹的海洋文化,同时又兼有这些特点。中国文化也并非全封闭的文化,在生产力并不发达的史前时期,后来的陆上丝绸之路与海上丝绸之路已有了最初的雏形。"面向草原"的板块沟通欧亚草原②,红山文化等长城以北的文化与同时期的西方文化也有共性③,而"龙山时代"通过欧亚草原传入的冶炼术、小麦、黄牛、绵羊等成为中原地区发生质变的重要助力。"面向海洋"的板块面对的则是浩瀚的大洋,这是更为广阔的空间。对于中国文化而言,封闭与否更多取决于人为的因素而非自然条件的限制。黑格尔曾指出像中国这样的国家"并没有分享海洋所赋予的文明(无论如何,在他们的文明刚在成长变化的时期内),既然他们的航海——不管这种航海发展到怎样的程度——没有影响于他们的文化"④,这一说法显然难以概括中国的实际,越文化等地域文化便说明了中国文化与海洋的密切联系。

越文化处于"面向海洋"的板块,但它又并非纯粹的海洋文化。越地先民是中国境内最早致力于农业生产的人群之一,上山文化、跨湖桥文化先民已开始种植水稻,这一传统延续至今。同时,越人又是中国乃至世界都罕见的海洋性民族,中国东部海岸与地中海一样,都是世界上海洋文化的

---

① 童恩正先生的论文《试论我国从东北至西南的边地半月形文化传播带》(载《文物与考古论集》,文物出版社1986年版)提出从东北至西南的边地半月形文化传播带,实际上以海岸线为依据,还可以区分出另一个半月形地带,或者说另一条弧线,两条弧线交错并切割出三大区块,这是从另一种角度来思考"面向海洋"、"面向内陆"、"面向草原"三大板块。
② 需要注意的是,长城以北的一些早期文化中,农业也占有重要作用。"龙山时代"气候的转凉与地理环境的变化,使得游牧经济逐渐膨胀。
③ 毕玉才、刘勇:《红山文化东西融汇淌异彩》,《光明日报》2014年5月17日,第4版。
④ [德]黑格尔著,王造时译:《历史哲学》,生活·读书·新知三联书店1956年版,第146页。

发祥地。越人曾沿中国东部海岸线北上,在广东、福建、江浙、山东乃至东北都留下痕迹,所谓的东夷与百越很可能同出一源。事实上,东部"面向海洋"板块的考古学文化存在诸多共性,它们都是相对早熟的文化,对中国文化的构建起到了不可低估的作用。此外,广泛分布于太平洋诸岛屿的马来人群及波利尼西亚人群,实际上是距今12000年左右才与中国境内的百越集团分道扬镳的,他们从东亚和东南亚出发逐步向太平洋扩散,有段石锛见证了他们在大洋的征途①。环太平洋这一广大范围内的越人,共同构成了澳泰族群。凌纯声先生曾指出:"环太平洋的古文化,起源于中国大陆东岸,同时也是中国文化即上面所说的中原文化的基层文化。"②东南地区虽不是百越的发源地,但在此萌生的越文化,在发扬百越文化长处的同时,也创造出了别具一格的先进文化。从文化形态学出发,我们认为越文化是一种半农耕半海洋的文化,这无疑有助于我们更全面地认识中国文化的性质。而越文化半农耕半海洋的性质,既造成了其与中原文化存在诸多共性,同时也催生了鲜明的个性③。

越人习水便舟文献多有记载,如《吕氏春秋·贵因》云:

---

① 有段石锛不但见于中国的浙江、江苏、上海、安徽、江西、山东、辽宁、河南、湖南、湖北、福建、台湾、广东、广西、海南、云南、贵州等地,在日本、朝鲜、越南、菲律宾、印度尼西亚、新西兰、波利尼西亚诸岛乃至复活节岛均有发现。参见林惠祥《中国东南区新石器文化特征之一:有段石锛》,《考古学报》1958年第3期;傅宪国:《论有段石锛和有肩石器》,《考古学报》1988年第1期。林华东先生认为有段石锛的源头在河姆渡文化,参见氏著《试论河姆渡文化与古越族的关系》,《百越民族史论集》,中国社会科学出版社1982年版,第88—97页。
② 凌纯声:《中国古代与亚洲地中海》,《中国的边疆民族与环太平洋文化》上册,台湾联经出版事业公司1979年版,第344页。
③ 董楚平先生认为吴越文化7000年来的共同特征是柔、细、雅,参见氏著《吴越文化概述》,《杭州师范学院学报》(人文社会科学版)2000年第2期。张兵先生认为越文化有三个基本特征,即尚武爱国、创新进取和奉献自强,参见氏著《越文化特征新论》,《云南大学学报》(社会科学版)2004年第2期。顾琅川先生指出,古越文化精神最初的一些品格特征,便在此种特殊严峻的环境局势中磨砺、胎孕出一种强悍、峻烈而轻死的蛮风,一种理性务实的精神,一种开拓而保守、进取却因循的矛盾性格,参见氏著《古越文化性格考略》,《中国传统文化与越文化研究》,人民出版社2004年版,第211—220页。以上概括均有合理之处,但仍有难以协调的矛盾。正如董楚平先生所指出的:"有些人以'开放'、'爱国'、'勤劳勇敢'等放之四海而皆准的词语来概括某一地域文化的特点,恐怕是不合适的。因为这些词语同样适用于其他地域文化。"董先生还指出:"文化的地域特征取决于三个因素:一是自然环境;二是生产方式;三是人文环境。"参见氏著《广义吴越文化通论》一书"前言",中国社会科学出版社2012年版,第4页。不过在该书中,董先生仍将吴越文化的特征归结为柔、细、雅。实际上,吴文化与越文化还是有不同之处的,刚柔相济是越文化的重要特征。无论越文化的特征如何概括,其植根于半农耕半海洋的文化应无问题。

如秦者立而至,有车也;适越者坐而至,有舟也。①

《淮南子·齐俗训》云:

> 胡人便于马,越便于舟。

《越绝书·外传记地传》云:

> 夫越性脆而愚,水行而山处,以船为车,以楫为马,往若飘风,去则难从。

《易·系辞下》云:"伏羲氏刳木为舟,剡木为楫,舟楫之利,以济不通。"《淮南子·说山训》云:"古人见窾木浮而知为舟。"可见最早的舟船应为独木舟,古人将其追溯到伏羲氏的时代。2002 年,跨湖桥遗址出土了一条目前所见中国最早的独木舟遗骸,距今约 8000~7000 年②。这条独木舟呈梭形,其舟体和前端头部基本保存完好,唯舟体后端已残缺。残存长度 560 厘米,残宽 53 厘米,舟体厚度 3~4 厘米,船舱深仅存 15 厘米,并有一对木桨③。它有可能是一艘适于海上航行的边架艇独木帆舟,可与太平洋上南岛语系民族的舟船相联系④。在河姆渡遗址的第三、第四文化层中,共发现了 6 支木桨,已有六七千年的历史。此外,在河姆渡遗址中,还发现了 2 只陶舟和废弃的独木舟遗骸。近来又在田螺山河姆渡文化遗址发现了 1 件距今 7000 年的完整独木舟模型器,可以看出当时的独木舟已经脱离原始的状态。在常州圩墩马家浜文化遗址中,出土有木船桨和木橹各 1 支,桐乡罗家角马家浜文化遗址则出土了 2 件"拖泥板"状残木器,考古学家依其形状分析,认为是一种独木舟的遗骸。良渚文化的舟船遗物也发现较多,吴江龙南遗址、杭州水田畈遗址、余杭卞家山遗址、湖州钱山漾遗址、宁波慈湖遗址等处均有木船桨出土⑤,2010 年余杭茅山遗址首次出土良渚文化时期的独木舟。可见,越人习水便舟的习性有悠远的源头。《越绝书·

---

① 《慎子》逸文云:"行海者,坐而至越,有舟也;行陆者,立而至秦,有车也。"
② 朱乃诚先生认为其年代在距今约 7350~7000 年,参见氏著《论跨湖桥文化独木舟的年代》,《纪念良渚遗址发现七十周年学术研讨会文集》,科学出版社 2006 年版,第 83 页。
③ 吴汝祚:《跨湖桥遗址的人们在浙江史前史上的贡献》,《杭州师范学院学报》(社会科学版)2002 年第 5 期;徐峰等:《中国第一舟完整再现》,《杭州日报》2002 年 11 月 26 日,第 3 版;潘剑凯:《萧山挖掘出世界上最早的船》,《光明日报》2002 年 12 月 1 日,第 2 版。
④ 吴春明:《中国东南与太平洋的史前交通工具》,《南方文物》2008 年第 2 期。
⑤ 赵晔:《初论良渚文化木质遗存》,《南方文物》2012 年第 4 期。

吴内传》载越人将船称作"须虑",并云"习之于夷。夷,海也"①。《艺文类聚》卷七一引《周书》谓周成王时"於越献舟"。《左传》昭公二十四年:"越公子仓归(馈)王乘舟。"《水经·河水注》引古本《竹书纪年》云:"(魏襄王七年)四月,越王使公师隅来献乘舟,始罔及舟三百箭五百万,犀角象齿焉。"这三条记载都说明"舟"是对外馈赠的特产,是越地先民的标志性物产。1976年宁波鄞县石秃山出土的战国时期羽人竞渡纹铜钺,则有越人乘舟竞渡的直观图像。

进入越地文化时期后,越地延续了先越文化及越国文化的传统,仍然是重要的出海口及造船基地。越地"东临巨海,往往无涯","海物惟错,不可称名"②。尤其是唐开元年间,明州也就是今天的宁波从越州独立出来,在此后长期扮演着对外窗口的角色。"安史之乱"后的丝绸之路受到一定限制,在一定程度上也刺激了海上贸易的发展。宋、元的繁荣,与对外交流的密切不无关系。而在明清时期,由于"海禁"政策而导致对外窗口被关闭,中国文化也便在闭关自守中逐渐丧失活力。

海洋文化的一个重要特点是开放性与包容性。中原地区之所以成为共同体文化最初发生的地域,正在于其汇聚了周边的先进文化因素。但中原地区说到底是以农业文化为核心的,因而具有追求稳定且发展相对缓慢的现象。每当战乱来临,作为物质基础的农业生产往往遭遇巨大威胁。包括越文化在内的带有海洋色彩的地域文化,则在一定程度上弥补了中原文化的缺陷。在吸收外界的先进文化因素的同时,也壮大了中国文化本身。而明清某些时期的闭关锁国,导致越文化的海洋性被很大程度上限制了,同时也限制了中国文化与外界的交流,中西方的差距自然也就越来越大。而在近代以来,随着国门的被动打开,越文化的海洋性被再度激发,这既是机遇,也是挑战。海洋文化不但要求"引进来",还要求"走出去"。在先越文化、越国文化、越地文化三个阶段,越文化都有"走出去"的强烈冲动。在越地文化时期,越文化不断吸收、重组外界因素,而在施行"海禁"的明清时期,日趋成熟的越文化"走出去"的愿望愈加强烈,在近现代更是达到高潮。事实证明,只有开放的胸襟才能保持文化的不竭生命力。近代欧洲的崛

---

① 郑张尚芳先生曾将包括此条在内的"维甲令"结合泰语进行研究,参见氏著《句践"维甲"令中之古越语的解读》,《民族语文》1999年第4期。

② 陆云:《答车茂安书》,《全晋文》卷一〇三。

起,便与其海洋性密不可分。

与海洋性相关的是重商主义。黑格尔指出,"大海给了我们茫茫无定、浩浩无际和渺渺无限的观念;人类在大海的无限里感到他自己底无限的时候,他们就被激起了勇气,要去超越那有限的一切。大海邀请人类从事征服,从事掠夺,但是同时也鼓励人类追求利润,从事商业"①。古巴比伦、古埃及、古印度以及爱琴海文明,均有较发达的商业,中国古代文明却表现出不同的特征。在重农抑商为主色调的中国古代社会,商业长期游离于社会主流之外。但越地却在很早便有了重商的思想。何驽先生认为,良渚古城是建立在商品经济之上的大都会,良渚文化所建立的国家依赖于商业文明所提供的物质基础;良渚文明是长江流域从7000年以降商品经济发展在史前时期创造的文明最高水平,其物质文明发达程度、社会财富总量、社会整体奢华的程度远高于同时期的黄河流域,是中国文明起源商品经济模式的集成代表②。此前有学者指出良渚文化玉璧可能也是一种原始货币③。需要注意的是,"过分强调城市的商贸职能,是不符合中国古代社会发展的实际情况的"④,良渚古城并没有表现出商业的明显迹象,故上述说法仍需存疑。如果何驽先生的假说能够成立,那无疑需要从越文化的海洋性出发去认识。越国的两位重臣计然与范蠡都已经提出农末俱利、重视商业的认识。在越地文化时期,越地的商业发展在全国范围内始终是比较突出的。六朝时期越地的商业已有一定发展,对外贸易初具轮廓,为后来的发展奠定了基础。早在南宋,永嘉学派便已强调"通商惠工"。黄宗羲进一步主张"工商皆本",认为"夫工固圣王之所欲来,商又使其愿出于途者,盖皆本也"⑤,倡导经济改革,发展商品经济,并初步提出了币制改革方案。明清越地的工商业市镇与农业商品贸易有较大发展,实现了经济结构的超越。尤其明代晚期重商主义兴起,越地也是重要的策源地。清代宁绍会馆已经出现,越地商人逐渐壮大。近代以来"越商"、"宁波帮"极为活跃,在金融等领域扮演了重要角色,实际上延续了重商的传统。

---

① [德]黑格尔著、王造时译:《历史哲学》,生活·读书·新知三联书店1956年版,第134页。
② 何驽:《长江流域文明起源商品经济模式新探》,《东南文化》2014年第1期。
③ 林华东:《浙江通史·史前卷》,浙江人民出版社2005年版,第377页。
④ 许宏:《先秦城市考古学研究》,北京燕山出版社2000年版,第9页。
⑤ 黄宗羲:《明夷待访录》"财计三"条,《黄宗羲全集》第一册。

半农耕半海洋的文化性质使越文化既有求真务实的一面,也有浪漫主义、求新趋变的一面。鲁迅曾指出中国现有神话零碎的一个原因是"华土之民,先居黄河流域,颇乏天惠,其生也勤,故重实际而黜玄想"①,而长江流域的文化则更富浪漫色彩,楚文化以及越文化皆是如此。在先越文化和越国文化阶段,越文化的社会风尚存在重神巫淫祀的特点,在越地时期则表现为民间宗教杂糅崇拜的现象。越国曾受到楚地黄老之学的影响,而在此后的历史中,诸如王充、王阳明、徐渭、刘宗周、黄宗羲等人均不同程度对占有统治地位的儒学提出或破或立的见解,他们身上往往体现出独立之人格以及独立之思想的锋芒。他们对儒学的挑战事实上刺激了儒学的完善,而儒学是中国文化的一个基本支柱,也是中国文化连续性的重要动力所在。

　　越文化有更多的反中庸色彩,尤其是在唐宋以后,"隐藏的各种潜在'异端'倾向也从中原礼制文化的束缚中释放出来,获得自主的活动空间"②。越文化除了柔性的一面,也有刚性的一面,双重组合了趋向于各自极致的坚硬与柔软。因此,越地戏曲既有绍剧之刚,也有越剧之柔。与吴文化相比,越文化有更多的刚健色彩,给人以"天下惟浙人褊急易动"③、"浙东俗敦朴,人性俭啬椎鲁,尚古淳风,重节概"④的印象。这种地域性格,并未因越族文化向汉文化的转变而断裂,而是最终融入中国文化的基本精神。中华民族尚刚主动、自强不息、勤劳勇敢的民族精神,在越文化的创造者身上有较强的体现。哪怕是南宋以降越地的尚武习气似乎消失殆尽,但在文化昌明的同时,闪耀于越地的那一抹刚烈之气仍值得世人尊敬。以明代的越地士人为例,他们不但有横溢的才华,同时还有刚毅的气节。宦官刘瑾矫旨逮捕戴铣等20余人入狱,王阳明抗疏营救,触怒刘瑾,遭廷杖四十,并被贬为贵州龙场驿丞,同样与阉党奸臣抗争的还有陶谐、黄尊素、刘宗周等人;沈炼与沈束、赵锦、徐学诗并称"越中四谏",刚直耿介,因多次弹劾权臣严嵩而被谪保安,后又遭严嵩死党诬陷而弃市;绍兴柯桥乡民姚长子诱敌于化人坛,被倭寇戕害碎尸,然其义举帮助明军围歼倭寇

---

① 鲁迅:《中国小说史略》,山西古籍出版社2001年版,第10页。
② 陈彩云:《礼俗之间:江南传统文化的历史解析》,《史学月刊》2013年第2期。
③ 丁傅靖辑:《宋人轶事汇编》(上)卷七,中华书局1981年版,第284页。
④ 王士性:《广志绎》卷四《江南诸省·浙江》。

200余人,"醢一人,活几千万人"①;王思任在弘光败走、奸相马士英打算退避绍兴时,上《请斩马士英疏》,并致书痛斥临敌逃逸的马士英,痛陈"夫越乃报仇雪耻之国,非藏垢纳污之地也"②。无论是宋元更替还是明清易代,越地士人都不畏强暴,秉持正气,国恨家仇更是交织为可歌可泣的诗章。在清兵渡钱塘江后,祁彪佳自沉于寓园梅花阁池中;刘宗周荷戈渡钱塘江催促巡抚黄鸣俊出师而不得,清人南下后投水自戕而不得,后清贝勒以礼来聘,终拒降绝食而死,留《绝命辞》云"留此旬日生,少存匡济志。决此一朝死,了我平生事。慷慨与从容,何难亦何易"③;王思任在绍兴陷落之后遁入山中,清廷征召逼降不赴,大书"不降"二字,临终三呼"高皇帝"而亡;张岱遁于深山,"披发入山,骇骇为野人"④,发愤著《石匮书》,由早年的纨绔作风堕入凄凉晚景,誓做遗民;刘宗周的学生王毓蓍在清人南下后愤然在自己的门上贴榜曰"不降者会稽王毓蓍也",最终自沉,刘宗周闻之曰:"吾数十年来,止得此一门人"⑤;黄宗羲变卖家产,组织家乡600多名青壮年农民义军,沿钱塘江布防,大势已去之后,黄宗羲遂潜心学术,拒绝清廷征召;此外潘集、周卜年、朱炜、方炯、杨云门等人均在清军下剃发令后,自杀殉国。他们既是饱读诗书之士,同时他们的血液中也流淌着胆剑精神。晚明的士人虽指点江山,但又多自私自利而不顾全大局,如顾诚先生认为刘宗周与其说以身殉国,不如说是以身殉名⑥。这种评论或许严苛,事实上,越地士人普遍更以家国社稷为重,对"亡国"与"亡天下"之辨有更深切的感受。王思任所说"夫越乃报仇雪耻之国",实际上将自身的道德准则追溯到越王勾践。徐锡麟曾撰有《越王勾践论》,认为勾践"惟知雪一人之耻,享一人之荣,擅一人之权,保一人之位,而天下之利害,皆不顾",他推许的是以"血性"济苍生⑦。近现代以来"走出越地"的徐锡麟、秋瑾等光复会斗士杀身成仁,蔡元培、鲁迅等时代先锋则发出了新文化运动的最强音。在

---

① 张岱:《姚长子墓志铭》,《琅嬛文集》卷五。
② 张岱:《王谑庵先生传》,《琅嬛文集》卷四。
③ 黄宗羲:《子刘子行状》卷下,《黄宗羲全集》第一册。
④ 张岱:《梦忆序》,《琅嬛文集》卷一。
⑤ 黄宗羲:《思旧录》"王毓蓍"条,《黄宗羲全集》第一册。
⑥ 顾诚:《南明史》,中国青年出版社1997年版,第233页。
⑦ 徐锡麟:《越王勾践论》,《徐锡麟集》,中国文史出版社1993年版,第20页。

他们身上,我们同样能看到胆剑精神的闪光,无愧于"中国的脊梁"[①]。

正是缘于越文化半农耕半海洋的文化特征,才滋生了类似于"临大事而不苟且"的越文化精神。它不但塑造了一代又一代越地后人的精神品格,而且沾溉于中国文化的价值系统与基本精神。也唯有充分认识越文化的基本特征与基本精神,才能深化我们对中国文化的立体认识。

---

① 鲁迅:《中国人失掉自信力了吗》,《鲁迅全集》第6卷,人民文学出版社1973年版,第119页。

主要参考书目

一、古人论著

（清）阮元校刻：《十三经注疏》，中华书局1980年版。

国学整理社编：《诸子集成》，中华书局2006年版。

（汉）司马迁等著、顾颉刚等点校：《点校本二十四史》，中华书局2011年版。

（春秋）左丘明撰：《国语》，齐鲁书社2005年版。

（汉）刘向编：《战国策》，齐鲁书社2005年版。

（晋）皇甫谧等撰：《帝王世纪·世本·逸周书·古本竹书纪年》，齐鲁书社2010年版。

（汉）许慎撰、（宋）徐铉校定：《说文解字》，中华书局1963年版。

（汉）袁康、（汉）吴平辑录，乐祖谋点校：《越绝书》，上海古籍出版社1985年版。

（汉）赵晔撰：《吴越春秋》，江苏古籍出版社1986年版。

（汉）应劭撰：《风俗通义》，中华书局1985年版。

（北魏）郦道元著、陈桥驿校证：《水经注校证》，中华书局2007年版。

（南朝·宋）刘义庆撰、（梁）刘孝标注：《世说新语》，上海古籍出版社1982年版。

（梁）萧统编、（唐）李善注：《文选》，上海古籍出版社1986年版。

（梁）梁元帝撰：《金楼子》，中华书局1985年版。

（唐）杜佑撰、王文锦等点校：《通典》（校点本），中华书局1988年版。

（唐）虞世南编撰：《北堂书钞》，中国书店1989年版。

（唐）欧阳询撰、汪绍楹校：《艺文类聚》，中华书局1965年版。

（唐）李吉甫撰、贺次君点校：《元和郡县图志》，中华书局1983年版。

（唐）元稹著、冀勤点校：《元稹集》，中华书局1982年版。

（唐）白居易著、顾学颉校点：《白居易集》，中华书局1979年版。

（唐）韩愈撰：《韩昌黎全集》，中国书店1991年影印本。

（唐）李肇撰：《唐国史补》，中华书局1991年版。

（唐）范摅撰：《云溪友议》，中华书局1985年版。

（宋）李昉等编：《太平御览》，中华书局1960年版。

（宋）李昉等编：《太平广记》，上海古籍出版社1995年版。

（宋）乐史撰：《太平寰宇记》，中华书局1985年版。

（宋）王存撰，王文楚、魏嵩山点校：《元丰九域志》，中华书局1984年版。

（宋）司马光撰：《资治通鉴》，中华书局2012年版。

（宋）欧阳修撰：《归田录》，中华书局1981年版。

（宋）范仲淹撰：《范文正公文集》，中华书局1985年版。

（宋）苏轼撰、孔凡礼点校：《苏轼文集》，中华书局1986年版。

（宋）曾巩撰：《元丰类稿》，商务印书馆1937年版。

（宋）孔延之编、邹志方点校：《〈会稽掇英总集〉点校》，人民出版社2006年版。

（宋）李焘著、（清）黄以周等辑补：《续资治通鉴长编》，上海古籍出版社1986年版。

（宋）李心传撰、徐规点校：《建炎以来朝野杂记》，中华书局2000年版。

（宋）李心传撰：《建炎以来系年要录》，上海古籍出版社1992年版。

（宋）徐梦莘撰：《三朝北盟会编》，上海古籍出版社1987年版。

（宋）吴自牧编：《梦粱录》，商务印书馆1939年版。

（宋）庄绰撰、萧鲁阳点校：《鸡肋编》，上海书店出版社1983年版。

（宋）陆游撰：《陆游集》，中华书局1976年版。

（宋）陆游著、钱仲联校注：《剑南诗稿校注》，上海古籍出版社1985年版。

（宋）王十朋著、梅溪集重刊委员会编：《王十朋全集》，上海古籍出版社1998年版。

（宋）王十朋撰、周世则注、史铸增注：《会稽三赋》，中华书局1991年版。

（宋）叶适著、刘公纯等点校：《叶适集》，中华书局2010年版。

（宋）陈与义著，吴书荫、金德厚点校：《陈与义集》，中华书局1982年版。

(宋)张孝祥撰:《于湖集》,吉林出版集团有限责任公司2005年版。

(宋)王明清撰:《玉照新志》,中华书局1985年版。

(宋)吴处厚撰、李裕民点校:《青箱杂记》,中华书局1985年版。

(宋)张端义撰:《贵耳集》,中华书局1985年版。

(宋)陈鹄撰:《西塘集耆旧续闻》,中华书局1985年版。

(元)马端临撰:《文献通考》,中华书局1986年版。

(元)辛文房撰:《唐才子传》,中华书局1991年版。

(明)王冕撰、(明)王周编:《竹斋集》(外八种),上海古籍出版社1991年版。

(明)王守仁撰,吴光、钱明、董平、姚延福编校:《王阳明全集》,上海古籍出版社2011年版。

(明)王士性著、周振鹤编校:《王士性地理书三种》,上海古籍出版社1993年版。

(明)张溥辑:《汉魏六朝百三名家集》,江苏古籍出版社2001年版。

(明)胡应麟撰:《诗薮》,中华书局1958年版。

(明)徐渭撰:《徐渭集》,中华书局1983年版。

(明)袁宏道著、钱伯城笺校:《袁宏道集笺校》,上海古籍出版社1981年版。

(明)陶望龄撰:《歇庵集》,台湾伟文图书出版社有限公司1976年版。

(明)王骥德著,陈多、叶长海注译:《王骥德曲律》,湖南人民出版社1983年版。

(明)张岱撰、李小龙整理:《夜航船》,中华书局2012年版。

(明)张岱著、云告点校:《琅嬛文集》,岳麓书社1985年版。

(明)祁彪佳撰:《祁彪佳集》,中华书局1960年版。

(明)瞿九思撰:《万历武功录》,中华书局1962年版。

(明)陈邦瞻撰:《宋史纪事本末》,上海古籍出版社1994年版。

(明)刘宗周撰:《刘子全书》,台湾华文书局1968年版。

(清)黄宗羲撰:《黄宗羲全集》,浙江古籍出版社1985年版。

(清)顾炎武著、陈垣校注:《日知录校注》,安徽大学出版社2007年版。

(清)王鸣盛撰:《十七史商榷》,商务印书馆1937年版。

(清)吴任臣撰,徐敏霞、周莹点校:《十国春秋》,中华书局1983年版。

(清)彭定求等编:《全唐诗》,中华书局1960年版。
(清)董诰等编:《全唐文》,中华书局1983年版。
(清)严可均辑:《全晋文》,商务印书馆1999年版。
(清)徐松辑:《宋会要辑稿》,中华书局1957年版。
(清)阮元编:《两浙金石志》,浙江古籍出版社2012年版。
(清)方东树著、汪绍楹校点:《昭昧詹言》,人民文学出版社1961年版。
(清)章学诚撰:《章学诚遗书》,文物出版社1985年版。
(清)章学诚著、叶瑛校注:《文史通义校注》,中华书局1994年版。
(清)汪辉祖纂:《佐治药言》,中华书局1985年版。
(清)徐锡麟著、徐乃常编:《徐锡麟集》,中国文史出版社1993年版。
(清)秋瑾撰:《秋瑾集》,上海古籍出版社1991年版。

二、方志、档案、资料汇编

(宋)施宿撰:《嘉泰会稽志》,台湾成文出版社1983年版。
(宋)施宿、(宋)张淏等撰,李能成点校:《(南宋)会稽二志点校》,安徽文艺出版社2012年版。
(明)萧良幹修,张元忭、孙鑛纂,李能成点校:《万历〈绍兴府志〉点校本》,宁波出版社2012年版。
(明)张元忭撰:《万历会稽县志》,台湾成文出版社1983年版。
(明)田琯修、(明)吕光洵纂:《万历新昌县志》,上海古籍出版社1964年版。
(清)董钦德辑:《康熙会稽县志》,台湾成文出版社1983年版。
(清)刘俨修:《康熙萧山县志》,《中国地方志集成·浙江府县志辑》(11),上海书店出版社、江苏古籍出版社、巴蜀书社1993年版。
(清)张逢欢修:《康熙嵊县志》,《中国地方志集成·浙江府县志辑》(43),上海书店出版社、江苏古籍出版社、巴蜀书社1993年版。
浙江省地方志编纂委员会编:《清雍正朝〈浙江通志〉标点本》,中华书局2001年版。
(清)李亨特修:《乾隆绍兴府志》,《中国地方志集成·浙江府县志辑》(39、40),上海书店出版社、江苏古籍出版社、巴蜀书社1993年版。
(清)徐元梅修:《嘉庆山阴县志》,《中国地方志集成·浙江府县志辑》(37),上海书店出版社、江苏古籍出版社、巴蜀书社1993年版。

(清)王蓉坡、(清)沈墨庄纂:《道光会稽县志稿》,《中国地方志集成·浙江府县志辑》(41),上海书店出版社、江苏古籍出版社、巴蜀书社1993年版。

(清)储家藻修:《光绪上虞县志校续》,《中国地方志集成·浙江府县志辑》(42),上海书店出版社、江苏古籍出版社、巴蜀书社1993年版。

(清)陈遹声修、(清)蒋鸿藻纂:《光绪诸暨县志》,《中国地方志集成·浙江府县志辑》(41),上海书店出版社、江苏古籍出版社、巴蜀书社1993年版。

(清)周炳麟修,(清)邵友濂、(清)孙德祖纂:《光绪余姚县志》,《中国地方志集成·浙江府县志辑》(36),上海书店出版社、江苏古籍出版社、巴蜀书社1993年版。

(清)悔堂老人:《越中杂识》,浙江人民出版社1983年版。

彭延庆等修:《民国萧山县志稿》,《中国地方志集成·浙江府县志辑》(11),上海书店出版社、江苏古籍出版社、巴蜀书社1993年版。

金城修、陈畲等纂:《民国新昌县志》,《中国地方志集成·浙江府县志辑》(38),上海书店出版社、江苏古籍出版社、巴蜀书社1993年版。

牛荫麟等修:《民国嵊县志》,《中国地方志集成·浙江府县志辑》(43),上海书店出版社、江苏古籍出版社、巴蜀书社1993年版。

杭州市萧山区人民政府地方志办公室编:《明清萧山县志》,上海远东出版社2012年版。

浙江省通志馆编、浙江省地方志编纂委员会整理:《重修浙江通志稿》,方志出版社2010年版。

绍兴市地方志编纂委员会编、任桂全总纂:《绍兴市志》,浙江人民出版社1996年版。

傅振照、王志邦、王致涌辑注:《会稽方志集成》,团结出版社1992年版。

马蓉等点校:《永乐大典方志辑佚》,中华书局2004年版。

《绍兴丛书》编辑委员会编:《绍兴丛书》第1辑《地方志丛编》(全10册),中华书局2006年版(含嘉靖《山阴县志》、康熙《绍兴府志》、康熙《山阴县志》等)。

《绍兴丛书》编辑委员会编:《绍兴丛书》第2辑《史迹汇纂》(全12册),

中华书局 2009 年版(含《会稽县劝业所报告册》、《越中金石记》等)。

浙江省地方志编纂委员会编:《宋元浙江方志集成》(全 14 册),杭州出版社 2009 年版(含嘉泰《会稽志》、宝庆《会稽续志》、嘉定《剡录》、《会稽掇英总集》等)。

严中平等编:《中国近代经济史统计资料选辑》,科学出版社 1955 年版。

李文治编:《中国近代农业史资料》第 1 辑(1840—1911),生活·读书·新知三联书店 1957 年版。

章有义编:《中国近代农业史资料》第 2 辑(1912—1927),生活·读书·新知三联书店 1957 年版。

孙毓棠编:《中国近代工业史资料》第 1 辑(1840—1895),科学出版社 1957 年版。

汪敬虞编:《中国近代工业史资料》第 2 辑(1895—1914),科学出版社 1957 年版。

彭泽益编:《中国近代手工业史资料》(1840—1949),中华书局 1962 年版。

姚贤镐:《中国近代对外贸易史资料》(1840—1895),中华书局 1962 年版。

聂宝璋:《中国近代航运史资料》,上海人民出版社 1983 年版。

梁方仲编著:《中国历代户口、田地、田赋统计》,上海人民出版社 1980 年版。

谢国桢编:《明代社会经济史料选编》,福建人民出版社 1981 年版。

南京大学太平天国研究室编:《江浙豫皖太平天国史料选编》,江苏人民出版社 1983 年版。

何泉达辑:《清实录江浙沪地区经济资料选》,上海社会科学院出版社 1989 年版。

宁波市社会科学联合会等编:《浙江鸦片战争史料》,宁波出版社 1997 年版。

民国浙江史研究中心、杭州师范大学选编:《民国浙江史料辑刊》第 1 辑(全 10 册),国家图书馆出版社 2008 年版。

民国浙江史研究中心、杭州师范大学选编:《民国浙江史料辑刊》第 2

辑（全 44 册），国家图书馆出版社 2009 年版。

中国戏曲研究院编：《中国古典戏曲论著集成》，中国戏剧出版社 1959 年版。

陈谷嘉、邓洪波主编：《中国书院史资料》，浙江教育出版社 1998 年版。

三、一般论著

［德］奥斯瓦尔德·斯宾格勒著、齐世荣等译：《西方的没落：世界历史的透视》，商务印书馆 1963 年版。

百越民族史研究会编：《百越民族史论集》，中国社会科学出版社 1982 年版。

蔡丰明主编：《吴越文化的越海东传与流布》，学林出版社 2006 年版。

仓修良、叶建华：《章学诚评传》，南京大学出版社 1996 年版。

曹锦炎：《鸟虫书通考》，上海书画出版社 1999 年版。

车越乔、陈桥驿：《绍兴历史地理》，上海书店出版社 2001 年版。

陈方竞：《鲁迅与浙东文化》，吉林大学出版社 1999 年版。

陈百刚：《六朝剡东文化》，上海书店出版社 1995 年版。

陈国灿、奚建华：《浙江古代城镇史》，安徽大学出版社 2003 年版。

陈国灿：《中国古代江南城市化研究》，人民出版社 2010 年版。

陈国强、蒋炳钊、吴绵吉、辛土成：《百越民族史》，中国社会科学出版社 1988 年版。

陈桦：《清代区域社会经济研究》，中国人民大学出版社 1996 年版。

陈梦家：《西周年代考·六国纪年》，中华书局 2005 年版。

陈民镇：《中华文明起源研究——虞朝、良渚文化考论》，安徽大学出版社 2010 年版。

陈桥驿：《绍兴史话》，上海人民出版社 1982 年版。

陈桥驿等编著：《浙江地理简志》，浙江人民出版社 1985 年版。

陈桥驿编：《浙江灾异简志》，浙江人民出版社 1991 年版。

陈桥驿：《吴越文化论丛》，中华书局 1999 年版。

陈桥驿、颜越虎：《绍兴简史》，中华书局 2004 年版。

陈尚君：《唐代文学丛考》，中国社会科学出版社 1997 年版。

陈剩勇：《中国第一王朝的崛起——中华文明和国家起源之谜破译》，

湖南出版社1994年初版,湖南人民出版社2002年再版。

陈剩勇:《浙江通史·明代卷》,浙江人民出版社2005年版。

陈望衡:《越中名士文化论》,人民出版社2010年版。

陈星灿:《中国史前考古学史研究(1895—1949)》,生活·读书·新知三联书店1997年版。

陈学文:《明清时期杭嘉湖市镇史研究》,群言出版社1993年版。

陈学文:《中国封建晚期的商品经济》,湖南人民出版社1989年版。

陈学文:《明清时期太湖流域的商品经济与市场网络》,浙江人民出版社2000年版。

陈衍德、杨权:《唐代盐政》,三秦出版社1999年版。

陈祖武主编:《明清浙东学术文化研究》,中国社会科学出版社、宁波出版社2004年版。

程民生:《宋代地域经济》,河南大学出版社1992年版。

邓先瑞、邹尚辉:《长江文化生态》,湖北教育出版社2005年版。

丁福林:《东晋南朝的谢氏文学集团》,黑龙江教育出版社1998年版。

董楚平:《吴越文化新探》,浙江人民出版社1988年版。

董楚平:《吴越徐舒金文集释》,浙江古籍出版社1992年版。

董楚平、金永平等:《吴越文化志》,上海人民出版社1998年版。

董楚平:《广义吴越文化通论》,中国社会科学出版社2012年版。

董珊:《吴越题铭研究》,科学出版社2014年版。

冻国栋:《唐代人口问题研究》,武汉大学出版社1993年版。

杜维运:《清代史学与史家》,中华书局1988年版。

范玉春:《移民与中国文化》,广西师范大学出版社2005年版。

方杰主编:《越国文化》,上海社会科学院出版社1998年版。

费君清主编:《中国传统文化与越文化研究》,人民出版社2004年版。

费君清、王建华主编:《海峡两岸越文化研究》,人民出版社2005年版。

冯普仁:《吴越文化》,文物出版社2007年版。

复旦大学中国历史地理研究所编:《历史地理研究》,复旦大学出版社1986年版。

傅衣凌:《明代江南市民经济试探》,上海人民出版社1957年版。

傅衣凌:《明清社会经济史论文集》,人民出版社1982年版。

傅振照:《绍兴史纲》(越国部分),百家出版社 2002 年版。

傅振照:《绍兴史纲》(秦至清代),百家出版社 2002 年版。

傅宗文:《宋代草市镇研究》,福建人民出版社 1989 年版。

高利华:《越文化与唐宋文学》,人民出版社 2008 年版。

高利华、邹贤尧、渠晓云:《越文学艺术论》,人民出版社 2010 年版。

高蒙河:《长江下游考古地理》,复旦大学出版社 2005 年版。

葛剑雄:《西汉人口地理》,人民出版社 1986 年版。

葛剑雄:《中国人口发展史》,福建人民出版社 1991 年版。

葛剑雄主编:《中国移民史》,福建人民出版社 1997 年版。

葛兆光:《中国思想史》,复旦大学出版社 2013 年版。

顾诚:《南明史》,中国青年出版社 1997 年版。

顾琅川:《周氏兄弟与浙东文化》,人民出版社 2008 年版。

桂栖鹏等:《浙江通史·元代卷》,浙江人民出版社 2005 年版。

郭沫若主编:《中国史稿》,人民出版社 1976 年版。

郭润涛著:《官府、幕友与书生——"绍兴师爷"研究》,中国社会科学出版社 1996 年版。

韩茂莉:《宋代农业地理》,山西古籍出版社 1993 年版。

河姆渡遗址博物馆编:《河姆渡文化精粹》,文物出版社 2002 年版。

何炳棣著、葛剑雄译:《明初以降人口及其相关问题(1368—1953)》,生活·读书·新知三联书店 2000 年版。

何忠礼、徐吉军:《南宋史稿》,杭州大学出版社 1999 年版。

[德]黑格尔著、王造时译:《历史哲学》,生活·读书·新知三联书店 1956 年版。

洪焕椿:《浙江文献丛考》,浙江人民出版社 1983 年版。

洪惠良、祁万荣编著:《绍兴农业发展史略》,杭州大学出版社 1991 年版。

侯外庐:《中国古代社会史论》,人民出版社 1955 年版。

胡焕庸、张善余:《中国人口地理》,华东师范大学出版社 1984 年版。

胡可先:《唐诗发展的地域因缘和空间形态》,中国社会科学出版社 2010 年版。

胡兆量等:《中国文化地理概述》,北京大学出版社 2001 年版。

黄今言主编:《秦汉江南经济述略》,江西人民出版社1999年版。

黄胜平主编:《中国吴越文化研究选粹》,作家出版社2011年版。

金普森等:《浙江通史·民国卷》(上),浙江人民出版社2005年版。

简修炜、庄辉明、章义和:《六朝史稿》,华东师范大学出版社1994年版。

江林昌:《中国上古文明考论》,上海教育出版社2005年版。

蒋炳钊、石奕龙、黄向春主编:《龙虎山崖葬与百越民族文化》,吉林人民出版社2001年版。

蒋炳钊主编:《百越文化研究》,厦门大学出版社2005年版。

蒋兆成:《明清杭嘉湖社会经济史研究》,杭州大学出版社1994年版。

金力、褚嘉祐:《中华民族遗传多样性研究》,上海科学技术出版社2006年版。

景遐东:《江南文化与唐代文学研究》,人民文学出版社2005年版。

李伯重:《唐代江南农业的发展》,农业出版社1990年版。

李大龙:《西汉时期的边政与边吏》,黑龙江教育出版社1998年版。

李孝聪:《中国区域历史地理》,北京大学出版社2004年版。

李晓杰:《秦汉政区地理》,山东教育出版社1999年版。

李学勤:《中国古代文明研究》,华东师范大学出版社2005年版。

李永鑫主编:《绍兴通史》,浙江人民出版社2012年版。

李泽厚:《中国古代思想史论》,天津社会科学出版社2003年版。

李志庭:《浙江地区开发探源》,江西教育出版社1997年版。

李志庭:《浙江通史·隋唐五代卷》,浙江人民出版社2005年版。

连晓鸣、李永鑫主编:《2002·绍兴越文化国际学术研讨会论文集》,浙江古籍出版社2006年版。

梁启超:《清代学术概论》,商务印书馆1921年版。

梁涌:《越地学术思想论》,人民出版社2010年版。

林华东:《河姆渡文化初探》,浙江人民出版社1992年版。

林华东:《良渚文化研究》,浙江教育出版社1998年版。

林华东:《浙江通史·史前卷》,浙江人民出版社2005年版。

林惠祥:《中国民族史》,商务印书馆1936年版。

林剑鸣等:《秦汉社会文明》,西北大学出版社1985年版。

林蒲田:《中国古代土壤分类和土地利用》,科学出版社1996年版。

林正秋:《浙江经济文化史研究》,浙江古籍出版社1989年版。

刘斌:《神巫的世界——良渚文化综论》,浙江摄影出版社2007年版。

刘孟达、章融:《越地经济文化论》,人民出版社2010年版。

刘石吉:《明清时代江南市镇研究》,中国社会科学出版社1987年版。

刘跃进:《门阀士族与永明文学》,生活·读书·新知三联书店1996年版。

鲁迅:《鲁迅全集》,人民文学出版社1973年版。

[美]露斯·本尼迪克特著、王炜等译:《文化模式》,生活·读书·新知三联书店1988年版。

吕琪昌:《青铜爵、斝的秘密:从史前陶鬹到夏商文化起源并断代问题研究》,浙江大学出版社2007年版。

罗香林:《中夏系统中之百越》,独立出版社1943年版。

罗香林:《百越源流与文化》,台湾编译馆中华丛书编审委员会1978年版。

罗宗强:《玄学与魏晋士人心态》,浙江人民出版社1991年版。

马雪芹:《古越国兴衰变迁研究》,齐鲁书社2008年版。

毛颖、张敏:《长江下游的徐舒与吴越》,湖北教育出版社2005年版。

蒙文通:《越史丛考》,人民出版社1983年版。

孟文镛:《绍兴越文化》,中华书局2004年版。

孟文镛:《越国史稿》,中国社会科学出版社2010年版。

孟文镛:《越文化研究论著目录汇编》,中国社会科学出版社2013年版。

倪士毅:《浙江古代史》,浙江人民出版社1987年版。

潘承玉:《中华文化格局中的越文化》,人民出版社2010年版。

彭适凡主编:《百越民族研究》,江西教育出版社1990年版。

彭适凡:《中国南方考古与百越民族研究》,科学出版社2009年版。

钱杭、承载:《十七世纪江南社会生活》,浙江人民出版社1996年版。

钱婉约:《内藤湖南研究》,中华书局2004年版。

清华大学出土文献研究与保护中心编、李学勤主编:《清华大学藏战国竹简》(二),中西书局2011年版。

邱国珍:《三千年天灾》,江西高校出版社1998年版。

裘士雄:《文史掇拾》,中华书局2001年版。

渠晓云:《六朝文学与越地文化》,人民出版社2010年版。

上海文物管理委员会编著:《马桥:1993—1997年发掘报告》,上海书画出版社2002年版。

邵汉明主编:《中国文化研究二十年》,人民出版社2003年版。

绍兴市文化局、中共绍兴市委党史办公室编:《绍兴革命文化史料汇编》,团结出版社1992年版。

绍兴县史志办公室编:《唐宋诗人咏鉴湖》,中华书局2011年版。

绍兴县文物保护管理所:《绍兴县文物志》,浙江古籍出版社2002年版。

佘德余:《越中曲派研究》,中国文联出版社2000年版。

沈东梅、范立舟:《浙江通史·宋代卷》,浙江人民出版社2005年版。

沈善洪主编、费君清执行主编:《浙江文化史》,浙江大学出版社2009年版。

沈雨梧:《浙江近代经济史稿》,人民出版社1990年版。

盛鸿郎主编:《鉴湖与绍兴水利》,中国书店1991年版。

施谢捷编著:《吴越文字汇编》,江苏教育出版社1998年版。

寿永明、宋浩成、俞婉君:《越地民俗文化论》,人民出版社2010年版。

[日]斯波义信著,方健、何忠礼译:《宋代江南经济史研究》,江苏人民出版社2000年版。

司马云杰:《文化社会学》,中国社会科学出版社2001年版。

宋蜀华:《百越》,吉林教育出版社1991年版。

苏秉琦:《华人·龙的传人·中国人》,辽宁大学出版社1994年版。

苏秉琦:《中国文明起源新探》,生活·读书·新知三联书店1999年版。

谭其骧:《长水集》,人民出版社1987年版。

谭其骧:《长水粹编》,河北教育出版社2000年版。

[英]汤因比著、曹未风等译:《历史研究》,上海人民出版社1962年版。

汤用彤:《汉魏两晋南北朝佛教史》,中华书局1983年版。

陶士和:《民国浙江史研究》,陕西人民出版社2003年版。

陶水木:《浙江商帮与上海经济近代化研究》,生活·读书·新知三联书店 2000 年版。

滕复等编著:《浙江文化史》,浙江人民出版社 1992 年版。

田余庆:《东晋门阀政治》,北京大学出版社 1989 年版。

万绳楠:《魏晋南北朝文化史》,黄山书社 1989 年版。

汪林茂:《浙江通史·清代卷》(下),浙江人民出版社 2005 年版。

王炳照:《中国古代书院》,商务印书馆 1998 年版。

王会昌:《中国文化地理》,华中师范大学出版社 1992 年版。

王建华主编:《鉴湖水系与越地文明》,人民出版社 2008 年版。

王建华主编:《浙学、秋瑾、绍兴师爷研究》,人民出版社 2008 年版。

王建华主编:《中国越学》第 1 辑,中国社会科学出版社 2009 年版。

王建华主编:《中国越学》第 2 辑,中国文联出版社 2010 年版。

王建华主编:《中国越学》第 3 辑,中央编译出版社 2011 年版。

王子今:《秦汉区域文化研究》,四川人民出版社 1998 年版。

王震中:《中国文明起源的比较研究》,陕西人民出版社 1994 年版。

王志邦:《六朝江东史论》,中国青年出版社 1989 年版。

王志邦:《浙江通史·秦汉六朝卷》,浙江人民出版社 2005 年版。

王仲荦:《隋唐五代史》,上海人民出版社 2003 年版。

魏桥主编,浙江省社会科学院国际越文化研究中心、中国百越民族史研究会编:《国际百越文化研究》,中国社会科学出版社 1994 年版。

翁俊雄:《唐初政区与人口》,北京师范学院出版社 1990 年版。

翁俊雄:《唐鼎盛时政区与人口》,首都师范大学出版社 1995 年版。

吴春明:《中国东南土著民族历史与文化的考古学观察》,厦门大学出版社 1999 年版。

吴松弟:《北方移民与南宋社会变迁》,台湾文津出版社 1993 年版。

吴越史地研究会编:《吴越文化论丛》,上海书店出版社 1996 年影印本。

夏鼐:《中国文明的起源》,文物出版社 1985 年版。

谢一彪:《光复会史稿》,人民出版社 2009 年版。

谢一彪主编:《中国越学》第 4 辑(纪念辛亥革命 100 周年专辑),世界图书出版广东有限公司 2012 年版。

谢一彪主编:《中国越学》第5辑,中国社会科学出版社2013年版。

谢一彪、陶侃:《陶成章传》,人民出版社2009年版。

谢一彪:《徐锡麟评传》,人民出版社2011年版。

谢一彪:《浙江近代会党史》,中国社会科学出版社2013年版。

辛德勇:《旧史舆地文录》,中华书局2013年版。

徐和雍、郑云山、赵世培:《浙江近代史》,浙江人民出版社1982年版。

徐湖平主编:《东方文明之光——良渚文化发现六十周年纪念文集》,海南国际新闻出版中心1996年版。

徐建春:《浙江通史·先秦卷》,浙江人民出版社2005年版。

徐新吾:《鸦片战争前中国棉纺织手工业的商品生产与资本主义萌芽问题》,江苏人民出版社1981年版。

徐新吾:《近代江南丝织工业史》,上海人民出版社1991年版。

许涤新等:《中国资本主义发展史》,人民出版社1985年版。

许辉、李天石编著:《六朝文化概论》,南京出版社2003年版。

严文明:《农业发生与文明起源》,科学出版社2000年版。

严中平:《中国棉纺织史稿(1289—1937)》,科学出版社1955年版。

严中平等:《中国近代经济史》,人民出版社1989年版。

杨宽:《战国史》(增订本),上海人民出版社1998年版。

杨玉厚主编:《中原文化史》,文心出版社2000年版。

杨子慧主编:《中国历代人口统计资料研究》,改革出版社1996年版。

叶建华:《浙江通史·清代卷》(上),浙江人民出版社2006年版。

叶书宗、马洪林、朱敏彦:《长江文明史》,上海教育出版社2001年版。

袁成毅:《浙江通史·民国卷》(下),浙江人民出版社2005年版。

越文化与水环境国际研讨会组委会编:《越文化与水环境研究》,人民出版社2008年版。

章启群编著:《经世与玄思——秦汉魏晋南北朝的精神文明》,北京大学出版社2009年版。

章义和:《地域集团与南朝政治》,华东师范大学出版社2002年版。

张岱年、方克立:《中国文化概论》,北京师范大学出版社2004年版。

张光直:《中国青铜时代》,生活·读书·新知三联书店1999年版。

张广智、张广勇:《史学,文化中的文化——文化视野中的西方史学》,

浙江人民出版社 1990 年版。

张海鹏、张海瀛:《中国十大商帮》,黄山书社 1993 年版。

张洪祥:《近代中国通商口岸与租界》,天津人民出版社 1993 年版。

张家驹:《两宋经济重心的南移》,湖北人民出版社 1957 年版。

张剑光:《唐五代江南工商业布局研究》,江苏古籍出版社 2003 年版。

张力、刘鉴唐:《中国教案史》,四川社会科学院出版社 1987 年版。

张之恒:《中国新石器时代考古》,南京大学出版社 2004 年版。

张仲礼等:《东南沿海城市与中国近代化》,上海人民出版社 1996 年版。

赵文林、谢淑君:《中国人口史》,人民出版社 1988 年版。

赵世培、郑云山:《浙江通史·清代卷》(中),浙江人民出版社 2005 年版。

浙江省社会科学院国际良渚文化研究中心编:《良渚文化探秘》,人民出版社 2006 年版。

浙江省文物考古研究所编:《良渚文化研究——纪念良渚文化发现六十周年国际学术讨论会文集》,科学出版社 1999 年版。

浙江省文物考古研究所、萧山博物馆:《跨湖桥》,文物出版社 2004 年版。

浙江省文物考古研究所编:《纪念良渚遗址发现七十周年学术研讨会文集》,科学出版社 2006 年版。

浙江省政协文史资料委员会编:《新编浙江百年大事记(1840—1949)》,浙江人民出版社 1990 年版。

郑小炉:《吴越和百越地区周代青铜器研究》,科学出版社 2007 年版。

郑学檬:《中国古代经济重心南移和唐宋江南经济研究》,岳麓书社 2003 年版。

中国百越民族史研究会编:《百越史研究》,贵州人民出版社 1987 年版。

中国陆游研究会编:《陆游与越中山水》,人民出版社 2006 年版。

中国陆游研究会编:《陆游与鉴湖》,人民出版社 2011 年版。

中国社会科学院考古研究所、中国社会科学院古代文明研究中心:《中国文明起源研究要览》,文物出版社 2003 年版。

中国社会科学院考古研究所编:《中国考古学·新石器时代卷》,中国社会科学出版社2010年版。

中国社会科学院考古研究所编:《中国考古学·夏商卷》,中国社会科学出版社2003年版。

中国社会科学院考古研究所编:《中国考古学·两周卷》,中国社会科学出版社2004年版。

中国社会科学院考古研究所编:《中国考古学·秦汉卷》,中国社会科学出版社2010年版。

仲富兰、何华湘:《越地非物质文化遗产综论》,人民出版社2010年版。

周膺:《良渚文化与中国文明的起源》,浙江大学出版社2010年版。

周振鹤:《中国历史文化区域研究》,复旦大学出版社1997年版。

朱志勇:《越文化精神论》,人民出版社2010年版。

朱祖德:《唐五代两浙地区经济发展之研究》,台湾花木兰文化出版社2009年版。

竺岳兵:《唐诗之路唐代诗人行迹考》,中国文史出版社2004年版。

祝兆炬:《越中人文精神研究》,百花洲文艺出版社2006年版。

卓贵德等:《绍兴农业史》,中华书局2004年版。

宗白华:《艺境》,北京大学出版社1997年版。

后 记

绍兴乃越文化中心地,是1982年经国务院批准的首批历史文化名城。绍兴文理学院的几任领导均关心越文化研究,记得在新世纪初费君清书记就与浙江省社科规划办积极协调,为学校最终设立省哲学社会科学重点研究基地"越文化研究中心"奠定了基础。数年之后,在省教育厅的支持下,人文学院的"中国语言文学与越文化研究"队伍获批为省高校创新团队。有这两个省级研究平台,再加上地方党委和政府部门的支持以及学术界相关人士的帮助,学校的越文化研究渐成规模和气候,涌现了一批研究骨干和研究成果,学生也得到了培养和熏陶。本书的酝酿、立项和写作,得益于学校良好的学术氛围。

我是绍兴人,对脚下这片土地充满感情,先辈的坟茔就在城区附近。年少懵懂之时,觉得方言难听、街面丑陋、习俗奇怪,总想走出去。长大后,对各色城市的喧嚣和芜杂心生厌倦,遂在家乡安身立命。绍兴地处中国东南之隅,青山绿水固然可喜,但作为城市灵魂的越文化以及由此激荡而起的璀璨风云,数次使越地置身于中国文化的核心圈,影响到共同体文化的历史进程。我寄身于此,呼吸着这里的空气,吃着这里的稻米,感受着这里的人间情谊,尝试性地做点越文化研究工作,当是我回报家乡的一种方式。

现代学术意义上的越文化研究,始自于上世纪初"吴越史地研究会"的一批前辈学者,在近百年尤其是最近一二十年的发展历程中,出现了不少优秀成果,但基础理论方面的研究仍显薄弱。本书以史带论,旨在探讨越文化发展现象与规律,提炼出越文化"点状突进"的发展模式,并针对性地阐述一些重要的发展现象和特征,同时注意揭示越文化研究之于中国文化研究的价值和意义。在此过程中,对研究界既往的盲点及疏误问题,也作了相应的探讨。这项研究建立在前人成果的基础之上,同时也充分结合近年来所出现的越地新石器时代考古学文化、楚竹书、越国金文、分子人类学研究成果等方面的新材料。如果这本小书在若干问题上有所推进,或者在思路和资料方面给学者们以借鉴,则不枉我们为此付出的心血。

课题酝酿较早，10年前我围绕选题内容陆续撰写和发表论文，2009年开始组建课题组。经过齐心协力，2013年初基本完成预定任务，并向浙江大学陈桥驿先生、浙江社会科学院董楚平先生、浙江师范大学陈国灿先生征求意见并进行修改。之后，申报国家社会科学基金后期资助项目。立项后，又据专家意见深入研究，进行认真的修改和完善，遂得完工。在工作过程中，既遭遇电脑被窃、资料遗失和情感迷茫的无奈，也经历了新材料不断出现、思路不断调整、观点不断被自我否定的挑战。回顾研究历程，心事浩茫，不胜唏嘘。

课题有两位合作者。陈民镇先生本科就读于绍兴，其时即出版专著《中华文明起源研究——虞朝、良渚文化考论》；硕士阶段承蒙烟台大学江林昌先生的辛勤培育，学术精进；最近，得良师党圣元先生而成为中国社会科学院的博士生。他虽年轻但学术功底深厚，已经发表了不少论著，显示了不凡的文史研究才华。此书的完成，得民镇之助，其功居半。我将速朽，而假以时日，民镇日后定当卓颖成才。谁能说近代学术大家，不会复现于当代？是所期焉！另一位合作者王海雷女士，是陈桥驿先生的及门弟子，承师教而专注于越文化研究，发表过不少成果，对本书也作出了积极贡献。如若不是两位才俊的加入，课题还会被我无限期地拖延下去，而且水平亦不会齐整如斯。

本书的最终顺利完成，得益于地不爱宝、新出土材料的不断面世，得益于几代学人的共同耕耘，得益于国家社科基金和评审专家的热心帮助，得益于中华书局编辑高天女士的细致工作，得益于绍兴文理学院的大力支持。浙江地方史研究的著名专家陈国灿先生，在百忙之中集中时间和精力为本书写了序言，为小书增色不少，是尤其需要感谢的。

本书存在的问题与疏误，以及我们进一步努力的方向，诚待四海博闻君子批评指正。

叶 岗
2014年12月10日